ALAIN D'ASTOUS

LE PROJET DE RECHERCHE EN MARKETING

Chenelière/McGraw-Hill

MONTRÉAL

LE PROJET DE RECHERCHE EN MARKETING

Alain d'Astous

© 1995 Les Éditions de la Chenelière inc.

Coordination et révision linguistique: Marie Delorme
Correction d'épreuves: Johanne Lalonde
Conception graphique et infographie: Louise Besner/Point Virgule
Couverture: Lucie Meunier/Point Virgule

Données de catalogage avant publication (Canada)

Astous, Alain d', 1952-

    Le projet de recherche en marketing
    Comprend des réf. bibliogr. et un index
    ISBN 2-89461-000-9

    1. Marketing – Recherche. I. Titre.

HF5415.2.A87 1995   658.8'3   C95-940665-4

Chenelière/McGraw-Hill
7001, boul. Saint-Laurent
Montréal (Québec)
Canada H2S 3E3
Téléphone: (514) 273-1066
Télécopieur: (514) 276-0324
chene@dlcmcgrawhill.ca

ISBN 2-89461-000-9

Dépôt légal: 2e trimestre 1995

Bibliothèque nationale du Québec
Bibliothèque nationale du Canada

Imprimé au Canada par AGMV inc.

3 4 5 99 98

À certains endroits, le masculin a été utilisé dans le but d'alléger le texte. La lectrice et le lecteur verront à interpréter selon le contexte.

Table des matières

7 La mise en forme des données et l'analyse statistique univariée

8 L'analyse des relations comportant deux variables

9 L'analyse des perceptions et des préférences

√ 10 Le rapport de recherche

Index

Annexes

Avant-propos

J'ai écrit ce livre pour ceux et celles qui cherchent un ouvrage à la fois concis et complet sur la recherche en marketing – ce que les anglophones appellent un *primer*. Tout au long de mes années d'enseignement dans ce domaine, j'ai perçu le besoin d'un livre de recherche en marketing qui traite principalement du projet de recherche et qui présente les notions essentielles que les étudiants doivent connaître pour mener à terme un tel projet. Mes contacts fréquents avec des collègues qui enseignent la recherche en marketing au Québec et ailleurs m'ont permis de constater que, tout comme moi, la plupart accordent une place importante, voire capitale à la réalisation d'un projet de recherche par leurs étudiants. Ce projet constitue une activité d'apprentissage que plusieurs professeurs jugent indispensable. Il m'a donc paru naturel de faire du projet de recherche en marketing l'objet de ce livre. Par ailleurs, l'expérience m'a appris que les étudiants n'apprécient généralement pas les ouvrages encyclopédiques. Ils aiment les livres qui vont droit au but et comptent sur leur professeur pour enrichir et nuancer la matière.

L'organisation de ce livre suit la démarche d'un projet type de recherche en marketing, depuis la formulation d'un problème jusqu'à la présentation des résultats. Les sujets traités et leur séquence sont fondamentalement ceux que l'on trouve dans les cours d'introduction sur le sujet. Toutefois, j'ai tenté de me démarquer sensiblement des autres livres portant sur la recherche en marketing en abordant des sujets nouveaux, en présentant les concepts de façon différente et en insistant davantage sur des aspects que je considère plus importants.

Voici un aperçu des éléments qui m'apparaissent distinctifs dans chaque chapitre :

Chapitre 1 : On y trouve une brève discussion de la recherche en marketing en tant qu'activité humaine et sociale. Cette discussion a pour objectif de sensibiliser le lecteur aux divers facteurs (valeurs et croyances personnelles, environnement social) qui peuvent influencer le processus de recherche.

Chapitre 2 : Ce chapitre est consacré entièrement à la formulation du problème de recherche – une étape cruciale du projet de recherche. On y traite entre autres de l'intérêt des modèles de marketing, de leur utilisation et des problèmes éventuels liés à leur application.

Chapitre 3 : La recherche des données secondaires est présentée à l'aide d'une démarche systématique élaborée par un chercheur. Le chapitre contient aussi une classification originale des différentes perspectives que l'on peut adopter par rapport à la recherche qualitative.

Chapitre 4 : La méthode d'observation est introduite au moyen d'une étude réelle menée par l'auteur sur le phénomène des ventes de garage. On se rapporte d'ailleurs à cette étude à diverses reprises dans les chapitres subséquents. La discussion portant sur la méthode expérimentale diffère de la présentation classique qui est organisée autour des différentes sources d'invalidité ; ici, on insiste plutôt sur les différences entre l'expérimentation et la corrélation ainsi que sur les divers plans expérimentaux.

Chapitre 5 : On y discute des différents processus psychologiques associés à l'interview, afin de montrer toute la complexité de cette activité usuelle de la recherche en marketing. La distinction entre les échelles de mesure est clarifiée en reconnaissant l'existence d'une catégorie d'échelles généralement présumées d'intervalles.

Chapitre 6 : Étant donné leur importance, les concepts de distribution d'échantillonnage et de marge d'erreur sont discutés de façon très détaillée. Cette discussion constitue une préparation primordiale à l'analyse des données.

Chapitre 7 : La mise en forme des données est présentée en détail et l'analyse statistique univariée est illustré au moyen de programmes informatiques associés à des logiciels fort répandus (SAS et SPSS).

Chapitre 8 : On y propose une classification des techniques d'analyse statistique bivariée fondée sur la connaissance du niveau de mesure des variables qu'on veut mettre en relation. Les diverses techniques bivariées sont décrites et leur application est illustrée avec des données réelles qui sont analysées à l'aide des logiciels SAS et SPSS.

Chapitre 9 : Plutôt que d'être présentées individuellement, les techniques d'analyse multivariée les plus courantes (régression multiple, analyse des composantes principales, analyse des mesures conjointes, etc.) sont abordées dans le cadre général de l'analyse des perceptions et des préférences.

Chapitre 10 : Ce chapitre contient en annexe un rapport de recherche rédigé à la suite d'une étude réelle. Ce rapport permet d'illustrer certains principes de rédaction qui ont été discutés dans le chapitre.

Sur le plan pédagogique, je me suis efforcé d'exposer les concepts de façon simple et intéressante. À l'exception peut-être du chapitre 9 qui aborde des thèmes plus complexes (que je n'ai pu me résoudre à écarter, étant donné leur intérêt), *Le projet de recherche en marketing* est un livre d'introduction, un ouvrage conçu pour les étudiants qui suivent un premier cours de recherche. Les notions présentées sont illustrées à l'aide d'exemples pertinents, issus le plus souvent possible du contexte social québécois. Au besoin, des notes de bas de page renvoient le lecteur à des livres et à des articles qui offrent des présentations plus détaillées des aspects discutés. Des questions de révision, des exercices et des sujets de réflexion apparaissent à la fin de chaque chapitre. Le guide pédagogique qui accompagne le manuel contient les solutions des exercices ainsi que des informations pouvant s'avérer utiles pour la préparation d'un cours de recherche en marketing. Deux bases de données sont utilisées dans le livre pour illustrer l'application des techniques d'analyse statistique. Elles sont reproduites à l'annexe A du chapitre 7 et à l'annexe B du chapitre 9. Il est possible de recevoir une copie de ces bases de données sur disquette en prenant contact avec moi.

Remerciements

Plusieurs personnes ont contribué à la réalisation de cet ouvrage. Je tiens d'entrée de jeu à remercier les étudiants qui ont lu et utilisé les premières versions de ce livre et qui ont apporté des commentaires très utiles.

Je veux également souligner la collaboration de plusieurs collègues professeurs qui ont lu des chapitres ou des extraits de chapitres. Ils m'ont fourni des critiques et des suggestions fort pertinentes. Je songe plus particulièrement à Sad Ahmed de l'Université d'Ottawa ainsi qu'à François Coderre, Serge Lafrance et Richard Vézina de l'Université de Sherbrooke.

Je remercie d'une façon particulière mon collègue Étienne Bastin, professeur de statistique appliquée, qui non seulement a lu, corrigé, commenté et contribué à l'amélioration des chapitres portant sur l'échantillonnage et sur l'analyse, mais qui m'a surtout beaucoup motivé par ses encouragements.

J'adresse des remerciements sincères à mon ami Benny Rigaux-Bricmont, professeur de marketing à l'Université Laval, qui a suivi toutes les étapes de la production de ce livre. Sans son aide, ses critiques constructives et ses encouragements répétés, *Le projet de recherche en marketing* n'aurait pas été écrit.

Merci à mon épouse Sylvie de son aide dans la mise en forme de la base de données sur les ventes de garage et de son soutien constant, en dépit des incidences de ce travail sur notre vie familiale.

Je tiens aussi à remercier Louise Besner pour la conception graphique de l'ouvrage et Lucie Meunier pour la réalisation de la page de couverture.

Enfin, j'aimerais remercier Marie Delorme des Éditions de la Chenelière qui a assuré la coordination des activités entourant la production de cet ouvrage. Son professionnalisme, sa compétence et sa bonne humeur ont été très appréciés.

Commentaires et suggestions

Ce livre est à peine terminé que je vois déjà plusieurs améliorations possibles. Je ne doute pas que les lecteurs auront eux aussi des suggestions pour faire du *Projet* un meilleur livre. Je les invite donc à me faire parvenir leurs commentaires, critiques, suggestions et même corrections qui permettront d'améliorer cet ouvrage lors de la prochaine édition. Je les en remercie très sincèrement à l'avance.

Alain d'Astous
Faculté d'administration
Université de Sherbrooke
Sherbrooke (Québec)
J1K 2R1

Introduction à la recherche en marketing

Introduction

Introduction

C e livre traite de la recherche en marketing. Son objectif est de présenter, de façon pratique, les concepts et les méthodes qu'utilisent les responsables de la recherche dans les départements de marketing des entreprises ou dans les firmes de conseil en marketing. Ce livre n'a pas la prétention de faire de vous, lecteur, un spécialiste de la recherche en marketing. Il y a en effet un écart considérable entre un **discours** sur la recherche en marketing (comme celui que vous allez découvrir dans ce chapitre et dans les suivants) et l'**expérience** de la recherche en marketing. On ne devient véritablement un chercheur en marketing qu'en ayant l'expérience de la recherche. Aussi est-il important pour la personne qui entreprend l'étude de ce domaine fascinant du marketing de mettre en pratique les notions apprises par le biais d'un projet de recherche réel.

Nul doute que la pratique de la recherche en marketing permet de développer les compétences. Toutefois, sans préparation adéquate, l'acquisition de l'« expertise » peut être pénible, l'apprentissage découlant bien souvent des erreurs que l'on commet. Les notions développées dans ce livre ne sont pas une panacée à la pratique, mais elles peuvent permettre d'éviter des erreurs inutiles dans la réalisation d'une recherche en marketing.

Dans ce premier chapitre, nous tenterons de préciser le rôle de la recherche dans le cadre des activités de marketing d'une firme. Par la suite, nous examinerons les étapes essentielles d'un projet de recherche en marketing. Le chapitre se termine par une discussion de la recherche en marketing au regard de ses dimensions humaine et sociale.

LE MARKETING : UN CHAMP DE PRISE DE DÉCISION[1]

Il est possible d'adopter deux perspectives pour présenter le marketing :

1. Le marketing peut être considéré comme une **façon de penser** ou, si l'on veut, comme une philosophie d'entreprise.
2. Le marketing peut également être vu comme un **ensemble d'activités intégrées** qui visent à satisfaire les besoins des consommateurs tout en étant rentables.

---

1. Cette section s'inspire de l'ouvrage de J.-P. Sallenave et A. d'Astous, *Le marketing, de l'idée à l'action*, 2ᵉ éd., Boucherville, Éditions G. Vermette, 1994, chap. 1.

Ces deux perspectives se recoupent dans la mesure où l'entreprise qui adopte le marketing comme philosophie tendra naturellement à définir des actions qui sont cohérentes avec cette philosophie.

Du point de vue philosophique, les responsables du marketing tiennent beaucoup à distinguer la vente du marketing. Pour eux, l'entreprise ne doit pas chercher à vendre les produits qu'elle fabrique ; elle doit plutôt fabriquer les produits qu'elle peut vendre. C'est là le véritable esprit marketing. Le marketing affirme la prééminence du consommateur dans l'action de l'entreprise. C'est à partir de la connaissance des besoins des acheteurs que l'action de l'entreprise doit se définir.

Ainsi que l'illustre la figure 1.1, on peut classer les activités du marketing en trois catégories :

1. *Les activités de création*. Ce sont les activités qui se produisent généralement avant la commercialisation du produit ou du service. Elles touchent principalement (mais pas uniquement) la conception du produit, depuis la découverte d'un besoin jusqu'à la réalisation tangible du produit ou du service pour satisfaire ce besoin.
2. *Les activités de mise en marché*. Ce sont les activités de commercialisation : stockage, distribution, promotion sur le lieu de vente, publicité, vente, accueil de la clientèle, etc.
3. *Les activités de recherche*. Ce sont les activités liées à l'obtention d'informations visant à améliorer la création et la mise en marché.

Pour que le marketing soit efficace, il faut que ces trois types d'activités s'intègrent les uns aux autres. Ainsi, il ne sert à rien d'avoir une mise en marché

FIGURE 1.1   Les activités du marketing

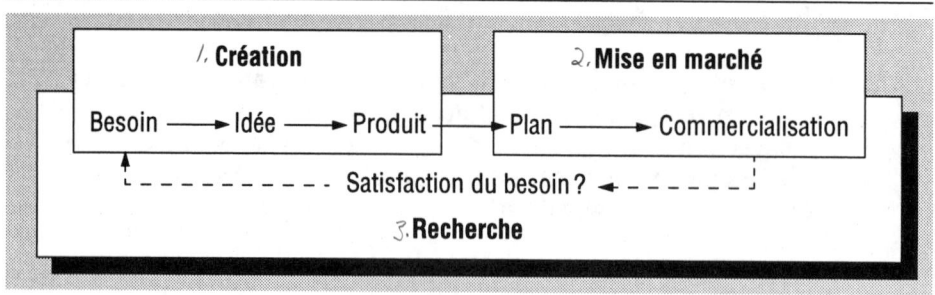

Source : Adaptation de la figure 1.3 de J.-P. Sallenave et A. d'Astous dans *Le marketing, de l'idée à l'action*, 2ᵉ éd., Boucherville, Éditions G. Vermette, 1994, p. 30.

excellente si le produit ne répond pas à un besoin ou si le besoin existe, mais que le produit n'est pas satisfaisant. De même, un bon produit (ou service) se vendra mal si les stratégies de commercialisation sont inadéquates. Enfin, comme le montre la figure 1.1, la recherche permet de rester à l'écoute du marché de l'entreprise et d'améliorer les activités de création et de mise en marché.

Nous reviendrons sur le rôle de la recherche en marketing plus loin dans ce chapitre. Pour l'instant, examinons l'accomplissement des activités du marketing sous l'angle de la "prise de décision".

Les activités du marketing se définissent à travers les décisions qui sont prises par les responsables du marketing. C'est sur une base régulière que les responsables doivent prendre des décisions relatives aux points suivants :

🔆 Faut-il lancer le nouveau produit ou service ?

🔆 Quels segments du marché doit-on viser ?

🔆 Quel prix fixer ?

🔆 Quelles stratégies doit-on adopter face à la concurrence ?

Ce ne sont là que quelques exemples des questions auxquelles doivent faire face quotidiennement les responsables du marketing. Comment ces décisions se prennent-elles ? La question n'est pas banale, car la compréhension du processus de prise de décision peut permettre d'améliorer la qualité des décisions.

Le processus de prise de décision des gestionnaires a fait l'objet de nombreuses études[2]. Bien que cela ne fasse pas l'unanimité auprès des auteurs, il est utile de concevoir ce processus comme une série d'étapes à franchir. Dans un premier temps, le décideur doit identifier les facteurs, contrôlables et incontrôlables, qui interviennent dans la décision. À titre d'illustration, considérons le choix de décider si un nouveau produit doit ou non être lancé. Les différents facteurs dont il faut tenir compte pour résoudre ce dilemme sont, d'une part, internes à l'entreprise (compatibilité avec la gamme de produits, coûts relatifs au développement et à la mise en marché, expertise technique et commerciale, etc.) et, d'autre part, externes (potentiel de marché, contraintes légales, concurrence, réseau de distribution, etc.). Une fois les facteurs critiques identifiés, il s'agit d'évaluer leur importance relative dans la décision. Par exemple, il est clair que le potentiel de marché constitue un facteur de première importance lorsqu'il s'agit de décider s'il faut lancer un nouveau produit. D'autres facteurs

---

2. Voir, par exemple, l'ouvrage de M. H. Bazerman, *Managerial Decision Making*, 3e éd., New York, John Wiley & Sons, 1993.

peuvent avoir une importance moindre. L'étape suivante consiste à engendrer des options de solution au problème. Dans le cas d'une décision de lancement, les options pourraient être les suivantes : 1) ne pas lancer le produit, 2) lancer le produit, 3) offrir le produit dans une zone géographique restreinte. L'étape finale consiste à évaluer les différentes options en fonction des facteurs critiques et à choisir l'option qui semble la meilleure.

Cette vision du processus de décision est très rationnelle. En fait, elle correspond sans doute plus à une vision normative (ce qui *devrait* se faire) que descriptive (ce qui se fait). Elle a le mérite de mettre en évidence le rôle important de l'information dans la prise de décision. En effet, chaque étape du processus de décision doit être alimentée par des informations. Ainsi, l'identification des facteurs qui interviennent dans la décision nécessite que des informations soient recueillies. Dans l'exemple présenté précédemment, le marché potentiel pour le nouveau produit pourrait être estimé à l'aide de données sur les intentions d'achat et les habitudes de consommation.

Dans beaucoup de situations de prise de décision, les informations qui alimentent le processus de décision des gestionnaires sont faciles à trouver. Par exemple, le décideur peut faire appel à son expérience du domaine ou encore il peut consulter des sources d'information directement accessibles. Dans d'autres situations, il est possible que les informations ne soient pas facilement disponibles et qu'il faille procéder à une recherche plus systématique de celles-ci. C'est là qu'intervient la recherche en marketing. Cette discussion de la prise de décision en marketing conduit à la définition suivante :

> La recherche en marketing comprend l'ensemble des <u>activités</u> qui visent à <u>définir</u>, à <u>recueillir</u> et à <u>analyser</u> de façon systématique des informations permettant d'alimenter le processus de <u>décision</u> en marketing, afin de le rendre plus efficace.

Le rôle de la recherche en marketing est donc de faciliter la prise de décision en fournissant aux responsables du marketing des informations utiles. Deux observations doivent être faites à propos de cette définition. Premièrement, il est important de comprendre que la recherche en marketing n'*est pas* un substitut à la prise de décision ; elle fournit des informations que pourront utiliser les gestionnaires afin de prendre de meilleures décisions. Deuxièmement, cette définition de la recherche en marketing s'inscrit dans une perspective décisionnelle. Cependant, la recherche en marketing ne poursuit pas toujours l'unique objectif d'améliorer la prise de décision ; elle peut viser à augmenter les <u>connaissances</u> générales que nous avons des phénomènes de marketing. Dans ce cas, on parle de recherche en marketing **fondamentale**, par opposition à la recherche en marketing **appliquée**. Dans ce livre, nous allons insister davantage sur l'aide à la prise de décision que sur la contribution à l'avancement des connaissances. Ces deux observations sont utiles, car elles délimitent clairement le domaine d'application de la recherche en marketing.

LA RECHERCHE EN MARKETING : UN PROCESSUS

Notre définition de la recherche en marketing mentionne qu'une approche **systématique** est déployée afin de recueillir les informations dont les décideurs ont besoin. Les étapes d'une telle approche sont présentées à la figure 1.2. Nous allons décrire brièvement chacune de ces étapes qui constituent le cadre directif utilisé dans ce livre.

Le déclenchement du processus

Le processus de recherche est déclenché lorsqu'un problème de marketing survient ou qu'une occasion de marketing est identifiée. Par exemple, une entreprise qui note une baisse significative des ventes de ses produits envisagera sans doute de découvrir les raisons qui expliquent cette baisse. Ce problème de marketing amènera les gestionnaires à s'interroger quant à la pertinence d'entreprendre une recherche. De même, si une entreprise songe à pénétrer de nouveaux marchés afin d'accroître ses ventes, cette occasion de marketing pourra faire l'objet d'une recherche.

La recherche en marketing n'est pas seulement réactive, comme le laisse voir la figure 1.2 (page 8). Elle est proactive lorsqu'elle est employée afin d'engendrer de nouvelles occasions pour l'entreprise (par exemple, recherche de nouveaux besoins à satisfaire) ou d'éviter que d'éventuels problèmes ne surviennent (par exemple, surveillance de la concurrence).

L'analyse préliminaire

Avant de s'engager dans un projet de recherche en marketing, il faut se demander si cela est pertinent. Tout problème de marketing ne requiert pas nécessairement qu'une recherche en marketing soit réalisée. Parfois, l'information nécessaire à la prise de décision est accessible aisément et une recherche

FIGURE 1.2 Le processus de recherche en marketing

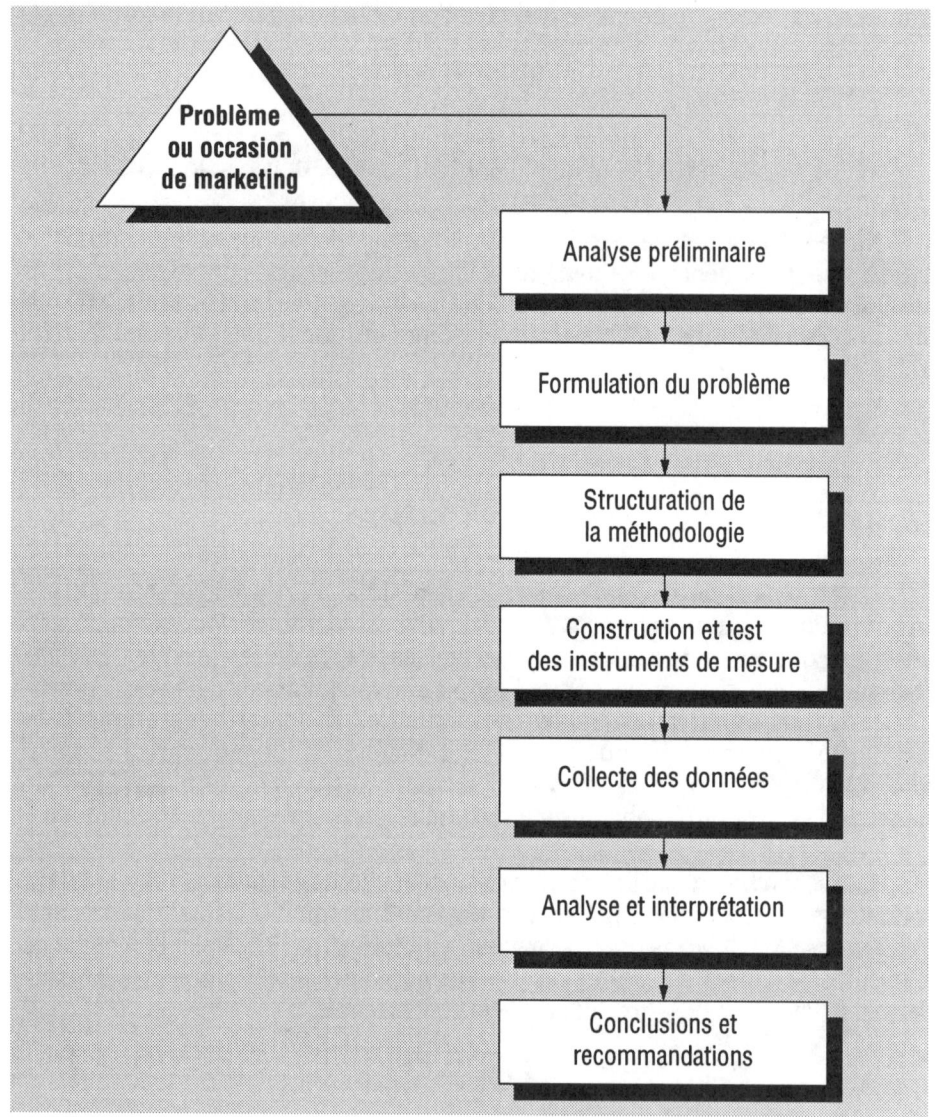

plus poussée s'avère inutile. L'objectif de l'analyse préliminaire est de déterminer si une recherche en marketing doit être entreprise ou non. La question principale qu'il faut se poser est la suivante : La valeur espérée des informations obtenues par la recherche est-elle supérieure aux coûts d'obtention de ces informations ? *← coût recherche*
← coût obtention de info
Si l'analyse préliminaire montre que les coûts de la recherche sont supérieurs à

la valeur espérée des informations provenant de la recherche, logiquement on doit décider de ne pas entreprendre la recherche.

Cette approche est logique, mais sa mise en œuvre n'est pas évidente. Il est plutôt facile de calculer les coûts attendus d'un projet de recherche, mais il est plus ardu d'évaluer la valeur espérée des informations qui seront produites par la recherche. Il existe des méthodes rigoureuses qui permettent de le faire, mais leur application pose plusieurs difficultés[3]. Quoi qu'il en soit, l'exercice qui consiste à jauger les retombées probables d'une recherche en marketing par rapport aux efforts et investissements qui doivent être fournis est utile et devrait toujours être accompli avec soin.

La formulation du problème

prob. de recherche → identifier les infos.
qui doivent être obtenues
prob. mkt → décision à prendre

Si les résultats de l'analyse préliminaire montrent qu'une recherche est nécessaire, l'étape suivante consiste à formuler le problème de recherche, c'est-à-dire à déterminer les informations qui devront être recueillies afin d'aider les gestionnaires à résoudre le problème de marketing ou à prendre une décision par rapport à une occasion de marketing. Il importe ici de bien distinguer le problème de marketing du problème de recherche. Alors que le problème de marketing se rapporte à une ou à plusieurs décisions que les gestionnaires ont à prendre relativement à une situation de marketing spécifique, le problème de recherche a trait à l'identification des informations qui doivent être obtenues afin de faciliter ou de permettre la résolution du problème de marketing.

À titre d'illustration, considérons de nouveau le fait de déterminer s'il faut lancer un nouveau produit. Ce problème de marketing correspond à une décision à prendre. De quelles informations a-t-on besoin pour prendre cette décision de façon éclairée ? Au minimum, des informations qui permettent d'estimer le marché potentiel pour le nouveau produit ainsi que des informations sur la concurrence. La question « Doit-on lancer le nouveau produit ? », qui correspond au problème de marketing, est transformée en un problème de recherche précis : « Quel est le potentiel de marché pour ce nouveau produit ? À quelle pression concurrentielle doit-on s'attendre si le produit est lancé ».

La formulation du problème de recherche constitue une étape très importante. En effet, si le problème de recherche est mal structuré, les informations transmises aux décideurs seront peu utiles. Cela risque d'entraîner des

---

3. Ce sont des méthodes fondées sur la théorie de la décision et qui font appel à l'approche bayésienne. Pour une présentation sommaire, voir l'ouvrage de G. A. Churchill Jr, *Marketing Research: Methodological Foundations*, 5e éd., Hillsdale, NJ, The Dryden Press, 1993, p. 97-114.

conséquences désastreuses pour la prise de décision. Il importe donc que le chercheur accorde une attention particulière à cette étape du processus de recherche. Étant donné l'importance que revêt la formulation du problème de recherche en marketing, nous lui consacrons tout le chapitre 2.

La structuration de la méthodologie

méthode utilisé afin de recueillir les infos. de recherche

Structurer la méthodologie, c'est définir les méthodes qui seront utilisées pour recueillir les informations de la recherche. Les choix méthodologiques dans un projet de recherche en marketing sont parfois faciles, parfois difficiles. Ils dépendent de plusieurs facteurs. Ainsi, les **contraintes financières** peuvent amener un chercheur à choisir des méthodes à la portée du budget dont il dispose. Le **temps disponible** pour obtenir les informations est aussi une considération importante, car certaines méthodes de recherche exigent plus de temps que d'autres pour être mises en œuvre.

: influence sur méthode
- $$$
- temps
- nature du prob.

La **nature du problème de recherche** apparaît également comme un facteur déterminant du choix d'une procédure méthodologique. À titre d'illustration, une approche qualitative (par exemple, des entretiens informels avec un petit nombre de clients potentiels) pourra être envisagée afin de trouver un axe publicitaire approprié pour un nouveau produit. Par ailleurs, s'il s'agit d'établir le taux de notoriété d'un produit sur le marché, une enquête auprès de quelques centaines de consommateurs sera probablement nécessaire. Dans beaucoup de situations, le type d'informations recherchées dictera le choix des méthodes à employer. Les chapitres 3 et 4 sont consacrés à la présentation des méthodes de la recherche en marketing. Comme nous le verrons, il existe quatre grandes approches méthodologiques : la recherche qualitative, l'expérimentation, l'enquête et l'observation. Ces approches ne poursuivent pas toujours les mêmes objectifs. Il est important de connaître leurs avantages et leurs inconvénients afin de pouvoir faire les choix appropriés.

Construction et test des instruments de mesure

Les méthodes étant choisies, le chercheur en marketing doit penser aux moyens à utiliser pour transformer les informations désirées, précisées à l'étape de la formulation du problème, en mesures concrètes. Par exemple, s'il s'agit d'estimer le potentiel de marché d'un nouveau produit, il faudra obtenir des mesures d'intention d'achat auprès des consommateurs. Le chercheur pourrait opter pour une échelle de ce type :

Je n'ai aucune								J'achèterai
intention d'acheter								certainement
ce produit.	1	2	3	4	5	6	7	ce produit.

Il importe de bien distinguer les trois éléments de cet exemple : 1) le problème de marketing, qui consiste à déterminer si le produit doit être lancé ; 2) le problème de recherche, qui est en partie d'estimer le marché potentiel ; 3) la mesure utilisée, soit une échelle numérique.

Dans beaucoup de projets de recherche en marketing, les mesures employées sont obtenues en interrogeant ou en observant des personnes telles des consommateurs, des acheteurs professionnels, des vendeurs, etc. Ces mesures sont généralement obtenues par questionnaire. Cependant, les moyens qu'emploient les chercheurs en marketing pour mesurer les phénomènes qui les intéressent ne se limitent pas à l'utilisation d'un questionnaire. Des données utiles pour le marketing sont obtenues par d'autres moyens. La consommation des individus peut être mesurée à l'aide des lecteurs optiques (en anglais, *scanners*) qui sont incorporés dans les caisses des grands magasins. Les réactions des consommateurs peuvent être enregistrées à l'aide d'un magnétophone ou d'une caméra vidéo. La firme A.C. Nielsen mesure les auditoires des émissions de télévision à l'aide d'un appareil électronique branché au téléviseur. On peut même étudier les réactions des consommateurs au moyen d'instruments qui permettent de mesurer des changements physiologiques comme la pression sanguine, la dilatation des pupilles, la résistance de la peau, le mouvement des yeux ou les ondes cérébrales[4].

Le questionnaire demeure un instrument privilégié de la recherche en marketing. Nous discuterons au chapitre 5 des principes fondamentaux de la rédaction d'un questionnaire ainsi que du problème général de la mesure en marketing. Nous apprendrons comment on peut transformer une information souhaitée en une question claire, bien comprise et à laquelle une personne voudra répondre.

---

4. On peut consulter à ce propos l'article de P. J. Watson et R. J. Gatchel, « Autonomic Measures of Advertising », *Journal of Advertising Research*, vol. 19, n° 3, 1966, p. 15-26, ainsi que l'article de R. P. Bagozzi, « The Role of Psychophysiology in Consumer Research », *Handbook of Consumer Behavior*, T. S. Robertson et H. H. Kassarjian (s. la dir. de), Englewood Cliffs, NJ, Prentice-Hall, 1991, p. 124-161.

La collecte des données

Les informations existent rarement à l'état brut. Le chercheur procède habituellement à une collecte de données servant à produire les informations. Par exemple, une réponse affirmative à une question portant sur l'intention d'achat est une donnée qui, combinée à d'autres réponses obtenues chez un groupe de consommateurs, servira à engendrer une information d'intérêt, soit la proportion de personnes interrogées ayant l'intention d'acheter. L'étape de la collecte des données comprend la sélection des sources d'information, la collecte proprement dite et les activités visant à contrôler la qualité de l'ensemble des opérations de collecte.

La sélection des sources d'information correspond fréquemment à un problème d'échantillonnage. Une recherche en marketing est souvent effectuée auprès d'un échantillon, c'est-à-dire un sous-ensemble d'un groupe plus large qu'on appelle une population. Il est généralement plus efficace dans une étude de sélectionner un échantillon que de rencontrer la population entière. Plusieurs questions peuvent être soulevées :

   Qui allons-nous interroger ?

   Comment allons-nous prendre contact avec les gens ?

   De combien d'observations avons-nous besoin pour obtenir des résultats valables ?

Ces questions définissent en partie la problématique de l'échantillonnage. Il est important d'y apporter des réponses précises afin de minimiser les erreurs inhérentes au fait qu'on n'interroge pas tous les membres de la population, bien que les conclusions de la recherche doivent s'appliquer à l'ensemble de cette population. Le chapitre 6 de ce livre aborde la question de l'échantillonnage dans un projet de recherche en marketing.

La collecte des données pose plusieurs problèmes pratiques. Par exemple, supposons qu'une enquête téléphonique soit effectuée. Dans ce genre d'étude, il est souvent difficile de joindre les gens. Que faire lorsqu'il n'y a pas de réponse au numéro de téléphone que l'on a composé ? Biffer ce numéro et en essayer un autre ? Généralement, on rappellera le numéro. Combien de fois ? À quel moment ? Comme on le voit, le chercheur doit prévoir une procédure pour faire face aux problèmes pratiques que soulève la collecte des données.

Considérons maintenant le cas d'une enquête postale. Dans ce type d'étude, il ne suffit pas de mettre à la poste les questionnaires et d'attendre tranquillement qu'ils soient renvoyés. Il faut prévoir différents mécanismes ayant pour objectif d'assurer le bon fonctionnement de l'enquête, comme des appels téléphoniques avant l'envoi postal, des rappels téléphoniques aux personnes qui n'ont pas répondu, une récompense pour inciter les gens à répondre et à retourner le questionnaire, la fixation d'une date limite pour la réception des questionnaires, etc.

La collecte des données est une opération qui peut s'avérer complexe. Le chercheur en marketing doit être capable de prévoir les problèmes possibles et de mettre en œuvre les solutions qui s'imposent.

L'analyse et l'interprétation

Comme nous l'avons déjà mentionné, les données recueillies nécessitent d'être traitées de façon à en extraire les informations désirées. À titre d'illustration, supposons que l'on ait interrogé 100 consommateurs dans un magasin afin de connaître leur opinion sur le nouvel aménagement intérieur. La question posée est la suivante : «Que pensez-vous de l'aménagement intérieur de ce magasin»? Il y a trois réponses possibles : «Je l'aime beaucoup», «Je ne l'aime pas», «Le décor m'indiffère». Plutôt que d'examiner les réponses une à une, on peut calculer la proportion de consommateurs associée à chaque option de réponse afin d'avoir une idée globale de l'opinion de la clientèle. Ici, le traitement des données a consisté en un simple calcul de proportions mettant en jeu une seule variable. On pourrait enrichir l'analyse en cherchant à savoir, par exemple, si les hommes ont une opinion différente de celle des femmes en ce qui regarde l'aménagement intérieur. Dans ce cas, une deuxième variable est mise à contribution pour donner l'information, soit le sexe des participants à l'étude.

L'analyse des données vise à produire des informations utiles pour la recherche. Elle consiste à employer des techniques statistiques variées afin de synthétiser les données recueillies et d'examiner les relations entre les variables mesurées dans la recherche. Lorsque les données s'y prêtent, elles sont analysées à l'aide de programmes informatiques conçus à cette fin. Nous examinerons les différentes techniques d'analyse des données qu'on utilise communément dans une recherche en marketing aux chapitres 7, 8 et 9 de cet ouvrage.

Conclusions et recommandations

La dernière étape du processus de recherche est celle où le chercheur tire des conclusions et des recommandations de l'analyse des données recueillies. Ces conclusions et recommandations sont habituellement décrites dans un rapport de recherche. Elles peuvent aussi être communiquées aux décideurs par le biais d'une présentation orale.

Deux observations importantes doivent être faites au sujet de la présentation des résultats de la recherche. D'abord, des études ont montré que la qualité de la présentation influe directement sur l'utilisation que les décideurs feront des résultats[5]. Il est évident que la clarté du rapport de recherche en marketing et le professionnalisme avec lequel il a été conçu ont une influence sur les perceptions des gestionnaires. Un rapport mal écrit ou une présentation orale bâclée peuvent engendrer de la méfiance de la part des décideurs, et ce, même si la qualité technique de la recherche est élevée. Il est donc important que le chercheur apprenne à communiquer les résultats de la recherche de façon professionnelle, afin de s'assurer que les fruits de son labeur sont appréciés et utilisés. Le dernier chapitre de ce livre est consacré à la présentation des résultats de la recherche.

La deuxième observation concerne les recommandations issues de la recherche. Il est important de faire des recommandations à la suite d'une recherche, car les décideurs s'attendent à en trouver dans le rapport de recherche. Il faut comprendre qu'un même résultat de recherche peut parfois suggérer des actions diverses. Si, par exemple, une recherche montre que les consommateurs n'aiment pas le nom d'un produit, plusieurs actions sont possibles. On peut changer le nom, essayer de modifier les perceptions négatives des consommateurs ou diminuer l'importance du nom dans les activités de promotion du produit. Comme nous l'avons dit auparavant, la recherche en marketing n'est pas un substitut à la prise de décision. Dans cet exemple, les décideurs auront à faire un choix entre les différentes options. Ce choix sera partiellement fondé sur les informations fournies, mais il dépendra aussi de leur expérience de gestionnaire et de leur intuition.

---

5. Voir l'article de R. Deshpande et G. Zaltman, « Factors Affecting the Use of Market Research : A Path Analysis », *Journal of Marketing Research*, vol. 19, n° 1, 1982, p.14-31.

Remarques sur le processus de recherche

Le processus présenté à la figure 1.2 conçoit la recherche en marketing comme une séquence d'étapes à franchir, depuis l'analyse préliminaire jusqu'aux conclusions et recommandations. Cette conception est reprise, à quelques différences près, par la majorité des auteurs qui discutent de la recherche en marketing. Dans les lignes qui suivent, nous jugeons utile d'apporter quelques remarques sur ce cadre directif.

Direction et interdépendance

Le cadre directif qui est proposé ici possède deux caractéristiques : 1) la spécification des activités à accomplir par le chercheur, 2) l'ordre dans lequel ces activités sont accomplies. Le cadre donne en quelque sorte une direction au chercheur quant au projet de recherche. Ce qui n'est pas directement apparent à l'examen de la figure 1.2, c'est l'interdépendance étroite entre les étapes du processus : les actions prises à une étape donnée ont généralement un effet sur les étapes suivantes. Ainsi, la méthodologie envisagée par le chercheur (par exemple, une enquête par la poste) aura un effet sur la construction des instruments de mesure (utilisation d'un questionnaire à remplir individuellement) et sur l'échantillonnage (sélection d'un échantillon à partir de la liste électorale). De même, la façon dont le problème est défini (par exemple, un problème difficile à saisir) influencera le choix de la méthodologie (étude exploratoire auprès d'un petit nombre de personnes).

Chaque étape du processus de recherche constitue pour le chercheur un point d'intersection où des choix doivent être faits[6]. Plus le chercheur avance dans les étapes de la recherche, plus ses options diminuent, car les choix opérés précédemment limitent sa liberté de manœuvre. Cette observation confirme l'importance de faire des choix réfléchis dès le début de la recherche.

Linéarité

Le cadre directif donne l'impression que le processus de recherche est linéaire, qu'à chaque fois que l'on entreprend une nouvelle étape, les activités qui précèdent sont terminées. Il n'en est rien. En pratique, le va-et-vient entre les étapes est la règle. Ainsi, il est tout à fait possible que le chercheur modifie sa conception du problème de recherche lorsqu'il est rendu à l'étape de la collecte des données. La méthodologie peut subir des transformations en cours de

---

6. P. J. Runkel et J. E. McGrath, *Research on Human Behavior,* New York, Holt, Rinehart and Winston, 1972.

route. Ces retours en arrière s'expliquent par le fait que des informations nouvelles peuvent apporter un éclairage nouveau sur une procédure ou des concepts préalablement établis. De plus, il faut savoir qu'une recherche en marketing est généralement limitée par le temps et que le chercheur n'est pas toujours en mesure de franchir toutes les étapes aussi bien qu'il le voudrait. Les quelques ambiguïtés rencontrées à une étape peuvent être réglées plus tard, s'il est encore temps de le faire.

En définitive, le processus de recherche est un modèle idéalisé de la recherche en marketing. Lorsque le chercheur est dans le feu de l'action, ce plan de parcours doit s'adapter aux événements qui surviennent.

LA RECHERCHE EN MARKETING : UNE ACTIVITÉ HUMAINE ET SOCIALE

Le cadre directif que nous avons présenté est incomplet, car il ignore les dimensions humaine et sociale de la recherche. En effet, la recherche en marketing ne consiste pas uniquement en un ensemble de principes à suivre. C'est d'abord et avant tout l'affaire d'hommes et de femmes qui doivent décider des moyens à mettre en œuvre pour atteindre leurs objectifs. Les décisions qu'un chercheur prend lorsqu'il mène une recherche doivent être guidées par un souci de rigueur méthodologique et d'objectivité. Malgré cela, un chercheur est un être humain avec ses préjugés et ses valeurs personnelles. Ses croyances et ses convictions sont souvent très profondes ; elles peuvent influencer toutes les étapes du processus de recherche.

Des études portant sur les valeurs personnelles et les influences sociales ont été réalisées dans le cadre de la recherche fondamentale dans les sciences humaines[7]. Ces études montrent que les activités de recherche sont modifiées de façon significative par les croyances et les valeurs du chercheur. Elles signalent aussi l'importance de considérer le contexte social dans lequel sont produits les résultats de la recherche. Il semble logique de penser que la recherche appliquée en marketing est elle-même touchée par des distorsions de cette nature. Nos connaissances dans ce domaine sont très limitées, en dépit de l'importance du sujet pour le marketing.

---

7. Voir à ce sujet l'ouvrage de G. Zaltman, K. LeMasters et M. Heffring, *Theory Construction in Marketing : Some Thoughts on Thinking*, New York, John Wiley & Sons, 1982.

Une activité humaine

Certains des problèmes qui peuvent survenir lors d'une recherche et qui sont causés par les valeurs personnelles du chercheur sont présentés au tableau 1.1. Il n'est pas question de prétendre que tous ces problèmes se rencontrent dans chaque projet de recherche. Il s'agit plutôt de signaler quelques

TABLEAU 1.1 L'influence des croyances et des valeurs du chercheur

Étapes du processus de recherche	Problèmes possibles
Analyse préliminaire	▩ Décision de faire une recherche basée uniquement sur ses préférences personnelles ▩ Idées préconçues sur l'utilité de la recherche en marketing
Formulation du problème	▩ Définition du problème en fonction de ses convictions et élimination de variables d'intérêt parce qu'elles n'ont pas de place dans ses schèmes de pensée ▩ Préférence pour certains modèles explicatifs
Structuration de la méthodologie	▩ Élimination *a priori* de méthodes que le chercheur maîtrise mal ▩ Préférence pour certaines méthodes de recherche
Construction et test des instruments de mesure	▩ Mesure des variables et construction de questions de façon à obtenir des résultats qui concordent avec ses idées *a priori*
Collecte des données	▩ Interprétation et transcription des informations recueillies en fonction de ses croyances ▩ Suggestions (involontaires) aux participants de réponses qui vont dans le sens des idées *a priori*
Analyse et interprétation	▩ Organisation et analyse des données de façon à confirmer ses opinions ▩ Préférence pour certaines techniques d'analyse et ignorance d'autres peut-être aussi pertinentes ▩ Interprétation des résultats selon ses attentes et ses idées personnelles
Conclusions et recommandations	▩ Tendance à divulguer surtout les résultats qui sont en accord avec ses convictions ▩ Remise en question de résultats négatifs en prétextant des problèmes méthodologiques ou conceptuels

effets possibles des croyances et des valeurs du chercheur sur les étapes d'une recherche, de façon à en être conscient et à pouvoir, au besoin, corriger ces tendances qui font varier la valeur de la recherche. Étant donné le manque de connaissances dans ce domaine, les observations présentées au tableau 1.1 sont nécessairement spéculatives et doivent être interprétées avec précaution.

Une activité sociale

La recherche en marketing constitue aussi une activité sociale, car le chercheur en marketing n'est habituellement pas isolé dans un laboratoire lorsqu'il mène une recherche. Il doit interagir avec diverses personnes qui ont des exigences, des idées, des suggestions et des opinions variées quant à la façon de faire les choses. Ces personnes ne sont pas sans créer des pressions sur le chercheur. Qu'il nous suffise de penser à l'entrepreneur qui est convaincu que le nouveau produit qu'il a conçu sera un succès commercial et, voulant tellement que les résultats de la recherche soient positifs, essaie de convaincre le chercheur qu'ils le seront.

Le chercheur en marketing doit apprendre à composer avec l'environnement social dans lequel il évolue. Il doit être conscient qu'il occupe une position stratégique dans le processus de décision, puisqu'il a la responsabilité de fournir les informations sur lesquelles s'appuieront les décideurs. Il doit savoir prendre du recul par rapport aux pressions de l'environnement afin de pouvoir concentrer ses énergies sur la résolution des problèmes de recherche qui le préoccupent.

L'utilité de la recherche pour les gestionnaires

Les gestionnaires sont des acteurs importants dans l'environnement social du chercheur. Nous avons dit que le rôle de la recherche en marketing est de produire des informations utiles, susceptibles d'aider les gestionnaires à prendre de meilleures décisions. Cette affirmation est sensée, mais est-elle représentative de la réalité? Les quelques études réalisées dans ce domaine montrent que les responsables du marketing ont une attitude positive envers la recherche, qu'ils la considèrent utile, même s'ils sont d'avis que les résultats de la recherche ne sont pas toujours applicables directement[8].

---

8. Pour une revue de ces études, voir l'article de L. Hanjoon, F. Acito et R. L. Day, « Evaluation and Use of Marketing Research by Decision Makers : A Behavioral Simulation », *Journal of Marketing Research*, vol. 24, n° 2, 1987, p. 187-196. Cette section reprend quelques-unes des conclusions générales présentées dans cet article.

Les études signalent aussi que l'évaluation et l'utilisation de la recherche en marketing dépendent de plusieurs facteurs : clarté de la présentation, qualité technique de la recherche, conformité aux attentes, recevabilité politique, etc. Parmi ces facteurs, les attentes spécifiques des gestionnaires par rapport aux résultats jouent un rôle très important. Ainsi, il semble qu'une recherche qui confirme les attentes des gestionnaires soit jugée meilleure qu'une recherche qui ne les confirme pas. De plus, la probabilité que les informations recueillies soient utilisées dans les décisions est plus élevée lorsque les résultats concordent avec les attentes. En d'autres termes, les gestionnaires n'apprécient pas les résultats inattendus et, lorsque c'est le cas, ont tendance à remettre en question la validité de la recherche.

Tout comme il doit être conscient de l'effet de ses opinions préconçues, le chercheur doit savoir que les utilisateurs potentiels des résultats de recherche en marketing sont des personnes qui ont des convictions, des croyances et des préjugés sur les phénomènes et problèmes de marketing. Il doit en tenir compte dans ses relations avec ces personnes.

La question éthique

Les pressions exercées sur le chercheur par l'environnement social ne sont pas négligeables.

Exemple :
Un chercheur travaillant dans une firme de conseil en marketing est chargé de réaliser une étude pour le compte d'un client. À l'étape de la rédaction du rapport de recherche, il s'aperçoit que le questionnaire qui a servi à la collecte des données présente un défaut majeur : une question capitale pour l'étude n'a pas été posée à tous les consommateurs interrogés. La présentation au client étant prévue pour le surlendemain, il informe aussitôt le directeur de la firme de conseil de la possibilité d'une distorsion dans les résultats de l'enquête. Après avoir réprimandé le chercheur, le directeur lui dit qu'il est trop tard pour corriger la situation, sans compter que cela occasionnerait des coûts supplémentaires importants. « Écoute, lui dit-il, je suis prêt à parier ma chemise que cela ne change pas grand-chose aux résultats. Notre client n'a même pas besoin de le savoir. » Que faut-il faire ? Ne pas avertir le client de l'erreur et risquer de modifier la qualité des décisions qui seront prises sur la base des résultats de la recherche ? Ne pas tenir compte des consignes du directeur, informer le client et risquer de perdre son emploi ? Que feriez-vous (honnêtement) ?

Dans certaines circonstances, le chercheur en marketing peut être tenté de poser des gestes qui ne sont pas acceptables d'un point de vue moral. L'exemple qui précède est centré sur les relations avec le client, mais on pourrait aussi considérer des situations qui mettent en cause les participants à l'étude (par exemple, confidentialité des réponses, tromperie, voyeurisme). Bien qu'il soit parfois difficile de distinguer ce qui est moral de ce qui ne l'est pas, le chercheur doit être conscient des conséquences de ses actes. À une époque où le marketing fait l'objet de critiques sévères qui sont souvent fondées, il est nécessaire que les responsables de la recherche en marketing mettent de l'avant des normes et des règles de conduite qui permettent de définir les comportements à adopter dans des situations critiques[9]. La crédibilité de la recherche en marketing en dépend.

---

9. Des associations comme la Professional Marketing Research Society au Canada et la Marketing Research Association aux États-Unis ont développé des codes d'éthique pour leurs membres.

La recherche en marketing comprend les activités liées à l'obtention d'informations permettant d'améliorer la prise de décision en marketing. Un projet de recherche en marketing est habituellement déclenché par un problème de marketing à résoudre ou une occasion de marketing à saisir. Après avoir déterminé, par une analyse préliminaire, la pertinence de conduire une recherche, le chercheur doit formuler le problème de recherche, c'est-à-dire faire l'inventaire des informations à recueillir. Par la suite, des méthodes appropriées sont choisies pour obtenir les informations souhaitées. Ces dernières sont souvent obtenues par un questionnaire. Les données de la recherche sont ensuite collectées, analysées et interprétées. Ces résultats permettent au chercheur d'établir des conclusions et des recommandations qui seront transmises aux décideurs.

Les activités de recherche sont influencées par les croyances et les valeurs du chercheur ainsi que par l'environnement social dans lequel la recherche s'effectue. Le chercheur doit être conscient de ces influences, afin de limiter leurs répercussions sur la validité de la recherche.

Des études ont montré que les gestionnaires croient à l'utilité de la recherche en marketing. L'évaluation et l'utilisation de la recherche par les gestionnaires dépendent de plusieurs facteurs. Plus particulièrement, il semble que les gestionnaires aient des opinions plus positives des résultats d'une recherche et soient plus enclins à utiliser ces résultats lorsque ces derniers sont conformes à leurs attentes.

1. Qu'est-ce que le marketing ?

2. Comment la recherche en marketing s'inscrit-elle dans les activités du marketing ?

3. Donnez une brève définition de la recherche en marketing.

4. Quelles sont les étapes du processus de recherche en marketing ? Décrivez, pour chacune de ces étapes, les objectifs poursuivis par le chercheur.

5. On dit de la recherche en marketing qu'elle est une activité humaine et sociale. Que veut-on dire par là ?

6. Donnez quatre exemples de problèmes qui peuvent survenir lors d'une recherche et qui sont causés par les valeurs et les croyances personnelles du chercheur.

7. Que pensent les gestionnaires de la recherche en marketing ? Quels facteurs sont susceptibles d'influencer leur utilisation des résultats d'une recherche ?

↳ Présentation
Clarté
professionnalisme

Exercices et sujets de réflexion

1. L'étape de l'analyse préliminaire vise à établir s'il est pertinent d'entreprendre un projet de recherche en marketing. À cette étape, le chercheur doit tenter de déterminer si la valeur espérée des informations produites par la recherche est supérieure aux coûts d'obtention de ces informations.

   Décrivez comment vous pourriez rendre opératoire ce principe. À votre avis, ce principe s'applique-t-il à tout projet de recherche en marketing ?

2. Comment expliquer le fait que les gestionnaires pensent que la recherche en marketing est utile, mais que les résultats qu'elle produit ne sont pas toujours applicables ?

3. Quels moyens le chercheur en marketing peut-il prendre afin de limiter l'effet de ses croyances et valeurs personnelles sur le processus de recherche ?

4. « Les firmes de conseil en marketing reçoivent des honoraires pour réaliser des études pour des clients qui s'attendent à obtenir des résultats utiles et intéressants. Quels que soient le problème étudié et les résultats obtenus, il existe donc une incitation très forte, pour ces firmes, à présenter de tels résultats. » Commentez.

5. Si on en juge par les résultats de certaines études, un rapport de recherche en marketing qui met en évidence la qualité technique de la recherche, qui confirme les attentes des gestionnaires et qui présente le tout d'une manière professionnelle a toutes les chances de créer des perceptions positives chez les gestionnaires. Quelles en sont les leçons pour la recherche en marketing appliquée ? Comment devrait-on juger de la valeur d'une recherche en marketing ?

6. Un ami entrepreneur a appris que vous suivez un cours de recherche en marketing. Il vous consulte afin d'obtenir de l'aide, car il veut introduire un service de messagerie dans les limites de la ville de Québec. En bref, il s'agirait d'offrir aux entreprises privées et publiques un service rapide de livraison du courrier léger. La livraison se ferait par des employés à bicyclette ou à motocyclette, selon la distance et la rapidité souhaitée. Le prix d'une livraison serait défini en fonction du poids, de la distance, de la priorité (service ultrarapide, rapide ou normal) et de la fréquence d'utilisation du service par les entreprises. Cet ami se demande si ce projet est viable et désire faire une recherche pour le déterminer.

   Faites une proposition de recherche qui montre les étapes à franchir et les actions à entreprendre au regard de ce problème.

La formulation du problème de recherche

Introduction

Introduction

Le projet de recherche en marketing ne débute véritablement que lorsque le chercheur entreprend de définir les informations à obtenir pour aider les décideurs. Cette étape est, de loin, la plus importante du processus de recherche. Sans une formulation adéquate du problème de recherche, le projet de recherche en marketing est un exercice méthodologique inutile et, généralement, fort coûteux.

Définir les informations à recueillir, voilà qui semble simple à première vue. Il est vrai que les problèmes de recherche sont parfois faciles à formuler. C'est le cas de plusieurs problèmes fréquemment rencontrés en marketing. Par exemple, la localisation d'un commerce constitue un problème de recherche courant en marketing, pour lequel des approches générales ont été proposées[1]. Cependant, il n'est pas rare que le chercheur ait à faire face à une situation nouvelle, où il ne semble pas y avoir de voie tracée d'avance. Que faire alors ? L'objectif de ce chapitre est d'apporter quelques éléments de réponse à cette question.

Contrairement aux autres aspects de la recherche en marketing pour lesquels les méthodes sont relativement bien définies, la formulation du problème de recherche est en soi un problème pour lequel il n'existe pas de méthode généralement acceptée ni de recette miracle. C'est une étape du projet de recherche qui fait appel à la réflexion, à la créativité et aux connaissances du chercheur.

Dans ce chapitre, nous distinguerons d'abord le problème de marketing du problème de recherche. Ensuite, nous présenterons certaines approches que les chercheurs en marketing utilisent pour définir les problèmes de recherche auxquels ils doivent faire face. Enfin, nous tenterons de montrer l'intérêt des modèles pour la recherche en marketing.

PROBLÈME DE MARKETING ET PROBLÈME DE RECHERCHE

Il est important de faire la distinction entre le problème de marketing et le problème de recherche. Ici, le problème de marketing est défini au sens large et se rapporte aux décisions que doit prendre un gestionnaire du marketing dans une entreprise.

---

1. Voir, par exemple, l'ouvrage de F. Colbert et R. Côté, *Localisation commerciale*, Boucherville, Gaëtan Morin Éditeur, 1990.

Généralement, un problème de marketing se présente sous la forme de questions spécifiques :

- Devons-nous abaisser notre prix de vente à la suite d'une baisse de prix de notre concurrent principal ?

- Devons-nous exporter notre produit aux États-Unis afin d'accroître nos ventes ?

- Quelle stratégie de distribution devons-nous mettre en œuvre pour la nouvelle marque ?

Comme le montrent les trois exemples ci-dessus, un problème de marketing est orienté vers l'**action**. Le problème de recherche, pour sa part, est orienté vers l'**information**. Il concerne l'identification des informations devant être recueillies afin de résoudre les problèmes de marketing des gestionnaires. La formulation du problème de recherche consiste donc à transformer le problème de marketing en un problème de recherche.

À titre d'illustration, quatre exemples de problèmes de marketing typiques auxquels correspondent des problèmes de recherche précis sont présentés au tableau 2.1. Encore une fois, notons que la formulation du problème de marketing s'articule autour des actions à prendre *(que faire ?)*, alors que celle du problème de recherche correspond aux informations à obtenir *(que faut-il savoir ?)*.

La transformation d'un problème de marketing en un problème de recherche s'effectue en quatre étapes :

1. Définir correctement le problème de marketing, c'est-à-dire identifier les facteurs qui composent le contexte décisionnel dans lequel interviennent les décideurs. Ainsi que le montrent les exemples du tableau 2.1, le problème de marketing devrait être formulé dans un énoncé clair et concis.

2. Définir les options qui s'offrent aux décideurs et dresser la liste des informations factuelles qu'ils souhaitent obtenir pour prendre une décision éclairée.

3. Établir la pertinence de chaque information, en indiquant le plus précisément possible l'utilisation qui en sera faite dans la prise de décision, et éliminer les informations qui n'apparaissent pas pertinentes.

4. Formuler le problème de recherche dans un énoncé général où sont définies clairement les informations à obtenir.

TABLEAU 2.1   La transformation des problèmes de marketing en problèmes de recherche

Problèmes de marketing ⟶	Problèmes de recherche
▨ Notre entreprise devrait-elle introduire ce nouveau produit ?	▨ Estimer le marché potentiel pour le nouveau produit en mesurant les préférences et les intentions d'achat (et de rachat pour les biens de consommation courante).
▨ Quelle stratégie de positionnement faut-il adopter pour notre marque ?	▨ Mesurer les perceptions qu'ont les consommateurs des marques en concurrence sur le marché et déterminer les avantages distinctifs de la marque.
▨ Comment attirer davantage de clientèle dans notre magasin ?	▨ Identifier les forces et les faiblesses du magasin au regard des facteurs qui influencent la fréquentation des magasins de même type.
▨ Comment répartir l'effort de vente dans nos territoires ?	▨ Évaluer les territoires en ce qui a trait au potentiel des ventes et à la charge de travail.

{que faire ?}   *{que faut-il savoir ?}*

Il faut noter que la transformation du problème de marketing en un problème de recherche est un processus itératif. Plutôt que de progresser en ligne droite, sans retours en arrière, le chercheur procède à des ajustements au fur et à mesure que la problématique se précise dans son esprit.

Illustration

Afin d'illustrer le processus dont il vient d'être question, utilisons un exemple simplifié. La responsable du marketing d'une petite entreprise qui conçoit des logiciels informatiques pour la comptabilité se demande ce qu'il faut faire pour augmenter les ventes (étape 1). Elle désire qu'une recherche en marketing soit réalisée pour résoudre le problème. Le chercheur envisage d'abord avec elle plusieurs options (étape 2) : baisse de prix, augmentation de l'effort de vente, publicité, amélioration des produits, etc. Après discussion, diverses observations sont faites. Il apparaît que les prix des logiciels offerts par l'entreprise se comparent avantageusement à ceux des concurrents. De plus, la couverture du marché par les représentants semble adéquate. Enfin, l'entreprise investit déjà dans la publicité et, dans le contexte actuel de rationalisation économique, elle ne peut se permettre d'investir davantage.

Le chercheur décide d'interroger les vendeurs afin d'en savoir plus sur le problème de marketing (étape 1). Après quelques entrevues, il apprend que les représentants se heurtent à trois difficultés principales lorsqu'ils tentent de vendre les logiciels : incompatibilité fréquente avec les systèmes informatiques des entreprises, manque de flexibilité des logiciels et manque de crédibilité de l'entreprise dans le domaine des systèmes comptables informatisés.

Fort de ces découvertes, le chercheur rencontre de nouveau la responsable du marketing afin de redéfinir le problème de marketing. Après discussion, les deux s'entendent sur le fait que le problème est de savoir comment améliorer les produits de l'entreprise afin d'augmenter les ventes. Des rencontres avec les concepteurs, les vendeurs et des clients actuels permettent d'identifier des améliorations désirables et réalisables pour les logiciels (étape 2). Le chercheur demande ensuite à la responsable de préciser les informations qu'elle souhaiterait obtenir pour décider des modifications à apporter (étape 2). Celle-ci mentionne l'importance de connaître l'intérêt des clients actuels et éventuels envers les améliorations envisagées, l'effet des changements sur les intentions d'achat et l'augmentation des prix que les clients sont prêts à accepter en contrepartie. Après réflexion, ces informations apparaissent les plus pertinentes (étape 3).

Le chercheur formule finalement le problème de recherche ainsi (étape 4) : mesurer l'intérêt des clients actuels et éventuels envers certaines améliorations possibles aux logiciels vendus par l'entreprise et évaluer l'effet des modifications sur les intentions d'achat de ces logiciels, en tenant compte de différents scénarios d'augmentation des prix.

✳ APPROCHES USUELLES POUR FORMULER LE PROBLÈME DE RECHERCHE

La procédure de formulation du problème de recherche, telle qu'elle a été définie précédemment, s'appuie sur une collecte d'informations par le chercheur. Plusieurs approches peuvent être employées à cette fin : discussions avec les décideurs, rencontres avec des personnes-ressources et des acheteurs, étude de cas extrêmes et recherche documentaire.

Les discussions avec les décideurs

Les décideurs jouent un rôle très important dans la formulation du problème de recherche. Ce sont eux qui, en principe, en connaissent le plus sur le problème de marketing. Le chercheur doit donc utiliser leurs connaissances au maximum. Par ailleurs, il est important de faire participer les décideurs au projet de recherche afin de maximiser la probabilité qu'ils utilisent les résultats pour prendre leurs décisions.

Les décideurs qui sont aux prises avec un problème de marketing éprouvent généralement de la difficulté à bien cerner la nature même du problème et, par conséquent, à le définir clairement. Leur engagement direct dans l'action les empêche parfois d'avoir une vision synthétique et leur expérience antérieure les conduit à se limiter à certains aspects du problème. Ils sont touchés – souvent profondément – par les conséquences du problème de marketing (par exemple, une diminution de la part de marché) et ont naturellement tendance à se concentrer sur les symptômes du problème. Il appartient souvent au chercheur de les amener à une compréhension adéquate du problème de marketing.

Un parallèle peut être établi ici entre la formulation du problème de recherche et la pratique médicale. Le chercheur est comme un médecin à qui l'on présente des symptômes. C'est à lui de poser le diagnostic, c'est-à-dire d'identifier les «maladies» qui peuvent être à l'origine des symptômes, et de trouver des tests pouvant l'éclairer sur la situation.

Les rencontres avec des personnes-ressources

Il arrive que des personnes possèdent une vaste expérience du domaine dans lequel le chercheur s'aventure parfois pour la première fois. Lorsqu'il est possible de le faire, il faut interroger ces gens et puiser dans leurs connaissances les éléments qui vont permettre d'améliorer la compréhension du problème de recherche.

Cette méthode est couramment employée en marketing. Par exemple, parce qu'ils sont près des clients, les vendeurs agissent régulièrement comme personnes-ressources auprès des chercheurs en marketing pour des informations de toutes sortes, telles que l'évaluation des produits et des services, la satisfaction des clients, les nouveaux besoins à satisfaire, la concurrence, les prévisions de ventes, etc.

Les entrevues avec des acheteurs

Les acheteurs sont souvent les premières personnes touchées par le pro-blème de marketing; il est souvent très utile d'en rencontrer un petit nombre pour recueillir des informations pertinentes. Ces rencontres peuvent se faire individuellement ou en groupe. L'entrevue de groupe constitue une technique de formulation du problème très populaire auprès des chercheurs en marketing[2]. Elle consiste à réunir un groupe de 8 à 12 personnes susceptibles d'apporter un éclairage intéressant sur le problème de recherche et à les laisser interagir de façon intensive durant une séance de discussion portant sur divers aspects du problème.

L'étude de cas extrêmes

Lorsque la nature du problème s'y prête, il peut s'avérer intéressant de contraster des cas extrêmes dans le but de mettre à jour des différences pouvant expliquer le ou les phénomènes étudiés. Par exemple, dans une recherche qui vise à trouver des moyens d'améliorer l'efficacité des vendeurs d'une firme, on pourrait observer le comportement de vendeurs performants et non perfor-mants afin de dégager des hypothèses quant aux raisons qui justifient les écarts de performance.

La recherche documentaire

Dans certains cas, des informations publiées peuvent être consultées afin de faciliter la définition du problème de recherche. Ces informations se présen-tent sous diverses formes: rapports de recherche, rapports internes, articles et volumes spécialisés, rapports d'organismes privés ou publics, recueils statisti-ques, etc. Ces sources ne sont pas toujours faciles d'accès et elles ne se rappor-tent pas toujours directement au problème du chercheur. Il importe d'être persévérant en ce qui concerne leur localisation et vigilant en ce qui regarde leur utilisation.

La localisation des documents se fait en consultant des guides bibliogra-phiques, en interrogeant des banques de données informatisées ou en deman-dant l'aide des responsables de l'information dans les bibliothèques ou ailleurs. Un problème fréquent de la recherche documentaire est la difficulté d'interpréter

---

2. L'entrevue de groupe sera discutée plus en détail au chapitre 3, dans le cadre d'une présentation des méthodes de la recherche qualitative.

les informations recueillies. Ces dernières ne se présentent pas toujours dans un format compatible avec les besoins du chercheur. Celui-ci doit être capable de faire des recoupements, de déterminer la pertinence des informations dans le contexte du projet de recherche et de dégager, de l'ensemble des informations, des configurations de résultats qui s'avéreront utiles pour définir le problème de recherche.

STRUCTURATION DU PROBLÈME DE RECHERCHE PAR LA MODÉLISATION

Il arrive que le chercheur puisse préciser le problème de recherche à l'aide d'une représentation simplifiée qu'on appelle un **modèle**. Un modèle comprend les concepts essentiels dont il faut tenir compte pour comprendre un phénomène ainsi que les relations entre ces concepts. Par exemple, un modèle graphique des activités du marketing est présenté à la figure 1.1 (page 4). Ce modèle résume les activités du marketing à l'aide d'un minimum de concepts (la création, la mise en marché et la recherche). De même, il montre comment ces concepts sont liés entre eux (les activités de création précèdent la mise en marché, la recherche fournit les informations nécessaires pour améliorer ces deux activités).

L'intérêt d'un modèle est de fournir une structure au problème de recherche. Plus qu'une simple liste des informations à recueillir, un modèle offre une *explication* du phénomène susceptible d'aider le chercheur à mieux comprendre le problème de recherche.

Le chercheur peut construire son propre modèle pour le problème de recherche qui le préoccupe. Cependant, les phénomènes de marketing font l'objet d'études depuis environ un demi-siècle et plusieurs modèles ont été proposés pour rendre compte de ces phénomènes. Dans les pages qui suivent, nous présentons trois exemples de modèles de marketing qui peuvent être très utiles pour structurer certains problèmes de recherche.

Le modèle multiattributs

Un modèle algébrique très connu en marketing, le modèle multiattributs, est présenté à la figure 2.1[3]. L'objectif de ce modèle est de fournir une explication

---

3. Une seule version du modèle multiattributs est présentée à la figure 2.1. D'autres formulations sont proposées dans l'article suivant: R. J. Lutz et J. R. Bettman, «Multiattribute Models in Marketing: A Bicentennial Review», *Consumer and Industrial Buying Behavior*, A. G. Woodside, J. N. Sheth et P. D. Bennett (s. la dir. de), New York, North-Holland, 1977, p. 137-149.

FIGURE 2.1 Le modèle multiattributs

$$\text{Évaluation de la marque } j \text{ par le consommateur } k = \sum_{i=1}^{n} I_{ik} B_{ijk}$$

où

I_{ik} = l'importance accordée à l'attribut i par le consommateur k;

B_{ijk} = la perception qu'a le consommateur k de la quantité d'attribut i offerte par la marque j;

n = le nombre d'attributs déterminants.

Source: W. L. Wilkie et E. A. Pessemier, « Issues in Marketing's Use of Multiattribute Attitude Models », *Journal of Marketing Research,* vol. 10, n° 4, 1973, p. 428-441.

du processus par lequel un consommateur établit une évaluation d'une marque. Le modèle suggère que l'évaluation du consommateur est fondée sur l'examen des attributs de la marque. Pour chaque attribut déterminant, le consommateur estime la quantité d'attribut offerte par la marque (B_{ijk}). Son évaluation globale est représentée par la somme (Σ) de ces quantités, pondérées par l'importance relative que le consommateur accorde aux attributs (I_{ik}).

À titre d'illustration, considérons l'évaluation d'une marque de jeans. Pour les besoins de cet exemple, posons l'hypothèse que les consommateurs estiment qu'il existe quatre attributs déterminants: la durabilité ($i = 1$), le confort ($i = 2$), le «look» à la mode ($i = 3$) et le côté pratique ($i = 4$). Analysons le cas d'un consommateur à qui on demande de juger la marque j. Pour simplifier, supposons que cette marque j obtienne une note de 8 sur 10 pour la durabilité ($B_{1j} = 8$), de 2 sur 10 pour le confort ($B_{2j} = 2$), de 1 sur 10 pour le «look» ($B_{3j} = 1$) et de 6 sur 10 pour le côté pratique ($B_{4j} = 6$). Si ce consommateur accorde la plus grande importance au côté pratique du jeans (par exemple, $I_4 = 4$), suivi du «look» ($I_3 = 3$), de la durabilité ($I_1 = 2$) et du confort ($I_2 = 1$), son score d'évaluation globale pour cette marque sera égal à 45, soit $[(8 \times 2) + (2 \times 1) + (1 \times 3) + (6 \times 4)]$. Un autre consommateur ayant des perceptions différentes obtiendrait sans doute un score d'évaluation globale différent.

Le modèle multiattributs suscite des questions de recherche importantes dans le contexte de l'analyse des préférences des consommateurs. Ainsi, s'il s'agit de comprendre comment les consommateurs, dans un marché donné, établissent leurs préférences entre différentes marques concurrentes, le modèle suggère de répondre aux questions suivantes :

➤ Quels sont les attributs déterminants pour cette catégorie de produits ?

➤ Quelle importance les consommateurs accordent-ils à ces attributs ?

➤ Quelle perception ont les consommateurs des quantités d'attributs qu'offrent les différentes marques ?

➤ Quelles marques sont perçues comme offrant une plus grande quantité des attributs les plus importants ?

Avant d'avoir réfléchi au problème et avant même d'avoir rencontré les décideurs, le chercheur qui utilise le modèle multiattributs pour structurer le problème de recherche a déjà quelques pistes intéressantes à explorer. Les questions que suggère le modèle lui permettent d'entamer la formulation du problème de recherche avec des idées préliminaires concernant les informations importantes à recueillir.

Le modèle de la hiérarchie des effets

Un autre modèle très connu en marketing est le modèle de la hiérarchie des effets. Ce modèle présente les diverses étapes que doivent franchir les consommateurs, depuis l'ignorance de l'existence d'une marque jusqu'à l'achat. Comme son nom l'indique, le modèle conçoit ces étapes comme une hiérarchie : avant de passer à une étape donnée, il faut avoir franchi les étapes précédentes[4]. Ce modèle est illustré à la figure 2.2.

Considérons le cas d'un chercheur en marketing à qui l'on a demandé de concevoir une recherche afin d'identifier les raisons pour lesquelles une marque, récemment introduite sur le marché, n'atteint pas les objectifs de ventes. Le modèle de la hiérarchie des effets suggère plusieurs questions de recherche pertinentes :

➤ Les consommateurs savent-ils qu'une nouvelle marque a été introduite ?

---

4. Le modèle de la hiérarchie des effets peut aussi être vu comme une application d'un processus markovien. Dans ce type de processus, la réalisation de chaque étape est probabiliste et dépend de la réalisation des étapes antérieures. Voir à ce sujet l'article suivant : W. J. McGuire, « An Information-Processing Model of Advertising Effectiveness », *Behavioral and Management Science in Marketing*, H. L. Davis et A. J. Silk (s. la dir. de), New York, John Wiley & Sons, 1978, p. 156-180.

FIGURE 2.2 **Le modèle de la hiérarchie des effets**

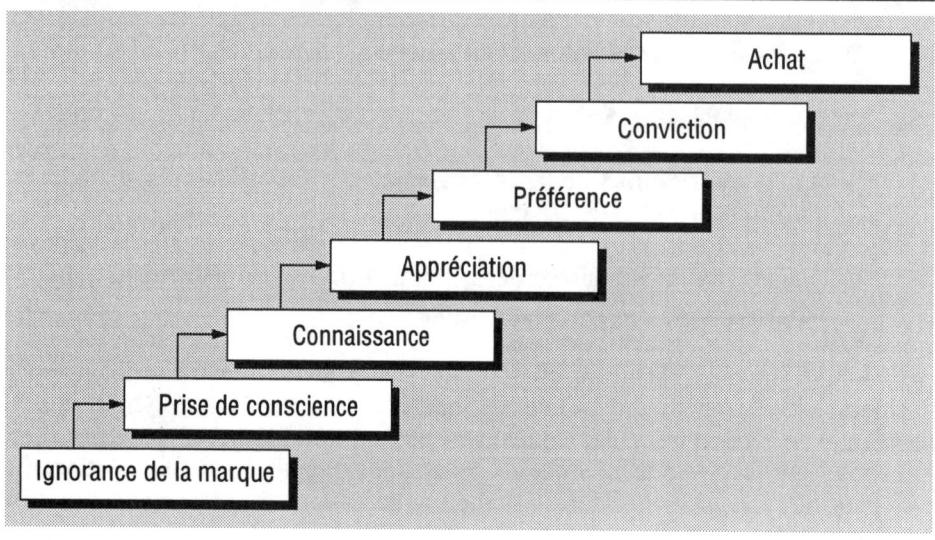

Source: R. J. Lavidge et G. A. Steiner, «A Model for Predictive Measurement of Advertising Effectiveness», *Journal of Marketing*, vol. 25, 1961, p. 59-62.

Ont-ils vu ou entendu la publicité pour la nouvelle marque ?

Connaissent-ils les attributs de la marque ?

La marque est-elle disponible dans les magasins ?

Que pensent les consommateurs de la marque ? L'aiment-ils ?

Préfèrent-ils d'autres marques à la nouvelle marque ? Si oui, lesquelles et pourquoi ?

Ont-ils l'intention d'essayer la nouvelle marque ? Si non, pourquoi ?

Ont-ils l'intention d'acheter de nouveau la marque ? Si non, pourquoi ?

Ces questions constituent un bon point de départ pour définir le problème de recherche. En utilisant les approches définies auparavant (rencontres avec les décideurs, des personnes-ressources et des acheteurs, recherche documentaire), le chercheur peut dresser une liste plus complète des informations nécessaires pour la recherche.

Un modèle explicatif de la performance dans la vente

Notre troisième et dernier modèle touche le domaine de la vente. Étant donné que plusieurs entreprises utilisent une équipe de vente pour promouvoir leurs produits et services, il est d'intérêt pour celles-ci de connaître les facteurs qui influencent la performance des vendeurs qui composent l'équipe de vente. Le modèle présenté à la figure 2.3 offre un ensemble de propositions à ce sujet.

La performance du vendeur est le concept central dans ce modèle. Elle est influencée directement par les variables individuelles (par exemple, l'expérience), organisationnelles (comme la qualité de la supervision) et environnementales (notamment le potentiel du territoire). La performance dépend aussi de la motivation du vendeur, de ses habiletés, de ses aptitudes (par exemple, la communication) et des perceptions qu'il entretient au regard de son rôle dans l'organisation. Le niveau de performance entraîne des conséquences positives (comme une augmentation de salaire) ou négatives (notamment des critiques de

FIGURE 2.3 Un modèle des déterminants de la performance des vendeurs

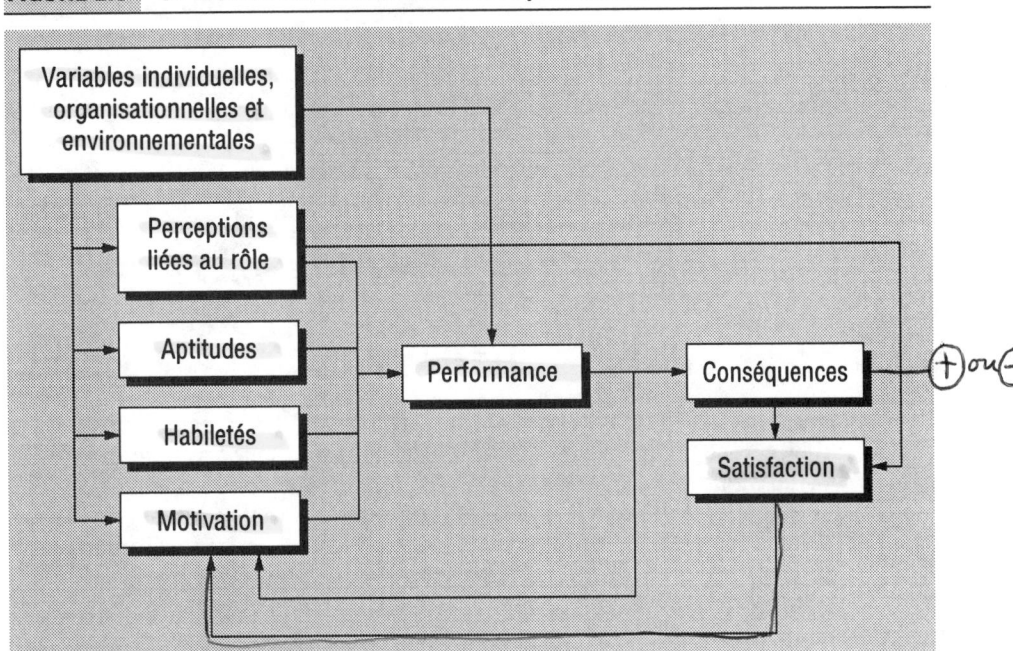

Source : G. A. Churchill Jr, N. M. Ford et O. C. Walker, *Sales Force Management*, 4ᵉ éd., Homewood, IL, Irwin, 1993, p. 373.

la direction) qui ont un effet sur la satisfaction au travail. Par ailleurs, la satisfaction modifie la motivation du vendeur dans l'accomplissement de ses activités.

Dans le contexte d'une recherche en marketing portant sur les moyens à envisager pour augmenter la productivité de l'équipe de vente, le modèle que nous venons d'examiner suggère plusieurs questions importantes:

- Quels sont les facteurs individuels, organisationnels et environnementaux qui semblent influencer la performance des vendeurs?

- Les vendeurs perçoivent-ils leur rôle dans l'organisation de façon ambiguë? Si oui, cela a-t-il des effets sur leur performance?

- Quel est le niveau de motivation des vendeurs? Quelle satisfaction retirent-ils de leur travail?

- La performance des vendeurs entraîne-t-elle des conséquences positives? Y a-t-il lieu d'envisager un nouveau système de récompenses?

- Des moyens existent-ils pour favoriser le développement des habiletés dans la vente et pour s'assurer que les personnes que l'on recrute possèdent les aptitudes requises pour devenir de bons vendeurs?

Le modèle présenté à la figure 2.3 est fort instructif et les questions qu'il suscite sont nombreuses. Il appartient au chercheur de définir celles qui semblent les plus appropriées dans le contexte de la recherche en marketing qu'il entreprend.

L'utilisation des modèles de marketing

Trois approches de base peuvent être rattachées à l'utilisation de modèles de marketing dans un projet de recherche.

1. *Construire son propre modèle.* Nous avons déjà évoqué cette possibilité auparavant. Dans certaines situations, il est possible que le chercheur ne puisse pas trouver un modèle qui convienne à son problème et qu'il décide alors de modéliser lui-même les phénomènes auxquels il doit faire face. Cette approche est sensée, mais elle peut s'avérer difficile. Il est plus simple de calibrer un modèle existant que d'en construire un nouveau. La construction d'un modèle de marketing est une tâche complexe qui requiert une grande connaissance des phénomènes que l'on cherche à expliquer, de même que des habiletés particulières, telles que l'esprit de synthèse, la créativité et le sens de l'organisation. De plus, il

est toujours possible que le chercheur «réinvente la roue» et aboutisse à un modèle semblable à un autre.

2. *Utiliser tel quel un modèle existant.* Cette option comporte deux avantages principaux. D'abord, le chercheur économise du temps en évitant les efforts, parfois importants, associés à la construction d'un modèle. Ensuite, les modèles que l'on peut trouver dans les écrits sur le marketing ont souvent fait l'objet de tests empiriques. Le chercheur peut consulter ces études et juger de la valeur du modèle qu'il compte utiliser[5].

3. *Adapter un modèle existant au contexte de la recherche.* Cette adaptation peut se faire de plusieurs façons.

   a) Il est possible de n'utiliser qu'une partie d'un modèle. Par exemple, un chercheur dont l'étude porte sur l'équipe de vente pourrait se concentrer uniquement sur les relations entre la performance, la motivation et la satisfaction des vendeurs (figure 2.3, page 37).

   b) On peut enrichir un modèle en lui ajoutant des éléments jugés importants. Ainsi, on pourrait faire intervenir l'intérêt des consommateurs envers la catégorie de produit (par exemple, l'importance qu'ils accordent à l'achat du produit) comme une variable additionnelle dans le modèle multiattributs, l'hypothèse étant que les consommateurs peu intéressés fondent leur évaluation sur des attributs plus superficiels (comme la publicité et l'emballage) et qu'ils sont moins analytiques que les consommateurs fortement intéressés.

   c) On peut transformer le modèle en modifiant ses composantes ou les relations entre ses composantes. Par exemple, un chercheur pourrait envisager des séquences différentes entre les étapes du modèle de la hiérarchie des effets telle la possibilité que certains consommateurs achètent la marque sans la connaître ni l'avoir évaluée.

   d) L'adaptation d'un modèle peut être beaucoup plus radicale. Il est possible d'emprunter la structure logique d'un modèle et d'en

---

5. Les publications qui présentent des modèles de marketing étant très nombreuses, il serait trop long ici d'en faire la liste. Le lecteur peut consulter les diverses revues spécialisées en marketing. Parmi les plus utiles, on trouve les suivantes : *Journal of Marketing, Journal of Marketing Research,* publiées par l'American Marketing Association ; *Recherche et applications en marketing,* publiée par l'Association française du marketing ; *International Journal of Research in Marketing,* publiée par l'European Marketing Academy. Des modèles de marketing sont souvent discutés dans des ouvrages de référence. Par exemple, des modèles portant sur les comportements de consommation sont présentés dans l'ouvrage de W. L. Wilkie, *Consumer Behavior,* 3e éd., New York, John Wiley & Sons, 1994. Il existe aussi des volumes qui se consacrent exclusivement à la présentation de modèles de marketing, comme celui-ci : G. Lilien, P. Kotler et S. Moorthy, *Marketing Models,* Englewood Cliffs, NJ, Prentice-Hall, 1992. Enfin, le lecteur trouvera une discussion intéressante sur la modélisation des phénomènes de marketing dans l'ouvrage de G. Zaltman, K. LeMasters et M. Heffring, *Theory Construction in Marketing : Some Thoughts on Thinking,* New York, John Wiley & Sons, 1982.

construire un nouveau par analogie. Ainsi, le modèle des déterminants de la performance des vendeurs présenté à la figure 2.3 a été conçu pour être utilisé dans un contexte de gestion d'une équipe de vente. N'est-il pas possible d'appliquer ce modèle à d'autres contextes d'explication de la performance individuelle, par exemple à la carrière ou aux relations interpersonnelles?

Les dangers des modèles

Avant de terminer ce chapitre, nous tenons à présenter quelques mises en garde relatives à l'utilisation des modèles pour la recherche en marketing.

Un modèle n'est pas la réalité

Dans les pages précédentes, nous avons tenté de montrer l'utilité des modèles dans la structuration des problèmes de recherche en marketing. Un modèle offre une explication parcimonieuse et synthétique d'un phénomène ou d'une situation. Il ne dit pas tout; il constitue une représentation simplifiée de la réalité. Le chercheur doit toujours garder à l'esprit qu'un modèle est un calque plus ou moins précis d'une réalité beaucoup plus complexe.

Un modèle est contraignant

Un chercheur qui utilise un modèle afin de structurer un problème de recherche est naturellement porté à se limiter aux aspects du problème dont tient compte le modèle. Un modèle constitue *une* approche possible pour représenter le problème. Le chercheur doit être capable d'aller au-delà de cette représentation nécessairement limitative.

Le modèle n'est pas le problème

Les modèles de marketing servent à préciser les problèmes de recherche. Le chercheur doit trouver ou construire un bon modèle pour le problème qui le préoccupe, et non l'inverse. Le problème ne doit pas être adapté au modèle; c'est plutôt le modèle qui doit convenir au problème. Malheureusement, plusieurs chercheurs ont tendance à s'enticher des modèles qu'ils ont conçus et à appréhender les problèmes de marketing uniquement à travers ces lunettes partielles. Il ne faut pas être l'esclave des modèles.

RÉSUMÉ

La formulation du problème de recherche est l'étape la plus importante du projet de recherche. Le chercheur doit y consacrer tous les efforts nécessaires. Formuler un problème de recherche consiste à transformer le problème de marketing en un problème de recherche. Plus précisément, cela sous-entend: 1) de définir correctement le problème de marketing; 2) d'établir les options qui s'offrent aux décideurs et de dresser la liste des informations pertinentes à la prise d'une décision éclairée; 3) d'établir la pertinence de chaque information; 4) de formuler le problème dans un énoncé général. Ces étapes s'accomplissent par le biais de rencontres avec les décideurs, des personnes-ressources et des acheteurs, par l'étude de cas extrêmes et par une recherche documentaire.

Dans certaines situations, le problème de recherche peut être structuré à l'aide d'une représentation simplifiée qu'on appelle un modèle. Un modèle peut constituer le point de départ de la définition du problème de recherche. Il permet de poser des questions qui orienteront la collecte des informations.

Le chercheur peut construire son propre modèle, emprunter directement un modèle existant ou encore en adapter un à la situation qui est sienne. Dans tous les cas, il importe de se rappeler qu'un modèle n'est pas la réalité, qu'il contraint le chercheur à l'intérieur d'une structure rigide et qu'il doit être approprié au problème de recherche.

Questions de révision

1. Qu'est-ce qui distingue un problème de marketing d'un problème de recherche en marketing ?

2. Quelles sont les étapes à franchir pour transformer un problème de marketing en un problème de recherche ?

3. Quelles approches le chercheur en marketing peut-il employer pour faciliter la formulation du problème de recherche ?

4. Pourquoi les décideurs ont-ils de la difficulté à définir les problèmes de marketing auxquels ils ont à faire face ?

5. Montrez l'intérêt de chacun des modèles de marketing suivants pour structurer un problème de recherche :

   a) Le modèle multiattributs.

   b) Le modèle de la hiérarchie des effets.

   c) Le modèle explicatif de la performance dans la vente.

6. Quelles approches de base peuvent être rattachées à l'utilisation des modèles de marketing dans un projet de recherche ? Quels sont les avantages et les inconvénients de chacune ?

7. Quels sont les dangers associés à l'utilisation des modèles pour appréhender les problèmes de marketing ?

Exercices et sujets de réflexion

1. Lors de la formulation d'un problème de recherche en marketing, quels sont les avantages et les inconvénients d'utiliser les vendeurs comme personnes-ressources?

2. Comment un chercheur peut-il faire un choix approprié entre deux modèles qui présentent des visions différentes d'un même phénomène de marketing? Comment juge-t-on de la valeur d'un modèle pour résoudre un problème de marketing donné?

3. Quelle est la part de créativité dans la formulation d'un problème de recherche en marketing? Comment le chercheur peut-il stimuler sa créativité à l'étape de la formulation du problème?

4. Une entreprise de transport en commun vous approche pour réaliser une enquête sur la satisfaction de ses clients. Afin de formuler adéquatement le problème de recherche et d'identifier les informations à recueillir, vous consultez diverses études qui traitent de la satisfaction des consommateurs. Vous y apprenez entre autres que les consommateurs forment des attentes vis-à-vis des caractéristiques des produits de consommation. La qualité, le coût avantageux et la durabilité constituent des exemples d'attentes. Par la suite, les consommateurs comparent ces attentes avec les perceptions qu'ils ont de la performance des produits, une fois ceux-ci en leur possession. Les écarts entre leurs attentes et leurs perceptions expliqueraient la satisfaction ou l'insatisfaction des consommateurs.

   Les études montrent aussi que l'effet des écarts sur la satisfaction dépend des caractéristiques des consommateurs (âge, sexe, personnalité, fidélité envers la marque ou le magasin, etc.) et de divers facteurs situationnels (par exemple, l'humeur du consommateur ou le degré de responsabilité perçue).

   Construisez un modèle qui met en évidence les facettes importantes de la satisfaction des consommateurs et qui est pertinent pour la recherche que vous devez réaliser. Quelles questions de recherche votre modèle suggère-t-il? De quelles autres informations auriez-vous besoin pour ce problème de recherche?

5. Le conseil municipal d'une ville du Québec a décidé de ne pas renouveler la subvention annuelle accordée habituellement aux promoteurs du Festival d'été de la carotte, à moins qu'une recherche ne démontre que le festival a des retombées économiques et sociales qui justifient les montants investis par la ville.

   Élaborez une démarche afin de montrer comment vous vous y prendriez pour définir le problème de recherche. Quelles sont, selon vous, les informations à recueillir pour ce problème de recherche?

Les données secondaires et la recherche qualitative

Introduction

La recherche en marketing est souvent associée à la collecte de données au moyen d'enquêtes (ou sondages) effectuées auprès de consommateurs. Cette perception n'est pas tout à fait fausse, car l'enquête est en effet une méthode de recherche fort utilisée en marketing. Cependant, la méthodologie de la recherche en marketing ne se limite pas à cette seule méthode. Elle comprend un ensemble de méthodes qui définissent de quelle façon les informations de la recherche seront obtenues.

Ce chapitre est le premier de deux chapitres portant sur les méthodes de recherche en marketing. Dans un premier temps, nous distinguerons les données secondaires des données primaires, en insistant sur l'importance de faire une recherche exhaustive des données secondaires pertinentes pour le problème de recherche avant de procéder à la collecte des données primaires. Par la suite, nous examinerons les méthodes de recherche qualitatives couramment utilisées en marketing, soit l'entrevue de groupe, l'entrevue individuelle en profondeur et les techniques dites projectives.

LA RECHERCHE DES DONNÉES SECONDAIRES

On groupe sous l'appellation de **données secondaires** les données qui ont été recueillies par des personnes ou des organismes autres que le chercheur, généralement à des fins différentes de celles poursuivies par le chercheur, et qui s'avèrent pertinentes pour le projet de recherche. Elles doivent être distinguées des **données primaires** qui sont des données originales produites par le chercheur spécifiquement pour les objectifs de la recherche.

Illustration

Voyons de façon concrète comment peuvent être utilisées les données secondaires. Supposons qu'un chercheur veuille évaluer le potentiel de marché *relatif* pour un nouveau produit de consommation courante à Montréal et à Québec. Il décide d'examiner les données statistiques concernant la population, les ventes au détail et les revenus disponibles de ces deux zones métropolitaines. Ces statistiques, tirées de la publication *Canadian Markets 1994,* sont présentées au tableau 3.1.

TABLEAU 3.1 Un exemple d'utilisation de données secondaires :
l'estimation des potentiels de marché relatifs

Montréal		
1. *Population*		
▓ En milliers d'habitants	:	3 280,4
▓ Pourcentage du Canada	:	11,51 %
2. *Ventes au détail*		
▓ En millions de dollars	:	24 607,6
▓ Pourcentage du Canada	:	11,97
3. *Revenus personnels*		
▓ En millions de dollars	:	59 193,6
▓ Pourcentage du Canada	:	11,60
4. *Combinaison linéaire*		
(0,2 x 11,51) + (0,3 x 11,97) + (0,5 x 11,60) = **11,69**		
Québec		
1. *Population*		
▓ En milliers d'habitants	:	679,1
▓ Pourcentage du Canada	:	2,38 %
2. *Ventes au détail*		
▓ En millions de dollars	:	4 984,0
▓ Pourcentage du Canada	:	2,43
3. *Revenus personnels*		
▓ En millions de dollars	:	11 844,8
▓ Pourcentage du Canada	:	2,32
4. *Combinaison linéaire*		
(0,2 x 2,38) + (0,3 x 2,43) + (0,5 x 2,32) = **2,37**		

Le chercheur peut se faire une idée du potentiel de marché relatif pour le produit en combinant ces données. L'arrangement réalisé ici est une **combinaison linéaire**, qui consiste à faire une somme des données statistiques pondérées selon leur importance. Dans cette illustration, nous utilisons une combinaison linéaire des pourcentages de la population, des ventes au détail et des revenus disponibles par rapport au Canada. Cette combinaison linéaire accorde le poids le plus important au pourcentage de revenus disponibles (0,5), suivi du pourcentage de ventes au détail (0,3) et de celui de la population (0,2). Cette pondération est celle qu'utilisent les analystes de la revue américaine *Sales and Marketing*

Management pour obtenir les indices de pouvoir d'achat relatifs des villes, zones métropolitaines et régions du Canada et des États-Unis. Le chercheur pourrait opter pour une combinaison différente, selon la nature du nouveau produit dont il cherche à estimer le potentiel relatif.

On peut remarquer au tableau 3.1 que le potentiel de marché (ou pouvoir d'achat) estimé de la ville de Montréal est presque cinq fois (11,69/2,37 = 4,93) plus grand que celui de la ville de Québec. Cette information constitue une première approximation des différences auxquelles on peut s'attendre en ce qui regarde les ventes du nouveau produit dans les deux villes. De plus, l'information permet de définir une règle approximative de répartition des efforts de marketing entre les deux villes. Par exemple, à la lumière de ces données, un responsable du marketing serait tenté d'utiliser cinq fois plus de vendeurs à Montréal qu'à Québec et d'y dépenser cinq fois plus en publicité.

L'intérêt des données secondaires

L'illustration précédente montre l'utilité des données secondaires pour la recherche en marketing. Les données secondaires, comme celles qui sont contenues dans la publication *Canadian Markets*, sont généralement faciles à obtenir et peu coûteuses, comparativement aux données primaires dont la collecte peut être longue et entraîner des coûts importants. Comme nous le verrons dans les lignes qui suivent, la facilité d'obtention et les coûts ne sont pas les seules raisons qui expliquent l'intérêt des données secondaires pour la recherche en marketing.

1. *Certains problèmes peuvent difficilement être abordés autrement que par une recherche de données secondaires.* Considérons le fait d'évaluer la possibilité de construire un nouvel hôtel dans une ville à vocation touristique. Pour ce problème, il n'est pas réaliste d'envisager une enquête auprès de la clientèle touristique éventuelle, étant donné la difficulté de situer cette clientèle. Le chercheur optera plutôt pour une recherche de données secondaires pertinentes : le taux moyen d'occupation des hôtels de la ville, le nombre de touristes qui visitent la ville chaque année, le pourcentage de touristes qui logent dans un hôtel et la durée moyenne de leur séjour, le nombre de chambres d'hôtel disponibles dans d'autres villes semblables par rapport au potentiel touristique, etc. Si ces données peuvent être trouvées, elles serviront à établir une prévision de la demande pour des chambres d'hôtel en fonction de l'offre actuelle.

2. *Les données secondaires facilitent la formulation du problème de recherche.* La formulation du problème a fait l'objet du chapitre 2. Lorsque le chercheur a de la difficulté à définir les informations nécessaires pour la prise de décision, une recherche de données secondaires peut l'aider. Par exemple, s'il s'agit de comprendre pourquoi le chiffre d'affaires d'une entreprise a diminué, il serait important de vérifier si des études portant sur le secteur dans lequel évolue l'entreprise sont disponibles.

3. *Les données secondaires facilitent la collecte des données primaires.* Par exemple, la sélection d'un échantillon de consommateurs peut se faire à l'aide de la liste électorale disponible à l'hôtel de ville. Des organismes comme les chambres de commerce et les maisons régionales de l'industrie produisent parfois des répertoires industriels et commerciaux qui peuvent servir à la sélection d'un échantillon d'entreprises pour une enquête.

4. *Les données secondaires peuvent éviter des efforts inutiles.* Imaginez la frustration d'un chercheur qui vient de terminer une collecte de données auprès d'une centaine de personnes âgées afin d'identifier leurs besoins en matière de loisirs et qui constate qu'une enquête nationale sur le même sujet a déjà été effectuée et est disponible pour consultation. Cet exemple véridique montre l'importance de procéder à une recherche exhaustive des données secondaires dans tout projet de recherche en marketing. Dans certains cas, les résultats de cette recherche peuvent mener à la décision de ne pas procéder à la collecte de données primaires (dans l'exemple qui précède, les résultats des deux études étaient à peu près identiques).

L'importance d'une démarche systématique

Il existe une grande quantité de données secondaires qui sont pertinentes pour la recherche en marketing. Plutôt que d'en faire une liste[1], nous allons commenter brièvement un exemple réel d'une démarche développée et utilisée par un chercheur en marketing à l'emploi d'une firme de conseil québécoise[2]. Les étapes de la démarche sont présentées au tableau 3.2. Notons qu'un plan

---

1. Voir l'ouvrage de J. Perrien, E. J. Chéron et M. Zins, *Recherche en marketing*, Chicoutimi, Gaëtan Morin, 1983, chap. 3 pour une liste détaillée des sources de données secondaires au Québec et au Canada. La plupart des volumes de référence canadiens en marketing présentent une discussion des sources de données secondaires. Voir, par exemple, l'ouvrage de M. D. Beckman, D. L. Kurtz et L. Boone, *Foundations of Marketing*, 5e éd. canadienne, Toronto, Holt, Rinehart and Winston, 1992.

2. Le tableau 3.2 est une adaptation d'une démarche employée par Marc Dion, M. Sc., alors qu'il était conseiller en marketing pour la firme Mallette, Major, Martin à Montréal.

TABLEAU 3.2 Un exemple d'une procédure systématique de recherche
de données secondaires

1. Consulter la liste des études internes de la firme.

2. Industrie et Sciences Canada (MIS)
   2.1 Consulter la liste des renseignements commerciaux.
   2.2 Appeler le service aux entreprises.
   2.3 Appeler la bibliothèque; tél.: (514) 283-7274.
   2.4 Consulter la liste des études «fiches du catalogue».
   2.5 Consulter le catalogue «vidéothèque».
   Tél. (Montréal): (514) 283-7970

3. Industrie, Commerce, Sciences et Technologie (MICST)
   3.1 Consulter le répertoire des publications.
   3.2 Consulter la liste des responsables de secteurs industriels.
   Tél.: (514) 982-3000

4. Autres centres de référence
   4.1 Statistique Canada; tél.: (800) 363-6720
   4.2 Bureau de la statistique du Québec;
       tél.: (800) 463-4090
   4.3 Centre de recherche industrielle du Québec (CRIQ);
       Tél.: (800) 463-3390
   4.4 Communication Québec; tél.: (800) 668-8889
   4.5 Les Publications du Québec; tél.: (800) 463-2100
   4.6 Bibliothèques des universités:
       UQAM   tél.: (514) 343-5965
       HEC   tél.: (514) 340-6220
       Laval   tél.: (418) 656-2008
       Sherbrooke   tél.: (819) 821-7557
   4.7 Quotidiens, revues, magazines:
       Les Affaires   tél.: (514) 842-6491
       Financial Post   tél.: (514) 845-5141
       Journal de Montréal tél.: (514) 521-4545
       Maclean-Hunter Business Publishing
       Canadian Business

5. Listes d'études disponibles
   - Findex   - Business Trend Analysts
   - Euromonitor Data   - Predicasts
   - The Information Catalog (FIND/SVP)

6. Banques de données informatisées
   - Dialog   - Data-Star
   - Infomart   - SDM
   - Discovery (MIS)   - CANSIM (Statistique Canada)

de recherche systématique comme celui qui est présenté ici permet d'augmenter grandement l'efficacité de la recherche des données secondaires.

Dans un premier temps, le chercheur effectue une recherche de données secondaires *internes*. Les données internes correspondent à des données disponibles à l'intérieur de l'organisation pour laquelle l'étude est réalisée : rapports comptables, résultats des ventes, études de la clientèle, etc. Dans notre exemple, il s'agit de consulter la liste des études déjà effectuées par la firme de conseil. Une recherche de données secondaires débute souvent par une collecte de données internes, parce que celles-ci sont plus facilement disponibles.

Le chercheur consulte ensuite différents centres de référence pour la collecte de données secondaires *externes*. Parmi ceux-ci, les agences et ministères gouvernementaux (MIS, MICST, Statistique Canada, Bureau de la statistique du Québec, etc.) constituent des sources de données secondaires très importantes. D'autres centres de référence utiles incluent les bibliothèques, les bureaux de recherche privés, les journaux et quotidiens ainsi que différentes organisations, telles que les chambres de commerce, les commissariats industriels et les maisons régionales de l'industrie. Pour chacune des sources à consulter, le chercheur indique le numéro de téléphone correspondant. Le plan de travail original, à partir duquel la démarche présentée au tableau 3.2 a été élaborée, comprenait en plus le nom des personnes à joindre.

L'étape suivante, dans le plan de travail du chercheur, consiste à examiner les études disponibles pouvant être achetées. Des firmes comme Predicasts Inc. ou FIND/SVP offrent aux entreprises des études de toutes sortes (tendances, prévisions) portant sur des catégories de produits, des secteurs industriels et des marchés[3]. Ces études peuvent être obtenues de façon ponctuelle ou sous forme d'abonnement.

La dernière étape de la démarche consiste à interroger différentes banques de données informatisées. De nos jours, les données secondaires sont la plupart du temps disponibles directement, à l'aide d'un terminal et d'un modem. Plutôt que de consulter un recueil de données ou un répertoire des études dont on peut disposer, il est souvent préférable d'interroger une banque de données informatisée, car une très grande variété de données bibliographiques, textuelles et numériques sont ainsi emmagasinées. En plus de la rapidité et de la facilité d'obtention des informations (la recherche se fait généralement à partir de mots clés), il est parfois possible de procéder à des analyses à même la banque de données consultée (regroupement des données, analyses statistiques).

---

3. Le *Marketing News Marketing Yellow Pages and International Directory of the American Marketing Association*, publié annuellement par l'American Marketing Association, présente les noms et adresses des firmes canadiennes et américaines qui se spécialisent dans la production de telles études.

La démarche présentée au tableau 3.2 a été longuement mûrie. Après plusieurs expériences de recherche de données secondaires dans le cadre de projets de recherche en marketing variés, le chercheur a mis au point une méthode personnelle qui s'est avérée efficace. D'autres personnes pourraient envisager la recherche de données secondaires autrement, quoique les étapes que nous ayons commentées soient assez générales. Ce qu'il faut surtout retenir de cette discussion, c'est l'importance d'aborder le problème de recherche de données secondaires de façon systématique. Sans un plan de travail bien défini, le chercheur risque de passer à côté d'informations pertinentes pour la recherche, ce qui peut nuire significativement au bon déroulement du projet de recherche et diminuer la valeur des résultats en bout de ligne.

Quelques conseils

Le premier conseil, et sans doute le plus important, c'est bien sûr de ne pas entreprendre une collecte de données primaires sans avoir effectué d'abord une recherche de données secondaires. Dans certains cas, cette recherche peut s'avérer difficile parce que les informations sont rares. Ainsi, il peut être ardu d'obtenir des données concernant un produit radicalement novateur. Parfois, les données sont trop nombreuses et le chercheur doit être capable de juger de leur pertinence et de leur valeur afin de choisir celles qui conviennent pour le projet. Dans tous les cas, il importe d'être patient, persistant et vigilant.

Ensuite, bien des difficultés liées à la collecte des données secondaires disparaissent lorsqu'on a la possibilité de travailler avec des gens compétents. Les centres de documentation emploient généralement des personnes ayant une connaissance approfondie des éléments suivants :

1. La procédure de recherche de données secondaires (utilisation de répertoires, de banques de données informatisées, etc.).
2. Les sources (Statistique Canada, ministères, bureaux privés, etc.).
3. Les domaines de recherche (commerce de détail, population, industries de haute technologie, etc.).

Il ne faut pas hésiter à demander de l'aide à ces personnes.

Enfin, le chercheur doit être attentif à la qualité des données secondaires recueillies. Les considérations les plus importantes sont l'*exactitude* (les données ont-elles été produites à l'aide de méthodes appropriées ?), la *récence* (les données sont-elles encore valables au moment de la collecte ?), le *format* (les unités de mesure et les classifications utilisées sont-elles adéquates ?) et la *couverture* (les données incluent-elles les principales facettes définissant l'objet de la recherche?). Même s'il n'est pas toujours facile de porter un jugement sur ces différents aspects, le chercheur doit être conscient que les données secondaires parfaites, c'est-à-dire pertinentes, précises, récentes et complètes, n'existent tout simplement pas.

LA RECHERCHE QUALITATIVE

Nous commençons notre présentation des méthodes associées à la collecte des données primaires par une discussion de la recherche qualitative. Par «qualitative», on entend que ce type de recherche est largement, mais pas uniquement, non numérique, fondé davantage sur la qualité ou la nature des phénomènes étudiés que sur leur description à l'aide de nombres. Contrairement à la recherche quantitative qui favorise plutôt l'utilisation de méthodes rigides de collecte des informations et qui conduit à des interprétations relativement objectives des résultats, la recherche qualitative est caractérisée par une grande souplesse dans la façon d'obtenir les informations désirées et par une participation importante du chercheur à l'interprétation des résultats.

À titre d'illustration, considérons le cas d'un chercheur voulant étudier l'effet d'un éventuel déménagement d'une librairie sur la clientèle. Une approche quantitative de ce problème pourrait être de poser la question suivante à un échantillon de clients actuels: «Êtes-vous pour ou contre le déménagement de cette librairie à *(futur site)* ?», avec comme réponses possibles, «pour» et «contre». De cette façon, le chercheur pourrait estimer la proportion de clients qui sont en faveur du déménagement et la proportion de ceux qui s'y opposent. Ici, les informations recueillies sont définies strictement par les réponses permises à la question posée. Les proportions constituent les résultats (numériques) de l'étude et leur interprétation est relativement claire.

Par ailleurs, on pourrait adopter une approche qualitative au regard de ce problème en demandant à quelques clients d'inventer une suite à l'histoire suivante:

> Un bon matin, Jill ouvre le journal et apprend par une annonce que sa librairie habituelle, *(nom de la librairie)*, a déménagé à *(futur site)*. Apprenant cette nouvelle, Jill... [*écrivez la suite*]

Comme on le voit, l'approche qui consiste à demander de raconter une histoire (une variante des **techniques projectives** dont il sera question plus loin) est flexible dans la mesure où elle ne contraint pas la personne interrogée à un ensemble d'options de réponses prédéfinies. On suppose ici que la personne va projeter, consciemment ou non, ses opinions et sentiments dans l'histoire racontée. Les histoires recueillies devront être interprétées afin de déterminer l'effet du déménagement. Cette interprétation peut parfois être difficile. Par exemple, considérons la suite d'histoire suivante qui aurait pu être écrite par un client:

> Jill... *téléphone à sa mère pour l'informer du déménagement et lui proposer d'aller à la nouvelle librairie pour bouquiner un peu. Sa mère lui répond que c'est bien trop loin et qu'elles devraient plutôt se rendre toutes les deux dans une librairie concurrente, située plus près. «Après tout, lui dit-elle, une librairie en vaut bien une autre!» «Non, répond Jill, je préfère acheter mes livres dans ma librairie habituelle.» Après discussion, Jill décide d'accompagner sa mère à la librairie concurrente.*

Comment interpréter cette histoire? Quelle signification a-t-elle dans le contexte du problème de recherche? On pourrait prétendre ici que Jill, le personnage central de l'histoire, représente une cliente qui restera fidèle à la librairie malgré le déménagement. Cependant, Jill a changé d'idée à la fin de l'histoire et elle accompagne sa mère dans l'autre librairie. Le fait-elle uniquement pour lui faire plaisir ou parce qu'elle est convaincue qu'une librairie en vaut une autre? Difficile à dire à partir de l'histoire. Par ailleurs, il est possible que ce ne soit pas Jill qui symbolise l'opinion du narrateur, mais bien la mère. Dans ce cas, cette histoire pourrait signifier que le déménagement entraînera une modification dans les habitudes de magasinage.

Cet exemple illustre bien les avantages et les inconvénients de la recherche qualitative. D'une part, les informations recueillies sont plus détaillées, plus riches de signification. Elles sont obtenues en laissant à la personne interrogée une grande liberté et elles ne sont pas synthétisées aisément par des nombres. D'autre part, la quantité d'informations provenant de la recherche qualitative peut être considérable, ce qui contraint le chercheur à limiter le nombre de participants et touche ainsi la généralité des résultats. L'analyse et l'interprétation de ces informations ne sont pas non plus toujours évidentes. En recherche qualitative, il est en effet plus facile de s'entendre sur ce qu'une personne a dit ou écrit que sur la signification de ces informations. Enfin, il faut savoir que les gens interrogés n'ont pas tous la même facilité à exprimer leurs idées, oralement ou par écrit, et que la qualité des informations recueillies dépend du niveau de stimulation provoqué par le contexte de l'étude (par exemple, une histoire dans ce cas-ci).

Quatre façons d'envisager la recherche qualitative

La recherche qualitative en marketing peut être considérée sous quatre aspects. Premièrement, la recherche qualitative peut servir de *prélude à la recherche quantitative*. Dans ce cas, les informations engendrées par la recherche qualitative servent d'intrants à une recherche plus structurée qui implique généralement un plus grand nombre de participants.

> **Exemple:**
>
> On a demandé à un chercheur en marketing de réaliser une étude permettant de positionner les différentes marques de shampooing disponibles sur le marché. Il s'agit en fait de définir les attributs qu'utilisent les consommateurs pour comparer les marques de shampooing et d'évaluer la position des marques par rapport à ces attributs. Avant d'entreprendre l'étude, le chercheur rencontre individuellement une dizaine de consommateurs et les interroge, de façon informelle, sur les marques de shampooing qu'ils utilisent ou ont déjà utilisées, afin de connaître le vocabulaire employé dans les situations de consommation qui mettent en jeu ce produit. Ces informations lui permettent de construire le questionnaire dont il se servira pour l'enquête.

Deuxièmement, la recherche qualitative peut servir de *substitut à la recherche quantitative*. Dans ce cas, le chercheur considère que ce type de recherche est préférable dans le contexte du problème de recherche qui le concerne.

> **Exemple:**
>
> Le chef d'un parti politique ayant été défait aux dernières élections veut connaître les raisons de cette défaite. Il joint une firme de conseil qui lui propose de mener une enquête téléphonique afin de mesurer les perceptions que les électeurs ont du parti. Un ami, spécialiste du marketing politique, lui fait remarquer que l'enquête n'est sans doute pas la meilleure méthode de recherche pour ce problème. Il lui fait valoir que le vote est un acte important pour la plupart des gens et qu'il repose sur des motivations personnelles qui ne peuvent être mises à jour par de simples questions posées par téléphone. Cet ami lui conseille plutôt d'aborder le problème par une recherche qualitative. Plus précisément, il s'agirait de réunir de 8 à 10 personnes ayant voté pour un parti adverse et de les faire discuter librement à propos de la politique, des partis, de leurs attentes, etc.

Troisièmement, la recherche qualitative peut servir de *moyen pour confirmer des résultats obtenus par une recherche quantitative*. Dans ce cas, on cherche à s'assurer que des résultats de recherche sont valables en vérifiant si une méthode de recherche très différente conduit à des résultats semblables. C'est ce qu'on appelle une procédure de **triangulation**.

> **Exemple:**
> Une étude est réalisée afin d'évaluer l'effet d'une campagne publicitaire ayant utilisé des panneaux-réclames (en anglais, *billboards*). Un grand nombre de consommateurs sont interrogés par téléphone à propos de cette campagne. On leur demande d'identifier la firme et le produit publicisés au moyen des questions suivantes: «Avez-vous vu les panneaux-réclames? Si oui, quel était le produit annoncé? Qui est le fabricant de ce produit»? L'analyse des résultats révèle que beaucoup de consommateurs ont vu les panneaux, mais que certains d'entre eux ont confondu l'annonceur avec un concurrent. Afin de vérifier si le problème de confusion est réel, on décide d'effectuer une recherche qualitative. Les panneaux-réclames de la campagne sont reproduits dans un petit format (21,6 cm x 27,9 cm); l'information qui permettrait d'identifier l'annonceur a été omise. On présente ces reproductions à des consommateurs en leur demandant de les compléter en y ajoutant toutes les informations qui leur semblent pertinentes.

Quatrièmement, la recherche qualitative peut servir à *enrichir les informations provenant d'une recherche quantitative*. Dans ce cas, la recherche qualitative vise à permettre une meilleure compréhension du phénomène étudié ou à illustrer concrètement certaines facettes du problème.

> **Exemple:**
> Une enquête est réalisée pour évaluer la satisfaction des clients d'une entreprise qui vend des téléphones cellulaires. Les questions posées portent sur l'emplacement de l'entreprise, la variété et la qualité des équipements offerts et le service à la clientèle. Pour mieux comprendre certains des problèmes perçus par la clientèle, on réunit une dizaine de clients insatisfaits. On leur demande de préciser les motifs de leur insatisfaction et de raconter les mésaventures qu'il ont vécues. Les données recueillies font l'objet d'une analyse et les résultats sont incorporés au rapport de recherche final.

La recherche qualitative est souvent définie par rapport aux aspects qui l'opposent à la recherche quantitative. Dans les quatre exemples qui précèdent, nous avons tenté de montrer que, selon la situation, la recherche qualitative sert aussi à appuyer, à renforcer, à compléter ou à enrichir la recherche quantitative. Dans les pages suivantes, nous décrivons les méthodes qualitatives les plus usuelles.

L'entrevue de groupe

Sans doute à cause de sa grande popularité auprès des chercheurs en marketing, l'entrevue de groupe est appelée la reine des méthodes qualitatives.

L'entrevue de groupe (en anglais, *focus group*) consiste à réunir autour d'une table 8 à 12 personnes dont les caractéristiques sont rattachées aux objectifs de la recherche et à les laisser discuter de thèmes liés au problème de recherche. L'entrevue est contrôlée par un animateur qui veille à son bon déroulement.

Organisation

Idéalement, l'entrevue a lieu dans une salle spécialement aménagée qui comprend une table avec des chaises confortables, un équipement permettant d'enregistrer la discussion (un magnétophone ou une caméra, par exemple), un lieu où les participants peuvent prendre des sandwichs et des rafraîchissements durant la pause ainsi qu'un faux miroir derrière lequel se trouvent des observateurs. Lorsqu'une telle salle n'est pas disponible, on peut conduire l'entrevue de groupe dans une simple salle pourvue d'une table et de chaises. L'animateur informe les participants de la présence des observateurs (le cas échéant), des conditions de rémunération[4], des objectifs et de la durée de la rencontre (entre 60 et 90 minutes).

Contenu

Les tâches à effectuer par les participants à une entrevue de groupe ne sont pas régies par des règles strictes. En général, on demande aux participants d'exprimer leurs opinions sur des sujets d'intérêt pour la recherche : évaluation d'un nouveau concept de produit ou de service, d'une nouvelle campagne publicitaire, comportements de consommation, suggestions de nouvelles utilisations d'un produit, etc. Ces opinions peuvent être obtenues de façon plus ou moins structurée. D'un côté, on peut opter pour un encadrement étroit des participants (par exemple, pour chaque thème discuté, on alloue une minute à chacun pour qu'il exprime son opinion et, à la fin, un vote est organisé). De l'autre côté, on peut laisser une grande liberté au groupe (par exemple, l'animateur pose une question et n'intervient pas dans la discussion). La plupart du temps, l'entrevue de groupe comprend des tâches diverses qui n'ont pas toutes le même degré de structuration.

Nous présentons au tableau 3.3 le plan d'une entrevue de groupe réalisée par une firme de conseil québécoise, portant sur le processus d'achat d'une automobile. Cette entrevue réunissait huit personnes ayant acheté récemment

---

4. La rémunération dépend en grande partie de la difficulté de recrutement des participants à l'entrevue de groupe. En général, les consommateurs adultes reçoivent entre 30 $ et 50 $ pour leur participation ; les enfants et les adolescents sont un peu moins rétribués. La rémunération est plus élevée lorsqu'il s'agit de professionnels comme des médecins, des ingénieurs, etc.

TABLEAU 3.3   Un exemple d'une entrevue de groupe

BLOC 1 :	**Tour de table – Informations générales** ▪ Démarches effectuées lors du processus d'achat ▪ Préférences quant à l'achat d'une voiture neuve ou d'occasion ▪ Irritations vécues lors du magasinage
BLOC 2 :	**Travail individuel** ▪ Énumération des marques d'automobiles connues ▪ Énumération des concessionnaires connus
BLOC 3 :	**Tour de table** ▪ Évocation spontanée des attributs importants à considérer pour le choix d'une automobile ▪ Évocation spontanée des attributs importants à considérer pour le choix d'un concessionnaire
BLOC 4 :	**Travail individuel** ▪ Ordonnancement des attributs (automobile et concessionnaire) évoqués à l'étape précédente selon leur importance
BLOC 5 :	**Tour de table – Généralités** ▪ Qu'est-ce qu'un « bon service » ? ▪ Qu'est-ce qu'un « bon vendeur » ?
BLOC 6 :	**Travail individuel** ▪ Questionnaire

Source : Gracieuseté de Stratagem Conseil

une voiture ou étant sur le point de le faire. Notons que les responsables de cette recherche ont jugé bon de faire alterner travail individuel structuré et discussion de groupe. La décision d'incorporer des tâches individuelles dans une entrevue de groupe est justifiée par la possibilité que des participants puissent imposer leurs opinions et ainsi biaiser les résultats. Selon la nature des informations désirées, le chercheur jugera s'il est opportun d'introduire des tâches individuelles. S'il s'agit de recueillir le plus grand nombre d'opinions ou d'idées possible (par exemple, les attributs importants à considérer lors de l'achat d'une automobile), il semble préférable de faire participer l'ensemble des participants. De cette façon, on mise sur l'effet de la stimulation provoquée par la discussion. Dans d'autres situations, le chercheur peut vouloir limiter les effets d'interaction entre les participants, afin de ne pas « contaminer » les opinions individuelles (par exemple, l'importance accordée à divers attributs lors de l'achat d'une automobile).

Participants

Les participants à l'entrevue de groupe doivent posséder des caractéristiques rattachées aux objectifs de la recherche. Ainsi, l'entrevue portant sur le processus d'achat d'une automobile (revoir le tableau 3.3) réunissait des consommateurs ayant fait récemment l'achat d'un véhicule ou étant sur le point d'en acheter un. Le recrutement des participants peut se faire de multiples façons : 1) par contact téléphonique (par exemple, à partir d'un annuaire) ; 2) par référence (notamment pour l'entrevue portant sur l'achat d'une automobile, des noms de clients ont été fournis par des vendeurs) ; 3) par la facilité (par exemple, joindre des amis ou des connaissances) ; 4) au moyen d'une liste de volontaires dressée à partir d'études antérieures. Quelle que soit la méthode utilisée, il semble préférable que les participants ne se connaissent pas et qu'ils ne soient pas des «professionnels» de l'entrevue de groupe.

Le nombre de participants se situe habituellement entre 8 et 12. D'une part, il est difficile de contrôler un groupe de plus de 12 personnes et, d'autre part, la dynamique de groupe risque de ne pas être efficace avec un trop petit nombre de participants. Il ne s'agit là que de prescriptions générales, car le nombre de participants à l'entrevue de groupe dépend de plusieurs facteurs tels la difficulté de recrutement, l'intérêt du sujet étudié (les sujets intéressants requièrent moins de participants), le temps dont on dispose pour l'entrevue (plus le temps est limité, moins on a besoin de participants) et le nombre d'entrevues de groupe qui ont été planifiées pour le projet.

Animation

L'animateur joue un rôle de première importance dans une entrevue de groupe. C'est lui qui a la responsabilité de stimuler la discussion sur les thèmes choisis et de s'assurer que tout se passe bien. Il doit être capable de faire face à toutes sortes de situations problématiques : groupe amorphe, participants qui prennent trop souvent la parole, discussion qui s'écarte du thème, insubordination, etc. L'animation d'une entrevue de groupe requiert des habiletés particulières telles la sociabilité (afin de créer des liens avec les participants et de les encourager à parler), l'ouverture d'esprit (pour faciliter la découverte d'idées nouvelles), l'écoute (afin de comprendre les signaux verbaux et non verbaux envoyés par les participants) et la débrouillardise (pour pouvoir réagir promptement aux problèmes qui surviennent).

Analyse

L'analyse de l'entrevue peut s'effectuer de plusieurs façons et engager différentes personnes. Dans la plupart des cas, l'animateur est responsable d'une partie ou de la totalité de l'analyse. Parfois, on demande aux observateurs ou même à des personnes n'ayant pas assisté à l'entrevue (par exemple, des spécialistes de l'analyse) d'y participer. Les données servant à l'analyse sont contenues principalement dans les enregistrements (ou leur transcription) et dans les notes prises par le modérateur durant l'entrevue.

L'analyse poursuit deux objectifs : *décrire* et *expliquer* le mieux possible les résultats de l'entrevue. La description implique d'abord de réduire la grande quantité d'informations qui sont disponibles en sélectionnant ce qui apparaît le plus important et en excluant ce qui est superflu. Par la suite, on doit organiser les données et les synthétiser de façon à mettre en évidence les résultats. À titre d'illustration, nous présentons au tableau 3.4 les résultats partiels de l'entrevue de groupe portant sur le processus d'achat d'une automobile (revoir le bloc 1 du tableau 3.3, page 59). Les démarches du processus d'achat évoquées par le groupe et leur fréquence de mention sont énumérées et intégrées en trois phases principales : évaluation sur le terrain, réflexion et recherche d'informations.

TABLEAU 3.4   Résultats partiels de l'entrevue de groupe

Quelles démarches avez-vous effectuées durant votre processus d'achat ?
a) Faire la visite de concessionnaires. ($n = 6$)
b) Réfléchir à ses besoins, laisser mûrir ses idées. ($n = 4$)
c) Se fier à ses expériences antérieures. ($n = 2$)
d) Regarder souvent les modèles et visiter les concessionnaires. ($n = 2$)
e) Lire la revue *Protégez-vous*. ($n = 2$)
f) Consulter la documentation sur les autos. ($n = 1$)
g) Demander conseil à ses amis. ($n = 1$)
h) Visiter le Salon de l'auto à Montréal. ($n = 1$)
i) Parler à des gens qui possèdent un modèle intéressant. ($n = 1$)
j) Faire un essai routier. ($n = 1$)

Synthèse	
▦ Évaluation sur le terrain	▦ Visiter des concessionnaires, examiner des modèles, procéder à un essai routier.
▦ Réflexion	▦ Penser à ses besoins, se remémorer ses expériences antérieures.
▦ Recherche d'informations	▦ Regarder la documentation, demander conseil, visiter le Salon de l'auto.

Source : Gracieuseté de Stratagem Conseil

Ainsi que le montre le tableau 3.4, il est utile de présenter et de synthétiser les informations essentielles tirées de l'entrevue de groupe dans des tableaux récapitulatifs qui apparaîtront dans le rapport de recherche. Ces résultats doivent être commentés et, lorsque cela est approprié, concrétisés au moyen d'extraits originaux (appelés «verbatims») de l'entrevue.

L'analyse ne se limite pas à la seule description des informations recueillies, car elle vise aussi à produire des explications relatives à ces informations. C'est la partie de l'analyse la plus difficile, car elle nécessite d'aller au-delà des données brutes et de se livrer à des conjectures concernant le ou les phénomènes étudiés. On est amené à se poser des questions comme celles qui suivent:

- Pourquoi l'essai routier n'a-t-il été mentionné que par une seule personne (voir le tableau 3.4, page 61)?

- N'est-ce pas là une démarche utile dans le cadre d'un achat aussi important?

- Les consommateurs craignent-ils qu'on leur refuse ce privilège?

Un examen plus attentif des commentaires des participants au sujet de ce point et d'autres sujets connexes peut suggérer des explications intéressantes. On peut tenter aussi d'en savoir plus long en consultant les résultats d'autres études ou en faisant une collecte d'informations additionnelles (par exemple, recueillir l'opinion de vendeurs d'automobiles).

En conclusion

L'entrevue de groupe est une méthode de recherche qualitative de grand intérêt en marketing. Elle peut produire, dans un temps relativement court, des informations très utiles pour le problème de recherche. On attribue son efficacité aux effets de l'interaction de groupe. L'entrevue de groupe fournit un cadre de recherche participatif qui contribue à mettre les personnes en confiance et les incite à partager leurs opinions et sentiments. Elle fournit aussi un environnement très stimulant du fait que les opinions individuelles se confrontent, s'enrichissent et se complètent.

Il faut comprendre cependant que cet environnement très particulier – une dizaine de personnes réunies autour d'une table qui discutent d'un sujet inhabituel – ne correspond pas à celui qui prévaut dans des situations de consommation ordinaires. Peut-on, par exemple, décrire et expliquer les comportements individuels à partir des informations recueillies dans une entrevue de groupe? Il n'y a pas de réponse satisfaisante à cette question. Le chercheur doit reconnaître les limites de cette méthode, spécialement lorsque la problématique de recherche est centrée sur des opinions, des sentiments et des comportements qui sont, de par leur nature, privés. Dans ce cas, il peut être plus approprié de procéder à des entrevues individuelles.

D'un point de vue pratique, on peut aussi s'interroger sur l'efficacité de l'entrevue de groupe comparativement à des entrevues conduites individuellement (par exemple, un groupe de 10 personnes contre 10 entrevues individuelles). Contrairement à ce qu'on pourrait croire, il n'est pas assuré que l'entrevue de groupe permette de recueillir plus d'informations ou d'idées nouvelles[5]. La décision d'utiliser l'entrevue de groupe doit tenir compte de la nature du problème de recherche, des avantages escomptés de la discussion de groupe, de la difficulté de recruter et de réunir des participants dans un même lieu, des facilités qui sont à la disposition du chercheur (notamment une salle, un animateur expérimenté) ainsi que des préférences des décideurs.

L'entrevue individuelle en profondeur

Certains problèmes de recherche qui touchent des aspects de la vie privée se prêtent mal à l'utilisation de l'entrevue de groupe (il en est ainsi pour ce qui est de l'utilisation du condom). Par ailleurs, il peut être difficile de convaincre certains types de personnes de participer à une discussion de groupe à cause d'un emploi du temps trop chargé ou d'une réticence naturelle à partager des opinions (ce peut être le cas des avocats et des acheteurs industriels). Dans ces situations, le chercheur optera plutôt pour des entrevues individuelles. Contrairement à l'entrevue de groupe, l'entrevue individuelle offre la possibilité d'établir un contact intime avec les participants et, de ce fait, elle permet de sonder plus profondément les motivations personnelles.

L'entrevue individuelle en profondeur (en anglais, *depth interview*) consiste en un entretien non structuré entre un intervieweur et un interviewé. D'une durée variable (30 minutes à 1 heure ou même plus), l'entrevue individuelle en profondeur vise à mettre à jour des sentiments, des motivations, des croyances et des comportements qui sont d'intérêt dans le cadre du projet de recherche. À cette fin, l'intervieweur peut utiliser différentes techniques d'entrevue destinées à mettre la personne en confiance, à la libérer de possibles inhibitions et à stimuler son imagination.

---

5. E. F. Fern, « The Use of Focus Groups for Idea Generation : The Effects of Group Size, Acquaintanceship, and Moderator on Response Quantity and Quality », *Journal of Marketing Research*, vol. 19, n° 1, 1982, p. 1-13. Selon certains, l'entrevue de groupe n'est pas une méthode idéale pour produire des idées nouvelles à cause de la tendance naturelle d'un groupe à se focaliser sur un ou des aspects spécifiques. Voir à ce sujet l'excellent article de B. J. Calder, « Qualitative Marketing Research », *Principles of Marketing Research*, R. P. Bagozzi (s. la dir. de), Cambridge, MA, Blackwell, 1994, p. 50-72.

Généralement, l'intervieweur procède à partir d'un plan d'entretien qui identifie des thèmes à examiner. Plutôt que d'être définis à l'avance, les aspects spécifiques rattachés à ces thèmes sont abordés au fur et à mesure que l'entrevue se déroule. L'intervieweur essaie d'obtenir des informations très complètes sur ces aspects en posant des questions qui incitent la personne à donner des explications détaillées. Son rôle est délicat, car il doit créer une relation intime avec la personne interviewée, l'encourager à explorer à fond les thèmes qui lui sont présentés, tout en évitant d'orienter les réponses.

À titre d'illustration, un extrait d'une entrevue individuelle en profondeur est présenté au tableau 3.5[6]. Le thème étudié dans cet extrait est la planification des vacances. La personne interviewée (S), une femme célibataire de 32 ans, raconte comment elle en vient à prendre une décision pour ses vacances. On note que le rôle de l'intervieweur (I) se limite à encourager la personne à verbaliser sa pensée ou à donner des explications additionnelles. Afin d'obtenir un maximum d'informations, l'intervieweur évite volontairement de formuler des questions pouvant être répondues simplement par oui ou par non[7]. Même s'il s'agit d'un court extrait, la quantité d'informations est impressionnante. En quelques minutes, l'interviewée fait état des difficultés qu'elle a à concilier son rôle de mère et de conjointe. Elle mentionne aussi son manque d'argent, ses problèmes de cœur, les conflits qu'elle vit avec ses amis et sa tendance à vouloir faire les choses à sa façon.

Cet extrait d'entrevue nous fait prendre conscience de la complexité du processus de planification des vacances pour cette personne et il montre la richesse des informations produites par l'entrevue en profondeur. Le défi qui se pose généralement avec cette méthode est d'arriver à synthétiser la grande quantité d'informations afin de dégager des interprétations utiles. Les difficultés de l'analyse expliquent en partie le fait que l'entrevue individuelle en profondeur soit moins populaire que l'entrevue de groupe auprès des chercheurs en marketing.

Les techniques projectives

L'entrevue de groupe et l'entrevue individuelle en profondeur sont des méthodes de recherche qualitatives qui utilisent principalement des questions directes adressées aux personnes pour obtenir les informations souhaitées. Cependant, lorsque les concepts étudiés sont difficiles à articuler ou que des barrières psychologiques ou sociales peuvent créer un blocage chez les participants,

---

6. Cet extrait provient d'une recherche réalisée par Richard Vézina, professeur de marketing à la Faculté d'administration de l'Université de Sherbrooke.
7. Une très bonne discussion de l'entrevue qualitative individuelle est présentée au chapitre 7 du volume suivant : M. Q. Patton, *Qualitative Evaluation Methods*, Newbury Park, CA, Sage Publications, 1980.

TABLEAU 3.5   Un extrait d'une entrevue en profondeur

> *L'été approche et vous avez besoin de prendre des vacances.*
> *Qu'arrive-t-il à partir du moment où vous constatez ce besoin et celui où vous prenez*
> *une décision et faites un choix ?*

S :   Donc, si je pense à prendre des vacances l'été prochain, je dois réfléchir au temps et à l'argent dont je dispose. Si je pense au temps, alors je dois m'interroger et voir le temps que j'ai pour ma fille et le temps que je peux avoir avec mon copain. Si je pense à l'argent, ça n'ira pas loin parce que je n'en ai pas. Alors, ce sera un voyage, ce sera des vacances avec un budget limité. Si je pense à des vacances pour moi, je vais penser à des vacances qui normalement... pas moi seule, ce sera avec des amis. Si je suis seule, alors je resterai à Québec, si c'est avec des amis alors nous irons quelque part, pas trop loin parce que je ne crois pas que je peux les sup- porter très longtemps. Si c'est avec ma fille, alors ce sera... Qu'est-ce que ça sera ? Ce ne sera pas des vacances pour faire du sport, ce sera des vacances où on peut faire des visites, marcher...

I :   Que voyez-vous ?

S :   Ce que je vois ? Avec ma fille, je vois le Maine, je vois... Je ne peux pas trouver les mots, comment appelle-t-on un endroit comme Jouvence ? Un centre de plein air. Ce sera... la mer. Si je pense à des vacances avec mon copain, alors ce serait plutôt des vacances pour faire du sport. Je ne crois pas que ce serait des vacances en amoureux.

Et puis, qu'est-ce qui me vient à l'esprit ? Que devrais-je faire ? Alors, il faudrait que j'identifie mes besoins pour ce qui est du temps et de l'argent. Une fois que c'est fait, je serai capable de me faire une idée de quelque chose de plus précis. Mais il faudrait que j'en parle avec les gens que cela regarde, et alors on se dispu- terait sûrement parce qu'on n'a pas les mêmes goûts. Et alors, je discuterais... J'essaierais de trouver des arguments qui tendraient vers mes propres besoins...

I :   C'est tout ?

S :   Et alors, un jour, je tomberais d'accord.

I :   Sinon ?

S :   Je pense que je trouverais un compromis. Je ne crois pas que ça se terminerait avec ce que je veux vraiment.

I :   Rien d'autre ? Des éléments de solution ? Des façons de résoudre le problème ?

S :   La façon de résoudre le problème est d'écouter ce que les autres ont à dire et de dire oui, oui, oui. Mais je ne suis pas comme ça.

I : L'intervieweur ; *S :* La personne interviewée

l'interrogation directe n'est pas la meilleure façon de procéder. Dans ces situations, l'emploi de **techniques projectives** peut s'avérer utile.

Les techniques projectives groupent un ensemble de méthodes qui visent à amener les participants à *projeter* leurs croyances, besoins, attitudes et motivations au moyen de stimuli divers. Les stimuli utilisés tiennent lieu de « médiums » entre la personne et le chercheur pour l'identification d'informations personnelles difficiles à obtenir de façon directe. Considérons maintenant quelques-unes des techniques les plus populaires[8].

Incarnation

Il s'agit de demander aux participants de proposer une représentation humaine, animale ou physique des objets dont on cherche à définir l'image. Par exemple, supposons qu'un chercheur s'intéresse à l'image d'une marque de vêtements qui s'adresse aux adolescents. Dans une entrevue de groupe réunissant des jeunes consommateurs, l'animateur pourrait poser les questions suivantes :

> Si cette marque était un animal, quel animal serait-elle ? Pourquoi ?

> Si cette marque était une voiture, quel type de voiture serait-elle ? Pourquoi ?

> Si elle était une personne, quel type de personne serait-elle ? Pourquoi ?

Pour faciliter la tâche, on peut présenter une liste d'animaux, d'objets et de stéréotypes de personnes à partir de laquelle les participants font des choix et les commentent. Les différentes incarnations suggérées peuvent donner des indications très utiles (et parfois amusantes) sur l'image de l'objet.

Association de mots

Cette technique consiste à demander aux participants de dire la première chose qui leur vient à l'esprit en réaction à des mots qu'on leur lit. Par exemple, dans une étude portant sur les attitudes des touristes américains à l'égard des destinations de vacances dans les provinces canadiennes de l'Atlantique, les mots « Canada », « Québec », « provinces maritimes », « provinces de l'Atlantique », etc., ont été employés comme stimuli afin de produire des associations spontanées.

---

8. On trouvera une discussion intéressante des techniques projectives dans l'article suivant qui rapporte les propos du professeur américain Sidney Levy, considéré par plusieurs comme celui qui a contribué le plus à légitimer l'utilisation de la recherche qualitative en marketing : « Interpretation is the Essence of Projective Research Techniques », *Marketing News*, 28 septembre 1984.

Les réponses obtenues furent utilisées pour mieux comprendre les images que les consommateurs américains associent aux destinations touristiques canadiennes[9]. La technique d'association de mots est fondée sur trois postulats de base.

1. On suppose que l'esprit humain est organisé en un ensemble d'associations entre des concepts (par exemple, école→élève, mari→femme).
2. On présume qu'une association entre deux concepts peut être activée en évoquant l'un des concepts à l'aide d'un mot.
3. On croit qu'il est nécessaire d'obtenir une réaction rapide pour éviter que la réflexion ne vienne perturber l'activation automatique de l'association.

Phrases et histoires à compléter

Il s'agit de variantes de la technique d'association de mots. Plutôt que d'utiliser un mot comme stimulus, on emploie une histoire ou une phrase. Contrairement à ce qui se passe lors d'une association de mots, les participants disposent habituellement d'une période de temps suffisamment longue pour réagir. La technique de l'histoire à compléter a été illustrée auparavant (pages 54-55). Des exemples de phrases à compléter sont présentés au tableau 3.6. Ces phrases ont été utilisées dans une recherche visant à comprendre le phénomène d'achat compulsif, c'est-à-dire la tendance chez certaines personnes à acheter de façon excessive des produits de consommation[10]. Dans cette étude, le chercheur a voulu, entre autres, comprendre la signification du magasinage et de l'acte

TABLEAU 3.6   Des exemples de phrases à compléter

Complétez les phrases suivantes :
1. Lorsque je ne suis pas satisfait de moi-même, je...
2. Pour me changer les idées, je...
3. Magasiner, pour moi, c'est un(e)...
4. Dès que je reçois un montant d'argent, je...
5. Quand je n'ai plus d'argent et que je vois par hasard un produit qui me plaît, je...
6. Une chose qui pourrait me rendre très heureux, au stade actuel de mon existence, serait de...
7. Lorsque je suis frustré à cause de quelqu'un ou de quelque chose, je...
8. Je suis un fanatique de...

9. Cette étude est décrite dans l'ouvrage de J. G. Barnes, *Research for Marketing Decision Making*, Toronto, McGraw-Hill-Ryerson, 1991, p. 336.
10. L. Fortier, *Les achats compulsifs : Abord global et développement d'une échelle de mesure*, mémoire de maîtrise, Sherbrooke, Université de Sherbrooke, Faculté d'administration, 1987.

d'achat pour le consommateur *(phrase 3)* et évaluer l'importance de différents facteurs incitant à l'achat, comme le stress *(phrase 7)*, l'opinion qu'on a de soi-même *(phrase 1)* et le besoin de variété *(phrase 2)*.

Images et photographies

Les stimuli servant à provoquer des réactions chez les participants peuvent aussi être visuels. Des photographies, des dessins (concrets ou abstraits) et des films sont souvent employés comme matériel de support dans des entrevues de groupe ou lors d'entrevues individuelles en profondeur. Souvent, on fait en sorte que les stimuli soient ambigus afin de stimuler davantage les personnes interrogées. Les tâches effectuées par les participants sur la base de ces stimuli sont variées : commentaires généraux, histoires à imaginer, description de personnages, création artistique, etc.

Jeu de rôle

Le jeu de rôle est une technique qui vise à exploiter le potentiel créatif des gens en leur permettant de se libérer temporairement du contexte normal qui définit leur identité. À titre d'illustration, un chercheur qui s'intéresse au processus d'achat d'une automobile pourrait demander à des participants d'une entrevue de groupe de bâtir une courte pièce de théâtre incluant les personnages habituels qu'on rencontre dans ce type d'achat : le client, des vendeurs et des personnes qui influencent l'achat. Les autres participants à l'entrevue de groupe forment le public qui est appelé à faire des commentaires après la représentation. Dans d'autres situations, les rôles à jouer peuvent être plus farfelus. En voici un exemple : «Imaginez que vous êtes une pizza toute garnie de MacDonald's. Vous rencontrez un consommateur qui ne mange sa pizza que dans des pizzerias. Un homme de principe, quoi ! Séduisez-le... »

En conclusion

Les techniques projectives peuvent apporter des éclairages intéressants sur les problèmes de recherche en marketing. Ce ne sont cependant pas des méthodes «sans risque». L'utilité des informations recueillies au moyen de ces techniques n'est pas assurée, surtout si le chercheur ne possède pas les compétences requises en matière de conception, d'animation et d'analyse. Dans ce cas, le chercheur devrait envisager l'emploi de ces techniques à titre d'exercices ponctuels, destinés à stimuler l'imagination et à détendre l'atmosphère, dans le cadre d'entrevues de groupe ou d'entrevues individuelles en profondeur.

Afin d'obtenir les informations définies à l'étape de la formulation du problème de recherche, le chercheur en marketing dispose de plusieurs méthodes. Ce chapitre a présenté les principales méthodes de recherche qualitatives qui peuvent être employées dans un projet de recherche en marketing, soit l'entrevue de groupe, l'entrevue individuelle en profondeur et les techniques projectives.

Comparativement aux méthodes quantitatives qui seront discutées au chapitre suivant, les méthodes qualitatives se caractérisent par une plus grande flexibilité dans la façon dont les données de la recherche sont collectées et interprétées. Ces méthodes peuvent servir de prélude, de complément ou de substitut à la recherche quantitative. Dans d'autres situations, elles peuvent permettre de renforcer des conclusions issues de la recherche quantitative.

Les méthodes de recherche qualitatives et quantitatives servent à produire des données originales qu'on appelle des données primaires. Avant d'envisager la collecte de données primaires, le chercheur en marketing doit toujours procéder à une recherche de données secondaires pertinentes. Les données secondaires sont des données qui ont été produites et compilées par des personnes ou des organismes divers, afin d'atteindre des objectifs qui ne sont pas nécessairement ceux poursuivis par le chercheur. Elles peuvent faciliter la formulation du problème de recherche et la collecte des données primaires et, parfois, constituer les seules données pertinentes pour le problème à l'étude.

Questions de révision

1. Qu'est-ce qui distingue les données secondaires des données primaires ?

2. Quelles sont les raisons qui motivent l'utilisation des données secondaires lors d'une recherche en marketing ?

3. Quelles sont les étapes principales d'une démarche type de recherche des données secondaires ?

4. Quels sont les avantages et les inconvénients de la recherche qualitative ?

5. Quelles sont les quatre utilisations principales de la recherche qualitative en marketing ?

6. Quand est-il préférable d'utiliser des tâches individuelles dans une entrevue de groupe ? Et des tâches de groupe ?

7. Quels sont les objectifs de l'analyse d'une entrevue de groupe ? Comment peut-on atteindre ces objectifs ?

8. Quels sont les avantages et les inconvénients de l'entrevue de groupe comme méthode de recherche en marketing ?

9. Dans quelles circonstances vaut-il mieux utiliser l'entrevue individuelle en profondeur plutôt que l'entrevue de groupe ?

10. Qu'est-ce qu'une technique projective ? Quelles sont les principales techniques projectives utilisées par les chercheurs en marketing ?

Exercices et sujets de réflexion

1. Quelle est l'utilité de l'indice du pouvoir d'achat pour le marketing ? Cet indice permet-il de prévoir les ventes d'un nouveau produit ? Si oui, comment ? Quelles sont les limites de l'indice du pouvoir d'achat ?

2. Un ami vous dit : « L'intérêt principal de la recherche qualitative en marketing, c'est à l'étape de la formulation du problème de recherche, lorsque le chercheur n'a pas d'idée précise sur la façon d'aborder le problème. Autrement, il vaut mieux employer une approche quantitative. » Que lui répondez-vous ?

3. Pour faciliter la tâche de recrutement, les firmes de conseil en marketing, qui utilisent couramment l'entrevue de groupe comme méthode de recherche, possèdent souvent une liste de noms de personnes qui acceptent de participer à des entrevues. En plus des noms et numéros de téléphone de ces personnes, la liste contient généralement des renseignements personnels (âge, revenus, intérêts, état civil, etc.) qui permettent de cibler certains profils.

   À votre avis, vaut-il mieux compter sur des participants qui ne sont pas des habitués de l'entrevue de groupe plutôt que sur des participants qui en ont l'habitude ? Pourquoi ? Dans quelles circonstances est-il préférable d'avoir des participants à l'entrevue de groupe qui ne sont pas des habitués ?

4. Les résultats d'une entrevue de groupe sont-ils généralisables à des groupes plus grands ? Y a-t-il des conditions qui facilitent la généralisation ?

5. On vous a pressenti pour effectuer une étude visant à mieux comprendre le symbolisme entourant l'utilisation de la mayonnaise. Vous décidez d'employer des techniques projectives pour réaliser cette étude. Comment allez-vous procéder ?

L'enquête, l'observation et l'expérimentation

4

Introduction

Ce chapitre est consacré à la présentation de trois méthodes importantes de la recherche en marketing : l'enquête, l'observation et l'expérimentation. Ces méthodes sont généralement plus structurées que les méthodes de la recherche qualitative et davantage orientées vers l'analyse quantitative. Comme nous le verrons, elles sont fondées sur une approche objective de l'étude des phénomènes de marketing. Contrairement aux méthodes qualitatives, les méthodes présentées dans ce chapitre visent à créer une distance entre le chercheur et les phénomènes qu'il étudie, de telle sorte que l'interprétation subjective des résultats de la recherche soit minimisée.

Le chapitre débute par une présentation de l'enquête en marketing. Les concepts fondamentaux et les applications de l'observation en marketing sont discutés par la suite. Après la présentation de la méthode expérimentale, le chapitre se termine par un bref plaidoyer en faveur de l'adoption d'une approche méthodologique pluraliste dans un projet de recherche en marketing.

L'ENQUÊTE

L'enquête est la plus connue et la plus utilisée des méthodes de recherche en marketing. Dans une enquête, les informations sont obtenues par le biais d'un questionnaire administré à des personnes. Les gens interrogés, habituellement nombreux, constituent un sous-ensemble d'une population qu'on appelle un **échantillon**. Les informations recueillies sont analysées à l'aide de techniques statistiques variées et les résultats de ces analyses sont généralisés à l'ensemble de la population que l'échantillon représente.

Le questionnaire, l'échantillonnage et l'analyse statistique, qui sont des aspects très importants de l'enquête, seront traités en détail aux chapitres 5, 6, 7, 8 et 9. Dans ce chapitre, nous nous limitons à présenter les principaux types d'enquête et à discuter de leurs caractéristiques.

Une classification des principaux types d'enquête, organisée selon le mode d'administration du questionnaire et le mode de collecte des données, est illustrée à la figure 4.1. Le choix d'un type particulier d'enquête, dans un projet de recherche en marketing, dépend de plusieurs facteurs : le temps disponible, la nature des informations à collecter, les contraintes relatives à l'échantillonnage et le budget affecté au projet. Ces considérations deviendront plus explicites au fur et à mesure qu'avancera notre étude de ce chapitre.

FIGURE 4.1   Les principaux types d'enquête

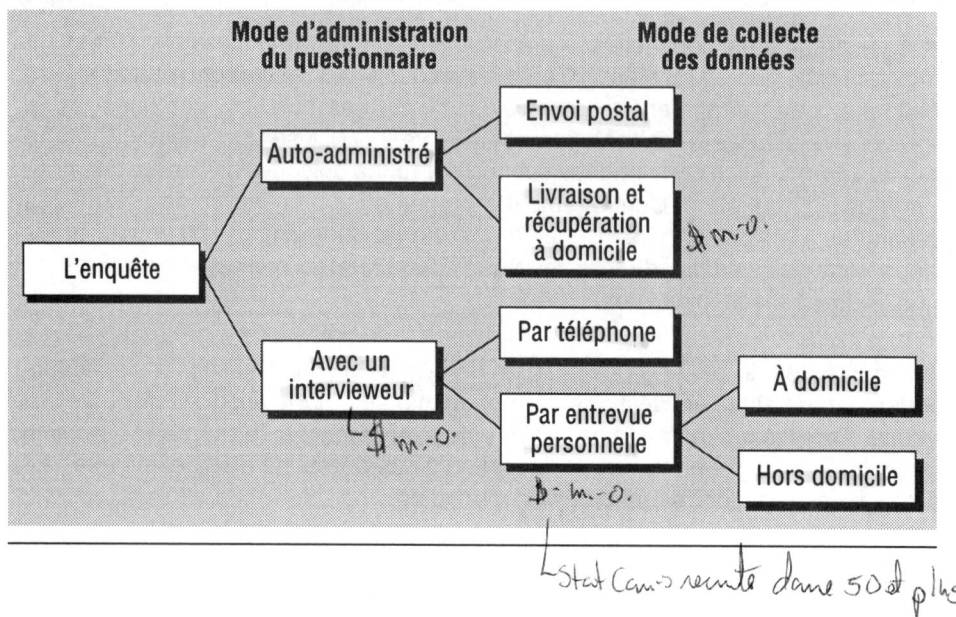

Mode d'administration du questionnaire

Mode de collecte des données

L'enquête

Auto-administré
- Envoi postal
- Livraison et récupération à domicile

Avec un intervieweur
- Par téléphone
- Par entrevue personnelle
  - À domicile
  - Hors domicile

L'enquête par la poste

Déroulement

Malgré les problèmes qui y sont associés, l'envoi postal demeure une méthode fréquemment employée pour réaliser une enquête. Le chercheur qui opte pour cette façon de faire doit d'abord établir une liste des adresses des personnes ou des organisations qu'il veut joindre. L'envoi postal des questionnaires se fait à partir de cette liste. Selon l'exactitude de la liste d'adresses, une proportion plus ou moins grande des questionnaires envoyés parvient à destination. Une certaine quantité des questionnaires sont remplis par les personnes jointes et retournés au responsable de l'enquête pour analyse.

Échantillonnage

L'établissement de la liste d'envoi est une étape cruciale de ce type d'enquête. Idéalement, cette liste correspond à un sous-ensemble des adresses de *tous* les membres de la population étudiée. Il est souvent très difficile d'avoir accès directement à toutes ces adresses ; la liste d'envoi est alors établie à partir d'informations imparfaites. Par exemple, pour réaliser une enquête par la poste auprès des résidents d'une ville, on peut utiliser la liste électorale disponible à l'hôtel de ville. Cependant, la liste électorale ne correspond pas en tous points à la population d'une ville. Entre le moment où cette liste a été dressée et celui où le chercheur l'utilise pour constituer sa liste d'envoi, plusieurs changements d'adresse ainsi que des départs et des arrivées peuvent être survenus.

Taux de réponse

Le taux de réponse à une enquête par la poste est généralement faible. Pour les besoins de notre discussion, le taux de réponse correspond au total des questionnaires remplis et retournés, divisé par le total des questionnaires conformes pour l'enquête:

$$\text{Taux de réponse} = \frac{\text{Total de questionnaires remplis et retournés}}{\text{Total des questionnaires conformes}}$$ (total = ceux q’atteint)

Les questionnaires conformes correspondent au total des questionnaires envoyés dont on soustrait les questionnaires qui n'ont pas été reçus par les destinataires. Par exemple, supposons qu'on envoie 500 questionnaires par la poste, que 62 soient retournés pour diverses raisons (mauvaise adresse, logement détruit par le feu, personne décédée, etc.) et que 87 questionnaires soient remplis et retournés. Le taux de réponse serait le suivant:

Taux de réponse: 87/(500 − 62) = 19,86 %

Dans des enquêtes par la poste, il n'est pas rare de voir des **taux de réponse de 10 % ou moins**. Il existe plusieurs moyens d'inciter les personnes jointes à remplir le questionnaire et à le retourner. En premier lieu, il est essentiel que le questionnaire ne soit pas trop difficile ni trop long à remplir, qu'il soit présenté dans un format agréable et qu'il puisse être retourné dans une enveloppe qui aura été affranchie préalablement. Ensuite, il est possible d'utiliser diverses mesures incitatives: une légère rémunération, une participation à un tirage, des bons de réduction, un crayon ou un stylo, etc. Enfin, si cela s'avère possible et si le budget le permet, on peut prendre contact avec les participants par téléphone ou par la poste, avant (prénotification) ou après (postnotification) l'envoi des questionnaires. La prénotification permet en outre de vérifier la qualité de la liste d'envoi.

Qualité des données

Dans une enquête par la poste, le questionnaire est **auto-administré**, c'est-à-dire que la personne est laissée à elle-même pour le remplir. Il est donc très important de rendre le questionnaire facile à comprendre. À cet effet, des instructions claires concernant la façon de répondre doivent être incluses au besoin. Malgré toutes les précautions qu'aura prises le chercheur, la probabilité d'obtenir des données de mauvaise qualité est élevée. Parce qu'il n'y pas d'intervieweur sur place pour clarifier la tâche, pour vérifier que toutes les questions sont bien comprises et répondues ainsi que pour motiver le participant, le nombre de questionnaires contenant des réponses incomplètes ou même des questions restées sans réponse est généralement plus élevé avec ce type d'enquête. Par ailleurs, il est possible que le questionnaire ait été rempli par une personne autre que celle à qui il était adressé ou même par plusieurs personnes, sans que le chercheur ne puisse le savoir.

En conclusion

Les problèmes associés à l'enquête par la poste sont nombreux et importants. Le chercheur devrait donc toujours envisager d'autres méthodes de collecte des données avant celle-ci. Les conditions qui favorisent le recours à l'envoi postal sont celles-ci : 1) une grande distance géographique entre les personnes que l'on souhaite interroger (par exemple, une enquête auprès des directeurs de marketing d'entreprises manufacturières au Canada) ; 2) un intérêt certain des participants pour l'étude ; 3) le besoin d'utiliser un questionnaire auto-administré (notamment à cause de stimuli visuels, de questions trop difficiles ou trop longues pour être formulées par téléphone) ; 4) une liste d'adresses récente et complète.

L'enquête à domicile avec questionnaire auto-administré

Déroulement

Ce type d'enquête consiste à livrer en personne le questionnaire au domicile des participants. Un enquêteur visite des résidences selon une procédure bien définie. Après avoir obtenu la collaboration des participants à l'enquête, l'enquêteur laisse le questionnaire sur place et le récupère peu de temps après (par exemple, le lendemain). Il est aussi possible de demander aux personnes de retourner le questionnaire par la poste ou encore d'offrir de venir le chercher à un moment opportun.

Échantillonnage

Un avantage de cette méthode est qu'elle ne nécessite pas obligatoirement d'avoir la liste de toutes les adresses correspondant à la population étudiée. Bien qu'il soit préférable de disposer d'une telle liste, il est possible, à l'aide d'une carte détaillée d'une ville, de procéder à une sélection efficace des résidences à visiter. Par exemple, on choisit au hasard des rues dans des secteurs résidentiels, les enquêteurs se rendent sur place et essaient d'établir un contact à toutes les deux résidences, passant à la résidence suivante en cas de non-réponse.

Taux de réponse

Avec ce type d'enquête, on doit établir une distinction entre le taux de contact, le taux d'acceptation et le taux de réponse. Le **taux de contact** correspond à la proportion des résidences visitées où un contact est établi avec un participant éventuel. Le **taux d'acceptation** se rapporte à la proportion de personnes jointes qui acceptent de participer à l'enquête. Le **taux de réponse** est égal au total des questionnaires remplis et récupérés, divisé par le total des résidences où un contact a été établi par les enquêteurs. Par exemple, supposons que 600 résidences soient visitées, que 372 contacts soient établis, que 328 personnes acceptent de participer et que 302 questionnaires soient récupérés. On obtiendrait les résultats suivants :

Taux de contact :	372/600 = 62,00 %
Taux d'acceptation :	328/372 = 88,17 %
Taux de réponse :	302/372 = 81,18 %

Le taux de contact est habituellement moins élevé que le taux d'acceptation et le taux de réponse. Il varie aussi en fonction de l'endroit où l'enquête est effectuée. En général, il est plus faible dans des villes et des quartiers où les gens sont méfiants et hésitent à ouvrir leur porte à des inconnus.

On peut augmenter le taux de contact en choisissant des moments de visite où la probabilité de trouver des gens à domicile est plus grande (par exemple, en soirée). Pour augmenter le taux d'acceptation, on peut employer des mesures incitatives semblables à celles qui ont été discutées précédemment ou inciter les enquêteurs à être plus convaincants. Le taux de réponse peut être amélioré en signalant aux personnes rencontrées l'importance de leur participation («Nous comptons vraiment sur vous») et en fixant un <u>moment précis</u> pour la récupération du questionnaire («Je serai ici demain à la même heure»).

Qualité des données

Les données collectées lors d'une enquête à domicile sont en général de <u>meilleure qualité</u> qu'avec l'enquête par la poste. En effet, lors de la remise du questionnaire, l'enquêteur peut donner des instructions verbales et répondre aux questions des participants. Si la récupération du questionnaire se fait par des enquêteurs, ces derniers peuvent vérifier sur place si toutes les questions ont été comprises et répondues. Au besoin, il est possible de demander aux participants d'apporter les modifications qui s'imposent.

En conclusion

L'enquête à domicile avec questionnaire auto-administré constitue une substitution intéressante à l'enquête par la poste, car elle offre un meilleur contrôle de la qualité des données. Cependant, il s'agit d'une méthode coûteuse à cause des frais associés au travail des enquêteurs et à leurs déplacements.

L'enquête par téléphone

Déroulement

L'enquête par téléphone est la forme la plus courante d'enquête. À l'aide d'une liste de numéros de téléphone présélectionnés, des intervieweurs joignent des personnes et les interrogent. De façon traditionnelle, l'interrogation téléphonique et l'enregistrement des réponses se font par les intervieweurs, à partir d'un support papier. Il existe aussi des logiciels informatiques conçus pour permettre aux intervieweurs de lire les questions et d'enregistrer les réponses directement à l'écran d'un micro-ordinateur.

Échantillonnage

Il existe trois méthodes principales pour établir la liste des numéros de téléphone à composer. Premièrement, on peut tirer des numéros de téléphone d'un annuaire. Ces numéros sont généralement choisis de façon systématique, par exemple en sélectionnant, à toutes les 10 pages de l'annuaire, le troisième numéro de la deuxième colonne. La qualité de la liste des numéros de téléphone obtenus par cette méthode dépend de la récence de l'annuaire ainsi que de la proportion de numéros d'abonnés confidentiels. La deuxième méthode consiste à créer des numéros de téléphone en formant des combinaisons aléatoires de nombres (habituellement, les quatre derniers chiffres). On essaie ainsi d'éliminer le problème des numéros confidentiels. Cette méthode a le désavantage de produire un certain nombre de numéros de téléphones inutiles (pas d'abonné, numéro commercial). La troisième méthode consiste à sélectionner des numéros dans l'annuaire et à les modifier en additionnant, par exemple, une constante (entre 1 et 9) au dernier chiffre du numéro ou encore en modifiant aléatoirement l'ordre des quatre derniers chiffres. Des études ont montré que cette méthode permet d'obtenir des échantillons de bonne qualité[1].

Quelle méthode choisir? Si la proportion des numéros confidentiels n'est pas trop grande, la sélection de numéros à partir de l'annuaire, sans apporter la moindre modification, devrait donner des résultats acceptables. Si le problème des numéros confidentiels est sérieux (plus de 10 %, par exemple), il est préférable de modifier les numéros tirés de l'annuaire (en ajoutant une constante au dernier chiffre).

Taux de réponse

Ici aussi, il faut faire une distinction entre le taux de contact, le taux d'acceptation et le taux de réponse. Le taux de contact correspond à la proportion de personnes jointes à partir des numéros composés. Le taux d'acceptation se rapporte à la proportion des personnes jointes qui acceptent de participer à l'enquête. Le taux de réponse est obtenu en divisant le nombre d'entretiens téléphoniques complétés par le nombre de personnes jointes. Par exemple, supposons qu'on dresse une liste de 900 numéros de téléphone dans le cadre d'une enquête téléphonique, que 646 personnes soient jointes, que 512 acceptent de participer et que 498 complètent l'entretien. On obtiendrait les résultats suivants :

Taux de contact : 646/900 = 71,78 %
Taux d'acceptation : 512/646 = 79,26 %
Taux de réponse : 498/646 = 77,09 %

---

1. E. L. Landon Jr. et S. K. Banks, «Relative Efficiency and Bias of Plus-One Telephone Sampling», *Journal of Marketing Research*, vol. 14, n° 3, 1977, p. 294-299.

Le taux de contact dépend en grande partie de la qualité de la liste des numéros de départ. Lorsqu'il n'y a pas de réponse, on peut augmenter le taux de contact en procédant à des rappels. Dans ce cas, il est souhaitable de faire varier les moments où les rappels sont faits. Habituellement, on effectue un maximum de trois rappels.

Le taux de participation est influencé par plusieurs facteurs : le moment choisi pour l'entretien, le temps nécessaire (réel ou prévu) pour terminer l'entretien, la confidentialité des informations recherchées et l'attitude de la personne envers les enquêtes par téléphone en général. Pour augmenter le taux de participation, on peut offrir une compensation quelconque (cadeau, possibilité de gagner un prix, etc.), proposer de rappeler à un moment plus opportun, convaincre la personne que l'entretien ne durera pas trop longtemps et l'assurer que l'anonymat sera respecté.

Il est rare qu'une personne décide d'interrompre un entretien téléphonique, mais cela peut arriver, surtout lorsque l'entretien tend à s'éterniser. Pour éviter que cela se produise, il faut prévoir un questionnaire relativement court. Dès le début, l'obtention d'un simple engagement à participer (« Acceptez-vous de répondre à quelques questions ? ») et le fait de donner de la rétroaction positive en cours d'entretien (« Vos réponses nous seront très utiles ») sont des trucs qui peuvent améliorer le taux de réponse.

Qualité des données

L'entretien téléphonique représente un moyen facile, rapide et efficace de faire une enquête, mais il pose aussi des contraintes réelles au regard des informations pouvant être obtenues. Ainsi, il n'est pas possible d'employer des stimuli visuels dans une enquête par téléphone. De même, les échelles à catégories multiples qui visent à positionner le participant par rapport à des concepts (« Êtes-vous totalement d'accord, d'accord, plus ou moins d'accord, en désaccord, totalement en désaccord... ») sont difficiles à utiliser. Le chercheur qui opte pour l'enquête par téléphone est généralement contraint de formuler des questions brèves et peu complexes.

En conclusion

Si on en juge par la popularité de l'enquête par téléphone, les chercheurs en marketing semblent penser que les limites associées à ce type d'enquête sont amplement compensées par ses avantages. Il est vrai que les coûts d'une enquête par téléphone sont raisonnables, que les données peuvent être collectées rapidement et que, mis à part l'impossibilité d'employer des stimuli visuels, il y a peu de contraintes quant aux types de questions que l'on peut poser par téléphone. Cependant, il faut garder à l'esprit les problèmes particuliers de ce type d'enquête : la difficulté de constituer un échantillon de participants de qualité (numéros confidentiels, faibles taux de contact et d'acceptation), l'obligation d'avoir un nombre limité de questions et la nécessité que les participants soient abonnés au téléphone.

L'enquête par entrevue personnelle

Déroulement

L'enquête par entrevue personnelle est un type d'enquête où les intervieweurs et les participants discutent les uns en face des autres. Il en existe deux formes principales : (à domicile) et (hors domicile) (habituellement dans un centre commercial). L'enquête par entrevue personnelle à domicile est de moins en moins répandue, à cause des difficultés liées au recrutement des participants et des coûts engagés. Elle est utilisée principalement lors de l'établissement des listes électorales. L'enquête par entrevue personnelle dans un centre commercial est beaucoup plus courante. Les participants à l'enquête sont abordés dans le centre commercial au moment où ils se trouvent à proximité du périmètre occupé par les intervieweurs. Parce qu'elle est plus usuelle, nous allons discuter uniquement de cette forme d'entrevue personnelle.

Échantillonnage

L'enquête dans un centre commercial apparaît comme une méthode simple et efficace de réaliser des entrevues personnelles. Selon les utilisateurs de ce type d'enquête, la plupart des gens se rendent dans les centres commerciaux. Aussi semble-t-il facile d'obtenir des échantillons de bonne qualité à moindre coût. Est-ce bien le cas ?

Les problèmes d'échantillonnage liés à l'enquête dans des centres commerciaux ne sont pas négligeables et le chercheur avisé aura intérêt à envisager des stratégies pour les résoudre[2]. D'abord, il faut savoir que la distance entre le lieu de résidence et le centre commercial est un facteur explicatif important de la fréquentation. Par conséquent, les clientèles ne sont pas nécessairement

---

2. Pour une discussion de ces problèmes, voir l'article suivant : S. Sudman, « Improving the Quality of Shopping Center Sampling », *Journal of Marketing Research*, vol. 17, n° 4, 1980, p. 423-431.

semblables d'un centre commercial à l'autre. Le chercheur doit donc définir une procédure de sélection des centres commerciaux à visiter qui permet de joindre les différentes tranches de la population visée par l'enquête. Malheureusement, la disponibilité d'un centre commercial pour mener une enquête dépend de la coopération des propriétaires. Ces derniers hésitent souvent à accorder la permission de mener des enquêtes, par crainte de l'exaspération des clients.

L'échantillonnage à l'intérieur du centre commercial pose aussi des problèmes. Le chercheur doit d'abord décider du ou des lieux où vont se placer les intervieweurs. S'il est possible de le faire, il vaut mieux établir plusieurs postes d'interception qui correspondent aux différentes entrées du centre commercial. De cette façon, on peut joindre la clientèle totale tout en s'assurant que chaque personne a la même probabilité d'être choisie. Hélas, les propriétaires de centres commerciaux exigent souvent que les intervieweurs soient placés dans un seul et même lieu à l'intérieur du centre commercial. Cela est ennuyeux, car il est ainsi plus facile pour une personne d'éviter de se faire aborder (ce que souhaitent sans doute les propriétaires). De plus, l'échantillon risque alors de comprendre un plus grand nombre de personnes qui magasinent plus longtemps (car la probabilité que ces personnes se trouvent sur les lieux de l'interception est plus élevée).

Comment les participants sont-ils sélectionnés? Idéalement, l'intervieweur ne doit pas utiliser son jugement pour choisir les gens. La façon la plus simple de procéder est de définir un rectangle imaginaire à proximité du lieu où il se trouve. Dès qu'une personne entre dans ce rectangle, l'intervieweur lui demande de participer à l'enquête. En pratique, les choses ne sont pas aussi simples. Il faut comprendre que les consommateurs ne sont pas tellement intéressés à répondre à des questions lorsqu'ils magasinent; ils ont autre chose à faire. Plusieurs évitent soigneusement de s'approcher des intervieweurs. Par ailleurs, leur attitude (regard distrait, empressement, etc.) laisse facilement deviner que l'enquête ne les intéresse pas. Les intervieweurs ne sont pas sans remarquer cela et, même s'ils essaient très fort de ne pas le faire, ils ont tendance à sélectionner des personnes qui semblent plus faciles à accoster.

Taux de réponse

Le taux de réponse est égal au nombre d'entrevues réalisées, divisé par le nombre de personnes abordées. Par exemple, supposons que des intervieweurs abordent 397 personnes et que 348 acceptent de participer. On aurait le résultat suivant:

Taux de réponse: 348/397 = 87,66 %

Notons que cette information ne tient pas compte des personnes qui ont fait en sorte d'éviter d'être abordées.

Qualité des données

L'entrevue personnelle est plus flexible que l'entrevue par téléphone et l'enquête postale en ce qui a trait aux questions pouvant être posées aux participants et aux tâches à effectuer. En effet, il est possible d'employer des stimuli visuels et auditifs (des photos, des dessins, des prototypes de produits, de la musique, etc.) pendant l'entrevue. On peut demander à la personne interrogée d'effectuer des tâches qui seraient difficiles ou carrément impossibles à réaliser par téléphone ou dans le cadre d'un envoi postal, comme d'ordonnancer des objets selon la préférence, de goûter des produits, de regarder des publicités, d'évaluer des airs musicaux ou de tester l'efficacité d'un produit. De plus, la présence de l'intervieweur fait en sorte que toutes les questions seront, sinon répondues, du moins entendues par les participants.

Par contre, la qualité des données obtenues au moyen d'entrevues personnelles dans un centre commercial peut être influencée par des facteurs propres à l'environnement (par exemple, des bruits de toutes sortes et des gens qui circulent) et à la situation (comme des enfants qui réclament de l'attention et la pression du temps). Aussi, des études ont montré que les caractéristiques de l'intervieweur (sexe, race, apparence, etc.) peuvent influencer les réponses des personnes interrogées[3]. Enfin, il y a le danger que les intervieweurs orientent involontairement les réponses des participants ou encore interprètent incorrectement ces réponses.

En conclusion

Les avantages principaux de l'enquête par entrevue personnelle dans un centre commercial sont la facilité relative de recruter des participants et la flexibilité du processus d'entretien (notamment la possibilité d'employer des tâches et des stimuli variés). Si le chercheur met en place des mesures appropriées

---

3. Voir l'article de N. M. Bradburn, « Response Effects », *Handbook of Survey Research*, P. H. Rossi, J. M. Wright et A. B. Anderson (s. la dir. de), Orlando, FL, Academic Press, 1983, p. 289-328. Les résultats de ces études sont cependant inconsistants et il semblerait que les comportements des intervieweurs (par exemple, le fait de dire « mmm-mmm » après une réponse) soient plus importants que leurs caractéristiques sociodémographiques. Voir à ce sujet l'article de J. J. Hox, E. D. de Leeuw et I. G. G. Kreft, « The Effect of Interviewer and Respondent Characteristics on the Quality of Survey Data : A Multilevel Model », *Measurement Errors in Surveys*, P. P. Biemer, R. M. Groves, L. E. Lyberg, N. A. Mathiowetz et S. Sudman (s. la dir. de), New York, John Wiley & Sons, 1991, p. 439-461.

pour faire la sélection des centres commerciaux et des personnes, cette méthode d'enquête a toutes les chances de donner d'excellents résultats.

Remarques additionnelles

Notre discussion de l'enquête a mis l'accent surtout sur les études réalisées avec des consommateurs. En marketing, il se fait aussi beaucoup d'enquêtes auprès des organisations. Contrairement aux enquêtes «grand public», les problèmes qui sont abordés dans ces études sont souvent plus complexes et les participants sont des spécialistes. Les observations générales que nous avons faites relativement à l'enquête doivent donc être nuancées selon la situation. Par exemple, alors que l'entrevue personnelle à domicile pose plusieurs problèmes pratiques lorsque l'enquête porte sur des personnes, l'entrevue personnelle sur le lieu de travail est la plupart du temps une méthode pertinente dans une enquête portant sur des organisations. De même, dans une enquête auprès d'organisations, l'entrevue téléphonique n'est pas recommandée si les informations à obtenir sont nombreuses et difficiles à produire et s'il est important de projeter une image de rigueur et de compétence auprès des participants. Selon la nature des informations recherchées, le type de participant visé, les contraintes diverses liées à la collecte des données et le budget disponible, le chercheur devra opter pour la forme d'enquête la plus appropriée ou même envisager d'utiliser une combinaison de méthodes.

Notre discussion s'est aussi attachée à présenter les aspects plus techniques de l'enquête. Nous avons omis de considérer l'enquête de manière plus globale, en tant que méthode visant à produire des informations utiles pour la recherche en marketing. Il est important que le chercheur qui envisage cette méthode sache qu'elle repose sur trois postulats fondamentaux. En effet, on présume que les personnes interrogées: 1) possèdent les informations recherchées; 2) comprennent que ce sont ces informations que le chercheur veut obtenir; 3) acceptent de les lui communiquer. On a trop facilement tendance à croire que les résultats d'une enquête représentent la réalité. En fait, et c'est là une remarque qu'il faut se rappeler, les résultats issus d'une enquête sont toujours le reflet des connaissances, des perceptions et des bonnes dispositions des personnes que l'on interroge.

L'OBSERVATION

Pour obtenir les informations dont ils ont besoin, les chercheurs en marketing ont souvent recours à des questions adressées à des personnes telles que des consommateurs, des vendeurs, des acheteurs industriels, etc. Cependant, beaucoup d'informations utiles pour le marketing peuvent être obtenues en observant simplement les gens ou les phénomènes plutôt qu'en procédant par interrogation. En fait, l'observation est une façon naturelle de faire de la recherche. Ainsi, le propriétaire d'un dépanneur qui constate que ses ventes de bière sont plus élevées les fins de semaine utilise (sans le savoir) l'observation comme méthode pour recueillir des données sur les habitudes de consommation de sa clientèle. L'observation offre souvent un moyen simple et peu coûteux de collecter des informations d'intérêt.

Parfois, l'observation peut s'avérer la méthode la plus appropriée ou la seule possible pour résoudre le problème de recherche. C'est le cas des études qui concernent des enfants trop jeunes pour comprendre les questions et formuler des réponses ou encore des études auxquelles participent des animaux, comme une étude sur les préférences envers différentes formules de nourriture pour chiens. Dans d'autres situations, le chercheur peut douter de la capacité des personnes à fournir les informations dont il a besoin. Par exemple, si on veut mesurer la performance d'un vendeur, on peut lui poser les questions suivantes : « Êtes-vous un bon vendeur ? Votre performance dans la vente est-elle supérieure à celle d'autres vendeurs ayant votre expérience ? » Cependant, un vendeur n'est pas nécessairement le meilleur juge de sa propre performance, soit parce qu'il lui est difficile de porter un regard objectif sur lui-même, soit parce qu'il n'a pas les connaissances lui permettant de se comparer aux autres. L'observation des comportements du vendeur, durant des entretiens avec des clients, peut fournir des informations plus valables sur la performance.

Un exemple

Afin d'illustrer l'utilisation de l'observation comme méthode de recherche en marketing, nous allons présenter une étude réelle réalisée par l'auteur en collaboration avec deux autres chercheurs[4]. Nous aurons l'occasion de revenir sur cette étude dans les chapitres suivants pour illustrer d'autres aspects du projet de recherche en marketing.

---

4. A. d'Astous, J. Lapierre et M. Plourde, « Consumer Behavior in Garage Sales », *Marketing — Rapport du congrès annuel de la section Marketing de l'Association des sciences administratives du Canada*, C. Duhaime (s. la dir. de), Québec, 1992, p. 43-53.

Contexte de l'étude

Cette étude portait sur le phénomène des ventes-débarras, plus communément appelées «ventes de garage» (en anglais, *garage sales*). Une vente de garage est une vente qui a lieu à la résidence d'un particulier. Généralement, ces ventes affluent au printemps, lorsque les gens décident de «faire le ménage» et de se débarrasser des objets de toutes sortes qui les encombrent. Phénomène de société (nord-américaine) largement répandu, la vente de garage n'a pas fait l'objet de plusieurs recherches. Dans cette étude, on a observé et interrogé une centaine d'acheteurs dans sept ventes de garage différentes. L'étude, réalisée à Sherbrooke à l'automne 1989, comprenait trois phases : 1) évaluation du site par les chercheurs ; 2) observation des acheteurs ; 3) enquête après observation. Dans ce chapitre, nous nous limitons aux deux premières phases de la recherche.

Structuration de l'observation

La première chose à faire lorsqu'on utilise l'observation est de définir les objets à observer. Dans l'étude sur les ventes de garage, il est apparu aux chercheurs que l'observation devait porter sur le site, c'est-à-dire la vente de garage, de même que sur les acheteurs. On aurait pu inclure aussi l'observation des organisateurs des ventes de garage.

Les objets de l'observation ayant été définis, le chercheur doit décider du degré de structuration de l'observation. Une approche non structurée est recommandée lorsqu'on a une compréhension limitée du problème de recherche et des composantes clés des phénomènes étudiés. Plutôt que de porter sur des aspects spécifiques de l'objet, l'observation est alors globale, plus exploratoire. Lorsque les informations à obtenir sont connues, l'observation est structurée et porte sur des aspects bien précis. Dans l'étude sur les ventes de garage, les chercheurs ont d'abord examiné les études antérieures portant sur le phénomène et visité quelques sites. Ils ont pu ainsi faire la liste des aspects spécifiques à observer.

Utilisation d'une grille d'observation

L'observation peut être enregistrée mécaniquement (par exemple, avec une caméra) ou à l'aide d'une grille remplie par un observateur. On emploie habituellement une grille quand les objets étudiés sont des personnes et que l'observation se fait à leur insu. La grille d'observation utilisée dans l'étude sur les ventes de garage est présentée à la figure 4.2. Celle-ci comporte trois sections.

Informations générales :

Vente n° : _____ Heure-début : _____ Heure-fin : _____ Observateur : _____

Jour : Samedi ☐   *Quartier* : Est ☐ Nord ☐   *Temps* : Nuageux ☐   _____ °C
       Dimanche ☐   Sud ☐ Ouest ☐   Ensoleillé ☐
                                                          Pluvieux ☐

Évaluation du site :

Aspect de la maison : Modeste ☐   *Annonces :* Sur le site ☐
                         Moyen ☐   Dans le quartier ☐
                         Cossu ☐   Aucune ☐

Présentation des produits : Mauvaise ☐   Par groupe ☐
                               Moyenne ☐   Pêle-mêle ☐
                               Bonne ☐

Choix : Faible ☐   *Achalandage :* Faible ☐
           Moyen ☐   Moyen ☐
           Élevé ☐   Élevé ☐

Présentoirs : À l'extérieur ☐   Visibles de la rue ☐   Nombre _____
                 À l'intérieur ☐   Non visibles ☐
                 Les deux ☐

Autos garées près du site : Oui ☐
                               Non ☐

Observation du consommateur :   Seul ☐   Couple ☐
                                           Famille ☐   Groupe ☐

Catégorie de produit	Regarde	Manipule	Discute	Négocie	N/D
Antiquité					
Appareils électroniques					
Articles de jardin					
Articles ménagers					
Articles de sport					
Articles décoratifs					
Disques					
Gadgets					
Jouets					
Livres et revues					
Gros meubles					
Petits meubles					
Objets de valeur					
Outils					
Vêtements					
Autres (spécifiez)					

La première sert à collecter des informations générales : lieu et jour de l'observation, temps, etc. La deuxième section porte sur l'évaluation du site. Les aspects faisant l'objet d'une observation sont la maison, les annonces, les produits en vente sur le site, l'achalandage, la disposition des présentoirs et la présence de voitures à proximité du site. La dernière section sert à l'observation des consommateurs. Un tableau incluant plusieurs catégories de produits typiques des ventes de garage permet d'indiquer, à l'aide d'un crochet, la manifestation observée de différents comportements : le fait que la personne regarde ou manipule les produits de cette catégorie et qu'elle discute ou en négocie le prix. Une colonne du tableau est réservée pour indiquer si la catégorie de produit n'est pas offerte sur le site.

Observation objective ou opinions

Il est intéressant de noter que l'observation fait appel, à divers degrés, aux opinions de l'observateur. Par exemple, indiquer la présence ou non d'autos près du site d'une vente de garage ne requiert pas une longue réflexion de la part d'un observateur : cette observation peut être vérifiée objectivement. Par contre, inscrire sur la grille d'observation que la présentation des produits est « moyenne » implique une prise de position personnelle qui ne correspond pas nécessairement au jugement d'une autre personne. Lorsque l'observation est ainsi fondée sur des opinions, il est souhaitable de mettre en place des mécanismes permettant de corroborer les informations collectées. Ainsi, on peut engager plusieurs observateurs qui agiront de façon indépendante et comparer leurs observations. Il s'agit d'une procédure de triangulation. Cette solution est cependant coûteuse, parce qu'elle suppose la collecte répétée des informations. On peut aussi compléter l'observation par des photos qui seront étudiées par la suite. Dans l'étude sur les ventes de garage, le problème se posait pour certains aspects de l'évaluation du site (voir la figure 4.2). Puisque l'étude nécessitait la présence de deux personnes (un observateur et un intervieweur), les chercheurs ont décidé que cette évaluation se ferait de façon conjointe (deux opinions valent mieux qu'une).

Déroulement de l'étude

Dans cette étude, la collecte des données s'est déroulée de la façon suivante. Les sites à visiter furent sélectionnés à partir des annonces paraissant dans le journal local. On a fait en sorte de choisir des ventes de garage ayant lieu dans des quartiers différents. Dès leur arrivée sur le site, les deux chercheurs s'assuraient d'abord de la collaboration de l'organisateur de la vente. Ils procédaient ensuite à l'évaluation du site *(phase 1)*. Une fois cette évaluation terminée, les chercheurs devaient repérer le prochain acheteur à se présenter sur le site et l'un d'eux entamait le processus d'observation à l'aide de la grille *(phase 2)*. Après la période d'observation, l'autre chercheur abordait la personne et lui demandait de répondre à un court questionnaire *(phase 3)*. Le processus se répétait avec l'acheteur suivant et ainsi de suite jusqu'à ce que l'affluence sur le site diminue de façon significative ou qu'une période de trois heures se soit écoulée. L'étude s'est échelonnée sur trois fins de semaine et a nécessité une quinzaine d'heures d'observation.

Avantages et inconvénients

L'étude portant sur les ventes de garage offre un exemple d'**observation naturaliste** (en anglais, *naturalistic*) par des personnes. Avec cette méthode de recherche, l'information obtenue est directe et ne repose pas sur la communication avec la personne étudiée. De ce point de vue, l'information est plus objective, car elle n'est pas filtrée par les participants à l'étude. Plus objective aussi, car le chercheur n'intervient pas dans le phénomène étudié. De plus, avec ce type d'observation, il est possible d'étudier un grand nombre d'aspects du comportement. Étudier tous ces aspects par le biais de questions adressées aux participants pourrait être difficile.

Cependant, comme nous l'avons vu, l'objectivité est relative dans la mesure où l'observation est parfois fondée sur les opinions des observateurs. Aussi, il faut noter que cette méthode est limitée à la collecte de données «visibles». La recherche en marketing s'intéresse également à des variables internes, non directement observables, telles que les croyances, les sentiments, les attitudes et les intentions des gens. On peut, bien sûr, inférer des choses sur ces variables internes en observant le comportement des gens, mais ces inférences, nécessairement limitées, sont sujettes à erreur.

D'autres formes d'observation

Observation participante

Ici, le chercheur observe et participe, pleinement ou partiellement, aux activités qui définissent les phénomènes étudiés. Par exemple, pour en savoir plus long sur les trucs qu'emploient les vendeurs pour persuader les clients d'acheter leurs produits, un chercheur américain s'est inscrit à des cours de vente et s'est même fait engager comme représentant des ventes. Il a pu observer et mettre en pratique des techniques de vente efficaces et dégager ainsi des principes généraux d'influence interpersonnelle[5]. L'observation participante est une méthode de recherche utile lorsqu'il est difficile de procéder à une observation discrète, lorsque le phénomène est plus facile à comprendre en y participant ou quand on ne peut faire autrement (par exemple, pour l'observation d'une expédition de chasse).

Observation mécanique

L'observation peut être effectuée par des personnes, comme dans l'étude sur les ventes de garage, ou encore par des machines. L'observation mécanique est chose courante en marketing. Par exemple, les achats d'épicerie effectués par les consommateurs sont enregistrés par des lecteurs optiques qui font office d'observateurs. Les transactions réalisées à l'aide de cartes de crédit ou de débit sont traitées par des lecteurs magnétiques et les résultats sont sauvegardés dans des fichiers informatiques. On peut estimer la taille des audiences d'émissions télévisées grâce à des appareils électroniques branchés aux téléviseurs d'auditeurs sélectionnés.

Observation indirecte

On en apprend beaucoup sur les gens en observant les objets qui les entourent et ceux dont ils se débarrassent. Par exemple, afin de connaître le prestige social des gens et de pouvoir ainsi déterminer leur classe sociale, les chercheurs en marketing observent le quartier de résidence[6]. Une (très sérieuse) technique d'observation indirecte consiste à examiner les déchets domestiques contenus dans les poubelles et les contenants de récupération des gens (en anglais, *garbology*). Si on veut connaître les marques de produits alimentaires qui sont achetées et consommées par une famille, on peut, par exemple, faire l'inventaire des armoires de cuisine. Dans une étude souvent citée, on a comparé la liste d'épicerie de consommateurs avec les produits contenus dans leur panier afin d'estimer la proportion d'achats non planifiés[7].

---

5. Voir le livre de R. B. Cialdini, *Influence: Science and Practice*, Glenview, IL, Scott, Foresman and Company, 1988. L'observation participante est présentée de façon concise dans l'ouvrage de M. Q. Patton, *Qualitative Evaluation Methods*, Newbury Park, CA, Sage Publications, 1980, chap. 6.
6. R. P. Coleman,, « The Continuing Significance of Social Class to Marketing », *Journal of Consumer Research*, vol. 10, n° 3, 1983, p. 265-280.
7. D. T. Kollat et R. P. Willet, « Customer Impulse Purchasing Behavior », *Journal of Marketing Research*, vol. 4, n° 1, 1967, p. 21-31.

Analyse de contenu

Les articles de journaux et de magazines, les émissions télévisées ou radio-diffusées, les publicités et les autres moyens de communication de masse offrent souvent un matériau d'intérêt pour l'observation en marketing. L'analyse de contenu est une méthode d'observation qui porte sur ce matériau. Elle consiste à sélectionner un échantillon de communications (par exemple, des publicités imprimées, des bandes dessinées) et à décrire ces communications au moyen de catégories qui concernent aussi bien la forme (comme le nombre de mots, la présence de photographies) que le contenu (notamment les arguments employés, les thèmes discutés). Les catégories sont définies en fonction des objectifs poursuivis par le chercheur et la codification des communications se fait à l'aide d'une grille.

À titre d'illustration, une étude réalisée par des chercheurs québécois a utilisé l'analyse de contenu afin de comprendre les facteurs qui influencent l'efficacité publicitaire des panneaux-réclames. Un total de 176 panneaux, utilisés dans des campagnes publicitaires différentes, ont été décrits à l'aide de catégories telles que le type de produit annoncé, le nombre de mots, l'importance de l'image, l'utilisation de l'humour, etc. L'étude a montré que des caractéristiques comme le nombre de mots, l'importance de l'image, le nombre de couleurs et la nature des produits annoncés ont un effet significatif sur la mémorisation des messages publicitaires[8].

L'analyse de contenu est aussi une méthode qu'emploient certaines firmes de conseil pour définir les grandes tendances sociales. Par exemple, la firme américaine BrainReserve Inc. procède quotidiennement à l'analyse de contenu de plus de 150 publications, dans différents domaines d'intérêt (science, santé, économie, etc.), afin de prévoir ce que l'avenir réserve et de permettre à ses clients (des entreprises et des personnes) de mieux faire face au changement[9].

Méthode des protocoles

L'observation comportementale a le désavantage d'ignorer les processus internes sous-jacents aux actions des gens. La méthode des protocoles (en

---

8. A. Chafaï, J. Nantel et L. Vallée, « A Study of Variables Influencing the Effectiveness of Billboard Advertising », *Cahier de recherche n° 93-28*, Montréal, École des Hautes Études Commerciales, 1993.

9. Les tendances sociales découvertes par BrainReserve Inc. sont exposées dans le livre suivant: F. Popcorn, *Le rapport Popcorn*, Montréal, Éditions de l'Homme, 1994. L'auteure, que le magazine *Fortune* a surnommée la « Nostradamus du marketing », est présidente de BrainReserve Inc. Voir aussi l'article de F. Harrois-Monin, « Faith Popcorn : faut s'éclater ! », *L'Actualité*, 1er octobre 1994, p. 12-14. Pour en savoir davantage sur l'analyse de contenu, voir l'article de H. H. Kassarjian, « Content Analysis in Consumer Research », *Journal of Consumer Research*, vol. 4, n° 1, 1977, p. 8-18.

anglais, *verbal protocols*) vise à obtenir des informations sur ces processus en «observant» l'expression orale ou écrite de la pensée. Dans la méthode des protocoles **simultanés,** on demande à la personne de réfléchir à voix haute en même temps qu'elle accomplit une tâche. L'objectif est d'obtenir une trace continue de la pensée et, si possible, des processus mentaux qui se produisent durant la tâche. Par exemple, un observateur muni d'un magnétophone suit pas à pas un consommateur pendant qu'il fait ses emplettes à l'épicerie et enregistre ses réflexions de façon continue. De temps en temps, l'observateur rappelle à la personne de penser tout haut («Dites-moi tout ce qui traverse votre esprit maintenant») afin d'éviter que des pensées soient réprimées. Dans la méthode des protocoles **rétrospectifs,** les pensées sont collectées *après* la tâche, de façon orale («Dites-moi toutes les pensées que vous avez eues durant la projection de cette publicité») ou écrite («Écrivez toutes les pensées que vous avez eues»).

Qu'ils soient collectés simultanément ou rétrospectivement, les protocoles sont analysés de façon à faire ressortir les opérations et les résultats mentaux sous-jacents. Cette analyse se fait à partir d'une grille comprenant un ensemble de catégories qui correspondent à différents processus et réactions internes. L'analyse des protocoles est une étape délicate, car il n'est pas toujours facile d'associer une réflexion à une opération ou à un résultat mental unique. Malgré ces difficultés, la méthode des protocoles constitue une approche intéressante pour étudier les réponses intérieures des gens à diverses situations pertinentes en marketing (par exemple, une exposition à des publicités ou à plusieurs marques d'un produit)[10].

L'EXPÉRIMENTATION

Afin d'introduire l'expérimentation en marketing, considérons l'exemple fictif suivant. En étudiant ses ventes, le propriétaire d'un supermarché Provigo constate que les sommes annuelles qu'il affecte à la promotion sont substantielles et il se demande si ces dépenses ont réellement un effet sur les ventes de son magasin. Pour en avoir le cœur net, il obtient d'un analyste en marketing du siège social de Provigo les chiffres des ventes et des dépenses de promotion de 10 supermarchés choisis au hasard. Ces données, qui sont présentées au tableau 4.1, incluent la superficie des établissements, les ventes moyennes par semaine et les dépenses annuelles de promotion[11].

---

10. Pour avoir plus d'information sur cette méthode, voir l'ouvrage de J. S. Carroll et E. J. Johnson, *Decision Research: A Field Guide*, Newbury Park, CA, Sage Publications, 1990, p. 74-83.

11. Bien que les chiffres présentés au tableau 4.1 soient fictifs, leur ordre de grandeur est réaliste dans le cas de magasins d'alimentation à petite et à moyenne surfaces.

En examinant les chiffres qui sont inclus dans le tableau 4.1, le propriétaire note que les ventes moyennes par semaine évoluent de la même façon que les dépenses de promotion. Ainsi, lorsque les dépenses s'établissent à 10 000 $, les ventes moyennes sont de 48 000 $ (magasin 7) ; avec 30 000 $ de dépenses, les ventes moyennes sont de 156 000 $ (magasin 5) et elles grimpent à 315 000 $ lorsque les dépenses sont de 75 000 $ (magasin 4). Tout semble indiquer que les dépenses de promotion sont justifiées, étant donné qu'à une augmentation de celles-ci correspond un accroissement systématique des ventes. Bien plus, cette *relation positive* entre les dépenses et les ventes est tellement claire que le propriétaire se demande s'il ne devrait pas, en fait, investir un peu plus dans la promotion afin d'augmenter ses ventes.

Qu'en est-il vraiment? Avant de répondre à cette question, notons la nature particulière de ce problème de recherche. Dans cet exemple, le problème consiste à déterminer si les dépenses de promotion ont un effet positif sur les ventes. On dit d'un problème de recherche comme celui-ci qu'il est centré sur l'étude d'une **relation de cause à effet** entre deux variables. Ici, la variable *causale* correspond aux dépenses de promotion. Cette variable est présumée avoir un *effet* sur les ventes. On peut représenter schématiquement cette relation causale :

Promotion → Ventes

TABLEAU 4.1   La superficie, les ventes et les dépenses de promotion de 10 supermarchés

Magasin	Superficie (pi²)	Ventes moyennes par semaine ($)	Dépenses de promotion ($)
1	25 000	288 000	62 000
2	11 000	90 000	23 000
3	12 000	116 000	21 000
4	45 000	315 000	75 000
5	15 000	156 000	30 000
6	25 000	254 000	60 000
7	7 000	48 000	10 000
8	18 000	171 000	44 000
9	14 000	118 000	25 000
10	35 000	273 000	68 000

Les chercheurs en marketing s'intéressent souvent à l'étude des relations causales entre des variables. En effet, plusieurs problèmes de marketing se présentent comme des interrogations relatives à l'effet de certaines variables sur d'autres variables: Une baisse du prix de vente aura-t-elle un effet positif sur les ventes? Le changement de nom du produit sera-t-il perçu de façon négative par la clientèle? La nouvelle publicité saura-t-elle convaincre les consommateurs de choisir nos produits? L'expérimentation est une méthode de recherche conçue pour l'étude de tels problèmes.

Revenons à l'exemple de la relation entre les dépenses de promotion et les ventes. Les chiffres du tableau 4.1 sont clairs: lorsque les dépenses augmentent, les ventes augmentent aussi. Dans le langage de l'expérimentation (et de la recherche quantitative en général), on dit que les deux variables sont caractérisées par une **variation concomitante** ou, plus simplement, qu'elles **covarient**. La covariation nous informe de l'existence d'une relation entre les variables. Cependant, la covariation seule ne permet pas de conclure que cette relation est causale.

Pour comprendre ces propos, considérons de nouveau les données du tableau 4.1. Il est vrai que les dépenses de promotion covarient positivement avec les ventes, mais cela est vrai aussi pour la superficie de vente des magasins (prenez le temps de vérifier cette affirmation). Quelle est alors la variable qui influence véritablement les ventes: les efforts de promotion ou la superficie de vente? Peut-être les deux variables ont-elles un effet sur les ventes. Toutefois, ce n'est pas parce que les deux variables covarient simultanément avec les ventes qu'elles constituent, de ce fait, des variables causales dans ce problème. En effet, nous savons que la superficie de vente d'un magasin d'alimentation dépend de la concurrence et du potentiel de marché (par exemple, on trouve des supermarchés à grande surface dans des zones géographiques plus peuplées). Par ailleurs, plus le potentiel de marché est grand, plus la pression pour dépenser au chapitre de la promotion sera forte. Se pourrait-il que le potentiel de marché soit la véritable variable causale ici et que la covariation observée entre la promotion et les ventes constitue simplement le résultat d'un ajustement naturel des dépenses promotionnelles aux besoins du marché?

Comme on peut le constater dans cet exemple, la covariation entre deux variables est une condition nécessaire, mais non suffisante, pour conclure à l'existence d'une relation de cause à effet. Parce qu'elle est fondée uniquement sur la covariation, la méthode utilisée par le propriétaire du supermarché pour étudier l'influence causale des dépenses de promotion sur les ventes ne permet pas d'éliminer d'autres explications (comme l'influence du potentiel de marché). Par ailleurs, le fait qu'il n'y ait pas de covariation entre deux variables n'implique pas obligatoirement l'absence d'une relation de cause à effet. Parce qu'elles ne sont pas contrôlées, d'autres variables peuvent voiler une relation causale entre deux variables[12]. Ainsi que nous le verrons plus loin, l'expérimentation est une méthode de recherche qui vise à démontrer l'existence d'une relation de cause à effet entre deux ou plusieurs variables en tentant de contrôler, autant que possible, les autres sources d'explication.

L'établissement d'une relation de cause à effet entre deux variables nécessite que l'on s'assure que la présumée cause précède l'effet dans le temps. Logiquement, si les dépenses de promotion influencent les ventes, cela implique que ces dépenses se sont produites *avant* les ventes. Cette condition de **précédence temporelle** semble se vérifier aisément dans notre exemple. Toutefois, en y regardant de plus près, les choses ne sont peut-être pas si simples. En effet, comment les budgets de promotion sont-ils déterminés en pratique? Il arrive que les dépenses de promotion soient fixées en fonction des ventes passées en attribuant, par exemple, un certain pourcentage des ventes à la promotion. Si les propriétaires des supermarchés Provigo procèdent de cette façon, cela signifie que la relation causale entre les dépenses de promotion et les ventes serait peut-être inverse! Là encore, on constate qu'une méthode de recherche basée uniquement sur la covariation est insatisfaisante.

En résumé, pour étudier la relation de cause à effet entre deux variables, on doit utiliser une méthode qui permet: 1) de s'assurer de la précédence temporelle de la cause sur l'effet; 2) d'établir la covariation entre les variables étudiées; 3) d'éliminer les autres explications. Ce sont là les objectifs poursuivis par l'expérimentation.

Les concepts fondamentaux de l'expérimentation

L'expérimentation est une méthode de recherche où des variables sont *manipulées* et où leurs effets sur d'autres variables sont *mesurés*. Les variables manipulées sont appelées «**variables indépendantes**» et les variables mesurées, «**variables dépendantes**». Dans l'exemple précédent qui comporte des dépenses de promotion et des ventes, les dépenses et les ventes correspondent respectivement à la variable indépendante et à la variable dépendante. La manipulation de variables est au cœur de la méthode expérimentale. Par «manipulation», on entend que le chercheur contrôle la façon dont les variables indépendantes influencent les variables dépendantes. Sans ce contrôle, il est difficile de satisfaire aux conditions qui permettent de conclure à l'existence d'une relation de cause à effet.

---

12. Pour un exemple, voir G. A. Churchill Jr, *Marketing Research: Methodological Foundations*, 5e éd., Chicago, The Dryden Press, 1991, p. 170-171.

Un **plan expérimental** est présenté au tableau 4.2. Un plan expérimental consiste à décrire la façon dont les variables indépendantes sont organisées pour produire les effets étudiés. Le plan qui est illustré ici a été conçu pour résoudre le problème de recherche de notre propriétaire de supermarché. Dans cet exemple, 18 supermarchés Provigo ont été choisis pour faire partie de la recherche. En début d'année, on a fixé à 25 000 $ (niveau 1, faible) les dépenses annuelles de promotion de six magasins. Les dépenses de six autres magasins ont été établies à 50 000 $ (niveau 2, moyen) et pour les six derniers, un montant de 75 000 $ (niveau 3, élevé)a été prévu. Nous discuterons plus loin de la façon dont on a décidé d'affecter ces montants aux supermarchés. Le tableau 4.2 contient des résultats de vente hypothétiques, mesurés à la fin de l'année dans les 18 supermarchés. Avant d'interpréter ces résultats, nous allons faire quelques observations importantes et introduire un peu de vocabulaire.

Une étude qui utilise l'approche expérimentale est appelée une **expérience**. Une expérience implique la manipulation d'une ou de plusieurs variables (indépendantes), qu'on appelle aussi des **facteurs**. Un facteur comprend un certain nombre de *niveaux* qui définissent les **conditions expérimentales** de l'étude. Dans chaque condition expérimentale, on trouve des **unités expérimentales** à partir desquelles on mesure les effets des manipulations. Ainsi, dans notre exemple, il y a un seul facteur (ou variable indépendante) comportant trois niveaux (dépenses de promotion faibles, moyennes et élevées). Les unités expérimentales représentent les magasins et les ventes hebdomadaires

TABLEAU 4.2   Exemple d'un plan expérimental à un facteur

	DÉPENSES DE PROMOTION ANNUELLES		
	Niveau 1 **25 000 $**	**Niveau 2** **50 000 $**	**Niveau 3** **75 000 $**
	88	278	142
VENTES HEBDOMADAIRES MOYENNES (en milliers de dollars)	120	152	176
	254	207	283
	151	163	181
	202	114	160
	85	106	198
Moyenne	150	170	190

moyennes sont les mesures utilisées pour vérifier l'effet d'une variation des dépenses de promotion (la variable manipulée).

Parfois, une expérience comporte une condition où la variable manipulée est absente. À titre d'illustration, dans notre exemple, on pourrait constituer un groupe de magasins où les dépenses de promotion seraient égales à zéro. Les unités expérimentales affectées à une condition de ce type forment ce qu'on appelle un **groupe de contrôle.** Un groupe de contrôle permet de voir comment les variables dépendantes se comportent lorsque les unités expérimentales ne sont pas exposées aux manipulations.

Les résultats de l'expérience (tableau 4.2) semblent montrer que les efforts de promotion influencent les ventes. En effet, lorsque les dépenses de promotion sont de 25 000 $ annuellement, les ventes totalisent *en moyenne* 150 000 $. Elles augmentent à 170 000 $ (toujours en moyenne) lorsque les dépenses s'élèvent à 50 000 $ et à 190 000 $ lorsqu'elles sont de 75 000 $. Les deux variables affichent donc une covariation positive, condition nécessaire pour conclure que la relation de cause à effet existe. En outre, la condition de précédence temporelle est remplie, puisque les dépenses de promotion ont été fixées en début d'année et les ventes mesurées à la fin de l'année.

D'autres explications pourraient être invoquées pour justifier ces résultats. Se pourrait-il, par exemple, que le potentiel de marché explique la relation observée ici entre les dépenses de promotion et les ventes, comme c'était le cas précédemment? Pour que cette explication soit crédible, il faudrait que les supermarchés soumis aux conditions de dépenses moyennes et élevées (tableau 4.2, niveaux 2 et 3) soient situés dans des zones à potentiel de marché plus grand, ce qui expliquerait que les ventes soient en moyenne plus élevées. Si, cependant, les supermarchés sont semblables (par rapport à la taille des marchés desservis) d'une condition expérimentale à l'autre, l'explication ci-dessus ne tient pas.

Ce point est suffisamment important pour que nous en discutions en détail. Nous avons dit que le potentiel de marché n'est pas une explication valable si, pour l'une ou l'autre des trois conditions expérimentales, les magasins d'alimentation desservent des marchés de taille semblable. Comment faire en sorte de rendre les supermarchés comparables par rapport à cette variable? Il y a trois approches possibles. Premièrement, on peut sélectionner pour l'étude des magasins qui desservent des marchés de même taille (par exemple, des magasins à fort potentiel de marché uniquement). Cela revient à contrôler l'effet du potentiel de marché en le maintenant *fixe.* Deuxièmement, on peut faire varier la taille des marchés tout en s'assurant que les différences de potentiel entre les magasins sont semblables d'une condition expérimentale à l'autre (par exemple, chaque condition comprend trois magasins qui font affaire avec des petits marchés et trois autres qui exploitent de grands marchés).

Ces deux premières approches sont appropriées, mais elles ont le désavantage de se concentrer sur une seule source d'explication, soit le potentiel de marché dans ce cas-ci. Or, il se peut qu'il y ait d'autres explications possibles, d'autres variables à contrôler. La troisième approche est plus générale, car elle vise à contrôler *toutes* les autres explications qui pourraient justifier la relation causale étudiée. Cette approche fait appel à une procédure fondamentale de la méthode expérimentale : la **randomisation.**

La randomisation consiste à *affecter aléatoirement (au hasard) les unités expérimentales d'une expérience aux différentes conditions qui définissent les facteurs.* Dans notre exemple, la randomisation implique que les 18 supermarchés choisis pour l'étude soient répartis au hasard dans les trois différentes conditions expérimentales. Quel est le résultat d'une telle procédure ? Si les unités expérimentales sont randomisées, elles devraient, selon toute probabilité, être semblables d'une condition expérimentale à l'autre, au regard de toutes les caractéristiques possibles. Les différences observées entre les conditions devraient alors refléter uniquement la variation systématique créée par les manipulations expérimentales. La randomisation permet d'éliminer les autres explications non pas, comme avec les deux approches précédentes, en contrôlant des variables, mais plutôt en distribuant aléatoirement les effets de toutes les variables possibles dans les différentes conditions expérimentales.

Les plans d'expérience dans lesquels les unités expérimentales sont randomisées sont appelés « **plans d'expérience formels** ». Lorsque la randomisation n'est pas utilisée, on dit qu'il s'agit de **plans informels.** Par la randomisation, les conditions expérimentales sont rendues équivalentes, exception faite des conséquences entraînées par les manipulations expérimentales. Il est important de noter que cette équivalence est fondée sur le hasard. Pour qu'elle soit efficace, elle doit donc impliquer un nombre assez grand d'unités expérimentales. Plus le nombre d'unités expérimentales est élevé, plus la randomisation sera efficace[13].

En résumé, grâce à la manipulation de variables indépendantes et à l'observation subséquente de leurs effets sur des variables dépendantes, l'expérimentation permet de mesurer la covariation et de s'assurer de la condition de

---

13. Il n'y a pas de règle quant au nombre d'unités expérimentales nécessaires pour assurer une randomisation efficace. Le lecteur trouvera une discussion de ce problème dans l'ouvrage de F. N. Kerlinger, *Foundations of Behavioral Research*, 3e éd., New York, Holt, Rinehart and Winston, 1986, p. 114-119. Cet auteur suggère d'avoir des groupes de 30 unités ou plus. S'il n'est pas possible d'obtenir un nombre suffisant d'unités expérimentales, on peut envisager d'apparier (en anglais, *matching*) les unités expérimentales dans les différentes conditions de l'expérience. Pour une discussion approfondie, voir l'ouvrage de F. N. Kerlinger susmentionné, chap. 15.

précédence temporelle. L'élimination des autres explications possibles, pour les relations de cause à effet étudiées, est réalisée par le biais de la randomisation, c'est-à-dire par l'affectation aléatoire des unités expérimentales aux conditions de l'expérience. Il est possible aussi de contrôler des variables en les maintenant fixes ou en faisant en sorte que leur variation soit répartie également entre les conditions expérimentales.

Les plans expérimentaux

Une expérience procède toujours à partir d'un plan expérimental (ou plan d'expérience). Dans les pages qui suivent, nous présentons quelques plans expérimentaux de base utilisés par les chercheurs en marketing.

Le plan complètement aléatoire à un facteur

Le tableau 4.2, présenté à la page 98, constitue un exemple de ce plan. Le plan complètement aléatoire à un facteur comprend une seule variable indépendante qui définit un certain nombre de conditions expérimentales. Dans ce type de plan, toutes les unités expérimentales sont affectées aléatoirement aux conditions expérimentales (c'est-à-dire randomisées), d'où l'appellation « complètement aléatoire ». Les effets de la variable indépendante sur les variables dépendantes sont évalués en comparant les moyennes de ces variables dans les différentes conditions.

Dans l'exemple présenté au tableau 4.2, le facteur « dépenses de promotion » définit trois conditions expérimentales. Les 18 unités expérimentales sont des supermarchés et ceux-ci ont été randomisés entre les trois conditions. Il y a une seule variable dépendante dans cet exemple, soit les ventes hebdomadaires moyennes observées à la fin de l'année. On constate qu'en moyenne les ventes varient d'une condition expérimentale à l'autre, ce qui laisse supposer que le facteur a une influence causale. En général, il faut procéder à une analyse statistique afin de vérifier si les différences observées entre les moyennes des conditions expérimentales peuvent être généralisées à d'autres unités expérimentales. La technique statistique appropriée pour l'analyse du plan complètement aléatoire à un facteur (et des autres plans discutés ci-après) est l'analyse de variance. Cette technique sera présentée au chapitre 8.

Le plan factoriel complètement aléatoire

Les phénomènes de marketing sont complexes et impliquent de multiples facteurs. Le plan complètement aléatoire de type factoriel permet d'étudier les effets simultanés de plusieurs variables indépendantes sur une ou des variables dépendantes. À titre d'illustration, supposons que notre propriétaire d'épicerie veuille savoir si la disponibilité d'un service de livraison à domicile a un effet sur les ventes des supermarchés. Afin de le découvrir, il envisage une expérience où deux facteurs seront manipulés de façon simultanée, soit les dépenses de promotion (trois niveaux) et la disponibilité d'un service de livraison (deux niveaux : oui/non). Le plan d'expérience factoriel de cet exemple est présenté au tableau 4.3.

Comme on le voit, ce plan comprend six conditions expérimentales, obtenues en croisant les niveaux des deux facteurs étudiés. Les conditions expérimentales forment un tableau où chaque condition correspond à une manipulation *conjointe* de deux variables. Dans le langage de l'expérimentation, il s'agit d'un plan d'expérience 3 × 2 (d'où l'appellation « plan factoriel »).

Dans un plan d'expérience factoriel complètement aléatoire, les unités expérimentales sont randomisées entre les conditions. Les effets des variables

TABLEAU 4.3   Exemple d'un plan expérimental 3 × 2

		DÉPENSES DE PROMOTION ANNUELLES			
		25 000 $	**50 000 $**	**75 000 $**	**Moyenne**
SERVICE DE LIVRAISON	*Oui*	120*	278*	283*	
		254	207	181	186
		85	106	160	
	Non	88	152	142	
		151	163	176	154
		202	114	198	
	Moyenne	150	170	190	

* Ventes hebdomadaires moyennes (en milliers de dollars)

indépendantes sont évalués à partir des moyennes qui correspondent aux différents niveaux des facteurs. Dans notre exemple, les moyennes ont été calculées pour toutes les rangées et les colonnes du tableau (il s'agit des chiffres du tableau 4.2 qui ont été réarrangés pour les besoins de l'exemple). On constate que le facteur «service de livraison» a un effet sur les ventes, puisqu'en moyenne les ventes sont plus élevées lorsque le service est disponible (moyenne = 186 000 $) que lorsqu'il ne l'est pas (moyenne = 154 000 $). Le facteur «dépenses de promotion» a lui aussi un effet sur les ventes, comme ce fut le cas précédemment[14].

Il est possible d'envisager des plans factoriels comprenant plus de deux variables indépendantes. Par exemple, si on voulait étudier en plus l'effet de l'introduction d'un système de commandes par téléphone dans les épiceries (deux niveaux: oui/non), on pourrait considérer un plan factoriel avec trois facteurs. Ce plan comprendrait 12 conditions expérimentales, obtenues en croisant les niveaux des 3 facteurs étudiés ($3 \times 2 \times 2$). On peut constater que l'addition d'un nouveau facteur augmente le nombre de conditions expérimentales de manière factorielle, ce qui entraîne une augmentation du nombre d'unités expérimentales requises pour évaluer les effets des facteurs, avec les répercussions évidentes sur le coût de l'étude. La plupart des problèmes pratiques de recherche en marketing qui nécessitent l'utilisation de l'expérimentation requièrent rarement la manipulation simultanée de plus de deux facteurs.

Les plans avec des mesures répétées

Dans les plans complètement aléatoires à un ou à plusieurs facteurs, les unités expérimentales sont différentes d'une condition à l'autre; elles forment des groupes indépendants. Dans les plans d'expérience avec des mesures répétées, par contre, les unités expérimentales sont exposées à plusieurs conditions expérimentales.

Au tableau 4.4, nous présentons l'exemple d'un plan à un facteur qui comporte des mesures répétées. Dans cet exemple, nous nous intéressons de nouveau à l'effet des dépenses de promotion sur les ventes des supermarchés, mais cette fois, au lieu de considérer des dépenses annuelles, nous manipulons les efforts de promotion de façon trimestrielle. Quatre magasins ont été choisis pour l'étude. Chaque magasin effectue des dépenses de promotion réparties sur

---

14. Un plan d'expérience factoriel permet aussi de vérifier la présence d'effets d'interaction entre les facteurs. Une interaction entre deux facteurs signifie que l'effet d'un des facteurs n'est pas le même pour tous les niveaux de l'autre facteur. Pour plus de détails, voir l'ouvrage de G. Keppel, *Design and Analysis: A Researcher's Handbook*, 3e éd., Englewodd Cliffs, NJ, Prentice-Hall, 1991, p. 192-201. Ce volume est une très bonne référence pour quiconque veut en savoir davantage sur la conception et l'analyse des plans d'expérience.

TABLEAU 4.4   Exemple d'un plan à un facteur avec des mesures répétées

| | | DÉPENSES DE PROMOTION TRIMESTRIELLES | | | |
		10 000 $	15 000 $	20 000 $	25 00 $
	1	T_1	T_3	T_2	T_4
MAGASINS	2	T_2	T_1	T_4	T_3
	3	T_3	T_4	T_1	T_2
	4	T_4	T_2	T_3	T_1
	Moyenne	$\bar{X}_1$	$\bar{X}_2$	$\bar{X}_3$	$\bar{X}_4$

Note : T_1, T_2, T_3 et T_4 correspondent à diférents trimestres.

quatre trimestres (T_1, T_2, T_3 et T_4) et selon quatre niveaux possibles (10 000 $, 15 000 $, 20 000 $ et 25 000 $). Nous avons fait varier systématiquement les trimestres où les montants sont dépensés, afin de ne pas confondre l'effet du trimestre et l'effet des dépenses. Pour vérifier si les dépenses de promotion ont une influence sur les ventes, il suffit de mesurer les ventes à la fin de chaque trimestre et de comparer les moyennes qui correspondent aux différents niveaux de dépenses ($\bar{X}_1$ à $\bar{X}_4$).

L'avantage des plans avec des mesures répétées est qu'ils nécessitent généralement moins d'unités expérimentales que les plans complètement aléatoires. En contrepartie, parce que les données issues de tels plans ne sont pas indépendantes, le traitement statistique est un peu plus complexe (voir la référence citée à la note 14 pour plus de détails).

Les plans incluant des variables de classification

Les plans que nous avons décrits jusqu'à maintenant comprennent uniquement des variables (indépendantes) qui sont manipulées. Il arrive que le chercheur veuille incorporer dans un plan d'expérience des variables qui ne peuvent pas être manipulées. Ces variables sont appelées «**variables de classification**» ou «**facteurs de groupement**». Elles sont généralement utilisées afin d'augmenter la précision des résultats d'une expérience.

À titre d'illustration, considérons de nouveau la relation de cause à effet entre les dépenses de promotion et les ventes, dans le cadre du plan expérimental à un facteur présenté au tableau 4.2 (page 98). Nous avons dit que le potentiel de marché est une variable qui a une influence sur les ventes d'un supermarché. Puisque, dans ce plan, les magasins ont été randomisés dans les conditions expérimentales, on peut présumer que les effets du potentiel de marché sont répartis également et que les différences entre les moyennes, correspondant aux différents niveaux de dépenses, reflètent uniquement l'effet du facteur manipulé (assurez-vous de bien comprendre ces propos avant de continuer). Cependant, en examinant le tableau 4.2, on constate que les ventes des magasins, à l'intérieur des conditions expérimentales, affichent une grande variation. Par exemple, dans la condition correspondant à des dépenses de 25 000 $, les ventes observées vont de 88 000 $ en moyenne par semaine à 254 000 $. Cela s'explique sans doute par le fait que les supermarchés étudiés desservent des marchés de taille différente. Dans cet exemple, il serait approprié de tenter de réduire cette variation indésirable en faisant intervenir la superficie de vente des magasins comme variable de classification.

La superficie n'est pas une variable qu'on peut aisément manipuler dans une expérience comme celle-ci. Nous indiquons au tableau 4.5 la façon d'inclure la superficie à titre de variable de classification. Nous avons d'abord divisé les supermarchés en deux groupes ayant des superficies de vente différentes : 15 000 pi^2 ou moins contre plus de 15 000 pi^2. Par la suite, *dans chaque groupe,* les supermarchés ont été randomisés entre les conditions expérimentales (encore une fois, les chiffres du tableau 4.2 ont été réarrangés pour les besoins de l'exemple).

La structure du plan d'expérience présenté au tableau 4.5 est la même que celle du plan factoriel à deux facteurs discuté auparavant. Contrairement au plan factoriel, cependant, il importe de constater que l'une des variables (la superficie) a le statut de variable de classification. Il n'est pas surprenant de voir que les magasins à grande surface ont des ventes moyennes supérieures aux magasins à petite surface (213 000 $ contre 127 000 $). Ce n'est pas dans le but d'observer ce résultat que cette variable a été incorporée au plan d'expérience, mais plutôt afin de réduire la variation à l'intérieur des conditions expérimentales. Comme on peut le voir, l'inclusion de la superficie comme variable de classification dans le plan d'expérience a permis d'atteindre cet objectif.

Les plans fractionnés

Un plan d'expérience peut être construit à partir de facteurs manipulés et de facteurs de groupement à la fois, et comprendre des conditions expérimentales

TABLEAU 4.5   Exemple d'un plan expérimental avec une variable de classification

		DÉPENSES DE PROMOTION			
		25 000 $	**50 000 $**	**75 000 $**	**Moyenne**
SUPERFICIE DE VENTE (pi²)	*15 000 ou moins*	88*	106*	142*	127
		85	114	160	
		120	152	176	
	Plus de 15 000	254	278	283	213
		151	207	181	
		202	163	198	
	Moyenne	150	170	190	

* Ventes hebdomadaires moyennes (en milliers de dollars)

qui incluent des mesures répétées et non répétées. Nous avons vu que l'addition de facteurs, dans une expérience, a une incidence sur le nombre d'unités expérimentales requises pour évaluer les effets (voir la discussion portant sur le plan factoriel à la page 103). Plus les facteurs sont nombreux, plus on aura besoin d'unités expérimentales. Lorsque le chercheur envisage une expérience comprenant plusieurs facteurs, il est possible de simplifier le plan en sélectionnant, de façon systématique, un sous-ensemble de toutes les conditions expérimentales possibles. Cette simplification systématique d'un plan d'expérience, qu'on appelle « **fractionnement** », permet de diminuer le nombre d'unités expérimentales requises.

Un exemple de fractionnement d'un plan expérimental est présenté au tableau 4.6. Dans cet exemple, les dépenses de promotion correspondent à la variable manipulée (trois niveaux : 25 000 $, 50 000 $ et 75 000 $). Deux variables de classification sont introduites pour augmenter la précision des résultats, soit la superficie de vente des magasins (trois niveaux : petite, moyenne et grande) et le type de marché (trois niveaux : anglophone, francophone et multiethnique). En croisant les trois facteurs, on obtient 27 ($3 \times 3 \times 3$) conditions expérimentales (partie *a*). En supposant, par exemple, 6 unités par condition expérimentale, ce plan nécessiterait la participation de 162 (6×27) supermarchés.

Nous montrons au tableau 4.6 comment on peut construire, à partir du plan original, un plan fractionné qui possède seulement neuf conditions expérimentales. Le nouveau plan, qu'on appelle dans ce cas précis un **carré latin**, est construit de façon à ce que les dépenses de promotion soient réparties également entre les niveaux des deux variables de classification (partie *b*). Cette fois-ci, avec 6 unités par condition, on aurait besoin de 54 (6 × 9) supermarchés seulement.

Le plan en carré latin correspond à l'une des multiples façons de fractionner un plan d'expérience. Il est important de noter que le fractionnement comporte un coût pour le chercheur. En effet, en réduisant le nombre de conditions expérimentales, on diminue du même coup l'information disponible pour l'évaluation

TABLEAU 4.6   Exemple d'un plan fractionné : le plan en carré latin

a) Plan original (3 × 3 × 3)

TYPE DE MARCHÉ

Dépenses de promotion (en miliers de dollars)	Francophone			Anglophone			Multiethnique		
	25	50	75	25	50	75	25	50	75
SUPERFICIE — Petite	√				√				√
SUPERFICIE — Moyenne		√				√	√		
SUPERFICIE — Grande			√	√				√	

√ : Condition expériementale sélectionnée

b) Plan fractionné (carré latin)

TYPE DE MARCHÉ

SUPERFICIE	Francophone	Anglophone	Multiethnique
Petite	25 000 $	50 000 $	75 000 $
Moyenne	50 000 $	75 000 $	25 000 $
Grande	75 000 $	25 000 $	50 000 $

des effets des facteurs étudiés. Il faut donc être prudent lors de la construction et de l'utilisation de ce type de plan[15].

Des unités expérimentales constituées par des personnes

Les exemples de plans expérimentaux que nous avons présentés jusqu'à maintenant utilisaient des supermarchés comme unités expérimentales. Dans plusieurs études expérimentales en marketing, les unités sont des personnes (par exemple, des consommateurs). Les principes fondamentaux de l'expérimentation (randomisation, évaluation des effets par des comparaisons de moyennes, augmentation de la précision par l'introduction de variables de classification, etc.) s'appliquent aussi dans ces situations, mais le chercheur doit alors composer avec des personnes et leurs réactions possibles aux procédures expérimentales mises en œuvre.

Considérons l'exemple fictif (mais réaliste) suivant pour illustrer certains points importants. Un chercheur a reçu le mandat de comparer l'efficacité de deux publicités imprimées (A et B), conçues pour promouvoir la diversité des services financiers offerts par une firme. Le chercheur décide d'utiliser un plan d'expérience avec un facteur manipulé (deux niveaux : publicité A / publicité B) et un facteur de groupement (deux niveaux : hommes / femmes). Le plan est présenté au tableau 4.7. Pour les besoins de cet exemple, supposons qu'on décide d'employer deux mesures d'efficacité publicitaire, soit la mémorisation du message et l'intérêt des consommateurs envers les services financiers décrits dans les publicités. Ces mesures constituent les variables dépendantes de l'expérience.

Comment le chercheur va-t-il procéder pour réaliser cette expérience? Il lui faut d'abord trouver des hommes et des femmes qui acceptent de participer à l'étude. Nous n'allons pas nous préoccuper ici de ce problème d'échantillonnage (l'échantillonnage est discuté au chapitre 6). Par la suite, le chercheur doit définir les moyens à prendre pour rendre fonctionnelles ses manipulations. Serait-il approprié, par exemple, de simplement montrer les publicités imprimées aux participants et de mesurer ensuite les effets sur la mémorisation et l'intérêt? Peut-être, mais cela ne correspond pas à une situation naturelle d'exposition à une publicité imprimée. De plus, avec cette façon de faire, il semble assuré que

---

15. Pour une discussion plus détaillée des méthodes de fractionnement, voir l'ouvrage de W. G. Cochran et G. M. Cox, *Experimental Designs*, 2e éd., New York, John Wiley & Sons, 1957. Ce volume présente plusieurs plans fractionnés qui peuvent être adaptés aux problèmes de recherche en marketing.

TABLEAU 4.7 Un plan d'expérience pour évaluer l'efficacité de deux publicités imprimées

		PUBLICITÉ	
		A	**B**
SEXE	*Hommes*	Groupe 1	Groupe 3
	Femmes	Groupe 2	Groupe 4

les participants vont connaître les objectifs poursuivis par le chercheur. Comment réagiront-ils? Seront-ils plus complaisants? Plus intéressés par les publicités qu'ils le seraient d'habitude?

Afin d'augmenter le réalisme d'une expérience et d'éviter des réactions non naturelles de la part des participants, on peut cacher les véritables objectifs poursuivis à l'aide d'un **camouflage expérimental.** Dans notre exemple, le chercheur pourrait faire croire aux participants de l'expérience qu'il s'agit d'une étude sur les habitudes de lecture des personnes. Leur tâche consisterait à lire quelques pages de journaux et à répondre ensuite à quelques questions. Les deux publicités testées seraient insérées dans les pages à lire, sans que les participants aient été informés de la manipulation. Pour comparer l'efficacité des deux publicités, il suffirait d'inclure, avec les autres questions, des mesures de mémorisation du message et du niveau d'intérêt envers les services financiers publicisés[16].

Lorsqu'une expérience comprend des unités expérimentales humaines, le chercheur doit se préoccuper des réactions possibles aux manipulations qu'il compte mettre en œuvre. Le camouflage expérimental peut généralement aider à réduire le problème de réactivité des participants, mais ce n'est pas une garantie. La meilleure façon d'évaluer les problèmes de réactivité est d'interroger les participants, lorsque l'expérience est terminée, afin de déterminer si les objectifs de la recherche ont été découverts et s'ils se sont comportés de manière inhabituelle. Le camouflage expérimental n'est pas toujours nécessaire dans les expériences où participent des personnes. Il appartient au chercheur de juger de sa pertinence selon la situation.

---

16. Pour un exemple d'une expérience utilisant un camouflage expérimental de ce type, voir l'article d'A. d'Astous et C. Hébert, « Une étude comparative des effets de la publicité écrite conventionnelle et du publireportage », *Rapport du congrès annuel de la section Marketing de l'Association des sciences administratives du Canada*, D. A. Schellinck (s. la dir. de), Niagara Falls, 1991, p. 102-112.

Les applications de la méthode expérimentale en marketing

L'expérimentation est une méthode appropriée lorsque le problème de recherche est centré sur l'étude de relations de cause à effet entre des variables. Dans les lignes qui suivent, nous présentons deux applications importantes de l'expérimentation en marketing.

Le test de marché

Avant de lancer un nouveau produit ou service sur le marché, une firme peut décider de faire un test de marché. Il s'agit d'un type particulier d'expérience dite « sur le terrain », qui consiste à mettre en marché un nouveau produit dans une zone géographique bien circonscrite appelée « **marché-test** » durant une période déterminée. Ainsi, une nouvelle bière pourrait être offerte exclusivement à Chicoutimi durant trois mois. L'objectif du test de marché est de prédire le succès éventuel d'un produit, advenant une introduction générale (par exemple, au Québec).

Bien qu'utiles, les tests de marché comportent des inconvénients. Puisqu'ils correspondent à des mises en marché réelles, ils entraînent généralement des coûts importants. Par ailleurs, si le produit est innovateur et semble susciter un intérêt certain, les concurrents peuvent être tentés de le copier (il se peut même qu'ils réussissent à introduire leur marque avant celle qui fait l'objet du test). Aussi, les résultats du test de marché ne sont pas toujours concluants, soit parce que les concurrents créent volontairement dans le marché-test des perturbations destinées à brouiller les cartes (comme une promotion spéciale auprès des détaillants pour qu'ils remplissent les tablettes), soit parce que la représentativité du marché-test n'est pas connue (par exemple, la ville de Chicoutimi est-elle représentative du Québec ?), ou soit encore parce que les stratégies de mise en marché n'ont pas donné les résultats escomptés, indépendamment du potentiel du nouveau produit.

Le test de marché peut aussi se faire pour des produits existants. Il s'agit alors de tester les réactions du marché au regard de modifications du *mix marketing* (par exemple, un nouvel emballage, un nouveau prix, un nouveau mode de distribution ou une nouvelle publicité)[17].

---

17. Pour une discussion très complète du test de marché, voir l'ouvrage de Y. J. Wind, *Product Policy: Concepts, Methods, and Strategy*, Reading, MA, Addison-Wesley, 1982, chap. 14.

Les tests de marché simulés

Certaines firmes de conseil en marketing offrent à leurs clients la possibilité de faire des tests de marché «en laboratoire», dans des conditions qui visent à simuler le mieux possible la réalité du marché. Un test de marché simulé typique pour une nouvelle marque implique les étapes suivantes. Des consommateurs possédant les caractéristiques du marché cible sont recrutés pour participer à une étude. Par exemple, ils peuvent être abordés dans un centre commercial. Après avoir répondu à des questions relatives à leurs habitudes d'achat, aux marques qu'ils achètent et aux bénéfices qu'ils recherchent, ces consommateurs écoutent des publicités pour la marque testée et pour les marques concurrentes. Il est possible à cette étape de recueillir des informations utiles sur les axes publicitaires envisagés pour promouvoir la marque. Après avoir été exposés à la publicité, les participants se voient offrir l'occasion d'acheter la nouvelle marque dans un environnement commercial simulé (par exemple, une petite épicerie ou une petite pharmacie). La proportion observée de participants qui choisissent d'acheter la nouvelle marque constitue une première estimation de l'intérêt pour le produit. Une enquête réalisée après l'expérience permet d'évaluer la satisfaction des consommateurs et leur désir de racheter la marque.

Les informations produites par les tests de marché simulés servent à prévoir la part de marché éventuelle de la nouvelle marque. Les recherches effectuées montrent que ces tests produisent d'excellentes prévisions pour des marques de biens de consommation courante qui correspondent à des imitations d'autres marques (en anglais, *me-too brands*)[18]. Les prévisions issues des tests de marché simulés sont à ce point précises que les firmes se contentent de plus en plus de cette seule méthode lors de la décision de lancer de nouveaux produits.

POUR UNE APPROCHE MÉTHODOLOGIQUE PLURALISTE

Pourquoi les chercheurs choisissent-ils une méthode plutôt qu'une autre lorsqu'ils sont à l'étape de la structuration de la méthodologie? Cette question est importante, car il ne suffit pas de connaître les méthodes; il faut aussi savoir choisir celles qui conviennent le mieux dans différentes situations.

Nous avons vu au chapitre premier que le processus de recherche comprend un ensemble d'étapes *interdépendantes*. À l'étape de la structuration de la méthodologie, les informations à collecter sont connues. La nature de ces

---

18. J.-M. Choffray et F. Dorey, *Développement et gestion des nouveaux produits*, Paris, McGraw-Hill, 1983, p. 66-74.

informations aura une influence sur le choix des méthodes. Par exemple, s'il s'agit d'une étude visant à trouver un nom pour un nouveau produit, une approche qualitative serait probablement pertinente, à cause du caractère exploratoire de la recherche. Si, par contre, le chercheur veut évaluer l'effet d'un changement de prix sur les ventes d'un produit, une enquête auprès de la clientèle, ou encore une expérience réalisée avec des clients actuels, serait plus indiquée. C'est donc habituellement avec des contraintes liées à la formulation du problème que le chercheur aborde l'étape de la structuration de la méthodologie. En d'autres termes, le problème de recherche dirige naturellement le chercheur vers une ou des méthodes particulières selon la façon dont le problème a été formulé.

Par ailleurs, il est normal que les chercheurs aient des préférences pour certaines méthodes. Ces préférences se développent avec le temps et dépendent de la formation, des habitudes et des compétences spécifiques des personnes. Tel chercheur, par exemple, verra dans un problème de recherche une occasion d'utiliser une méthode qualitative alors que tel autre pensera plutôt à une méthode quantitative (l'opposition «quali» contre «quanti» est courante). De ce point de vue, le choix d'une méthode de recherche est aussi affaire de goût.

Au-delà des préférences personnelles et de l'influence de la problématique, il y a l'obligation pour le chercheur en marketing de produire des informations pouvant aider les décideurs. C'est d'abord et avant tout en fonction de cet objectif que doivent s'effectuer les choix méthodologiques. Dans cet esprit, il est important de voir les méthodes de recherche en marketing non pas comme des approches concurrentes, mais plutôt comme des moyens différents, parfois complémentaires, d'obtenir des informations d'intérêt dans le cadre du problème[19]. En combinant des méthodes de recherche différentes dans un même projet de recherche, le chercheur peut élargir sa compréhension des phénomènes étudiés.

À titre d'illustration, dans une étude portant sur la satisfaction de la clientèle d'un magasin, au lieu de se limiter à une enquête auprès d'un échantillon de clients, on pourrait conduire aussi des entrevues de groupe réunissant des vendeurs et faire une analyse de contenu des plaintes formulées par écrit, disponibles au service à la clientèle. Dans une étude visant à tester l'efficacité d'un nouveau présentoir de produits, on pourrait procéder à une observation des acheteurs en magasin, suivie d'une enquête. Afin d'en savoir plus sur l'influence

---

19. Tous les auteurs ne partagent pas cet avis. Plusieurs pensent que les méthodes qualitatives et quantitatives sont fondamentalement opposées, car elles sont issues de visions très différentes de la réalité et de la façon dont cette réalité doit être saisie. À ce propos, voir l'ouvrage de J. W. Creswell, *Research Design: Qualitative & Quantitative Approaches*, Thousand Oaks, CA, Sage Publications, 1994, de même que l'article suivant: G. Morgan et L. Smircich, «The Case for Qualitative Research», *Academy of Management Review*, vol. 5, n° 4, 1980, p. 491-500.

des enfants sur les choix effectués par les consommateurs adultes, on pourrait combiner l'observation en magasin avec des entrevues avec des parents seulement, avec des enfants seulement et avec des parents accompagnés de leurs enfants.

Dans un projet de recherche en marketing, il est toujours intéressant d'envisager l'utilisation de plusieurs méthodes, si bien sûr le budget de recherche le permet. Cette stratégie offre trois avantages principaux. D'abord, les informations obtenues par les méthodes peuvent être comparées afin de vérifier si elles convergent (triangulation). Ensuite, les faiblesses d'une méthode peuvent être compensées par les forces d'une autre (et vice-versa). Enfin, les méthodes peuvent apporter des éclairages complémentaires sur le problème.

RÉSUMÉ

Ce chapitre a présenté trois méthodes importantes de la recherche en marketing: l'enquête, l'observation et l'expérimentation. L'enquête est la méthode de recherche en marketing la plus courante. Dans une enquête, on obtient les informations en interrogeant des personnes à l'aide d'un questionnaire qui peut être administré par la poste, par téléphone ou encore par entrevue personnelle.

L'observation vise à saisir les phénomènes de marketing en s'attachant à décrire de façon systématique les aspects qui les composent ou qui s'y rattachent. Il existe différentes formes d'observation en marketing: l'observation naturaliste, l'observation participante, l'observation mécanique, l'observation indirecte, l'analyse de contenu et la méthode des protocoles.

L'expérimentation est une méthode de recherche appropriée lorsque le chercheur s'intéresse aux relations de cause à effet entre des variables. Une étude expérimentale, qu'on appelle une expérience, implique de manipuler des variables indépendantes et de mesurer les effets de ces manipulations sur des variables dépendantes. Dans une expérience, il est fréquent de faire intervenir des variables difficiles ou impossibles à manipuler, qu'on appelle des variables de classification, afin d'augmenter la précision des résultats. L'expérimentation procède à partir de différents plans d'expérience qui peuvent être adaptés aux problèmes de recherche en marketing.

Chacune de ces méthodes possède des avantages et des inconvénients qu'il importe de connaître afin de choisir la méthode la plus appropriée pour le projet de recherche. Lorsque cela est possible, il faut envisager l'emploi de plusieurs méthodes dans un même projet de recherche.

Questions de révision

1. Quels sont les principaux types d'enquête? Donnez les avantages et les inconvénients de chacun.

2. Quels sont les postulats fondamentaux sur lesquels repose l'enquête en tant que méthode de recherche?

3. Dans quelles circonstances l'observation s'avère-t-elle une méthode de recherche particulièrement appropriée?

4. Comment peut-on s'assurer de la valeur des opinions qui proviennent de l'observation?

5. Quels sont les avantages et les inconvénients de l'observation naturaliste?

6. Quelles sont les différentes formes d'observation utiles pour la recherche en marketing?

7. Pourquoi la covariation entre deux variables n'est-elle pas une condition suffisante pour démontrer l'existence d'une relation de cause à effet? Quelles autres conditions doivent être remplies?

8. Quelles sont les différentes approches acceptables pour contrôler les autres explications dans l'étude d'une relation de cause à effet?

9. Quels sont les différents plans expérimentaux de base utilisés par les chercheurs en marketing?

10. Qu'est-ce qui distingue une variable de classification d'une variable manipulée? Pourquoi introduit-on des variables de classification dans un plan expérimental?

11. Qu'est-ce qu'un test de marché? Quels sont les principaux avantages et inconvénients du test de marché?

12. Qu'est-ce qu'un test de marché simulé? Quelles en sont les principales étapes? Dans quelles conditions un test de marché simulé permet-il de prévoir adéquatement la part de marché d'un nouveau produit?

Exercices et sujets de réflexion

1. La méthode des protocoles vous semble-t-elle une méthode de recherche utile pour le marketing ? Quelles applications peuvent en être faites ? À votre avis, les discours recueillis par cette méthode correspondent-ils aux processus mentaux et aux pensées d'une personne ? Dans quelles circonstances vaut-il mieux utiliser les protocoles simultanés ou rétrospectifs ?

2. Une firme québécoise veut lancer un nouveau shampooing en Belgique. Le directeur des opérations internationales voudrait savoir s'il est préférable d'employer un nom de marque flamand ou français. De plus, il se demande à quel prix offrir ce produit : 150, 200 ou 250 francs belges.

   Le directeur voudrait procéder à une expérience sur le terrain. Suggérez-lui un plan d'expérience adapté aux besoins de l'étude. N'oubliez pas de couvrir les points suivants :

   - le plan d'expérience et la procédure expérimentale (les unités expérimentales, les mesures utilisées, la durée de l'expérience, etc.) ;
   - les avantages et les limites du plan proposé.

3. Le directeur d'une agence de publicité veut trouver une méthode pour prétester des publicités télévisées. Il voudrait faire en sorte que les données soient recueillies dans un environnement qui simule le mieux possible les conditions naturelles d'exposition à la publicité. Que lui suggérez-vous ?

4. Est-il possible de concevoir un test de marché simulé pour des biens durables (par exemple, un réfrigérateur, un lave-vaisselle, des meubles) ?

5. Dans un centre de conditionnement physique, un responsable du marketing a utilisé l'envoi postal comme méthode d'enquête, afin de s'informer de la satisfaction de la clientèle et des moyens à prendre pour l'améliorer. Des 400 questionnaires envoyés, 18 lui ont été retournés avec la mention « mauvaise adresse » et il en a reçu 122 après trois semaines. Des 122 questionnaires retournés et remplis, 11 se sont avérés inutilisables.

   Il vous fait part de son inquiétude quant à la valeur des résultats de l'enquête, étant donné le taux de réponse peu élevé. Il se demande ce qu'il pourrait faire pour déterminer si les résultats peuvent néanmoins être utilisés. Que lui proposez-vous ?

6. Considérez l'extrait suivant d'un court article portant sur le lien entre tabagisme et quotient intellectuel[20] :

> Les enfants de 3 à 4 ans, dont les mères ont fumé plus de 10 cigarettes par jour pendant leur grossesse, ont un QI inférieur de 9 points en moyenne à celui des enfants issus de mères non fumeuses, affirment des chercheurs de l'Université Cornell et de l'Université de Rochester dans le dernier numéro du mensuel *Pediatrics*.

Selon vous, le tabagisme a-t-il un effet causal sur le quotient intellectuel ? Quelles sont les autres explications ? Comment pourrait-on démontrer un tel lien par une recherche ?

7. Des chercheurs ont effectué un test de marché simulé pour une nouvelle marque de shampooing. Des 224 participants à l'étude, 56 ont choisi la nouvelle marque lorsqu'ils ont fait leurs emplettes dans la petite épicerie mise sur pied pour les besoins de l'étude. On a offert aux autres un échantillon du produit afin qu'ils puissent l'essayer à domicile. Deux semaines après, on a joint tous les participants par téléphone dans le but d'obtenir leurs réactions (satisfaction, problèmes perçus, etc.). Lors de cette enquête, on a évalué la propension à racheter la nouvelle marque en offrant aux participants la possibilité d'acheter une bouteille de shampooing au prix fixé par les gestionnaires. Au total, 38 personnes se sont prévalues de cette offre. À combien estimez-vous la part de marché probable pour la nouvelle marque ? Quelles sont les limites de votre analyse ?

8. M. S. Cabot est le directeur du département de marketing de la firme Dr Allard, une entreprise qui fabrique et vend de la nourriture pour chiens. Il veut tester une nouvelle formule alimentaire à peine sortie du laboratoire et top secrète : le Milou nº 57. Il songe à réaliser une étude expérimentale afin de connaître les réactions des chiens face à cette nouvelle formule et de tester trois préparations différentes : nourriture sèche, similiviande et burgers. Voulant généraliser les résultats à des chiens de race et d'âge différents, le directeur tient à ce que l'étude soit réalisée avec des labradors, des cockers et des bergers allemands et qu'on prenne des jeunes chiots, des chiens adultes et des chiens âgés.

S. Cabot se préoccupe du coût de l'étude et de la difficulté de trouver les chiens. Suggérez-lui un plan expérimental approprié pour l'étude. Assurez-vous de justifier le plan, d'en montrer la structure, de décrire les procédures expérimentales, les mesures utilisées ainsi que les limites du plan proposé.

---

20. Voir l'article « Un lien entre tabagisme et quotient intellectuel ? », *La Presse*, 12 février 1994.

Construction et test des instruments de mesure

Introduction

Introduction

Dans les chapitres précédents, nous avons vu que le chercheur en marketing dispose de plusieurs méthodes pour obtenir les informations dont il a besoin. Ces informations se présentent souvent dans un format spécifié à l'avance et doivent être collectées telles quelles. C'est le cas des données secondaires, dont la forme de présentation a été définie par d'autres personnes que le chercheur. Lorsqu'il s'agit de données primaires, par contre, l'obtention des informations se fait au moyen d'un ou de plusieurs instruments de mesure élaborés par le chercheur. Par exemple, dans une étude faisant appel à l'observation naturaliste, une grille de codification doit être construite afin de permettre la collecte des informations. Dans une enquête, c'est un questionnaire qu'il faut préparer.

L'objectif de ce chapitre est de discuter du problème de construction d'un instrument de mesure, plus spécifiquement d'un questionnaire. Nous ferons d'abord quelques remarques visant à montrer la complexité des processus qui interviennent entre le moment où une question est posée à une personne et celui où une réponse est donnée. Par la suite, nous présenterons les étapes principales de l'élaboration d'un questionnaire et discuterons des aspects fondamentaux de la rédaction. Enfin, nous traiterons de la mesure des variables en sciences humaines et en marketing. Nous établirons alors des distinctions importantes entre les différentes échelles de mesure, illustrerons leur application en marketing et examinerons comment on peut s'assurer de l'exactitude de ces échelles.

QUEL ÂGE AVEZ-VOUS?

Voilà, direz-vous, un exemple d'une question simple, commune, qui ne devrait occasionner aucun problème de compréhension. C'est pourquoi nous y ferons référence pour illustrer certains mécanismes psychologiques fondamentaux qui interviennent lorsqu'une question est posée à une personne. Notre objectif est de montrer que l'interrogation met en branle des processus complexes, encore mal compris, qui ont une incidence souvent très grande sur la qualité des informations obtenues. Prendre conscience de cette complexité, c'est comprendre qu'on ne peut entreprendre la construction d'un questionnaire sans préparation adéquate.

Les processus psychologiques qui se produisent lors d'une interrogation sont résumés à la figure 5.1. La première étape est celle de l'interprétation (ou encodage). À cette étape, la personne interrogée tente de donner une signification à l'information qui lui est communiquée. Une question est constituée de codes – des mots ou des intonations, le cas échéant – qui doivent être déchiffrés.

FIGURE 5.1 Les processus psychologiques associés à l'interrogation

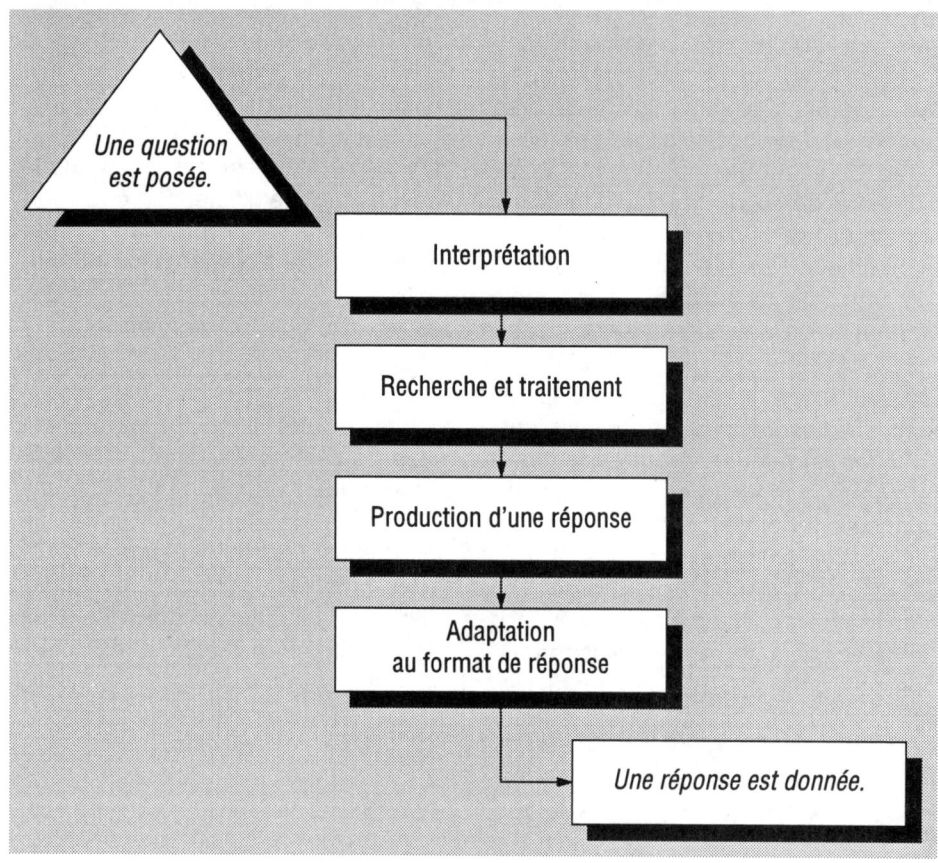

Lorsque les codes correspondent à des significations partagées par la personne qui pose la question et celle qui y répond, la question est interprétée correctement. Dans le cas d'une question portant sur l'âge, l'interprétation apparaît évidente. Dans d'autres situations, il peut en être autrement. Par exemple, la question «Que pensez-vous des œuvres de Tex Lecor (personnalité artistique)?» renvoie à des interprétations différentes selon que la personne interrogée fait référence au peintre (Tex Lecor est un peintre réputé), à l'animateur de radio (réputé aussi pour les tours qu'il joue au téléphone), à l'auteur-compositeur (chanteur connu) ou au philanthrope.

L'interprétation est en général **contextuelle.** Posée lors d'un vernissage des œuvres de l'artiste (un contexte précis), la question précédente suggère une interprétation unique. L'interprétation est aussi **globale,** c'est-à-dire qu'elle ne se limite pas aux seules significations lexicales, mais qu'elle porte sur tous les aspects qui composent le cadre global dans lequel s'insère la question. Par exemple, certaines personnes réagissent très mal à des questions formulées à la deuxième personne du singulier («Quel âge as-tu?») ou exprimées de façon trop impersonnelle («Votre âge?»). Plusieurs formulations d'une même question peuvent entraîner des interprétations différentes même si, d'un point de vue lexical, la signification est la même. Les intonations peuvent aussi modifier l'interprétation d'une question.

Une fois que la personne interrogée a interprété la question qui lui a été posée, elle procède à une recherche mentale fondée sur cette interprétation. Selon la nature des éléments de réponse requis, cette recherche sera plus ou moins détaillée. Par exemple, l'âge étant une information accessible pour la plupart des gens, la question «Quel âge avez-vous?» ne requiert habituellement pas une longue réflexion. Par contre, la question «La publicité du fabricant de vêtements Benetton vous choque-t-elle?» nécessitera peut-être un plus grand effort mental. Notons la nature différente des informations recherchées dans ces deux exemples. L'âge est une information factuelle, tandis que la question concernant la publicité de Benetton commande plutôt un sentiment. Il est utile de distinguer trois types d'informations: les faits, les opinions et les sentiments. Les opinions et les sentiments correspondent à des prises de position personnelles et par le fait même ne font pas référence à une vérité absolue, alors que les faits sont, en principe, vérifiables. Par ailleurs, les questions peuvent avoir pour objet la personne interrogée ou une autre entité (une personne, un produit, un événement, etc). Nous présentons au tableau 5.1 une classification basée sur ces distinctions ainsi que quelques exemples de questions.

TABLEAU 5.1   Diverses questions liées à différentes informations

		OBJET DE LA QUESTION	
		La personne interrogée	Un autre objet
TYPES D'INFORMATIONS	Fait	«Quel âge avez-vous?»	«Quel est le nom de la voiture luxueuse fabriquée par Nissan?»
	Opinion	«Êtes-vous un vendeur performant?»	«Le prix de l'essence est-il trop élevé?»
	Sentiment	«Votre niveau actuel d'endettement vous inquiète-t-il?»	«Aimez-vous le dernier disque compact de U2?»

La distinction entre les faits, les opinions et les sentiments est utile, car elle permet de mieux comprendre les mécanismes mentaux qui sous-tendent la production d'une réponse à une question. Une première observation concerne la disponibilité de l'information dans la mémoire de l'être humain ainsi que son accessibilité. Par exemple, l'âge est une information qu'on recouvre aisément dans la mémoire, du moins si on connaît sa date de naissance. Il n'en va pas de même pour toutes les informations. Dans certains cas, une information peut avoir été oubliée («Quel est le nom de votre première institutrice?»), n'avoir jamais été apprise («Qui a découvert l'aspirine?») ou être difficile à produire («Quelle est la racine carrée de 324?»). Ensuite, une information peut être directement accessible ou au contraire nécessiter une construction mentale. Par exemple, on peut avoir une opinion toute faite à propos d'une marque d'automobile connue, mais avoir besoin de s'en construire une pour une autre marque que l'on connaît moins. Enfin, il faut noter que les faits sont généralement plus stables que les opinions ou les sentiments. L'âge, par exemple, ne subit qu'une modification majeure par année alors que notre opinion d'un homme politique ou de nous-même est sujette à de nombreuses fluctuations.

La personne interrogée produit une réponse dans son esprit à un moment donné. Cette réponse sera plus ou moins complexe selon qu'il s'agit d'un fait, d'une opinion ou d'un sentiment et suivant l'importance que la personne accorde à la question. Par exemple, la réponse mentale à la question «Quel âge avez-vous?» devrait être simple («J'ai 26 ans.»), mais il peut en être autrement pour une personne préoccupée par son âge. Des impressions, des images et même des émotions peuvent accompagner l'information factuelle.

Quelle qu'elle soit, la réponse intérieure doit être transformée afin d'être comprise par celui ou celle qui a posé la question. Parfois, la personne interrogée est libre de présenter la réponse dans la forme qui lui semble la plus appropriée («Quel est votre âge?» _____). Dans d'autres situations, la personne doit s'adapter au format de réponse qu'on lui propose («Quel est votre âge?» _____ mois). Notons que la réponse fournie correspond au système de référence de la personne interrogée, qui n'est pas nécessairement le même que celui de celle qui interroge. À titre d'illustration, mentionnons que contrairement à ce qui se produit en Occident, les Chinois considèrent qu'ils naissent à l'âge de un an.

Comme on le voit, l'interrogation n'est pas une activité aussi simple qu'elle en a l'air. Elle provoque chez la personne interrogée des événements psychologiques nombreux, variés et complexes: interprétation, recherche d'informations, construction et transformation. Pour cette raison, l'élaboration d'un questionnaire est une tâche qui ne doit pas être prise à la légère. En ayant conscience des différents processus mentaux qui sont activés lorsqu'une personne répond à une question, le chercheur en marketing peut améliorer la qualité des instruments de mesure qu'il utilise.

LA CONSTRUCTION D'UN QUESTIONNAIRE

La construction du questionnaire est une étape importante d'un projet de recherche. Trop souvent hélas, le chercheur n'y accorde pas toute l'attention nécessaire. Combien de questionnaires mal conçus, incomplets, voire même inutiles à cause d'un manque de méthode et de rigueur! Dans cette section, nous allons présenter une procédure générale pour construire un questionnaire qui permet d'obtenir les informations nécessaires au chercheur en marketing. La recette n'est pas infaillible, mais elle devrait, en général, donner de bons résultats. Comme pour plusieurs aspects du projet de recherche en marketing, l'expérience est encore la meilleure garantie de succès, mais à défaut d'en avoir il vaut mieux adopter une approche méthodique. C'est d'ailleurs ce que font les chercheurs expérimentés.

Étape 1
La détermination des informations à obtenir

Lorsqu'on veut écrire un texte, on établit d'abord un plan. Il en va de même avec un questionnaire. La toute première chose à faire *avant* de commencer la rédaction du questionnaire, c'est de dresser la liste des informations que l'on souhaite obtenir. Nous avons vu au chapitre 2 que la formulation du problème de recherche implique de définir les informations à recueillir. Cette étape ne devrait donc pas poser de problèmes majeurs. Cependant, il est possible que la formulation du problème ne soit pas entièrement satisfaisante et que, pour diverses raisons (problème difficile à saisir, manque de temps, budget limité, etc.), il faille néanmoins aller de l'avant avec la collecte des données. Cela ne doit pas empêcher le chercheur de prendre le temps d'énumérer (en les écrivant) les informations qui doivent être obtenues pour les besoins de la recherche. Attention! Ce n'est pas un exercice facile, mais il vaut la peine d'être accompli. Muni de cette liste, le chercheur aura beaucoup moins de difficulté à franchir les étapes suivantes.

Étape 2
L'établissement des modalités de collecte des données

Comment le questionnaire sera-t-il administré et à qui s'adresse-t-il? Voilà deux aspects importants à considérer avant d'entreprendre la rédaction.

En effet, selon que le questionnaire sera administré par entrevue personnelle ou par téléphone ou encore auto-administré (par exemple, envoi postal, dépôt à domicile), sa longueur ainsi que la formulation des questions seront sans doute différentes. Une question que l'on pose par téléphone est rarement la même qu'une question que la personne interrogée doit lire. Si le questionnaire s'adresse à des acheteurs professionnels ou à des médecins, le vocabulaire employé et la façon de présenter les questions ne seront pas les mêmes que s'il s'adresse à des entrepreneurs en construction ou à des consommateurs. N'oublions pas que le choix du mode d'administration du questionnaire est influencé par le type de personne interrogée.

Étape 3
La préparation d'une première ébauche

La rédaction du questionnaire implique un ensemble de décisions relatives au contenu, à la formulation des questions ainsi qu'à leur séquence. Nous allons discuter de ces aspects à tour de rôle.

Le contenu des questions

Commençons par une règle d'or : il ne faut jamais poser des questions inutiles. En principe, le chercheur a en main la liste des informations à recueillir et les questions devraient être préparées en fonction de ces informations. Cependant, une question peut ne pas être pertinente du point de vue des objectifs de la recherche, mais servir à d'autres fins : susciter l'intérêt, faire le lien entre deux questions, obtenir un engagement de participation (« Acceptez-vous de répondre à quelques questions ? »), etc. On doit toujours se rappeler que chaque question implique des coûts et qu'il ne sert à rien d'importuner les gens avec des questions superflues.

Par ailleurs, une question qui semble pertinente pour l'étude n'est pas utile si les gens interrogés sont incapables de fournir une réponse. Il est donc important de se demander si les personnes ont les connaissances requises pour répondre aux questions qu'on leur pose. Le problème se présente fréquemment dans les études visant à établir des comparaisons entre des objets (des marques, des magasins, des entreprises, etc.). En effet, il est rare que les personnes interrogées soient familières avec tous les objets que le chercheur veut comparer et, même si elles le sont, il n'est pas assuré qu'elles puissent se prononcer sur tous les aspects à propos desquels on veut faire les comparaisons.

Parfois, les connaissances existent mais ne sont pas suffisamment détaillées pour répondre à la question. Par exemple, dans une étude visant à décrire le comportement des cinéphiles, la question «Combien de fois êtes-vous allé au cinéma l'année dernière?» est sans doute pertinente, mais elle fait appel à des connaissances très précises et difficilement accessibles. Lorsque le chercheur a des doutes quant à la capacité des gens de fournir une réponse à une question qu'il voudrait poser, il peut laisser tomber la question, ne l'adresser qu'aux personnes qui peuvent y répondre ou, si la personne interrogée a des connaissances limitées, se contenter d'une réponse approximative («Diriez-vous que vous êtes allé au cinéma de 0 à 5 fois, de 6 à 10 fois, de 11 à 15 fois...?»).

Certaines questions peuvent être jugées indiscrètes ou même impertinentes. C'est souvent le cas des questions qui touchent les revenus, les opinions politiques, les croyances religieuses et les comportements asociaux. Notons qu'une question peut être perçue comme indiscrète par une personne et tout à fait convenable par une autre. Par exemple, il est plus facile d'obtenir une réponse à la question «Avez-vous déjà volé à l'étalage?» de la part des adolescents qu'auprès de consommateurs adultes, car ce type de comportement est commun et plus accepté par les jeunes. Que faire lorsqu'on croit que les participants à l'étude seront réticents à répondre à une question importante? Cela dépend bien sûr du degré d'indiscrétion de la question, mais diverses stratégies sont possibles. Premièrement, on peut tenter de convaincre la personne que l'information recueillie est importante et que les réponses demeureront strictement confidentielles. Deuxièmement, on peut se contenter de réponses moins précises (par exemple, utilisation de classes de revenus). Troisièmement, on peut employer une formulation visant à désensibiliser la personne par rapport à l'objet de la question («Des études ont montré que la plupart des individus ont déjà volé à l'étalage. Vous est-il arrivé de le faire?»).

La formulation des questions

Après avoir discuté du contenu des questions, nous allons maintenant examiner le «contenant», c'est-à-dire la manière dont le contenu est exposé à la personne interrogée. Étant donné que la formulation d'une question a un effet direct sur l'interprétation, il faut s'assurer qu'elle traduit bien les besoins d'information du chercheur. Lorsqu'on prépare un questionnaire, on a généralement l'impression que les questions rédigées sont claires. C'est un leurre: les questions semblent claires parce que *nous* les comprenons. Pour obtenir des informations utiles, les questions doivent être bien comprises par les personnes interrogées. En tenant compte des quelques conseils qui suivent, il est possible de produire de telles questions.

D'abord, il faut toujours se rappeler cette phrase célèbre de Boileau : «Ce que l'on conçoit bien s'énonce clairement. » Dans le contexte de la rédaction d'un questionnaire, cela signifie que le chercheur qui a bien défini les informations qu'il veut obtenir aura normalement plus de facilité à formuler les questions. Sinon, la rédaction du questionnaire risque d'être ardue. Donc, avant d'écrire une question, il est nécessaire de se demander : «Qu'est-ce que je veux savoir exactement?» Par la suite, lorsqu'une première version de la question est disponible, il est souvent utile de l'examiner sous l'angle des interrogations «qui?», «où?», «quand?», «quoi?», «comment?» et «pourquoi?»[1]. À titre d'illustration, considérons la question «Quels magazines d'information lisez-vous?». Quelques interrogations permettent de montrer que cette question pourrait être mieux définie :

QUI?:   *Le «vous» sous-entend-il la personne interrogée ou toute sa famille?*

QUOI?:   *Qu'est-ce qu'un «magazine d'information»?*

QUOI?:   *Qu'est-ce que «lire»? Est-ce aussi feuilleter, lire en diagonale?*

OÙ?:   *à la maison, chez le dentiste, au bureau?*

QUAND?: *Le matin? Le soir?*

Bien sûr, toutes les questions ne se prêtent pas aussi bien à cette vérification. Par exemple, la question «Quel âge avez-vous?» est claire en elle-même. Dans beaucoup de cas, cependant, la vérification permet de voir si une question a besoin d'être spécifiée davantage afin d'éviter des interprétations multiples.

Il est important aussi de considérer le degré de précision exigé par la question. En général, il vaut mieux concevoir des questions qui demandent des réponses précises. Par exemple, si on veut estimer la fréquentation des restaurants, il est préférable de poser la question «Combien de fois par mois, environ, allez-vous manger au restaurant?» que de demander «Allez-vous manger au restaurant régulièrement?». Ici, le terme «régulièrement» est vague, car il ne signifie pas la même chose pour toutes les personnes. Le degré de précision exigé doit toutefois être défini en fonction de la capacité des personnes interrogées de fournir l'information demandée. À titre d'illustration, supposons qu'on veuille estimer la fidélité d'une personne envers une marque d'analgésique. On pourrait poser la question «Depuis combien d'années achetez-vous cette marque d'analgésique?». Il peut être difficile pour une personne de fournir une réponse exacte à cette question. Dans ce cas, le chercheur pourrait se contenter d'une réponse approximative («0 à 3 ans», «4 à 6 ans», etc.). Retenons qu'un certain degré d'imprécision dans la réponse n'est pas nécessairement une mauvaise chose si, par ailleurs, cela facilite la tâche des personnes interrogées.

---

1. H. W. Boyd Jr, R. Westfall et S. F. Stasch, *Marketing Research : Text and Cases*, 7e éd., Homewood, IL, Irwin, 1989.

Le chercheur doit éviter à tout prix les question ambiguës. L'ambiguïté peut être causée par l'utilisation de termes techniques que la personne interrogée ne comprend pas ou interprète mal. Par exemple, considérons la question «Croyez-vous que la publicité subliminale soit une pratique courante en marketing?». Dans cette phrase, il faudrait sans doute préciser ce que veulent dire les termes «publicité subliminale» et peut-être même «marketing». Les termes trop vagues, quant à eux, peuvent entraîner des interprétations multiples. Ainsi, dans la question «La nouvelle publicité d'Air Canada vous a-t-elle frappé?», qu'entend-on par «frappé»? Que la personne a été surprise par le contenu publicitaire? Que la publicité lui a plu ou déplu? Que la personne a remarqué cette publicité? Selon le cas, il faudrait employer un autre terme qui convient mieux. Une autre source d'ambiguïté provient des questions à double emploi (en anglais, *double-barreled*) dans lesquelles deux opinions sont requises en même temps. Par exemple, que peut-on répondre à la question «Les cornichons de marque Habitant sont-ils bien marinés et fermes?» si l'on croit qu'ils sont bien marinés mais pas assez fermes (ou l'inverse)?

Du fait que les gens n'ont pas toujours des opinions bien arrêtées à propos des sujets traités dans un questionnaire, il faut prendre garde aux formulations qui orientent la personne interrogée vers une réponse plutôt qu'une autre. À titre d'illustration, considérons la question suivante: «Croyez-vous qu'il soit correct d'empêcher votre enfant de profiter d'une expérience de camp d'été qui l'enrichira personnellement et lui donnera beaucoup de maturité?» Quel parent oserait répondre «oui» à cette question! Cet exemple est un peu exagéré, bien sûr, mais il demeure qu'il est relativement facile de biaiser une question. Comparons la question «Préférez-vous un hamburger grillé sur le feu ou cuit dans une poêle à frire?» avec la question «Préférez-vous un hamburger dont la viande est cuite sur un gril en acier inoxydable ou cuite au-dessus d'une flamme alimentée au gaz?». La première question est tirée d'une enquête réalisée aux États-Unis par la firme Burger King. Les consommateurs interrogés lors de cette enquête ont dit préférer la méthode de cuisson de Burger King (viande grillée sur le feu) dans une proportion de trois pour un. La deuxième question provient d'une étude indépendante conduite peu de temps après. Cette fois, 53 p. 100 des personnes interrogées ont dit préférer un hamburger cuit selon la méthode de McDonald's[2]. À quoi attribuez-vous cette différence?

La séquence des questions

Un questionnaire doit être organisé de façon logique et efficace. Il commence par une brève introduction – écrite ou orale selon le cas – où sont présentés les objectifs de l'étude, les questions filtre («Nous n'interrogeons que les

---

2. «Have it your way with research», *Advertising Age*, 4 avril 1983, p. 16.

personnes ayant déjà pris des vacances en Floride. Est-ce votre cas ?»), les arguments pour convaincre la personne de participer (importance de sa participation, confidentialité des informations, récompense, temps exigé, etc.), les instructions (façon de répondre et de retourner le questionnaire, procédure à suivre en cas de problème, importance de bien lire toutes les questions, etc.) et les remerciements.

Il est préférable de commencer l'interrogation avec des questions faciles qui ne créent pas de résistance et suscitent l'intérêt. Par exemple, on peut poser d'abord une question générale qui demande à la personne d'exprimer ses opinions à propos du problème étudié. Viennent ensuite les questions qui concernent les informations recherchées. Elles doivent apparaître dans un ordre logique et tenir compte du fait que la personne interrogée acquiert des connaissances au fur et à mesure que les questions se présentent. Une approche courante, dite «en entonnoir», consiste à augmenter graduellement la spécificité des questions. À titre d'illustration, les questions suivantes montrent comment amener progressivement une personne à dire ce qu'elle pense d'un produit :

1. Avez-vous des jeunes enfants aux couches ?

2. (Si oui) Achetez-vous des couches jetables ?

3. (Si oui) Connaissez-vous la marque Huggies ?

4. (Si oui) Qu'en pensez-vous ?

5. Croyez-vous que les couches Huggies vous en donnent pour votre argent ?

Un avantage de la séquence en entonnoir est qu'on évite ainsi que des questions ayant trait à des aspects spécifiques ne viennent biaiser les réactions globales obtenues par la suite. Dans l'exemple précédent, il ne serait pas approprié de poser la questions 5 («Croyez-vous que les couches Huggies vous en donnent pour votre argent ?») avant la question 4 («Qu'en pensez-vous ?»), car les opinions générales obtenues à la question 4 seraient sans doute influencées par l'impression, positive ou négative, laissée par la perception de la valeur d'achat. L'inverse est aussi vrai : la réponse à une question générale peut biaiser la réponse subséquente donnée à une question spécifique. On croit cependant que cette influence est plus diffuse et, par conséquent, moins importante.

En employant la séquence en entonnoir, il est fréquent d'avoir à restreindre des questions à certaines personnes. Dans l'exemple qui précède, seules les personnes ayant des jeunes enfants aux couches répondront à la deuxième question. Parmi celles-ci, seules celles qui achètent des couches jetables répondront à la troisième question. Et ainsi de suite. Lorsque des questions ne s'adressent pas à tous les participants, il faut créer des embranchements qui permettent de passer à d'autres questions (par exemple, «Si vous avez répondu non à la question 1, veuillez passer à la question 6»). Il est important de s'assurer du bon fonctionnement de ces embranchements. Généralement, il n'est pas recommandé d'utiliser des embranchements dans un questionnaire auto-administré. Si cela s'avère absolument nécessaire, mieux vaut en limiter le nombre.

Les questions plus difficiles et celles qui ont pour objectif de décrire la personne (âge, revenus, scolarité, etc.) se trouvent habituellement à la fin du questionnaire, en raison de la probabilité plus élevée de non-réponse. La toute dernière section du questionnaire comprend les remerciements (qu'il ne faut jamais oublier).

Étape 4
Le prétest du questionnaire

Même en tenant compte de tous les conseils présentés précédemment, il est quasi certain que des erreurs seront commises. On ne peut simplement pas penser à tout. Afin de déceler les problèmes éventuels (questions mal comprises, questionnaire trop long, embranchements mal définis, etc.), il est primordial que le questionnaire soit prétesté. Cette étape de la construction d'un questionnaire est incontournable.

Un prétest de questionnaire se déroule habituellement en plusieurs étapes. En premier lieu, il est bon de faire lire le questionnaire par d'autres personnes afin de voir leurs réactions. Même si ces personnes (des collègues, des amis, etc.) ne sont pas directement touchées par le sujet, elles peuvent aider à identifier les problèmes. Par la suite, on peut procéder à une vérification plus rigoureuse en soumettant le questionnaire révisé à quelques personnes (comme 4 ou 5) qui possèdent les caractéristiques des gens qui seront interrogés. On demande à ces personnes de réagir à l'instrument de mesure (par exemple, «Comment interprétez-vous cette question?», «Avez-vous des réticences à répondre à cette question?», «Le questionnaire est-il trop long?»). On révise le questionnaire en fonction des informations recueillies. Comme vérification finale, il faut tester questionnaire dans des conditions qui s'apparentent à celles qui prévaudront lors de l'étude. Par exemple, s'il s'agit d'une enquête téléphonique, on soumet le questionnaire par téléphone à un petit nombre de personnes appropriées. Cette vérification peut conduire à d'autres ajustements. On recommence le prétest autant de fois que cela s'avère nécessaire, jusqu'à ce que le questionnaire soit au point.

On ne saurait trop insister sur l'importance de prétester le questionnaire. Les chercheurs en marketing les plus expérimentés savent que c'est le moyen le plus sûr d'améliorer un instrument de mesure.

Illustration

Au chapitre 4, nous avons discuté d'une étude portant sur le phénomène des ventes de garage. Dans cette étude, une centaine de personnes ont été observées alors qu'elles magasinaient sur les lieux d'une vente de garage. Après observation, ces personnes étaient abordées par un intervieweur qui leur demandait si elles acceptaient de répondre à quelques questions. Le questionnaire ayant servi à la collecte des données figure à l'annexe de ce chapitre. Nous allons le commenter brièvement et apporter, par la même occasion, quelques remarques sur la construction et l'administration d'un questionnaire par entrevue personnelle.

Le questionnaire comprend 26 questions. Les deux premières servent d'introduction à l'entrevue. Les questions suivantes peuvent être groupées en quatre parties : 1) des informations sur la personne en ce qui a trait à l'achat dans des ventes de garage en général (questions 3 à 8) ; 2) des renseignements concernant les ventes de garage visitées durant la journée (questions 9 à 11) ; 3) des informations relatives à la vente de garage ayant lieu sur le site étudié (questions 12 à 18) ; 4) des données sociodémographiques (questions 19 à 26).

Puisqu'il s'agit d'entrevues personnelles, l'intervieweur pose les questions et inscrit les réponses sur le questionnaire. La majorité des questions sont **ouvertes**, c'est-à-dire qu'elles n'imposent pas des options de réponse à la personne interrogée. Certaines de ces questions ouvertes comportent un ensemble de réponses préalablement définies (comme les questions 4, 5 et 11), alors que d'autres n'en ont pas (notamment les questions 6, 7 et 8). Lorsqu'une question ouverte est définie en fonction de certaines réponses possibles (par exemple, la question 12, « Comment avez-vous appris qu'il y avait cette vente de garage ? »), l'intervieweur doit interpréter la réponse donnée par la personne interrogée (comme « C'est ma belle-sœur qui m'a téléphoné ») et choisir l'option de réponse qui convient le mieux (« bouche à oreille »). Lorsqu'il n'y a pas de réponses prédéfinies, l'intervieweur inscrit la réponse comme elle lui est donnée.

Il est généralement plus efficace pour un intervieweur de travailler avec des questions ouvertes comportant des réponses prédéfinies, quoique le choix d'une catégorie de réponse appropriée puisse parfois s'avérer difficile (par exemple, « C'est ma belle-sœur qui m'a montré la vente de garage quand nous passions en voiture devant » : « bouche à oreille » ou « en passant devant la maison » ?).

Lorsqu'il n'est pas possible de prévoir les réponses aux questions ouvertes, il faut laisser des blancs pour l'inscription des réponses et catégoriser ces dernières après coup.

Certaines des questions sont **fermées**, c'est-à-dire qu'elles imposent un choix de réponses à la personne interrogée. C'est le cas de la question 3, où on demande à la personne de choisir l'énoncé décrivant le mieux sa fréquentation des ventes de garage. C'est aussi le cas de la question 14, où la vente de garage doit être évaluée sous quatre aspects à l'aide d'une échelle à cinq niveaux (plus un niveau réservé pour « je ne sais pas »). Les questions fermées de ce type établissent un cadre de référence à l'intérieur duquel la personne doit se positionner. La personne interrogée n'est pas laissée à elle-même dans sa recherche d'une réponse à la question posée, comme c'est le cas avec les questions ouvertes.

Du point de vue de la collecte et de l'analyse des informations, les questions fermées facilitent le travail, car les réponses n'ont pas besoin d'être interprétées. Cependant, le chercheur doit bien définir les options de réponse, ce qui n'est pas toujours aisé. De plus, les questions fermées peuvent influencer les participants en suggérant des réponses qu'ils n'auraient pas produites spontanément. En effet, on a noté dans plusieurs études que les gens ont tendance à choisir les premières options de réponse qu'on leur propose, particulièrement lorsque la question porte sur un sujet à propos duquel ils n'ont pas d'opinion bien arrêtée. Les questions fermées se prêtent bien à un questionnaire auto-administré, parce qu'elles rendent la tâche de la personne interrogée beaucoup plus simple. Elles s'appliquent moins bien à un questionnaire administré par entrevue personnelle et par téléphone, à cause de l'obligation d'énumérer toutes les options de réponse à la personne interrogée. Il existe aussi des questions **semi-fermées**. Ces questions proposent un choix de réponses, mais elles permettent aussi à la personne interrogée de fournir une réponse différente (par exemple, « Autre : veuillez préciser _____ »). Ce type de question est utile lorsque le chercheur n'est pas certain d'avoir prévu toutes les options de réponse possibles.

LES ÉCHELLES DE MESURE

Jusqu'à maintenant, notre discussion a porté sur la collecte d'informations à l'aide de questions adressées à des personnes. L'interrogation est un moyen couramment utilisé par les chercheurs en marketing pour obtenir des informations, mais nous savons que ce n'est pas le seul. Des informations d'intérêt pour le marketing proviennent aussi des données secondaires et de l'observation des phénomènes. Dans cette section, nous allons tenter de préciser davantage la nature des informations recueillies dans une recherche en marketing en traitant du problème général de la mesure des variables.

Lorsqu'on pose une question dans une enquête, on s'attend à ce que les réponses *varient* entre les personnes interrogées. De même, lorsqu'on procède à une observation comportementale, on escompte que les personnes observées affichent différents comportements. La variation est la pierre angulaire de l'information : sans variation, pas d'information. Les chercheurs en marketing utilisent le terme « variable » pour faire référence aux concepts qu'ils étudient (et, par extension, à leur variation). Une étude comporte en général plusieurs variables. Par exemple, dans l'étude sur les ventes de garage, une des variables considérées par les chercheurs est l'achalandage sur le site (phase d'observation). Deux autres variables sont le nombre de ventes de garage visitées par la personne observée (phase d'entrevue, question 1 de l'annexe de ce chapitre) et l'occupation de cette personne (question 22). Ces trois variables serviront à illustrer certaines notions importantes associées à la mesure en marketing.

Pour être utiles, les variables doivent être mesurées. Qu'entend-on exactement par « mesurer » ? La définition que nous retiendrons est la suivante : mesurer, c'est attribuer un *nombre* à un *objet* de façon à représenter un *attribut*[3]. Cette définition importante comprend trois éléments principaux : l'objet, l'attribut et le nombre. Le terme « objet » est pris au sens large. Il peut s'agir d'une personne, d'une marque, d'une entreprise, d'un événement, d'une vente de garage, etc. L'attribut correspond à une caractéristique de l'objet que l'on cherche à mesurer. Les attributs d'intérêt en marketing sont multiples : la consommation, la préférence, la connaissance, l'âge et l'occupation en sont quelques exemples. Enfin, le nombre sert à représenter l'attribut associé à l'objet.

Voyons comment on peut appliquer cette définition à la mesure des trois variables évoquées précédemment. La variable « nombre de ventes de garage visitées » est mesurée directement, à l'aide d'une question simple (question 1 de l'annexe). Pour cette variable, l'objet de la mesure est la personne interrogée, l'attribut correspond au total de ventes visitées et le nombre est la réponse donnée par la personne. La variable « achalandage sur le site » est mesurée à l'aide d'une échelle à trois niveaux : faible, moyen et élevé (voir la figure 4.2, page 89). L'objet de la mesure est la vente de garage et l'attribut correspond à l'achalandage. Pour quantifier l'attribut d'achalandage, on pourrait utiliser les nombres 1, 2 et 3 avec les attributions suivantes : 1 = faible, 2 = moyen et 3 = élevé. Enfin, la variable « occupation » est mesurée à l'aide de neuf catégories : professionnel, employé de bureau, ménagère, etc. (question 22 de l'annexe). L'objet de la mesure est la personne interrogée et l'attribut correspond au type d'emploi occupé. Afin de représenter cet attribut, on pourrait utiliser les nombres apparaissant sur le questionnaire (1 = professionnel, 2 = employé de bureau, 3 = ménagère, etc.).

---

3. W. R. Garner et C. D. Creelman, « Problems and Methods of Psychological Scaling », *Contemporary Approaches to Psychology*, H. Helson et W. Bevan (s. la dir. de), Princeton, NJ, Van Nostrand, 1967, p. 1-33.

Examinons plus attentivement les caractéristiques des nombres utilisés pour mesurer les trois variables précédentes. Dans le cas de la variable «nombre de ventes de garage visitées», il existe une correspondance directe entre le nombre et l'attribut mesuré. Lorsqu'une personne répond «J'en ai visité quatre jusqu'à maintenant», on utilise le nombre 4 comme mesure et rien d'autre. Ce nombre représente la quantité absolue d'attribut associée à l'objet. Ainsi, la personne qui dit avoir visité quatre ventes de garage en a visité deux fois plus que celle qui dit n'en avoir visité que deux. Dans le cas de la variable «achalandage sur le site», les nombres (1, 2 et 3) reflètent une quantité croissante d'achalandage, mais ne disent rien quant à la quantité absolue d'achalandage sur le site. Par exemple, le nombre 2 indique que l'achalandage est moyen, mais ne signifie pas que l'achalandage est deux fois plus important que lorsque le nombre 1 (achalandage faible) est employé. On aurait pu utiliser d'autres nombres, organisés en ordre croissant, pour rendre compte des différences d'achalandage (par exemple, 1, 3 et 5), sans que la mesure soit touchée. Dans le cas de la variable «occupation», cette fois-ci, les nombres ne servent qu'à identifier les catégories d'occupation. Par exemple, l'attribution du nombre 4 (sans travail) à une personne ne signifie pas que cette personne a une meilleure occupation qu'une autre à qui l'on aurait attribué le nombre 1 (professionnel). À la limite, on pourrait utiliser des symboles différents (notamment des lettres) pour représenter cet attribut, sans changer pour autant la qualité de la mesure. Ici, les nombres ne sont que des étiquettes (comme un numéro d'assurance sociale).

Voici une observation très importante: les représentations numériques qu'on utilise pour mesurer des variables n'ont pas nécessairement toutes les propriétés qu'on associe généralement aux nombres. Les nombres (réels) possèdent quatre propriétés fondamentales:

1. *L'identification.* Les nombres reflètent des quantités distinctes.

$$2 \neq 5, 3 \neq 6$$

2. *L'ordonnancement.* Les nombres reflètent des quantités croissantes.

$$3 < 7, 5 < 6$$

3. *L'égalité des intervalles.* Les différences entre les nombres peuvent être comparées, ce qui permet de calculer une infinité d'intervalles égaux.

$$5 - 2 = 7 - 4 = 3, 6 - 1 = 9 - 4 = 5$$

4. *L'égalité des ratios.* Les rapports entre les nombres peuvent être comparés, ce qui permet de calculer une infinité de ratios égaux.

$$6/3 = 8/4 = 2, 3/1 = 9/3 = 3$$

Ces propriétés permettent de définir les quatre niveaux (ou échelles) de mesure qu'on trouve dans la recherche en marketing et dans les sciences humaines en général.

L'échelle nominale *(identification)*

nominales }
ordinales } discrète

L'échelle nominale correspond au niveau de mesure le plus primaire. Les nombres associés à ce type d'échelle ne possèdent qu'une propriété : l'identification. La variable «occupation» est mesurée sur une échelle nominale. En effet, comme nous l'avons noté, les nombres utilisés pour mesurer cette variable servent uniquement à distinguer les différentes catégories d'occupation. On peut généralement transformer une échelle nominale de multiples façons sans modifier la mesure. Pour cela, il suffit que les nouveaux nombres demeurent distincts. Ainsi, au lieu d'employer les nombres 1 à 9 pour représenter les catégories d'occupation, on pourrait prendre les nombres 13 à 21 ou toute autre série de neuf nombres distincts (et pas nécessairement consécutifs). Ce type de changement est appelé «transformation **distinctive**».

L'étude sur les ventes de garage comprend plusieurs variables mesurées sur une échelle nominale. Par exemple, en ce qui concerne la phase d'observation (figure 4.2, page 89), on trouve entre autres les variables suivantes : le jour (samedi ou dimanche), le quartier (est, nord, sud ou ouest), le temps (nuageux, ensoleillé ou pluvieux), la présence d'annonces (sur le site, dans le quartier ou aucune) et la présentation des produits (par groupe ou pêle-mêle). Dans le questionnaire utilisé lors de la phase d'entrevue (annexe de ce chapitre), l'utilisation du marchandage (oui ou non, questions 11 et 18), la façon dont la personne a appris qu'il y avait une vente de garage (journaux, pancarte, bouche à oreille, en passant devant la maison ou autre, question 12), le sexe (homme ou femme, question 19) et la langue parlée (français, anglais ou autre, question 20) constituent quelques exemples de variables nominales.

L'échelle ordinale *(identification + ordonnancement)*

Les nombres associés à l'échelle ordinale possèdent deux propriétés : l'identification et l'ordonnancement. La variable «achalandage sur le site» offre un exemple d'une mesure ordinale. Les nombres (1, 2 et 3) affectés à cette variable permettent de distinguer et de classer en ordre croissant les différents niveaux d'achalandage (faible, moyen et élevé). Ces nombres n'indiquent pas la «quantité» réelle d'achalandage présente sur le site (en supposant qu'une telle quantité puisse être calculée) et les différences numériques calculées sur cette échelle (par exemple, 3 – 2) ne sont donc pas interprétables du point de vue de la quantité d'achalandage. On peut transformer une échelle ordinale sans modifier ses propriétés en utilisant de nouveaux nombres qui respectent l'ordonnancement initial. Ce type de changement est appelé «transformation **monotone**». Par exemple, au lieu d'utiliser les nombres 1, 2 et 3, on pourrait employer 7, 28 et 335 ou toute autre série de trois nombres qui préserve l'ordonnancement de départ.

L'étude sur les ventes de garage contient plusieurs variables ordinales. Voici des exemples tirés de la phase d'observation (figure 4.2, page 89): l'aspect de la maison (modeste, moyen ou cossu), la présentation des produits (mauvaise, moyenne ou bonne) et le choix (faible, moyen ou élevé). Le questionnaire (annexe de ce chapitre) contient aussi des variables ordinales: la fréquentation des ventes de garage (jamais, 1 à 5 fois, 6 à 20 fois, etc., question 4), la fréquence d'achat (jamais, 1 fois sur quatre ou moins, 1 fois sur trois, etc., question 5) et la scolarité (primaire, secondaire, cégep, etc., question 23).

L'échelle d'intervalles

continue (identification ordonnancement Egalité des intervalle)

L'échelle nominale et l'échelle ordinale sont des échelles dites **discrètes** ou **non métriques,** pour indiquer qu'elles rendent compte uniquement de différences de qualité (échelle nominale) ou d'ordre (échelle ordinale) entre les objets. L'échelle d'intervalles, par contre, est une échelle **continue** ou **métrique.** Les nombres associés à ce type d'échelle ont trois propriétés: l'identification, l'ordonnancement et l'égalité des intervalles. Ils rendent compte de *différences* réelles entre des objets, quant à la quantité d'attribut possédée. Cependant, ces nombres n'indiquent pas la quantité absolue d'attribut que possèdent les objets.

Essayons de concrétiser ces notions à l'aide d'une exemple connu: les échelles de température. Lorsque la température est de 20 °C, nous savons qu'il fait plus chaud que si elle est de 10 °C. Mieux encore, la différence entre 20 °C et 10 °C, soit 10 °C, est directement interprétable au regard de la différence réelle de chaleur (l'attribut dans ce cas-ci). Par exemple, cette différence est la même qu'entre 25 °C et 15 °C. Cependant, diriez-vous qu'il fait deux fois plus chaud à 20 °C qu'à 10 °C? Non, évidemment. En effet, les valeurs de l'échelle Celsius ne reflètent pas des niveaux absolus de chaleur. Pour nous en convaincre, transformons les degrés Celsius en degrés Fahrenheit et voyons si on obtient un ratio identique. En utilisant la formule de conversion °F = 9/5 °C + 32, on obtient les résultats suivants:

$$(9/5) \ 20 \ °C + 32 = 68 \ °F$$
$$(9/5) \ 10 \ °C + 32 = 50 \ °F$$

Le ratio n'est pas le même (20/10 ≠ 68/50), ce qui signifie que les valeurs des échelles de température Celsius et Fahrenheit ne représentent pas des niveaux absolus de chaleur. Cependant, ces valeurs peuvent être employées pour calculer des différences de chaleur. On vérifie facilement cela en appliquant de nouveau la conversion à des degrés Celsius qui correspondent à un intervalle identique :

$$(9/5)\ 25\ °C + 32 = 77\ °F$$
$$(9/5)\ 15\ °C + 32 = 59\ °F$$

Comme on le voit, les différences sont les mêmes (Celsius : 20 − 10 = 25 − 15 = 10, Fahrenheit : 68 − 50 = 77 − 59 = 18).

Sur une échelle d'intervalles, la valeur du zéro est arbitraire, c'est-à-dire qu'elle ne signifie pas l'absence d'attribut. Par exemple, alors que le zéro de l'échelle Celsius a été fixé au point de congélation, le zéro de l'échelle Fahrenheit ne correspond à rien de particulier. Nous avons vu précédemment qu'on peut passer de l'échelle Celsius à l'échelle Fahrenheit à l'aide d'une transformation linéaire positive. En général, on peut transformer une échelle d'intervalles « y » en une nouvelle échelle « y' » sans modifier ses propriétés, en appliquant une transformation linéaire de la forme $y' = a + by$ où $b > 0$. Nous présenterons plus loin des exemples d'échelles d'intervalles pertinents pour la recherche en marketing.

L'échelle de ratio

L'échelle de ratio est une échelle métrique dont les nombres possèdent toutes les propriétés : identification, ordonnancement, égalité des intervalles et égalité des ratios. La variable « nombre de ventes de garage visitées » est un exemple de variable mesurée sur une échelle de ratio. Avec ce genre d'échelle, les nombres reflètent la quantité absolue d'attribut et la valeur zéro indique une absence d'attribut. Il est donc approprié de calculer des différences et des ratios à partir des valeurs de l'échelle. Par exemple, si une personne a visité quatre ventes de garage et qu'une autre en a visité deux, il est correct de dire que la différence dans le nombre de visites (l'attribut dans ce cas-ci) entre ces personnes est de deux. De plus, il est aussi exact d'affirmer que l'une des personnes a visité deux fois plus de ventes que l'autre.

Les exemples de variables qu'on peut mesurer sur une échelle de ratio sont nombreux : le prix, la vitesse, la longueur, la fréquence, la quantité consommée, etc. On peut modifier une échelle de ratio sans modifier ses propriétés en appliquant la transformation $y' = by$ où $b > 0$. Par exemple, il est possible d'exprimer la distance en kilomètres ou en milles en utilisant la transformation 1 kilomètre = 0,62 mille (approximativement).

Dans l'étude sur les ventes de garage, le nombre de présentoirs sur le site (figure 4.2, page 89), le montant dépensé par la personne (annexe de ce chapitre, question 17) et son âge (question 24) constituent quelques exemples de variables de ratio. Les caractéristiques essentielles des quatre échelles de mesure que nous avons étudiées jusqu'à maintenant sont résumées au tableau 5.2.

La distinction des échelles de mesure

Cette discussion de la mesure des variables est très importante. Il est essentiel que le chercheur en marketing sache identifier correctement le niveau de mesure des variables qu'il étudie, afin de pouvoir choisir les analyses qui conviennent. Pour comprendre cela, il nous faut devancer un peu les concepts discutés dans les chapitres subséquents.

Les données (ou mesures) obtenues dans une étude doivent être analysées afin de dégager des informations utiles. Prenons l'exemple de la variable «nombre de ventes de garage visitées». Comme nous le verrons plus loin, 99 consommateurs ont répondu à la question «Combien de ventes de garage avez-vous visitées jusqu'à maintenant aujourd'hui (excluant celle-ci)?». Une façon

TABLEAU 5.2   Les échelles de mesure et leurs caractéristiques

✴ Type d'échelle	✴ Propriétés	Transformation permise	✴ Exemples
Nominale	Identification	Distinctive	Occupation, nationalité
Ordinale	Identification et ordonnancement	Monotone	Classe sociale, ordre de préférence
D'intervalles	Identification, ordonnancement et égalité des intervalles	$y' = a + by$ où $b > 0$	Température, quotient intellectuel
De ratio	Identification, ordonnancement, égalité des intervalles et des ratios	$y' = by$ où $b > 0$	Distance, vitesse

de rendre compte des résultats de l'étude, quant à cette variable, serait d'examiner les 99 valeurs obtenues une à une: «Ce consommateur a répondu 2, celui-ci 0, cet autre 1, ...». Il est évident que cette procédure est longue et peu informative. Il serait plus approprié de résumer les résultats en calculant, par exemple, le *nombre moyen* (moyenne arithmétique) de ventes de garage visitées par les personnes interrogées. Dans cette étude, les gens avaient visité en moyenne 1,16 vente de garage. On peut aussi se faire une idée de la variation des données en examinant l'*étendue* des valeurs assumées par la variable. Dans cette étude, le nombre minimum de ventes visitées a été de 0 et le nombre maximum de 12. L'étendue est donc égale à 12 (12 – 0).

En simplifiant un peu, on peut dire que l'objectif principal d'une analyse de données est de synthétiser les informations. Cette synthèse se fait en effectuant des opérations (statistiques) sur les nombres utilisés pour mesurer les variables. La moyenne et l'étendue sont des exemples de statistiques qu'on utilise couramment lors d'une recherche en marketing pour analyser des variables. En général, *les opérations qu'on peut effectuer dépendent de l'échelle de mesure des variables*. Ainsi, il est approprié de calculer le nombre moyen de ventes de garage visitées, car cette variable est mesurée sur une échelle de ratio. Par contre, il serait inapproprié de calculer la moyenne d'une variable mesurée à l'aide d'une échelle nominale (par exemple, l'occupation), car nous savons que les nombres associés à l'échelle nominale ne servent qu'à distinguer les objets. Dans ce contexte, la notion de moyenne n'a aucun sens. Il en va de même pour les variables mesurées à l'aide d'une échelle ordinale. En effet, puisque les nombres associés à l'échelle ordinale n'indiquent que des différences d'ordre entre des objets, on peut les modifier par une transformation monotone. Par conséquent, la moyenne d'une variable ordinale n'est pas unique.

Nous aurons l'occasion de discuter en détail du problème de l'analyse des données dans les chapitres 7, 8 et 9. Pour le moment, il importe simplement de se rappeler que le niveau de mesure des variables a une incidence sur le type d'analyse que le chercheur en marketing peut effectuer à partir des données collectées dans une étude.

L'UTILISATION DES ÉCHELLES DE MESURE EN MARKETING

Dans cette section, nous présentons différentes applications de la mesure des variables pour la recherche en marketing.

Les échelles strictement ordinales

Ordonnancement forcé

Il s'agit ici de demander à une personne de classer des objets selon un attribut quelconque. Souvent, l'ordonnancement en est un de préférence. Par exemple, dans une étude portant sur les préférences des adolescents envers différentes marques de jeans, on pourrait poser la question suivante :

> Veuillez classer les marques de jeans suivantes par ordre de préférence, en leur attribuant des nombres de 1 à 5 (1 = la marque préférée, 2 = la deuxième, ..., 5 = la marque la moins aimée).
>
> Calvin Klein □   GWG □   Levi's □
>
> Roberto □   Lois □

La technique de l'ordonnancement forcé a pour avantage, comme son nom l'indique, de forcer la personne interrogée à établir des distinctions entre les objets. Cela peut cependant irriter les gens qui ne perçoivent aucune différence. De plus, si les objets à classer sont nombreux, la tâche d'ordonnancement peut s'avérer difficile. Pour les fins de l'analyse, on affecte les scores aux objets de façon à refléter l'ordre perçu par rapport à l'attribut mesuré. Dans l'exemple ci-dessus, si une personne fournit le classement suivant (> signifie « préférée à ») : Levi's > Calvin Klein > Lois > GWG > Roberto, on accorderait le score le plus élevé (5) à la marque Levi's, suivie de Calvin Klein (4), Lois (3), GWG (2) et Roberto (1).

Comparaisons par paires

La technique des comparaisons par paires est un substitut de l'ordonnancement forcé. Au lieu de classer l'ensemble des objets, la personne doit les comparer deux à deux, pour toutes les paires possibles.

> **Exemple :**
> Pour chacune des paires de marques de jeans suivantes, veuillez encercler celle que vous préférez.
>
> | Calvin Klein | ou | GWG |
> |---|---|---|
> | Calvin Klein | ou | Levi's |
> | Calvin Klein | ou | Lois |
> | Calvin Klein | ou | Roberto |
> | GWG | ou | Levi's |

GWG	ou	Lois
GWG	ou	Roberto
Levi's	ou	Lois
Levi's	ou	Roberto
Lois	ou	Roberto

La technique des comparaisons par paires offre l'avantage principal de faciliter la tâche de la personne interrogée, à condition de ne pas avoir trop d'objets à juger. En effet, le nombre de comparaisons augmente en fonction directe de la quantité d'objets. Le total des comparaisons à effectuer en fonction d'un nombre déterminé d'objets est représenté par l'équation suivante :

$$\text{Nombre de comparaisons} = n\,(n-1)/2$$

Dans cette équation, n correspond au nombre d'objets. Si n égale 5, il faut effectuer 10 [5 (4)/2] comparaisons ; si n égale 6, on obtient 15 [6 (5)/2] comparaisons.

Cette technique permet d'obtenir un classement des objets par rapport à l'attribut mesuré. Il est courant de produire ce classement pour un ensemble de personnes. À titre d'illustration, supposons que, dans une enquête, 100 consommateurs expriment leurs préférences envers les marques de jeans en répondant à la question précédente. Pour chaque paire considérée, on peut calculer la proportion de gens ayant préféré chaque marque. Par exemple, si 62 personnes ont encerclé la marque Calvin Klein dans la paire Calvin Klein-GWG, la proportion ayant préféré Calvin Klein est égale à 0,62 et la proportion ayant préféré GWG correspond à 0,38 (son complément).

En faisant les calculs pour toutes les comparaisons, on peut construire une matrice de proportion comme celle qui est présentée au tableau 5.3. Les données fictives contenues dans cette matrice correspondent à la proportion des participants qui préfèrent la marque j (en rangée) à la marque k (en colonne). En calculant la moyenne d'une rangée, on obtient la proportion moyenne de préférence envers la marque qui correspond à cette rangée. Par exemple, la proportion moyenne de préférence envers la marque Levi's est égale à 0,685, soit [(0,57 + 0,62 + 0,69 + 0,86)/4]. La magnitude des moyennes permet d'obtenir le classement recherché, soit Levi's > Calvin Klein > Lois > GWG > Roberto dans ce cas-ci[4].

---

4. Selon la règle de transitivité des préférences, si une personne préfère l'objet A à l'objet B et qu'elle préfère l'objet B à l'objet C, alors logiquement elle devrait préférer A à C. Avec la technique des comparaisons par paires, plus le nombre d'objets comparés est grand, plus le problème d'intransitivité des jugements portés par les participants risque d'apparaître. Pour une discussion des méthodes de détection de ce problème et des façons de le résoudre, voir l'ouvrage de P. E. Green, D. S. Tull et G. Albaum, *Research for Marketing Decisions*, 5e éd., Englewood Cliffs, NJ, Prentice-Hall, 1988, p. 282-283.

TABLEAU 5.3 Proportion de personnes qui préfèrent la marque *j* à la marque *k*

		MARQUE *k*				
		Clavin Klein	GWG	Levi's	Lois	Roberto	Moyenne
	Clavin Klein	–	0,62	0,43	0,51	0,79	0,588
	GWG	0,38	–	0,38	0,53	0,57	0,465
MARQUE *j*	Levi's	0,57	0,62	–	0,69	0,86	0,685
	Lois	0,49	0,47	0,31	–	0,64	0,478
	Roberto	0,21	0,43	0,14	0,36	–	0,285

Échelles catégoriques verbales

Avec ce type d'échelle, on cherche à estimer la position d'un objet, par rapport à un attribut, à l'aide de mots.

> **Exemple:**
> Diriez-vous que vous êtes:
> Très favorable ☐
> Favorable ☐
> Neutre ☐
> Défavorable ☐
> Très défavorable ☐
> à l'ouverture d'un magasin Wal-Mart dans votre ville?

L'échelle ci-dessus offre un exemple d'une échelle catégorique *symétrique*, puisqu'il y a un nombre égal de termes positifs et négatifs autour d'un élément neutre. Il existe aussi des échelles catégoriques verbales *asymétriques*, dans lesquelles on compte davantage de termes positifs que négatifs ou vice-versa.

> **Exemple:**
> Comment évaluez-vous la qualité du service que vous avez reçu après l'achat de votre téléphone cellulaire?
> Excellente ☐
> Très bonne ☐
> Bonne ☐
> Mauvaise ☐

Le choix entre une échelle symétrique ou asymétrique dépend de la distribution prévue des réponses. Ainsi, lorsqu'on croit que certaines catégories ne seront pas employées (par exemple, une qualité de service « médiocre »), il est préférable de ne pas les inclure dans l'échelle.

Les échelles catégoriques comportent un nombre variable de catégories. Sans que cela soit une règle absolue, on croit qu'un minimum de trois catégories permet d'assurer une certaine gradation des jugements. Par ailleurs, on hésite à employer plus de sept catégories.

Échelles avec intervalles numériques

Ici, les catégories de l'échelle sont des intervalles numériques. La question 25 du questionnaire utilisé dans l'étude sur les ventes de garage (annexe de ce chapitre), qui porte sur le revenu, en est un exemple :

25. Quel est votre revenu *familial* annuel *avant impôts* ?
    1. 0 à 10 000 $
    2. 10 001 à 20 000 $
    3. 20 001 à 30 000 $
    4. 30 001 à 40 000 $
    5. 40 001 à 50 000 $
    6. 50 001 à 60 000 $
    7. Plus de 60 000 $

Les échelles généralement présumées d'intervalles

La distinction entre une échelle ordinale et une échelle d'intervalles n'est pas toujours évidente. Nous présentons dans cette section des échelles dont le niveau de mesure est au moins ordinal. La plupart des chercheurs en marketing les considèrent cependant comme des échelles d'intervalles. La principale différence avec les échelles catégoriques examinées auparavant est que les catégories ne sont pas des mots, mais des nombres ou des représentations graphiques.

Échelles catégoriques numériques

Ce type d'échelle est fréquemment employé pour mesurer les intentions d'achat.

> **Exemple:**
> Quelle est la probabilité que vous achetiez une voiture neuve au cours des six prochains mois?
> 5 chances sur 5 □
> 4 chances sur 5 □
> 3 chances sur 5 □
> 2 chances sur 5 □
> 1 chance sur 5 □
> 0 chance sur 5 □

Échelles catégoriques bipolaires

Les échelles catégoriques bipolaires sont bornées par des termes opposés. Elles peuvent être numériques.

> **Exemple:**
> Veuillez indiquer ce que vous pensez de la publicité que vous avez regardée, en encerclant le nombre qui correspond le mieux à votre opinion.
> Ennuyeuse   1 2 3 4 5 6 7 8 9   Intéressante
> Mensongère   1 2 3 4 5 6 7 8 9   Honnête
> Originale   1 2 3 4 5 6 7 8 9   Commune

Notons que, dans cet exemple, les bornes de la troisième échelle sont inversées (positif/négatif) par rapport à celles des deux autres (négatif/positif). Lorsque plusieurs échelles bipolaires se suivent, il est recommandé de procéder à quelques inversions de ce type, afin d'éviter que la personne interrogée ne réponde de façon machinale. Les échelles bipolaires peuvent aussi être graphiques.

> **Exemples:**
> Diriez-vous qu'en général les produits fabriqués au Mexique sont:
> fiables   □ □ □ □ □ □   non fiables
>
> Estimez-vous qu'en matière d'achat d'automobiles, vous êtes:
> très   très
> inexpérimenté __:__:__:__:__:__:__:__ expérimenté
>
> Pour l'achat d'un magnétoscope, recherchez-vous:
> peu   beaucoup
> d'informations _____ d'informations

Le nombre de catégories (numériques ou graphiques) associées aux échelles bipolaires peut varier. Sans que ce soit une règle stricte, il est préférable d'utiliser entre cinq et neuf catégories.

Les échelles d'intervalles

Comparaisons par paires graduées

Il s'agit d'une extension de la technique des comparaisons par paires. En plus de donner ses préférences par rapport à toutes les paires d'objets, la personne interrogée doit indiquer l'intensité de sa préférence pour chaque paire, à l'aide d'une échelle catégorique donnée.

> **Exemple :**
> Pour chacune des paires de marques de jeans suivantes, veuillez encercler celle que vous préférez et notez ensuite l'intensité de votre préférence à l'aide de l'échelle correspondante :
>
> | Marque préférée | | | Intensité de la préférence |
> |---|---|---|---|
> | (Calvin Klein) | ou | GWG | peu 1 2③4 5 beaucoup |
> | Calvin Klein | ou | (Levi's) | peu①2 3 4 5 beaucoup |
> | (Calvin Klein) | ou | Lois | peu 1②3 4 5 beaucoup |
> | (Calvin Klein) | ou | Roberto | peu 1 2 3 4⑤ beaucoup |
> | GWG | ou | (Levi's) | peu 1 2 3④5 beaucoup |
> | GWG | ou | (Lois) | peu 1②3 4 5 beaucoup |
> | (GWG) | ou | Roberto | peu 1②3 4 5 beaucoup |
> | (Levi's) | ou | Lois | peu 1 2③4 5 beaucoup |
> | (Levi's) | ou | Roberto | peu 1 2 3 4⑤ beaucoup |
> | (Lois) | ou | Roberto | peu 1 2③4 5 beaucoup |

Notons qu'on peut employer cette technique pour évaluer des objets par rapport à d'autres attributs que la préférence. On obtient le score total de chaque objet, sur l'attribut mesuré, en additionnant le score des échelles où l'objet est choisi et en soustrayant le score des échelles où il n'est pas choisi. Illustrons ce calcul à l'aide des réponses fournies dans l'exemple présenté ci-dessus :

$$
\begin{aligned}
\text{Calvin Klein} \quad &: \quad +3-1+2+5 = +9 \\
\text{Levi's} \quad &: \quad +1+4+3+5 = +13 \\
\text{GWG} \quad &: \quad -3-4-2+2 = -7 \\
\text{Lois} \quad &: \quad -2+2-3+3 = 0 \\
\text{Roberto} \quad &: \quad -5-2-5-3 = -15
\end{aligned}
$$

Dans cet exemple, Levi's est la marque qui obtient le score le plus élevé (+13) et Roberto le score le moins élevé (–15). Puisqu'il s'agit d'une échelle d'intervalles, nous savons que les différences entre ces scores sont interprétables en ce qui concerne l'intensité de préférence de la personne. Ainsi, la différence de préférence entre les marques Levi's et Calvin Klein (13 – 9 = 4) est moins grande que celle entre Calvin Klein et Lois (9 – 0 = 9).

Une version différente de cette technique consiste à quantifier l'intensité de préférence en termes monétaires. Dans cette version, on demande à la personne d'indiquer la somme d'argent qu'elle serait prête à débourser *en plus* pour se procurer la marque préférée. Le calcul des scores de préférence se fait de la même façon que précédemment, sauf que ce sont des sommes d'argent qui sont additionnées ou soustraites[5].

Échelles additives

La technique des comparaisons par paires graduées que nous venons de voir est fondée sur la combinaison (addition et soustraction) de scores issus de plusieurs échelles bipolaires. La combinaison d'un ensemble d'échelles catégoriques, en vue d'obtenir un score total, est une procédure de construction d'échelles d'intervalles très générale. Elle repose sur deux principes de base. Premièrement, les concepts que l'on cherche à mesurer sont souvent complexes et il est nécessaire de les aborder de multiples façons. Deuxièmement, plusieurs échelles combinées donnent une mesure plus précise qu'une seule. Pour comprendre ces deux points, imaginons qu'on veuille mesurer l'intelligence d'une personne. L'intelligence est un concept complexe qui comprend de multiples facettes (capacité de comprendre, de s'adapter, de faire des abstractions, d'utiliser des symboles, etc.), dont certaines ne sont pas connues. On ne saurait mesurer l'intelligence par un test comportant une seule question. Par ailleurs, plus le nombre de questions utilisées sera grand, plus la mesure d'intelligence sera fiable, car cela permettra de tester plusieurs fois la personne.

Pour construire une échelle additive, on doit d'abord identifier les différentes facettes qui définissent le concept à mesurer. Par la suite, il faut mesurer chaque facette avec une ou plusieurs échelles catégoriques données. En additionnant les scores obtenus par ces échelles, on obtient une mesure dont les propriétés sont celles de l'échelle d'intervalles. Attention! Les facettes qui composent l'échelle additive doivent converger vers un seul et même concept. En d'autres mots, il ne faut pas additionner des pommes et des oranges!

---

5. En anglais, cette technique porte le nom de *dollar metric*. Voir l'article de E. A. Pessemier, P. Burger, R. Teach et D. Tigert, « Using Laboratory Brand Preference Scales to Predict Consumer Brand Choice », *Management Science*, vol. 17, n° 6, 1971, p. B371-B385.

Afin d'illustrer nos propos, nous allons faire référence à un concept qui a fait l'objet de plusieurs études en marketing : la sensibilité du consommateur à l'influence sociale. De façon générale, à l'influence sociale peuvent correspondre deux facettes. D'une part, une personne peut être influencée par les informations que lui procurent les autres. Par exemple, un consommateur qui demande l'avis d'un ami au sujet de l'achat d'un produit est influencé par les informations transmises par cet ami. C'est ce qu'on appelle l'**influence informationnelle.** D'autre part, l'influence peut tirer son origine du désir de la personne de se conformer aux attentes des autres. Ainsi, un consommateur qui décide d'acheter un type de produit afin de plaire aux autres subit cette forme d'influence. Il s'agit d'une **influence normative.**

Des chercheurs[6] ont conçu une échelle additive qui permet de mesurer la sensibilité d'un consommateur à l'influence sociale. Cette échelle est présentée au tableau 5.4. Comme on le voit, l'échelle est composée de 12 phrases qu'on appelle des **énoncés** (ou items). Chaque énoncé tente de couvrir un aspect des deux facettes du concept présentées auparavant. Par exemple, le premier énoncé («Pour l'achat d'un produit quelconque, je consulte souvent les autres afin de m'aider à choisir la meilleure marque») correspond à l'influence informationnelle. Par contre, le deuxième énoncé («Si je cherche à être comme quelqu'un, j'essaie habituellement d'acheter la même marque de produit qu'il achète») se rapporte à l'influence normative. La correspondance des énoncés aux deux formes d'influence sociale est expliquée au bas du tableau 5.4.

Pour obtenir une mesure de la sensibilité à l'influence sociale d'une personne à l'aide de cette échelle, il faut faire en sorte que la personne exprime son degré d'accord avec les énoncés. Une personne fortement en accord avec tous les énoncés devrait obtenir un score élevé et une autre, fortement en désaccord avec tous les énoncés, un score faible. Les auteurs qui ont mis au point cette échelle recommandent d'associer à chaque énoncé une échelle catégorique bipolaire à sept niveaux :

Fortement en désaccord	1	2	3	4	5	6	7	Fortement en accord

6. Voir l'article de W. O. Bearden, R. G. Netemeyer et J. T. Teel, « Measurement of Consumer Susceptibility to Interpersonal Influence », *Journal of Consumer Research*, vol. 15, n° 4, 1989, p. 473-481. La traduction de l'échelle a été réalisée par Anatole Bavugiruhoze et Patrice Delage, étudiants de maîtrise, sous la supervision de l'auteur. La qualité de l'échelle traduite a été vérifiée au moyen de méthodes reconnues.

TABLEAU 5.4   Une échelle de mesure de la sensibilité des consommateurs à l'influence sociale

Énoncés de l'échelle
1. Pour l'achat d'un produit quelconque, je consulte souvent les autres afin de m'aider à choisir la meilleure marque.
2. Si je cherche à être comme quelqu'un, j'essaie habituellement d'acheter la même marque de produit qu'il achète.
3. Il est important pour moi que les produits et les marques que j'achète plaisent aux autres.
4. Pour m'assurer que j'achète le bon produit ou la bonne marque, j'observe souvent ce que les autres achètent ou utilisent.
5. J'achète rarement des articles dernier cri avant d'être sûr que mes amis les approuvent.
6. Je m'identifie souvent aux autres en achetant les mêmes produits et les mêmes marques qu'ils achètent.
7. Si je connais très peu un produit, je prends souvent des renseignements auprès de mes amis.
8. Quand j'achète des produits, je choisis généralement les marques qui à mon avis seront approuvées par les autres.
9. J'aime connaître les marques et les produits qui font bonne impression sur les autres.
10. Avant d'acheter un produit, il m'arrive fréquemment de rassembler de l'information à son sujet auprès de mes amis ou de ma famille.
11. Si les autres peuvent me voir utiliser un produit, j'achète habituellement la marque qui répondra à leurs attentes.
12. Je satisfais mon sentiment d'appartenance en achetant les mêmes produits et les mêmes marques que les autres.

Note : Les énoncés 1, 4, 7 et 10 correspondent à l'influence sociale informationnelle ; les énoncés 2, 3, 5, 6, 8, 9, 11 et 12 correspondent à l'influence sociale normative.

La mesure de sensibilité à l'influence sociale est obtenue en faisant la somme des scores de tous les énoncés. À titre d'illustration, supposons qu'une personne encercle les nombres suivants sur les 12 échelles bipolaires correspondant aux énoncés : 3, 5, 2, 6, 1, 2, 2, 5, 5, 6, 3 et 1. Cette personne obtiendrait un score total de 41, qui représente son niveau de sensibilité à l'influence sociale[7].

Les échelles de ratio

On peut obtenir des mesures sur une échelle de ratio par quantification directe, lorsque la nature de la variable s'y prête («Quel âge avez-vous?», «Combien dépensez-vous en moyenne par semaine pour la nourriture?»). Deux méthodes inspirées de celles utilisées en psychologie permettent de quantifier des attributs psychologiques plus complexes.

L'échelle de somme constante

Ici, on demande à la personne interrogée d'affecter des points à des objets, de façon à refléter l'intensité de l'attribut mesuré (notamment la préférence). La somme de ces points doit être constante (par exemple, 100 points). Il faut aussi que l'attribution des points qui a été établie par la personne soit cohérente avec les propriétés de l'échelle de ratio.

> **Exemple:**
> Veuillez attribuer un total de 100 points aux marques de jeans suivantes, selon votre préférence. Par exemple, si vous accordez 50 points à une marque et 25 points à une autre, cela signifie que vous avez une préférence deux fois plus grande pour la première marque.
>
> | Calvin Klein | _____ |
> | GWG | _____ |
> | Levi's | _____ |
> | Lois | _____ |
> | Roberto | _____ |
> | _Total_ | 100 |

La personne qui répond à la question est informée que les points attribués aux marques doivent refléter des quantités absolues de préférence (version _forte_). Sans offrir une garantie que l'échelle résultante est de type ratio, cette

---

7. L'échelle de mesure de la sensibilité du consommateur à l'influence sociale est l'une des nombreuses échelles additives conçues par les chercheurs en marketing. Pour d'autres exemples (en langue anglaise seulement), on pourra consulter les ouvrages suivants: W. O. Bearden, R. G. Netemeyer et M. F. Mobley, _Handbook of Marketing Scales_, Newbury Park, CA, Sage Publications, 1993; G. C. Bruner et P. J. Hensel, _Marketing Scales Handbook_, Chicago, IL, American Marketing Association, 1992. Pour un exemple détaillé de construction d'une échelle additive, voir l'article d'A. d'Astous, G. Valence et L. Fortier, «Conception et validation d'une échelle de mesure de l'achat compulsif», _Recherche et applications en marketing_, vol. 14, no 1, 1989, p. 3-16.

façon de faire permet au moins d'annoncer clairement que l'on cherche à obtenir des scores absolus. Dans la version *faible* de la méthode, on demande uniquement d'attribuer des points, sans insister sur le fait que les ratios des nombres doivent avoir une interprétation cohérente avec l'attribut.

Si elle est accomplie avec sérieux, la tâche associée à la technique de l'échelle de somme constante, dans sa version forte, n'est pas simple (le lecteur devrait répondre à la question pour s'en convaincre). La technique suivante vise à simplifier cette tâche.

Le fractionnement

Cette technique est calquée en partie sur la précédente. Afin de faciliter la tâche de la personne interrogée, on utilise un objet comme référence.

> **Exemple:**
> Supposons que la marque Levi's totalise 100 points, que valent alors les marques suivantes quant à votre préférence? Par exemple, si vous accordez 150 points à une marque, cela signifie que votre préférence pour cette marque est une fois et demie plus grande que votre préférence pour la marque Levi's.
>
> | | |
> |---|---|
> | Calvin Klein | _____ |
> | GWG | _____ |
> | Lois | _____ |
> | Roberto | _____ |

La technique de fractionnement s'apparente à celle des comparaisons par paires, sauf que toutes les comparaisons se font par rapport à un seul objet. Notons que les résultats peuvent varier selon l'objet sélectionné pour être la référence. Il est préférable d'employer, comme référence, un objet important pour l'étude ou pour la classe d'objets étudiée (par exemple, la marque qui domine le marché).

L'EXACTITUDE DES ÉCHELLES DE MESURE UTILISÉES EN MARKETING

En sciences humaines et en marketing, la mesure des variables constitue un domaine vaste et complexe que notre discussion n'a fait qu'effleurer. Avant de passer à d'autres aspects du projet de recherche en marketing, il nous faut discuter brièvement du problème important d'évaluer l'exactitude des mesures des variables en marketing[8].

Pour la recherche en marketing, il est essentiel d'utiliser des mesures de qualité. Lorsqu'on mesure des variables, on veut que ces mesures soient *exactes*. Qu'entend-on par cela? En général, une échelle de mesure est un instrument qui permet d'obtenir des données quantitatives sur un attribut. Par exemple, une échelle de température tel un thermomètre indique le degré de chaleur d'un objet (un endroit, un gâteau, une personne, etc.) à un moment donné. Nous voulons que cette mesure soit exacte. Cette exactitude peut être vue sous deux aspects, soit la fidélité et la validité.

Fidélité

Si on utilise un thermomètre dans différents endroits où la température est strictement la même, on souhaite que la température qu'affiche le thermomètre soit à peu près identique d'un endroit à l'autre. On peut tolérer des petits écarts, mais l'obtention de mesures largement différentes signifierait que la mesure du thermomètre n'est pas exacte. Cet aspect de l'exactitude renvoie au caractère répétitif d'une mesure, à sa cohérence. On dit d'un instrument de mesure dont les résultats sont cohérents qu'il est fidèle.

Validité

Si la température affichée par le thermomètre ne correspond pas à celle d'un autre instrument que l'on sait être exact, on dira que la mesure n'est pas valide. Il est possible qu'un intrument de mesure soit fidèle (comme un thermomètre qui affiche des températures cohérentes...), mais non valide (... mais toujours en deçà de la «vraie» température). La fidélité est une condition nécessaire, mais non suffisante à la validité d'une mesure.

Les chercheurs en marketing doivent se préoccuper de la fidélité et de la validité des échelles de mesure qu'ils construisent. Examinons brièvement comment ils peuvent tenir compte de ces deux dimensions de l'exactitude des échelles de mesure.

---

8. Pour en savoir plus long sur le problème de l'exactitude des mesures en sciences humaines, consulter le volume suivant : R. F. DeVellis, *Scale Development: Theory and Applications*, Newbury Park, CA, Sage Publications, 1991.

Évaluation de la fidélité

Une façon de s'assurer qu'une échelle de mesure est fidèle consiste à administrer l'échelle deux fois aux mêmes personnes, en séparant les deux occasions par une période d'une à deux semaines. Cette méthode, qu'on appelle «**test-retest**», vise à évaluer la stabilité temporelle d'une échelle. Si l'échelle est fidèle, les scores observés devraient (en principe) être *corrélés*.

Nous verrons au chapitre 8 que la corrélation permet de constater jusqu'à quel point deux variables affichent une variation concomitante. Une autre méthode consiste à vérifier l'homogénéité des énoncés qui composent une échelle additive. Nous avons vu précédemment que les énoncés d'une échelle additive doivent converger vers un seul et même concept. La cohérence d'une échelle additive peut donc être évaluée en examinant les corrélations entre les énoncés. On peut améliorer la cohérence de l'échelle en éliminant les énoncés faiblement corrélés avec le score total.

Évaluation de la validité

On peut vérifier la validité d'une échelle de mesure en calculant la corrélation entre la mesure obtenue avec cette échelle et celle obtenue par des méthodes *différentes* (validité **de convergence**). Supposons, par exemple, qu'on veuille évaluer la validité de l'échelle de mesure de la sensibilité des consommateurs à l'influence sociale. Une façon différente et originale de mesurer cette sensibilité serait d'interroger des gens qui connaissent bien les personnes à qui l'échelle a été administrée, comme des amis ou des parents. Une corrélation positive entre ces deux mesures serait une indication que l'échelle est valide.

Par ailleurs, on s'attend à ce que la variable mesurée à l'aide d'une échelle valide se comporte de façon logique lorsqu'on la met en relation avec d'autres variables. Par exemple, les résultats d'un test d'aptitude aux études devraient logiquement être corrélés avec les résultats scolaires (validité **de prédiction**). De même, si l'échelle de mesure de la sensibilité des consommateurs à l'influence sociale est valide, on devrait observer une corrélation positive entre la mesure obtenue avec cette échelle et une mesure de l'importance que le consommateur attache à l'opinion des autres *en général*.

Dans le cas d'une échelle additive, nous avons noté l'importance de bien identifier les facettes qui définissent le concept. Si l'échelle omet une facette qui fait partie du concept, l'échelle ne sera pas valide. Le chercheur doit donc s'assurer que toutes les facettes qui définissent le concept à mesurer sont comprises dans l'échelle (validité **d'apparence** ou **de contenu**). Par exemple, si l'échelle vise à mesurer la performance dans la vente, on pourrait demander à des directeurs des ventes si les énoncés qui composent l'échelle couvrent adéquatement toutes les facettes du concept.

En conclusion

Les chercheurs en marketing ont tendance à présumer trop facilement que les échelles de mesure qu'ils ont conçues sont fidèles et valides. Généralement, il vaut mieux adopter une attitude critique dans ce domaine. Lorsque cela est possible, il faut utiliser des échelles de mesure validées par d'autres chercheurs (voir les ouvrages mentionnés dans la note 7, page 150). Dans le cas contraire, le chercheur en marketing devrait envisager les actions suivantes :

1. Employer plusieurs échelles pour mesurer des concepts complexes. Rappelons-nous qu'il serait idiot de tenter de mesurer l'intelligence d'une personne avec une seule question.
2. Utiliser plusieurs mesures différentes lorsqu'il a des doutes sur la façon appropriée de mesurer une variable.
3. Vérifier la stabilité temporelle des échelles de mesure qu'il a conçues avec la méthode test-retest lorsque cela est possible.
4. Vérifier l'homogénéité des énoncés qui composent une échelle additive qu'il a créée en calculant leur corrélation avec le score total.
5. S'assurer que les échelles qu'il a conçues ne mènent pas à des résultats incohérents qui laissent penser qu'elles ne sont pas valides (par exemple, une mesure de la performance d'un vendeur qui ne serait pas corrélée avec les résultats de vente).
6. Faire en sorte que les énoncés qui composent les échelles additives couvrent adéquatement toutes les facettes du concept qu'il cherche à mesurer.

L'interrogation met en branle différents processus psychologiques qui peuvent avoir une incidence sur la qualité des informations. Lorsqu'une question est posée à une personne, celle-ci tente d'abord de l'interpréter. Par la suite, la personne cherche en mémoire des informations qui lui permettent de produire une réponse. Finalement, la personne doit, le cas échéant, adapter sa réponse au format défini par la question.

La construction d'un questionnaire est une opération importante qui relève plus de l'art que de la science. Elle comprend quatre étapes principales : faire la liste des informations à obtenir, établir les modalités de collecte des données, préparer une ébauche et prétester le questionnaire. Lorsqu'il rédige le questionnaire, le chercheur doit tenir compte du contenu, de la formulation et de la séquence des questions. Même en respectant les principes qui ont été établis par les chercheurs en sciences humaines et en marketing, il demeure que le questionnaire final sera généralement le résultat d'un compromis entre, d'une part, les besoins d'information du chercheur et, d'autre part, les contraintes inhérentes au processus de collecte des données.

Il existe quatre types d'échelles de mesure : l'échelle nominale, l'échelle ordinale, l'échelle d'intervalles et l'échelle de ratio. Il est important que le chercheur en marketing sache distinguer ces échelles afin de pouvoir faire les analyses appropriées. Le chercheur en marketing doit aussi se préoccuper de l'exactitude des échelles de mesure qu'il utilise. Des méthodes existent pour évaluer la fidélité et la validité de ces échelles.

Questions de révision

1. Quels sont les principaux processus psychologiques associés à l'interrogation?

2. Pourquoi dit-on que l'interprétation d'une question est contextuelle et globale?

3. Quelles sont les étapes principales de la construction d'un questionnaire?

4. Quels aspects du contenu, de la formulation et de la séquence des questions est-il important de considérer lorsqu'on rédige un questionnaire?

5. Quand vaut-il mieux employer des questions ouvertes? Des questions fermées?

6. La mesure constitue un domaine important du marketing et des sciences humaines. Qu'entend-on exactement par «mesurer» (donner une courte définition)?

7. Distinguez les différentes échelles de mesure qui existent et, pour chacune, indiquez les propriétés, la transformation permise et donnez un exemple pertinent pour le marketing.

8. Qu'entend-on par «l'exactitude» d'une échelle de mesure? Comment peut-on s'assurer que les échelles de mesure que l'on conçoit en marketing sont exactes?

Exercices et sujets de réflexion

1. Après avoir réalisé une entrevue de groupe, un chercheur a pu découvrir cinq raisons principales pour lesquelles les consommateurs choisissent une marque de
détersif en particulier. Afin de généraliser ces résultats à un plus grand nombre de
consommateurs, une enquête est menée à l'aide d'un questionnaire administré par
entrevue personnelle. Une des questions est: «Pourquoi achetez-vous cette marque de détersif?» On offre aux personnes interrogées le choix entre les cinq raisons identifiées. Trente entrevues ayant été réalisées, le chercheur décide
d'examiner les réponses de la question ci-dessus. Il constate que les premières
options de réponse ont tendance à être choisies plus fréquemment que les autres.
Que doit-il faire?

2. Un chercheur a utilisé la technique des comparaisons par paires pour positionner
cinq marques de savon de toilette. Il a interrogé 100 consommateurs et a obtenu
les résultats suivants:

MARQUES COMPARÉES		NOMBRE DE CONSOMMATEURS PRÉFÉRANT:	
Première	**Deuxième**	**Première**	**Deuxième**
Camay	Dial	28	72
Camay	Irish Spring	56	44
Camay	Ivory	42	58
Camay	Lux	66	34
Dial	Irish Spring	74	26
Dial	Ivory	53	47
Dial	Lux	88	12
Irish Spring	Ivory	36	64
Irish Spring	Lux	55	45
Ivory	Lux	68	32

Pouvez-vous classer ces cinq marques par ordre de préférence? Quelles sont les
limites de votre analyse? Est-il possible d'améliorer la méthode des comparaisons
par paires utilisée ici?

3. Selon vous, est-il approprié de considérer les échelles nominales comme des échelles de mesure? Après tout, les nombres employés ne permettent pas de quantifier, ne serait-ce qu'à un niveau primaire, la quantité d'attribut. De plus, avec ce type d'échelle, les nombres ne sont pas vraiment nécessaires.

4. Montrez comment vous feriez pour construire une échelle additive qui permettrait de mesurer la gourmandise d'une personne. Comment pourrait-on évaluer la fidélité et la validité de cette échelle?

5. On peut évaluer la validité d'une échelle de mesure en calculant la corrélation entre la mesure obtenue et celles issues d'autres méthodes. Pourquoi ces méthodes doivent-elles être différentes? Vaut-il mieux que ces méthodes soient les plus différentes possible?

6. Dans un questionnaire auto-administré s'adressant à des étudiants, on trouve entre autres les questions suivantes[9]:

1. Êtes-vous actuellement un étudiant à temps plein ou à temps partiel?
   Temps plein ☐   Temps partiel ☐

2. Voici une liste de techniques qui peuvent servir à enseigner un cours d'introduction au marketing à une classe d'environ 40 étudiants. Veuillez classer ces techniques selon votre préférence. Inscrivez le chiffre 1 à côté de la technique qui vous plaît le plus, 8 vis-à-vis de celle qui vous plaît le moins et distribuez le reste des rangs selon votre préférence.

   Analyse et discussion de cas   _____
   Cours magistral par le professeur   _____
   Discussion par les étudiants du matériel
   dans les livres de cours   _____
   Jeux (simulations) sur ordinateur   _____
   Conférenciers invités   _____
   Présentation audiovisuelle par le professeur   _____
   Présentations par les étudiants   _____
   Application de modèles et d'analyses statistiques   _____

---

9. Voir l'article de S. A. Ahmed, A. d'Astous et A. Filiatrault, «Personality Correlates of Undergraduate Business Students' Preference for Teaching Techniques: A Cross-National Study», *Gestion internationale – Rapport du congrès annuel de la section Gestion internationale de l'Association des sciences administratives du Canada*, J.-C. Cosset (s. la dir. de), Halifax, N.-É., 1994, p.1-10.

3. En général, un cours basé sur l'analyse de cas, les discussions de cas et les présentations par les étudiants est :

Excitant	1 2 3 4 5 6 7 8 9	Ennuyant
Stressant	1 2 3 4 5 6 7 8 9	Reposant
Morne	1 2 3 4 5 6 7 8 9	Animé
Démotivant	1 2 3 4 5 6 7 8 9	Motivant

4. Voici trois techniques qui peuvent être utilisées pour enseigner un cours d'introduction au marketing dans une classe d'environ 40 étudiants. Veuillez indiquer votre degré de familiarité avec ces techniques en encerclant le chiffre qui le reflète le mieux.

	Très familier	Familier	Pas familier
Analyse et discussion de cas	1	2	3
Cours magistral	1	2	3
Conférenciers	1	2	3

Quel est le niveau de mesure des variables qui correspondent à ces questions ?

Annexe

Le questionnaire utilisé dans l'étude sur les ventes de garage

1. Combien de ventes de garage avez-vous visitées jusqu'à maintenant aujourd'hui (excluant celle-ci) ? _____

2. Combien de ventes de garage comptez-vous visiter aujourd'hui, après celle-ci ? _____

3. Lequel des énoncés suivants décrit le mieux votre fréquentation des ventes de garage ?

    1. Je suis un mordu des ventes de garage.
    2. Je fréquente régulièrement les ventes de garage.
    3. Il m'arrive d'aller dans les ventes de garage.
    4. Je vais rarement dans les ventes de garage.
    5. Je ne vais presque jamais dans les ventes de garage.

4. Combien de fois par année allez-vous dans les ventes de garage ?

    0. Jamais
    1. 1 à 5 fois
    2. 6 à 20 fois
    3. 21 à 50 fois
    4. 51 à 75 fois
    5. 76 à 100 fois
    6. 101 à 150 fois
    7. 151 fois ou plus

5. À quelle fréquence achetez-vous ?

    0. Jamais
    1. 1 fois sur quatre ou moins
    2. 1 fois sur 3
    3. 1 fois sur 2
    4. 2 fois sur 3
    5. À toutes les visites

6. Pourquoi achetez-vous dans les ventes de garage?

_____

_____

_____

7. Pourquoi n'achetez-vous pas?

_____

_____

_____

8. Qu'est-ce que vous achetez habituellement dans les ventes de garage que vous visitez?

_____

_____

_____

9. Qu'avez-vous acheté aujourd'hui dans les ventes de garage (excluant celle-ci)?

_____

_____

_____

10. Combien avez-vous dépensé? _____

11. Avez-vous marchandé?
   1. Oui
   2. Non

12. Comment avez-vous appris qu'il y avait cette vente de garage?
   1. Journaux
   2. Pancarte
   3. Bouche à oreille
   4. En passant devant la maison
   5. Autre

13. Étiez-vous au courant des produits qu'il y avait à vendre ici?

    1. Oui   (Passez à la question 14.)

    2. Non   (Passez à la question 15.)

14. Que pensez-vous de cette vente de garage (1 = mauvais, 2 = passable, 3 = bien, 4 = très bien, 5 = excellent, 0 = je ne sais pas)?

        Présentation des produits: **1 2 3 4 5 0**

        Choix des produits: **1 2 3 4 5 0**

        Ambiance: **1 2 3 4 5 0**

        Influence du vendeur sur l'achat: **1 2 3 4 5 0**

15. Quels aspects ont influencé votre décision d'achat (ou de non-achat) et pourquoi?

    _____

    _____

    _____

16. Qu'avez-vous acheté ici?

    _____

    _____

    _____

17. Combien avez-vous dépensé? _____

18. Avez-vous marchandé?

    1. Oui

    2. Non

19. Sexe:

    1. Homme

    2. Femme

20. Langue parlée:

    1. Français

    2. Anglais

    3. Autre

21. Dans quel secteur de la ville habitez-vous?

    1. Nord
    2. Sud
    3. Est
    4. Ouest
    5. Autre

22. Quelle est votre occupation?

    1. Professionnel
    2. Employé de bureau
    3. Ménagère
    4. Sans travail
    5. Commerçant

    6. Ouvrier, technicien
    7. Étudiant
    8. Retraité
    9. Autre

23. Quelle est votre dernière année d'études complétée?

    1. Primaire
    2. Secondaire
    3. Cégep
    4. Université (1er cycle)
    5. Université (2e et 3e cycles)

24. Quel âge avez-vous? _____

25. Quel est votre revenu *familial* annuel *avant impôts*?

    1. 0 à 10 000 $
    2. 10 001 à 20 000 $
    3. 20 001 à 30 000 $
    4. 30 001 à 40 000 $
    5. 40 001 à 50 000 $
    6. 50 001 à 60 000 $
    7. Plus de 60 000 $

26. Combien y a-t-il de personnes vivant à la maison? _____

Merci beaucoup de votre collaboration!

Théorie et pratique de l'échantillonnage

Introduction

Introduction

Lorsque le chercheur en marketing possède une compréhension satisfaisante du problème de recherche, qu'il a défini une ou plusieurs méthodes lui permettant d'obtenir les informations dont il a besoin et que les instruments de mesure ont été construits et testés, il est prêt à entreprendre l'étape de la collecte des données. À cette étape, il lui faut définir les objets de la mesure (personnes, entreprises, phénomènes, etc.), déterminer combien d'objets seront étudiés ainsi que la façon dont ils seront sélectionnés. Par exemple, dans le cas de l'étude sur les ventes de garage qui a été présentée aux chapitres 4 et 5, les chercheurs ont identifié deux catégories d'objets à étudier : les *sites* sur lesquels les ventes de garage se déroulent et les *acheteurs*. Ils ont choisi, à partir des annonces parues dans le journal local, sept ventes de garage à visiter. Ils ont observé et interrogé un total de 99 acheteurs dans ces ventes, en utilisant comme procédure de sélection le repérage du prochain acheteur se présentant sur le site.

Dans ce chapitre, nous traitons de la sélection des objets qui sont étudiés – observés ou interrogés – dans le cadre du projet de recherche en marketing. Dans la majorité des recherches en marketing, les objets étudiés forment un ***échantillon***, c'est-à-dire un sous-ensemble d'un groupe plus grand appelé « population ». Par exemple, on peut parler de la population des résidents de la ville de Québec et d'un échantillon de 300 résidents de cette ville. Lorsque la taille de la population est très grande, il est généralement préférable de sélectionner un échantillon tiré de cette population plutôt que d'étudier toute la population, ce qu'on appelle un recensement. En effet, le recensement d'une population peut être long, coûteux et même impossible. De plus, un échantillon bien choisi, de taille suffisante, conduit généralement à des résultats dont la précision est tout à fait raisonnable. De ce point de vue, on peut affirmer que l'échantillonnage est une procédure plus efficiente que le recensement.

Nous commençons ce chapitre par une discussion des principales étapes qui mènent à la sélection d'un échantillon, c'est-à-dire le processus d'échantillonnage. Par la suite, nous présenterons une classification des méthodes d'échantillonnage les plus couramment utilisées en marketing. Celles-ci seront examinées à tour de rôle. Le problème de la détermination de la taille de l'échantillon sera aussi abordé. Le chapitre se termine par une présentation des sources d'erreurs qui ne découlent pas de l'échantillonnage.

LE PROCESSUS D'ÉCHANTILLONNAGE

Les principales étapes à franchir pour sélectionner un échantillon sont présentées à la figure 6.1.

Étape 1
La définition de la population

La première étape du processus d'échantillonnage est cruciale, puisqu'elle conditionne toutes les étapes subséquentes. Dans certains cas, la définition de la population paraît simple. Par exemple, s'il s'agit d'une étude visant à étudier l'opinion des membres québécois du club automobile CAA à propos de la revue

FIGURE 6.1 Le processus d'échantillonnage

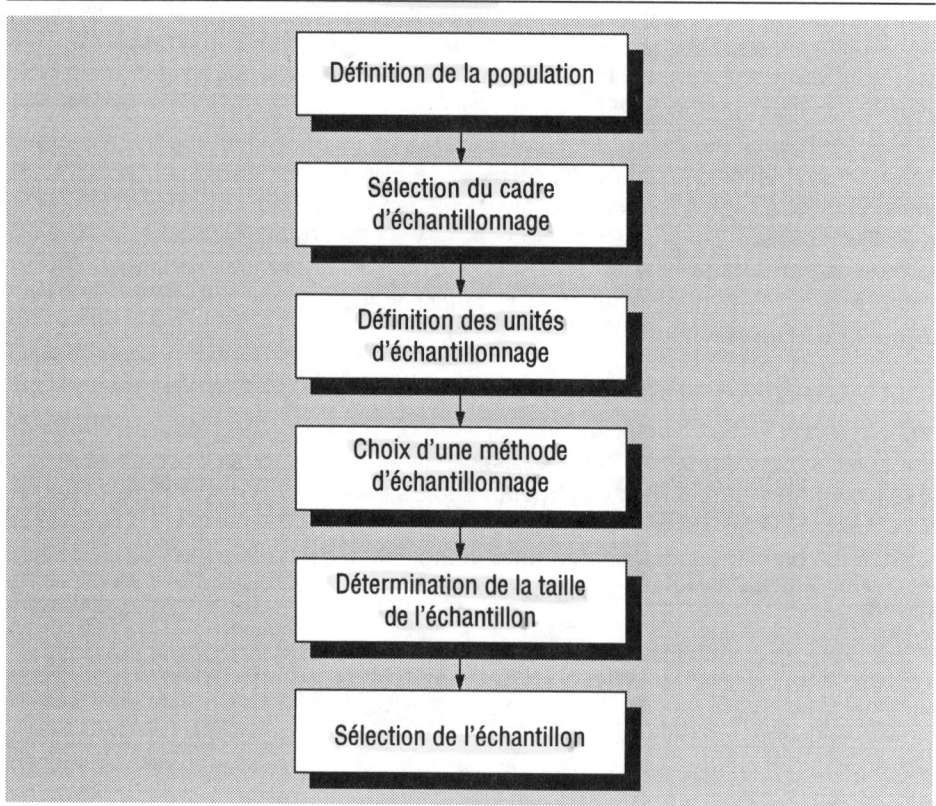

Touring publiée par l'association, la population serait formée des membres du club au moment où l'étude est menée. Dans d'autres situations, la définition de la population est moins évidente. Par exemple, si l'étude vise à déterminer la possibilité de lancer une nouvelle bière au Québec, la population serait formée des buveurs de bière québécois. Plusieurs questions peuvent être soulevées :

- Comment définit-on un buveur de bière ?

- Est-ce la personne qui consomme régulièrement ?

- Qu'entend-on par « régulièrement » ?

- Cette population comprend-elle les personnes qui ne consomment pas de bière présentement mais qui pourront en consommer ultérieurement ?

Considérons maintenant l'étude sur les ventes de garage. Cette étude soulève également diverses questions :

- Comment définit-on la population des acheteurs ?

- Correspond-elle à toutes les personnes susceptibles de visiter, un jour ou l'autre, une vente de garage ?

- Toutes celles ayant visité des ventes de garage à Sherbrooke durant la période où la collecte des données s'est faite ?

- Tous les acheteurs passés, présents ou futurs des ventes de garage ?

Comme on le voit, il arrive qu'une population ne puisse être définie de façon précise ou qu'elle se rapporte à des objets indéfinis. En général, la définition de la population doit être faite en considérant le problème de recherche tel qu'il a été formulé.

Étape 2
La sélection du cadre d'échantillonnage

Il n'est pas suffisant de définir la population ; il faut aussi pouvoir situer les éléments de cette population afin de les joindre. Un cadre d'échantillonnage correspond à une liste des éléments de la population à l'étude. Idéalement, la correspondance entre les éléments de la population et ceux du cadre d'échantillonnage devrait être parfaite. Le plus souvent, le cadre d'échantillonnage posera un problème car il sera incomplet ou contiendra des duplications ou des éléments ne faisant pas partie de la population.

> **Exemples:**
> Dans le cas d'une enquête auprès des résidents de la ville de Rimouski, un cadre d'échantillonnage possible serait l'annuaire téléphonique avec ses imperfections (récence, abonnés non publiés, entreprises privées et publiques, personnes n'ayant pas le téléphone, etc.). Un autre cadre d'échantillonnage, dans la même ville, serait la liste électorale. Dans une étude portant sur la satisfaction de la clientèle, un cadre d'échantillonnage possible serait le fichier des clients.

Le choix d'un cadre d'échantillonnage dépend parfois de la méthode de collecte des données (par exemple, enquête par téléphone et bottin téléphonique) ou vice-versa.

Même si elle est présentée à la figure 6.1 comme l'une des étapes du processus d'échantillonnage, la sélection d'un cadre d'échantillonnage n'est pas toujours essentielle pour définir et sélectionner un échantillon. Il existe en effet des méthodes d'échantillonnage, dont nous parlerons plus loin dans ce chapitre, qui ne requièrent pas l'accomplissement de cette étape.

Étape 3
La définition des unités d'échantillonnage

Ces unités correspondent aux éléments de la population qui formeront l'échantillon. Dans certains cas, lorsque la population est bien circonscrite (par exemple, les clients actuels d'une entreprise), la définition des unités d'échantillonnage est évidente. Parfois, cela est moins simple. Supposons, par exemple, qu'on veuille mener une enquête pour mesurer l'image corporative d'un grand magasin à rayons situé à Trois-Rivières. La population a été définie, de façon large, comme l'ensemble des ménages trifluviens. De plus, on a opté pour une enquête par téléphone en employant l'annuaire téléphonique comme cadre d'échantillonnage. Plusieurs questions peuvent être soulevées à ce moment:

➤ Qui les enquêteurs interrogeront-ils lorsqu'ils joindront un abonné du service téléphonique?

➤ La personne qui répond?

➤ Son conjoint ou un des enfants?

➤ Ou peut-être un des locataires qui demeurent à cet endroit?

Le problème de la définition des unités d'échantillonnage se pose habituellement lorsque les objets de l'étude sont des entités composées de plusieurs éléments (comme des organisations et des ménages). Le chercheur doit alors porter une attention spéciale à cette définition. Il est parfois possible de définir les unités d'échantillonnage directement. Ainsi, dans une enquête auprès d'entreprises, on pourrait décider d'interroger les responsables des achats. Dans d'autres situations, il est préférable d'utiliser une règle de sélection. Par exemple, une procédure fréquemment employée pour choisir un participant à l'intérieur d'un ménage est d'interroger la personne dont l'anniversaire de naissance est le plus récent[1].

Étape 4
Le choix d'une méthode d'échantillonnage

Nous verrons dans les prochaines pages que le chercheur a le choix entre plusieurs méthodes d'échantillonnage. Cependant, les étapes précédentes limitent généralement le choix à un sous-ensemble de méthodes. Il est important de savoir que les méthodes d'échantillonnage influencent la précision des mesures obtenues et le type de conclusion qu'on peut porter sur la population. Cela deviendra plus clair au fur et à mesure que nous progresserons dans ce chapitre.

Étape 5
La détermination de la taille de l'échantillon

De combien d'observations ou d'unités d'échantillonnage a-t-on besoin pour l'étude ? Cette question à laquelle tout chercheur en marketing devra éventuellement faire face est importante, car elle a des incidences sur le coût de l'étude ainsi que sur la précision et la crédibilité des résultats. En général, plus les unités d'échantillonnage sont nombreuses, plus le coût de la recherche est élevé et plus les résultats sont précis. Cependant, il est clair que la contribution marginale associée à la sélection d'unités d'échantillonnage additionnelles est décroissante. Ainsi, la valeur de la quarante-neuvième unité d'échantillonnage est sans doute plus grande que celle de la neuf cent quatre-vingt-dix-huitième. En d'autres termes, même si les budgets le permettent, il n'est pas efficient de tirer le plus grand nombre d'unités d'échantillonnage possible. Nous verrons

---

1. C. T. Salmon et J. S. Nichols, « The Next-Birthday Method of Respondent Selection », *Public Opinion Quaterly*, vol. 47, 1983, p. 381-385.

plus loin dans ce chapitre qu'il existe plusieurs approches pour déterminer la taille d'un échantillon.

Étape 6
La sélection de l'échantillon

Cette étape, qui consiste à mettre en œuvre le plan d'échantillonnage qui a été défini, pose habituellement plusieurs problèmes pratiques. Parmi ces problèmes, il y a d'abord celui de la difficulté à joindre les unités d'échantillonnage. L'importance de ce problème dépend en général de la méthode de collecte des données employée ainsi que de la qualité du cadre d'échantillonnage. Il est nécessaire que le responsable de la recherche définisse des règles qui permettent : 1) d'augmenter la proportion des unités d'échantillonnage jointes (notamment par des rappels ou des visites à différents moments de la journée ou par la prise de rendez-vous) ; 2) de circonscrire les efforts fournis (comme trois rappels ou visites au maximum) ; 3) de remplacer les unités d'échantillonnage n'ayant pu être jointes (par exemple, des adresses ou des numéros de téléphone additionnels, la visite de la maison voisine).

Un deuxième problème courant est le refus de collaboration à la recherche. Là encore, le chercheur doit définir des stratégies destinées à limiter le nombre de refus. Au chapitre 4, nous avons présenté certaines mesures incitatives qui visent à augmenter le taux de collaboration lors d'une enquête.

UNE CLASSIFICATION DES MÉTHODES D'ÉCHANTILLONNAGE

Au tableau 6.1, nous présentons une classification des différentes méthodes d'échantillonnage que le chercheur en marketing peut utiliser dans le cadre du projet de recherche qu'il a entrepris. Cette classification est basée sur une distinction fondamentale, soit celle entre l'échantillonnage probabiliste et l'échantillonnage non probabiliste.

Les méthodes d'échantillonnage probabiliste groupent des méthodes dans lesquelles les unités d'échantillonnage sont sélectionnées *aléatoirement* (au hasard) selon une procédure bien définie. Avec ces méthodes, chaque élément de la population a une probabilité connue d'être sélectionné. Un avantage associé à l'utilisation de ces méthodes, c'est qu'elles permettent d'aller au-delà des

TABLEAU 6.1   Une classification des méthodes d'échantillonnage

LES MÉTHODES D'ÉCHANTILLONNAGE	
Probabiliste	**Non probabiliste**
▨ Échantillonnage aléatoire simple	▨ Échantillonnage selon le jugement
▨ Échantillonnage aléatoire stratifié	▨ Échantillonnage de convenance
▨ Proportionnel	▨ Échantillonnage par quota
▨ Non proportionnel	▨ Échantionnage en boule de neige
▨ Échantillonnage en grappes	▨ Échantillonnage volontaire
▨ Systématique	
▨ Aérolaire	
▨ Échantillonnage en phases successives	

[annotations manuscrites : « ? Systématique et stratifié que l'on utilise le plus souvent » ; « ↳ par Étape »]

informations obtenues à partir de l'échantillon, afin d'établir des conclusions probabilistes qui concernent la population d'où provient cet échantillon. C'est ce qu'on appelle l'**inférence statistique.**

Pour leur part, les méthodes d'échantillonnage non probabiliste englobent des méthodes fondées sur le jugement du chercheur ou sur celui d'autres personnes. Par conséquent, on ne connaît généralement pas les probabilités de sélection des éléments qui composent la population. L'inférence statistique n'est donc pas (en principe) possible lorsqu'on emploie ces méthodes.

Nous allons commencer notre discussion des méthodes d'échantillonnage par une présentation des méthodes d'échantillonnage non probabiliste. Par la suite, nous décrirons à tour de rôle chacune des méthodes d'échantillonnage probabiliste en insistant sur leur application pratique dans la recherche en marketing.

LES MÉTHODES D'ÉCHANTILLONNAGE NON PROBABILISTE

Le problème de recherche n'exige pas toujours une sélection aléatoire des unités d'échantillonnage. Ainsi, dans une étude utilisant l'entrevue de groupe, il n'est ni pratique ni nécessaire d'employer une méthode d'échantillonnage probabiliste. Dans d'autres situations, il est difficile ou carrément impossible de procéder à une sélection aléatoire des unités d'échantillonnage. Imaginons, par exemple, qu'une étude porte sur l'intérêt des joueurs de poker professionnels envers une formule de forfait week-end (hôtel, repas, divertissements) que songe à offrir le casino de Montréal. Comment peut-on définir un cadre d'échantillonnage pour cette population et tirer un échantillon au hasard? Les méthodes d'échantillonnage non probabiliste peuvent s'avérer très utiles dans des situations de ce type.

L'échantillonnage selon le jugement

Lorsque le chercheur sélectionne un échantillon uniquement parce qu'il *juge* que cet échantillon permet d'atteindre les objectifs de la recherche, il utilise un échantillonnage selon le jugement. Par exemple, le choix de Matane comme marché-test pour évaluer le potentiel de marché québécois d'un nouveau jus de fruits repose sur le jugement que les habitants de cette ville sont représentatifs de l'ensemble de la population québécoise.

L'échantillonnage de convenance

Un échantillon de convenance est composé d'éléments sélectionnés parce qu'ils sont disponibles, faciles à joindre ou à convaincre de participer à la recherche. Par exemple, une firme qui fabrique des armoires de cuisine peut profiter du fait qu'elle dispose d'un kiosque au Salon de l'habitation pour mener une enquête auprès des visiteurs. Un professeur peut utiliser sa classe d'étudiants pour tester de nouvelles idées de produits.

L'échantillonnage par quota

Dans ce type d'échantillonnage, il faut s'assurer d'inclure certains éléments de la population dans l'échantillon. Supposons, par exemple, qu'une population soit composée de 30 p. 100 d'hommes et de 70 p. 100 de femmes. L'application d'un échantillonnage par quota ferait en sorte de respecter cette distribution dans l'échantillon. Ainsi, lorsqu'on aurait atteint le quota d'hommes, on ne considérerait plus que des femmes. Tel qu'il a été illustré par cet exemple, l'échantillonnage par quota vise parfois à construire un échantillon «représentatif» d'une population en contrôlant les caractéristiques (âge, sexe, revenus, etc.) des unités d'échantillonnage sélectionnées. De cette façon, la distribution de ces caractéristiques dans l'échantillon est conforme à celle qui peut être observée dans la population. La représentativité de l'échantillon est cependant artificielle dans la mesure où la sélection des unités d'échantillonnage dépendra du jugement à un moment ou à un autre (par exemple, la sélection d'hommes dans la quarantaine dont les revenus avant impôts se situent entre 55 000 $ et 65 000 $). Par ailleurs, il faut savoir que les caractéristiques retenues pour définir les quotas ne permettent qu'une représentativité relative. Ainsi, un échantillon peut être représentatif d'une population en ce qui a trait à la distribution des revenus, mais n'être composé que de femmes.

L'échantillonnage en boule de neige

Parfois, il est difficile de situer les unités d'échantillonnage parce que celles-ci possèdent des caractéristiques qui ne sont pas apparentes (par exemple, les joueurs de poker professionnels). Il est alors utile de se servir des personnes comme source d'identification d'unités d'échantillonnage additionnelles. Dans l'exemple des joueurs de poker, on pourrait d'abord identifier quelques joueurs et leur demander de donner le nom d'autres joueurs qu'ils connaissent. Ces derniers sont joints et fournissent à leur tour des références. L'échantillon est ainsi formé, par analogie avec une boule de neige qui grossit lorsqu'on la roule. Il peut s'avérer nécessaire de recommencer le processus avec de nouvelles personnes lorsqu'un réseau de connaissances semble épuisé.

L'échantillonnage volontaire

Ici, les unités d'échantillonnage s'autosélectionnent. Par exemple, lorsque la revue *Châtelaine* effectue un sondage en incorporant dans son magazine un questionnaire à retourner, elle compte sur la bonne volonté de ses lecteurs et lectrices pour constituer son échantillon. De même, les sondages effectués lors d'émissions télévisées (par exemple, *Droit de parole*) utilisent des échantillons composés de volontaires. Les cartes d'appréciation du service, dans les restaurants et les hôtels, sont remplies par ceux qui le veulent bien.

LES MÉTHODES D'ÉCHANTILLONNAGE PROBABILISTE

Nous avons dit que l'échantillonnage vise à définir la façon dont seront choisis les objets qui feront partie de l'échantillon. L'échantillonnage poursuit aussi un deuxième objectif, soit celui de permettre l'estimation des **paramètres** d'une population. Pour comprendre la notion de paramètre, considérons le cas de la population des résidents du Québec. On peut décrire cette population à l'aide d'un ensemble d'informations sommaires telles que le nombre moyen d'enfants par ménage, le revenu moyen par habitant, l'âge moyen, la proportion de couples mariés sans enfant, etc. Toutes ces informations, qui prennent des valeurs numériques, sont appelées des paramètres. Comme nous le verrons plus loin, la *moyenne* (arithmétique) d'une variable est un paramètre de population très important dans la recherche en marketing, tout comme la *proportion* d'éléments d'une population possédant une ou des caractéristiques données. On peut décrire une population à l'aide d'une quantité innombrable de paramètres. En général, le chercheur en marketing se limite aux paramètres qui correspondent aux variables qu'il a définies.

Puisqu'on connaît rarement les valeurs des paramètres d'une population, on doit *estimer* ces valeurs à l'aide des informations provenant d'un échantillon. Par exemple, on peut estimer le nombre moyen d'enfants par ménage au Québec en interrogeant un échantillon de 500 ménages et en faisant la moyenne arithmétique des réponses données à la question «Combien avez-vous d'enfants?». La valeur ainsi obtenue, qu'on appelle une **statistique**, est une estimation *ponctuelle* de la vraie moyenne de population. Cette estimation est satisfaisante, mais on aimerait quand même savoir si elle se rapproche de la valeur réelle. Parce qu'elles sont fondées sur la sélection aléatoire des unités d'échantillonnage, les méthodes d'échantillonnage probabilistes permettent d'émettre des conclusions probabilistes à propos des paramètres d'une population. Il s'agit là d'un avantage non négligeable sur les méthodes non probabilistes.

L'échantillonnage aléatoire simple

La façon la plus simple d'introduire l'échantillonnage probabiliste est d'en considérer la forme la moins complexe: l'échantillonnage aléatoire simple. Pour tirer un échantillon aléatoire simple de taille n d'une population de taille N, il faut en premier lieu obtenir la liste de tous les éléments de la population. On numérote ensuite tous les éléments de 1 à N et on sélectionne les n unités d'échantillonnage à l'aide d'une table de nombres aléatoires ou d'un logiciel informatique qui permet de produire de tels nombres. L'échantillon ainsi obtenu a la même probabilité d'être sélectionné que tout autre échantillon de même taille tiré de la population.

L'échantillonnage aléatoire simple n'est pas une méthode intéressante pour la majorité des problèmes de recherche en marketing. Il est rare, en effet, que le chercheur dispose de la liste de tous les éléments de la population. Néanmoins, cette méthode va nous permettre de présenter les concepts fondamentaux de l'échantillonnage statistique.

La distribution d'échantillonnage de la moyenne

Nous allons nous limiter d'abord à l'estimation de la moyenne d'une population pour une variable quelconque. Par la suite, nous verrons comment généraliser les résultats au cas d'une proportion. Supposons qu'on cherche à estimer la moyenne des dépenses hebdomadaires des consommateurs québécois au chapitre de l'épicerie. Une enquête a été réalisée auprès d'un échantillon aléatoire simple de $n = 200$ consommateurs et la moyenne d'échantillon observée est égale à 122 $. Pour obtenir cette moyenne, on a fait la somme de toutes les réponses et on a divisé cette somme par la taille de l'échantillon, soit 200. En général, la moyenne d'une variable X, pour un échantillon de taille n, se définit ainsi :

$$\bar{X} = \frac{(X_1 + X_2 + ... + X_n)}{n}$$

$$\bar{X} = \frac{\sum_{i=1}^{n} X_i}{n}$$

où $X_1, X_2, ..., X_n$ correspondent aux valeurs observées de la variable dans l'échantillon de n observations.

Que peut-on dire sur la moyenne de la population, à partir de la connaissance de la moyenne d'échantillon? Dans cet exemple, le paramètre à estimer est la moyenne de la population (représentée par μ – la lettre grecque mu – par convention) et l'estimation ponctuelle en est donnée par la moyenne d'échantillon (dénotée $\bar{X}$ par convention). On peut montrer que la meilleure estimation ponctuelle qu'on puisse avoir de la moyenne de la population est la moyenne d'échantillon.

Poursuivons cet exemple en imaginant que les 200 observations recueillies dans l'enquête sont replacées dans la population et que l'on tire un nouvel échantillon de 200 consommateurs. Il s'agit bien entendu d'un exercice mental, car, en pratique, il serait insensé de procéder à une nouvelle enquête. Quelle valeur la moyenne d'échantillon prendra-t-elle avec ce deuxième échantillon? C'est impossible à dire, mais on peut penser que la nouvelle moyenne d'échantillon, par exemple $\bar{X}_2$, sera différente de la première valeur ($\bar{X}_1 = 122\ \$$). Cependant, il n'y a pas de raison de croire qu'elle devrait être très différente. Bien sûr, elle peut être très différente, mais c'est peu *probable*.

Imaginons qu'on répète ce processus à l'infini, c'est-à-dire qu'on tire une infinité d'échantillons de taille 200 de la population et qu'on calcule la moyenne à chaque fois. On obtiendrait alors une distribution des valeurs moyennes de la variable, c'est-à-dire $\bar{X}_1, \bar{X}_2, \bar{X}_3$, ..., avec leurs fréquences respectives. C'est ce qu'on appelle la **distribution d'échantillonnage de la moyenne.** La distribution d'échantillonnage de la moyenne est un concept *théorique*. Elle représente la distribution de l'ensemble des moyennes d'échantillon qu'on obtiendrait à partir d'une infinité d'échantillons aléatoires simples (pour l'instant) de même taille tirés d'une même population. Ce concept fondamental est au cœur de l'échantillonnage statistique. Il est très important de bien le comprendre, car nous y reviendrons à plusieurs reprises dans ce chapitre et dans les suivants.

Pour notre discussion, l'intérêt de ce concept réside dans les propriétés de cette distribution. La distribution d'échantillonnage de la moyenne possède trois propriétés qui vont nous permettre d'émettre des conclusions probabilistes sur μ, la moyenne de la population. La première propriété s'énonce ainsi: *la moyenne de la distribution d'échantillonnage de la moyenne ($\mu_{\bar{x}}$) est égale à la moyenne de la population (μ).* En réfléchissant un peu, on se rend compte de l'évidence de cette propriété. En effet, puisqu'on tire une infinité d'échantillons aléatoires simples à partir de la même population, chaque élément de la population devrait apparaître un même nombre de fois dans les échantillons sélectionnés. Calculer la moyenne de toutes les moyennes d'échantillons revient en fait à calculer la moyenne de la population.

La deuxième propriété se présente comme suit: *la distribution d'échantillonnage de la moyenne est représentée par une loi normale.* On peut apporter une explication intuitive de cette propriété. Nous avons dit que deux moyennes calculées à partir de deux échantillons aléatoires simples tirés d'une même population ne devraient pas être très différentes, puisqu'elles sont des estimations de la même moyenne de population. Il peut arriver qu'une moyenne d'échantillon s'éloigne de façon importante de la moyenne de la population, mais cela est peu probable. En définitive, plus les valeurs assumées par les moyennes de la distribution d'échantillonnage s'éloignent de la moyenne de cette distribution, plus la probabilité d'observer ces valeurs diminue.

Cette dernière affirmation est illustrée à la figure 6.2. On y trouve la familière fonction de densité de la loi normale (en forme de cloche). Comme on le voit, la distribution est centrée autour de la moyenne de la population, ce qui est cohérent avec la première propriété dont nous avons discuté. De plus, la densité de la distribution diminue lorsque les valeurs des moyennes s'éloignent de la valeur centrale.

La normalité de la distribution d'échantillonnage de la moyenne est assurée lorsque la variable d'intérêt *(X)* est distribuée selon une loi normale dans la population. Pour des populations dont on ne connaît pas la forme (ce qui est généralement le cas en pratique), la distribution d'échantillonnage de la moyenne est *approximativement* normale et cette approximation s'améliore à mesure que la taille de l'échantillon augmente. Les statisticiens ont montré qu'une taille d'échantillon de 30 unités ou plus permet d'obtenir une approximation raisonnable.

Nous reviendrons sur la distribution normale un peu plus loin dans ce chapitre. Pour l'instant, examinons la troisième propriété de la distribution d'échantillonnage qui s'énonce ainsi: *la variance de la distribution d'échantillonnage de la moyenne diminue à mesure que la taille de l'échantillon* (n) *augmente*. La variance d'une distribution est une mesure de la dispersion des valeurs de la distribution (ici, les moyennes) autour de la valeur centrale (ici, μ). Nous allons nous contenter de cette définition pour le moment. On peut, là encore, fournir une explication intuitive de cette propriété. Revenons à l'exemple

FIGURE 6.2 **La distribution d'échantillonnage de la moyenne**

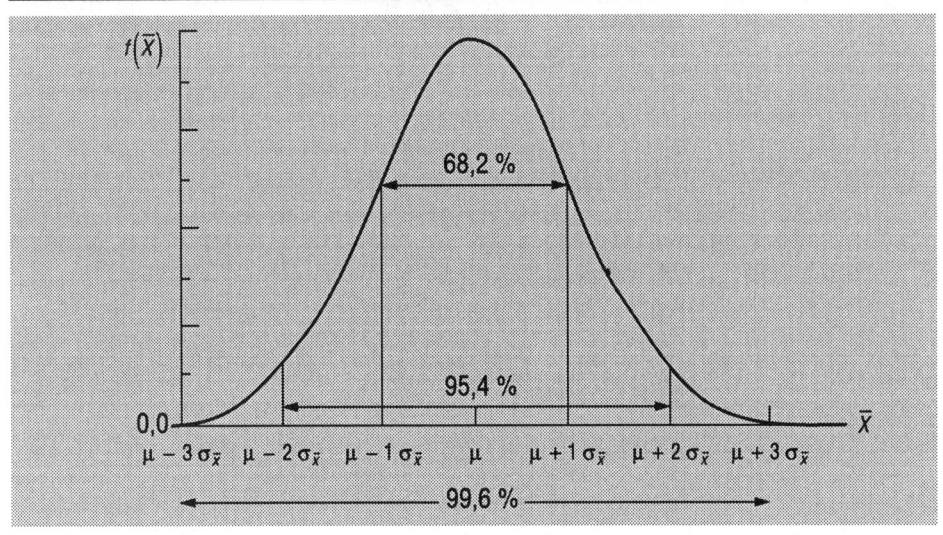

concernant l'estimation de la moyenne des dépenses hebdomadaires des Québécois pour l'épicerie. Si, au lieu d'interroger 200 consommateurs, on en interrogeait 10 fois plus, c'est-à-dire 2 000, qu'arriverait-il? De toute évidence, la moyenne obtenue avec un échantillon de 2 000 personnes devrait être plus précise que celle obtenue avec un échantillon de 200, puisqu'on couvre une plus grande partie de la population. Du point de vue de la distribution d'échantillonnage de la moyenne, l'augmentation de la taille de l'échantillon à 2 000 aurait pour effet de rapprocher les valeurs assumées par les moyennes d'échantillon de la valeur centrale de la distribution, c'est-à-dire μ.

On peut montrer que la variance de la distribution d'échantillonnage de la moyenne – représentée par $\sigma_{\bar{x}}^2$ par convention – est donnée par l'équation suivante:

$$\sigma_{\bar{x}}^2 = \frac{\sigma^2}{n} \frac{(N-n)}{(N-1)}$$

utilise σ population si population est très grande.

Dans cette équation, $\sigma_{\bar{x}}^2$ est obtenue en divisant la variance de la population – représentée par σ^2 par convention – par la taille de l'échantillon *(n)* et en multipliant le tout par *(N – n)/(N – 1)*. Comme on le voit, plus la valeur de *n* augmente, plus la variance de la distribution d'échantillonnage diminue. On peut ne pas tenir compte du terme « *(N – n)/(N – 1)* », couramment appelé **« facteur de correction pour population finie »**, si la taille de la population est très grande. En effet, lorsque *n* est petite par rapport à *N*, le facteur de correction tend vers la valeur 1 et il devient moins important d'en tenir compte. Dans ce qui suit, nous allons néanmoins toujours inclure le facteur de correction.

Récapitulation

La distribution d'échantillonnage de la moyenne comprend l'ensemble des moyennes obtenues par le tirage successif (en imagination) d'une infinité d'échantillons aléatoires simples de taille *n*, à partir d'une population de taille *N*. Cette distribution est normale à condition que la taille de l'échantillon soit plus grande ou égale à 30 et ce, quelle que soit la forme de la distribution de la variable dans la population. De plus, elle est centrée autour de la moyenne de la population et sa variance diminue à mesure que *n* augmente. Soyez bien sûr de comprendre ces propos avant de continuer votre lecture.

Le concept de marge d'erreur

La loi normale est une fonction mathématique qui définit la distribution d'une variable. La figure 6.2 (page 179) constitue une représentation graphique d'une distribution normale qui nous intéresse particulièrement, soit celle de la distribution d'échantillonnage de la moyenne. La loi normale étant une fonction de densité, la probabilité qu'une observation tirée au hasard de la distribution soit comprise dans un intervalle donné est obtenue en calculant la *surface* sous la courbe, telle qu'elle est définie par cet intervalle.

Les propriétés de la loi normale sont connues. Ainsi, nous savons que la probabilité qu'une observation tirée au hasard d'une distribution normale soit comprise dans l'intervalle défini en considérant un *écart type* de part et d'autre de la moyenne est égale à 0,682. L'écart type est une mesure de dispersion qui correspond à la racine carrée positive de la variance ($\sigma_{\bar{x}} = (\sigma_{\bar{x}}^2)^{1/2}$). Si l'intervalle est de deux écarts types autour de la moyenne, la probabilité est alors d'environ 0,954. Enfin, s'il est de trois écarts types, cette probabilité passe à 0,996. En d'autres termes, environ 68,2 p. 100 des observations issues d'une distribution normale sont comprises entre plus ou moins un écart type de la moyenne, 95,4 p. 100 entre plus ou moins deux écarts types et 99,6 p. 100 entre plus ou moins trois écarts types. Ces pourcentages sont illustrés à la figure 6.2.

En ce qui a trait à la distribution d'échantillonnage de la moyenne, on peut donc établir l'équation suivante :

$$\text{prob}\left(\mu - 1,96\sigma_{\bar{x}} \leq \bar{X} \leq \mu + 1,96\sigma_{\bar{x}}\right) = 0,95$$

Ici, la probabilité qu'une moyenne ($\bar{X}$) tirée au hasard de la distribution d'échantillonnage soit comprise dans l'intervalle $\left(\mu - 1,96\sigma_{\bar{x}}, \mu + 1,96\sigma_{\bar{x}}\right)$ est égale à 0,95. Cette équation peut être transformée facilement de façon à exprimer la probabilité en fonction non pas d'une moyenne donnée ($\bar{X}$), mais de la moyenne de population μ. L'équation transformée devient :

$$\text{prob}\left(\bar{X} - 1,96\sigma_{\bar{x}} \leq \mu \leq \bar{X} + 1,96\sigma_{\bar{x}}\right) = 0,95$$

Ce dernier résultat est tout à fait remarquable. En effet, cette équation correspond à une affirmation probabiliste à propos de la moyenne inconnue d'une population. On affirme ici que la moyenne de la population est comprise dans l'intervalle $\left(\bar{X} - 1,96\sigma_{\bar{x}}, \bar{X} + 1,96\sigma_{\bar{x}}\right)$, à un niveau élevé de confiance (0,95).

Deux aspects de cette équation doivent retenir notre attention. Premièrement, il faut retenir que la conclusion que l'on porte sur la moyenne de la population peut varier quant à la confiance que le chercheur veut obtenir. Pour les besoins de l'explication, nous avons choisi un *niveau de confiance* de 0,95, c'est-à-dire qu'on a 5 chances sur 100 de se tromper en affirmant que μ est comprise dans l'intervalle[2]. Il est cependant possible de modifier ce niveau de confiance. Par exemple, pour un niveau de confiance de 0,90 (10 chances sur 100 de se tromper), l'intervalle dans lequel μ est comprise devient $\left(\overline{X} - 1,64\sigma_{\overline{x}}, \overline{X} + 1,64\sigma_{\overline{x}}\right)$. Bien que cela ne soit pas une règle absolue, il est courant de fixer le niveau de confiance à 0,95. Cette valeur obtient l'assentiment de nombreux chercheurs et statisticiens.

Deuxièmement, on note que cette conclusion probabiliste est assortie d'un certain degré d'imprécision, défini par l'écart autour de la moyenne d'échantillon. Cet écart qui, pour un niveau de confiance de 0,95, correspond à environ deux fois l'écart type de la distribution d'échantillonnage, est appelé la **marge d'erreur**. Il peut être présenté sous forme d'équation :

$$\text{Marge d'erreur à 0,95} = 1,96\,\sigma_{\overline{x}}$$

soit :

$$1,96\sqrt{\frac{\sigma^2}{n}\frac{(N-n)}{(N-1)}}$$

La marge d'erreur est un concept central de l'échantillonnage probabiliste. Comme on peut le constater, elle dépend du niveau de confiance fixé par le chercheur. Plus le chercheur veut être confiant à propos de l'affirmation concernant la moyenne de la population, plus la marge d'erreur augmente ou, de façon équivalente, plus la précision diminue. Par exemple, si le chercheur fixe le niveau de confiance à 0,996, la marge d'erreur sera égale à trois fois (plutôt que deux) l'écart type de la distribution d'échantillonnage. À l'opposé, si le niveau de confiance diminue, la marge d'erreur diminuera aussi (la précision augmente). Le chercheur en marketing doit donc faire un compromis entre la confiance et la précision. En fixant arbitrairement le niveau de confiance à 0,95 (comme la majorité des chercheurs le font), le problème ne se pose pas.

L'estimation de la marge d'erreur

L'application pratique de la définition de la marge d'erreur qui a été exposée précédemment est limitée par le fait que le chercheur en marketing ne connaît

---

2. L'expression « 5 chances sur 100 de se tromper » est courante et nous allons l'employer dans ce chapitre. Il faut cependant savoir que l'interprétation correcte de l'équation est la suivante : si on répète l'échantillonnage une infinité de fois, l'écart entre la moyenne d'échantillon et la moyenne de la population sera inférieur à plus ou moins 1,96 $\sigma_{\overline{x}}$ dans 95 p. 100 des cas.

généralement pas la variance de la population (σ^2). Une solution acceptable à ce problème consiste à utiliser une estimation de la variance, obtenue à partir des observations de l'échantillon. On peut montrer qu'une estimation valable de la variance de population est donnée par la *variance de l'échantillon* (s^2) :

$$s^2 = \frac{\left(X_1 - \overline{X}\right)^2 + \left(X_2 - \overline{X}\right)^2 + \dots + \left(X_n - \overline{X}\right)^2}{n - 1}$$

$$s^2 = \frac{\sum_{i=1}^{n}\left(X_i - \overline{X}\right)^2}{n - 1}$$

Comme on le voit, il s'agit de faire la somme des écarts de chaque valeur observée de sa moyenne, mis au carré (afin d'éviter les signes négatifs), et de diviser le tout par $(n-1)^3$. La variance est en quelque sorte une somme des carrés moyenne. En utilisant cette estimation de la variance de la population, la marge d'erreur *estimée* devient la suivante :

Marge d'erreur estimée à 0,95 :

$$1,96\sqrt{\frac{s^2}{n}\left(\frac{N - n}{N}\right)}$$

Illustration

Une illustration numérique devrait permettre de concrétiser les concepts que nous avons vus. Supposons qu'on ait tiré un échantillon aléatoire de 10 consommateurs à partir de la liste électorale du Québec[4]. Ces derniers ont fourni les chiffres présentés à la page suivante au sujet de leurs dépenses hebdomadaires d'épicerie.

---

3. On divise la somme des écarts par $(n-1)$ plutôt que par n afin d'obtenir une meilleure estimation de la variance de la population. En statistique, le dénominateur d'une variance estimée correspond aux *degrés de liberté* associés à l'estimation, c'est-à-dire au nombre d'informations *indépendantes* utilisées dans le calcul de la variance. Dans le cas de l'estimation d'une variance d'échantillon, il y a $n-1$ informations (ici des écarts) indépendantes, car le calcul incorpore la moyenne d'échantillon ($\overline{X}$) estimée à partir des observations de l'échantillon.

4. Dans cet exemple (et le suivant), la taille de l'échantillon est inférieure à 30. En pratique, dans un cas comme celui-ci, on devrait mettre en doute l'approximation normale de la distribution d'échantillonnage de la moyenne.

DÉPENSES HEBDOMADAIRES D'ÉPICERIE (en dollars)			
Consommateurs	**Montant**	**Consommateurs**	**Montant**
1	120	6	100
2	95	7	145
3	100	8	130
4	135	9	125
5	115	10	110

On calcule d'abord la moyenne d'échantillon $(\overline{X})$, puis la variance d'échantillon (s^2) :

$$\overline{X} = (120 + 95 + ... + 110)/10 = 117,50$$

$$s^2 = \left[(120 - 117,50)^2 + (95 - 117,50)^2 + ... + (110 - 117,50)^2\right]/9 = 273,61$$

Enfin, on estime la marge d'erreur (sans appliquer le facteur de correction, étant donné la très petite taille de l'échantillon par rapport à la population du Québec) :

$$\text{Marge d'erreur estimée à 0,95} = 1,96 \, (273,61/10)^{1/2} = 10,25$$

> **Interprétation :**
> L'estimation ponctuelle des dépenses hebdomadaires moyennes est de 117,50 $. On peut affirmer, avec 5 chances sur 100 de se tromper, que la moyenne de la population se situe entre 107,25 $ et 127,75 $.

Le cas d'une proportion

Les mesures employées dans une recherche en marketing sont très souvent discrètes (échelles nominales ou ordinales). Pour ces mesures, on peut généralement considérer le calcul de proportions. On représente par le symbole π (la lettre grecque pi) la proportion d'éléments de la population qui possèdent une ou des caractéristiques spécifiques et par p la proportion correspondante dans l'échantillon. La marge d'erreur estimée, à un niveau de confiance de 0,95, est donnée par l'expression présentée à la page 185.

Marge d'erreur estimée à 0,95 :

$$1,96 \sqrt{\frac{p(1-p)}{n-1}\left(\frac{N-n}{N}\right)}$$

Illustration

Supposons que 3 des 10 consommateurs de l'exemple précédent affirment contrôler leurs dépenses d'épicerie à l'aide d'un budget. Que peut-on dire sur la proportion dans la population ? Pour ce problème, on a $p = 0,30$. La marge d'erreur estimée est donc la suivante (sans utiliser le facteur de correction) :

$$\text{Marge d'erreur estimée à 0,95} = 1,96 \left[(0,3)(0,7)/9\right]^{1/2} = 0,30$$

> **Interprétation :**
> L'estimation ponctuelle de la proportion de consommateurs québécois qui affirment contrôler leurs dépenses d'épicerie avec un budget est de 0,30. On peut affirmer, avec 5 chances sur 100 de se tromper, que la proportion de la population se situe entre 0,00 et 0,60.

L'échantillonnage aléatoire stratifié

En général, les chercheurs en marketing veulent des méthodes d'échantillonnage qui conduisent aux estimations les plus précises des paramètres d'intérêt. L'échantillonnage aléatoire simple n'est pas toujours une méthode satisfaisante au regard de cet objectif. Il existe d'autres méthodes, dont les fondements statistiques sont dérivés de ceux qui sont associés à l'échantillonnage aléatoire simple, qui permettent d'augmenter la précision des estimations. L'échantillonnage aléatoire stratifié est l'une d'elles.

La stratification et la sélection des unités d'échantillonnage

Un échantillon aléatoire stratifié est obtenu en divisant les éléments d'une population en groupes distincts, appelés «**strates**», et en sélectionnant dans chaque groupe un échantillon aléatoire simple. Le processus est illustré au tableau 6.2 (page 186).

TABLEAU 6.2   Illustration de l'échantillonnage aléatoire stratifié

Population (N)	Échantillon (n)
Strate 1 (N_1)	Strate 1 (n_1)
Strate 2 (N_2)	Strate 2 (n_2)
⋮	⋮
Strate L (N_L)	Strate L (n_L)

La première étape consiste à spécifier comment les strates seront formées. Pour ce faire, il est nécessaire de définir une **variable de stratification** qui permettra de placer *chaque* élément de la population dans une strate (et une seule) de façon non équivoque. Nous discuterons plus loin du choix d'une variable de stratification pertinente. La deuxième étape consiste à tirer un échantillon aléatoire simple, de taille n_i, de chaque strate. Notons que pour effectuer cette opération, le chercheur a besoin de la liste des éléments de la population. Par conséquent, l'application pratique de l'échantillonnage aléatoire stratifié apparaît aussi limitée que celle de l'échantillonnage aléatoire simple.

Échantillonnage proportionnel et non proportionnel

Lors de la deuxième étape, le chercheur doit décider si l'échantillonnage sera proportionnel ou non à la taille des strates dans la population. Par exemple, supposons qu'une population de $N = 10\ 000$ éléments soit divisée en trois strates de tailles $N_1 = 2\ 500$, $N_2 = 6\ 000$ et $N_3 = 1\ 500$. Un échantillon aléatoire stratifié proportionnel de taille $n = 100$ tiré de cette population serait formé de strates de tailles $n_1 = 25$, $n_2 = 60$ et $n_3 = 15$. Tout autre ensemble de tailles de strates d'échantillon constituerait un échantillon aléatoire stratifié non proportionnel.

Le choix entre l'échantillonnage proportionnel et l'échantillonnage non proportionnel dépend de quatre facteurs:

1. Il est possible que certaines strates ait une importance plus grande pour le chercheur, de sorte que ce dernier aimerait qu'elles soient surreprésentées dans l'échantillon.
2. Il se peut que la sélection des unités d'échantillonnage, dans certaines strates, soit plus difficile ou plus coûteuse, auquel cas le chercheur pourrait décider de limiter leur taille dans l'échantillon.

3. Il arrive que la stratification d'une population conduise à la formation de strates de petite taille. Il résulte alors de l'échantillonnage proportionnel des tailles d'échantillon trop petites pour ces strates et il devient nécessaire de les surreprésenter.

4. Les strates de population peuvent être caractérisées par des variances (σ_i^2) très inégales. Comme nous le verrons dans la section suivante, la marge d'erreur estimée associée aux statistiques calculées à partir d'un échantillon aléatoire stratifié est une fonction directe des variances des strates et des tailles d'échantillon (comme pour l'échantillonnage aléatoire simple). On peut donc augmenter la précision des estimations en sélectionnant un plus grand nombre d'unités d'échantillonnage dans les strates dont la variance est plus grande.

L'estimation d'une moyenne

En général, il y a un total de L strates. Pour chaque strate, on définit les variables suivantes :

N_i : la taille de la nième strate de la population ;

n_i : la taille de la nième strate de l'échantillon ;

$\bar{X}_i$: la moyenne de la variable X dans la nième strate de l'échantillon ;

s_i^2 : la variance de la variable X dans la nième strate de l'échantillon.

On peut obtenir une estimation ponctuelle de la moyenne de la population en calculant la somme des moyennes des L strates de l'échantillon, pondérées par la taille relative des strates dans la population :

$$\bar{X} = \frac{N_1}{N} \bar{X}_1 + \frac{N_2}{N} \bar{X}_2 + \dots + \frac{N_L}{N} \bar{X}_L$$

$$\bar{X} = \frac{1}{N} \sum_{i=1}^{L} N_i \bar{X}_i$$

La pondération des moyennes par la taille des strates dans la population est un moyen couramment utilisé pour *redresser* un échantillon. Lorsque la taille relative des strates dans l'échantillon n'est pas proportionnelle à la taille des strates dans la population, la pondération permet d'ajuster les estimations globales de l'échantillon. Notons que la formule qui précède est générale. Si l'échantillonnage est proportionnel, la pondération des moyennes par la taille relative des strates dans l'échantillon, c'est-à-dire n_i/n, donnera les mêmes résultats.

L'estimation ponctuelle de la moyenne de la population est un résultat intéressant, mais on voudra également obtenir la marge d'erreur associée à cette estimation. Nous avons vu auparavant que la marge d'erreur estimée, à un niveau de confiance de 0,95 (ou 5 chances sur 100 de se tromper), est égale à environ deux fois l'écart type estimé de la distribution d'échantillonnage de la moyenne.

Dans le cas de l'échantillonnage aléatoire stratifié, on peut montrer que la variance estimée de la distribution d'échantillonnage de la moyenne est donnée par l'équation suivante :

$$s_{\bar{x}}^2 = \frac{1}{N^2} \sum_{i=1}^{L} N_i^2 \frac{s_i^2}{n_i} \left(\frac{N_i - n_i}{N_i} \right)$$

Cette équation peut sembler complexe à première vue, mais en l'examinant attentivement, on note qu'il s'agit simplement d'une somme pondérée des variances de distribution d'échantillonnage, c'est-à-dire $\{(s_i^2/n_i)[(N_i - n_i)/(N_i)]\}$ dans les L strates. La marge d'erreur estimée est donc égale à :

Marge d'erreur estimée à 0,95 :

$$1,96 \sqrt{\frac{1}{N^2} \sum_{i=1}^{L} N_i^2 \frac{s_i^2}{n_i} \left(\frac{N_i - n_i}{N_i} \right)}$$

Illustration

La taille de la population et de l'échantillon ainsi que les moyennes et les variances estimées, obtenues d'un échantillon aléatoire stratifié proportionnel défini à partir de trois strates, sont présentées ci-dessous :

Strate	N_i	n_i	Dépenses moyennes (en dollars)	s_i^2
1	2 500	25	105	625
2	6 000	60	120	700
3	1 500	15	135	725

$\bar{X} = \frac{1}{N} \sum_{i=1}^{L} N_i \bar{X}_i$

$\hat{\sigma}_{\bar{x}}^2 = \frac{1}{N^2} \sum_{i=1}^{L} N_i^2 \frac{s_i^2}{n}$

La première strate comprend des ménages dont les revenus totaux avant impôts sont inférieurs à 25 000 $, la deuxième strate, des ménages dont les revenus sont compris entre 25 000 $ et 60 000 $ et la troisième strate, des ménages dont les revenus sont supérieurs à 60 000 $. Les données concernent les dépenses hebdomadaires moyennes pour l'épicerie. On calcule d'abord la moyenne d'échantillon $(\bar{X})$, puis la variance estimée de la distribution d'échantillonnage $(s_{\bar{X}}^2)$, et enfin la marge d'erreur :

$$\bar{X} = 1/10\,000 \left[2\,500\,(105) + 6\,000\,(120) + 1\,500\,(135)\right] = 118,50$$

$$s_{\bar{X}}^2 = 1/(10\,000)^2 \left[\begin{array}{l} (2\,500)^2\,(625/25)\,(2\,500 - 25)/(2\,500) \\ + (6\,000)^2\,(700/60)\,(6\,000 - 60)/(6\,000) \\ + (1\,500)^2\,(725/15)\,(1\,500 - 15)/(1\,500) \end{array}\right] = 6,78$$

Marge d'erreur estimée à 0,95 $= 1,96\,(6,78)^{1/2} = 5,10$

Interprétation :
L'estimation ponctuelle des dépenses hebdomadaires moyennes est de 118,50 $. On peut affirmer, avec 5 chances sur 100 de se tromper, que la moyenne de population se situe entre 113,40 $ et 123,60 $.

Stratification et précision

Du point de vue de la procédure de sélection des unités d'échantillonnage, l'échantillonnage aléatoire stratifié est plus complexe que l'échantillonnage aléatoire simple. Non seulement le chercheur doit-il avoir la liste des éléments de la population, mais il lui faut de plus diviser la population en strates et procéder à L tirages aléatoires simples pour constituer l'échantillon. Pourquoi se donner tant de peine ? La réponse est que, dans certains cas, la marge d'erreur associée à la moyenne issue d'un échantillon aléatoire stratifié sera plus petite que celle qui provient d'un échantillon aléatoire simple. L'objectif de la stratification est d'augmenter la précision des estimations des paramètres de la population. Si la précision augmente, le chercheur peut donc se permettre d'avoir un échantillon plus petit pour une marge d'erreur donnée.

Pour comprendre comment la marge d'erreur associée à la moyenne d'un échantillon aléatoire stratifié peut être moindre, examinons de nouveau son expression mathématique:

Marge d'erreur estimée à 0,95:

$$1,96 \sqrt{\frac{1}{N^2} \sum_{i=1}^{L} N_i^2 \, \frac{s_i^2}{n_i} \left(\frac{N_i - n_i}{N_i} \right)}$$

Comme on le voit, la marge d'erreur résulte d'une sommation pondérée des variances dans les strates de l'échantillon. Elle ne dépend que de la variance *à l'intérieur* des strates. Elle ne tient pas compte de la variance qui existe *entre* les strates. Ainsi, dans l'illustration numérique présentée à la page 188, les strates affichent à la fois une variation interne (s_i^2) et une variation entre elles, car les moyennes ne sont pas les mêmes d'une strate à l'autre. Si, dans cet exemple, nous avions ignoré l'existence des strates et procédé comme s'il s'agissait d'un échantillon aléatoire simple, nous aurions obtenu la même estimation ponctuelle de la moyenne de population ($\overline{X} = 118,50$), mais la marge d'erreur aurait été différente. En effet, elle aurait inclus à la fois la variation dans les strates *et* celle entre les strates.

Quelle conclusion importante pouvons-nous tirer ici? Puisque la marge d'erreur associée à l'échantillonnage aléatoire stratifié ne dépend que de la variation à l'intérieur des strates et que la marge d'erreur liée à l'échantillonnage aléatoire simple dépend de la variation à l'intérieur et entre les strates, il s'ensuit que la stratification entraînera un marge d'erreur moindre lorsque la variance entre les strates sera grande et que la variance dans les strates sera petite.

Le chercheur en marketing qui planifie d'utiliser l'échantillonnage aléatoire stratifié doit donc choisir une variable de stratification qui fera en sorte de minimiser la variance de la variable à estimer à l'intérieur des strates et de maximiser la variance entre les strates. Quelle peut-être, par exemple, une variable de stratification pertinente si l'on cherche à estimer les dépenses hebdomadaires en épicerie? Dans notre illustration, nous avons choisi les revenus. Une autre variable de stratification plus intéressante serait sans doute le nombre de personnes vivant à la maison (par exemple, 1 ou 2; 3 à 5; 5 ou plus).

Le cas d'une proportion

Les résultats qui précèdent se généralisent aisément à la situation où le paramètre d'intérêt est une proportion. Dans ce cas, l'estimation ponctuelle de la proportion dans la population est donnée par l'équation qui suit:

$$p = \frac{N_1}{N} p_1 + \frac{N_2}{N} p_2 + \ldots + \frac{N_L}{N} p_L$$

$$p = \frac{1}{N} \sum_{i=1}^{L} N_i p_i$$

La marge d'erreur estimée, quant à elle, s'obtient par la formule suivante:

Marge d'erreur estimée à 0,95 :

$$E = 1{,}96 \sqrt{\frac{1}{N^2} \sum_{i=1}^{L} N_i^2 \frac{p_i(1 - p_i)}{n_i - 1} \left(\frac{N_i - n_i}{N_i} \right)}$$

Illustration

La proportion de consommateurs qui disent utiliser un budget pour contrôler leurs dépenses d'épicerie, dans les mêmes trois strates de revenus que celles qui ont été définies dans l'exemple précédent (page 188), est présentée ci-dessous:

Strate	N_i	n_i	p_i	$p_i(1 - p_i)$
1	2 500	25	0,42	0,2436
2	6 000	60	0,22	0,1716
3	1 500	15	0,13	0,1131

$$E = 1{,}96 \cdot \sqrt{\frac{0.13 \cdot 0.57}{15}} = 7\%$$

On désire obtenir une estimation de la proportion dans la population. On calcule la proportion dans l'échantillon *(p)* et la marge d'erreur :

$$p = 1/10\,000 \left[2\,500\,(0,42) + 6\,000\,(0,22) + 1\,500\,(0,13)\right] = 0,2565$$

Marge d'erreur estimée à 0,95 =

$$1,96 \left\{ 1/(10\,000)^2 \times \left[\begin{array}{l} (2\,500)^2(0,2436)/24\,(2\,500-25)/(2\,500) \\ + (6\,000)^2(0,1716)/59\,(6\,000-60)/(6\,000) \\ + (1\,500)^2(0,1131)/14\,(1\,500-15)/(1\,500) \end{array} \right] \right\}^{1/2} = 0,084$$

> **Interprétation :**
> L'estimation ponctuelle de la proportion de consommateurs qui disent contrôler leurs dépenses d'épicerie avec un budget est de 0,2565. On peut affirmer, avec 5 chances sur 100 de se tromper, que la proportion de la population se situe entre 0,1725 et 0,3405.

$$E \qquad 1,96 \cdot \sqrt{\frac{0,42 \cdot 0,58}{25}}$$
$$= 19\%$$

L'échantillonnage en grappes

Nous avons dit que les méthodes d'échantillonnage aléatoire simple et stratifié sont difficiles à utiliser en pratique, car le chercheur en marketing ne dispose généralement pas de la liste des éléments de la population. On peut employer ces méthodes avec des cadres d'échantillonnage qui tiennent lieu de populations, mais les inférences statistiques que l'on fait sur les paramètres d'intérêt se limitent alors à ces cadres.

L'échantillonnage en grappes constitue un substitut intéressant aux méthodes d'échantillonnage aléatoire et stratifié, car il n'exige pas toujours d'avoir une liste des éléments de la population ni même un cadre d'échantillonnage.

Procédure

On divise d'abord la population en sous-ensembles, appelés « **grappes** » (en anglais, *clusters*), de façon à couvrir tous les éléments et à ce que chaque élément n'appartienne qu'à une grappe (première étape). On sélectionne ensuite un échantillon aléatoire simple de grappes parmi celles qui ont été définies à l'étape précédente (deuxième étape). Tous les éléments qui composent les grappes choisies constituent l'échantillon final. La procédure est illustrée à la figure 6.3. Dans cet exemple, la population est divisée en 20 grappes. Un échantillon aléatoire simple de quatre grappes est tiré de cette population.

FIGURE 6.3 Illustration de l'échantillonnage en grappes

Population
(divisée en 20 grappes)

1	2	3	4
5	6	7	8
9	10	11	12
13	14	15	16
17	18	19	20

Échantillon de quatre grappes

11	3	16	9

N_{11}	N_3	N_{16}	N_9

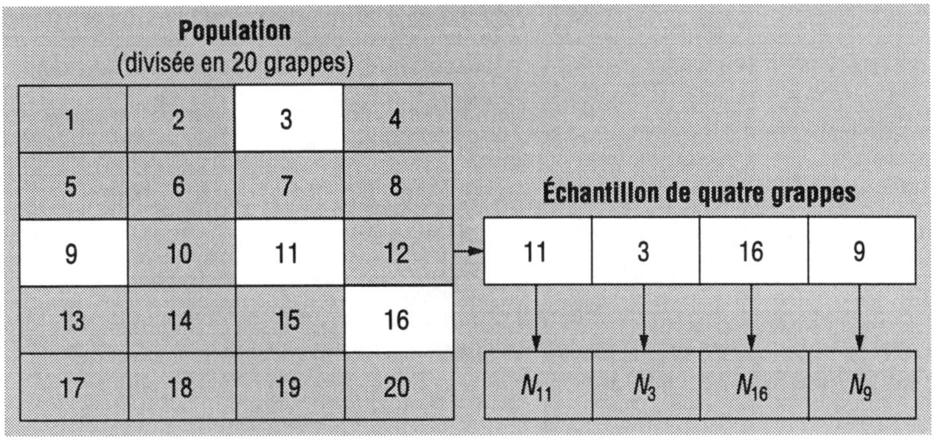

L'échantillon final est formé de tous les éléments des grappes sélectionnées (N_{11} + N_3 + N_{16} + N_9 éléments en tout)

L'échantillonnage en grappes s'apparente à l'échantillonnage aléatoire stratifié en ce qui a trait à l'étape qui consiste à diviser la population en groupes mutuellement exclusifs et exhaustifs, mais la ressemblance s'arrête là. Alors qu'avec l'échantillonnage aléatoire stratifié, un échantillon aléatoire simple d'éléments est tiré de chaque groupe (strate), avec l'échantillonnage en grappes, c'est un échantillon aléatoire de groupes (grappes) qui est sélectionné. Par ailleurs, alors que l'échantillonnage aléatoire stratifié mène à des estimations plus précises lorsque la variance dans les groupes est petite et que la variance entre les groupes est grande, c'est le contraire qui se produit avec l'échantillonnage en grappes. En effet, puisque cette méthode suppose la sélection d'un échantillon aléatoire simple de groupes, il est préférable que les groupes soient les plus semblables possible, afin d'assurer une représentation adéquate de la population.

L'échantillonnage systématique

Il s'agit d'un cas particulier de l'échantillonnage en grappes, où les éléments d'un échantillon sont tirés systématiquement d'une population. Par exemple, supposons qu'on veuille tirer un échantillon systématique de 5 éléments à partir d'une population comprenant 20 éléments. On dispose les éléments à la suite (sans ordre défini) et on choisit un élément sur quatre (appelé le **pas** et représenté par k), en prenant un départ aléatoire (un chiffre de 1 à 4, obtenu à partir d'une table de nombres aléatoires). Supposons que le deuxième élément ait été choisi comme point de départ. La sélection se ferait alors ainsi (les éléments sélectionnés sont inscrits en caractère gras) :

1	2	3	4	5
6	7	8	9	**10**
11	12	13	**14**	15
16	17	**18**	19	20

L'échantillonnage systématique correspond à une situation où une seule grappe est choisie parmi un ensemble de k grappes. Dans cet exemple, les grappes contiennent les éléments suivants :

> Grappe 1 : 1, 5, 9, 13, 17
> Grappe 2 : 2, 6, 10, 14, 18 (la grappe sélectionnée)
> Grappe 3 : 3, 7, 11, 15, 19
> Grappe 4 : 4, 8, 12, 16, 20

L'échantillonnage systématique possède deux attraits principaux : 1) c'est une méthode très simple à mettre en œuvre ; 2) elle permet une couverture complète de la population. La sélection peut être exécutée à partir d'un cadre d'échantillonnage (par exemple, le bottin téléphonique, un fichier des clients, la liste alphabétique des vendeurs de l'entreprise) ou d'une population en mouvement (comme la clientèle d'un centre commercial).

L'échantillonnage aérolaire

Les populations étudiées par les chercheurs en marketing sont souvent délimitées géographiquement (par exemple, la ville de Montréal, la province de Québec). Dans ces situations, lorsqu'il n'existe pas de liste complète et fiable des éléments de la population, l'**échantillonnage aérolaire** (en anglais, *area sampling*) est une méthode éprouvée. À titre d'illustration, supposons qu'on veuille mener une enquête dans une ville. À l'aide d'une carte détaillée ou d'informations obtenues à l'hôtel de ville, on divise la ville en grappes selon les quartiers ou les rues qu'on appelle des **blocs.** Par la suite, on sélectionne un échantillon aléatoire de blocs et des enquêteurs sont envoyés sur place afin d'interroger tous les résidents (ou de laisser un questionnaire auto-administré à remplir).

Estimation

L'estimation des paramètres de la population est un peu plus complexe avec l'échantillonnage en grappes. À l'annexe de ce chapitre, nous présentons l'estimation d'une moyenne et d'une proportion ainsi que le calcul des marges d'erreur qui leur sont associées. Il faut noter que l'échantillonnage en grappes est une méthode qui vise surtout à faciliter la sélection d'un échantillon. Comme le chercheur en marketing a rarement le contrôle de la répartition des éléments de la population dans les grappes, il n'est pas assuré que la précision des estimations sera meilleure qu'avec l'échantillonnage aléatoire simple. C'est pourquoi il est courant, avec cette méthode, de faire comme si l'échantillon tiré était de type aléatoire simple.

L'échantillonnage en phases successives

Dans beaucoup de situations d'échantillonnage, il est plus approprié d'utiliser une combinaison de méthodes plutôt que de se limiter à une seule. Considérons, par exemple, le cas de l'échantillonnage aérolaire. L'application de cette méthode nécessite de diviser une zone géographique (par exemple, une ville) en plusieurs blocs, de tirer un échantillon aléatoire simple de blocs et de sélectionner tous les éléments qui composent les blocs choisis. Cependant, est-il bien nécessaire de sélectionner *tous* les éléments qui forment les blocs? Pourquoi ne pas plutôt tirer un échantillon d'éléments de chaque bloc, à l'aide d'une méthode d'échantillonnage probabiliste? Cette extension de l'échantillonnage aérolaire, qui consiste à appliquer successivement deux méthodes, s'appelle l'**échantillonnage aérolaire en deux phases**.

Il est possible d'envisager des combinaisons plus complexes de méthodes d'échantillonnage. À titre d'illustration, on pourrait d'abord stratifier une ville en différents secteurs (par exemple, nord, sud, est, ouest), diviser chaque secteur en blocs (par exemple, des rues), sélectionner un échantillon aléatoire de blocs dans chaque secteur et, enfin, visiter les résidences dans les blocs choisis selon une procédure systématique donnée.

L'échantillonnage en phases successives est chose courante dans les projets de recherche en marketing où l'échantillonnage aérolaire est employé. C'est généralement une façon plus efficiente de collecter les données de la recherche. De plus, il est possible, en combinant les méthodes, d'augmenter la précision des estimations. Par exemple, il est fréquent qu'une ville soit composée de secteurs qui diffèrent quant aux caractéristiques des résidents (revenus, possessions, valeur de la maison, etc.). Si ces caractéristiques ont une influence sur les mesures obtenues, une stratification préalable par secteurs a des chances de diminuer les marges d'erreur associées aux estimations.

L'application pratique de l'échantillonnage en phases successives implique de faire des choix. Pour illustrer cela, prenons le cas le plus simple: l'échantillonnage aérolaire en deux phases. Supposons que, pour une enquête à domicile avec questionnaire auto-administré, on ait divisé une ville en 200 blocs et qu'on souhaite obtenir un échantillon de 300 personnes. Combien de blocs doit-on sélectionner? Un échantillon aléatoire de 10 blocs nous amène à chercher à obtenir la collaboration de 30 personnes par bloc, en moyenne. Si on sélectionne 30 blocs, c'est 10 personnes par bloc en moyenne qu'il faudra joindre. Quel schème choisir (d'autres sont possibles bien sûr)? Pour réaliser des économies en ce qui a trait à la collecte des données, il est préférable d'avoir un petit nombre de blocs, afin de minimiser les déplacements des intervieweurs. Par contre, un plus grand nombre de blocs entraîne, en général, une précision plus grande des estimations.

Le chercheur en marketing doit donc faire ses choix en fonction des objectifs qu'il cherche à atteindre. Dans l'exemple qui précède, l'échantillonnage comporte seulement deux phases. Dans des situations d'échantillonnage avec de multiples phases, les décisions à prendre sont généralement plus nombreuses et impliquent un plus grand nombre de facteurs. Le calcul des estimations et des marges d'erreur peut aussi s'avérer plus complexe[5].

Conclusion

La théorie de l'échantillonnage statistique peut séduire à première vue, mais son application pratique est souvent problématique. Les conditions dans lesquelles sont menées les recherches en marketing ne permettent pas toujours de répondre aux exigences des méthodes d'échantillonnage probabiliste. Le plus souvent, les chercheurs en marketing travaillent avec des cadres d'échantillonnage imparfaits (lorsqu'ils ont la chance d'en avoir) et font face à des contraintes importantes en ce qui a trait à la sélection des unités d'échantillonnage (par exemple, lors de l'interception de consommateurs dans un centre commercial) et aux budgets affectés à la collecte des données. Pour ces raisons ainsi

---

5. Il existe de nombreux ouvrages qui traitent de l'échantillonnage statistique, dont celui de R. L. Scheaffer, W. Mendenhall et L. Ott, *Elementary Survey Sampling*, 4e éd., Boston, PWS-Kent, 1990. Pour une approche plus théorique et aussi plus complète, l'ouvrage de W. G. Cochran, *Sampling Techniques*, 3e éd., New York, John Wiley & Sons, 1977 demeure un grand classique. Enfin, bien que datant du début des années 1950, l'ouvrage suivant est intéressant (surtout le premier chapitre qui présente une vue d'ensemble très claire): M. H. Hansen, W. N. Hurwitz et W. G. Madow, *Sample Survey Methods and Theory*, deux vol., New York, John Wiley & Sons, 1953.

que pour celles que nous avons évoquées auparavant lors de notre discussion des méthodes d'échantillonnage non probabiliste, la recherche en marketing qui utilise des échantillons probabilistes (au vrai sens du terme) est relativement rare.

Cela ne veut pas dire que les concepts de l'échantillonnage statistique présentés dans ce chapitre sont inutiles. En dépit des problèmes réels d'application, il demeure que les notions de distribution d'échantillonnage et de marge d'erreur ainsi que les principes généraux gouvernant la sélection des unités d'échantillonnage et l'estimation des paramètres fournissent des cadres d'opération rigoureux, à partir desquels le chercheur en marketing peut tenter de généraliser ses résultats aux populations qui l'intéressent.

LA DÉTERMINATION DE LA TAILLE DE L'ÉCHANTILLON

Quelle taille d'échantillon prévoir? La question n'est pas banale, car la taille de l'échantillon a des incidences sur la précision des estimations et le coût de la recherche. Voyons comment on peut apporter une réponse « scientifique » à cette question. Nous allons d'abord examiner le cas de l'estimation d'une moyenne, à l'aide d'un échantillon aléatoire simple. Nous avons vu que la marge d'erreur, à un niveau de certitude de 0,95, est donnée par l'expression suivante :

Marge d'erreur à 0,95 :

$$1,96 \sqrt{\frac{\sigma^2}{n} \frac{(N - n)}{(N - 1)}}$$

On tire aisément de cette expression la valeur de n :

$$n = \frac{N\sigma^2}{\dfrac{(N - 1)ME^2}{(1,96)^2} + \sigma^2}$$

Dans cette dernière équation, la marge d'erreur (à 0,95) que le chercheur est prêt à tolérer est symbolisée par ME. Si on connaît la variance (σ^2) et la taille de la population (N), le problème est résolu. En général, N et ME sont des quantités connues, mais il n'en va pas de même pour σ^2. Pour rendre opératoire cette équation, il faut donc estimer cette quantité. Contrairement à ce qu'on pourrait penser, le problème n'est pas si compliqué.

Une première approche consiste à estimer σ^2 en tirant de la population un échantillon aléatoire simple préliminaire et en calculant la variance d'échantillon (s^2). Par exemple, on prend 30 observations, on calcule s^2 et on complète le tirage des unités d'échantillonnage après avoir obtenu la valeur de n en remplaçant σ^2 par s^2 dans l'équation formulée à la page 197.

Une deuxième approche est fondée sur une approximation de la variance à partir de l'étendue de la variable dont on cherche à estimer la moyenne. L'étendue représente la différence entre la plus grande et la plus petite valeur que peut prendre une variable. En général, l'étendue est approximativement égale à 4σ. On peut donc estimer que σ^2 correspond à : (étendue/4)^2. Par exemple, si la variable est une mesure d'intention d'achat obtenue à partir d'une échelle bipolaire comprenant sept catégories, on obtient : $\sigma^2 \approx [(7-1)/4]^2 = 2{,}25$.

Le problème principal, avec cette méthode, est que le chercheur en marketing a généralement planifié de mesurer plus d'une variable dans l'étude qu'il envisage. Or, la méthode est centrée sur l'estimation de la moyenne d'une seule variable. Le chercheur a deux options. Il peut faire les calculs pour une seule variable, par exemple la variable centrale de l'étude. Ou encore, il peut le faire pour plusieurs variables ou même pour toutes les variables et conserver la plus grande des tailles d'échantillons résultantes.

Une autre méthode de détermination de la taille de l'échantillon consiste à isoler n à partir de l'expression de la marge d'erreur associée à l'estimation d'une proportion, c'est-à-dire :

$$n = \frac{Np(1-p)}{\dfrac{(N-1)ME^2}{(1{,}96)^2} + p(1-p)}$$

Ici, la valeur inconnue est p. On peut, comme auparavant, tirer un échantillon préliminaire afin d'obtenir une estimation. Une autre solution est de fixer arbitrairement la valeur de p à 0,5. La taille d'échantillon ainsi obtenue sera plus grande que celle obtenue par toute autre valeur de p. Il s'agit donc d'une approche conservatrice. Certains chercheurs en marketing la préfèrent, car elle ne nécessite pas d'identifier une variable spécifique. À la limite, on peut faire les calculs même si l'étude ne comporte aucun calcul de proportion.

Illustration

Supposons qu'on veuille estimer, avec une marge d'erreur de 0,03, la proportion de consommateurs sur une population de 12 000 personnes qui ont l'intention d'acheter un nouveau produit. En délimitant que $p = 0,5$, on obtient:

$$n = 12\,000\,(0,5)\,(0,5)/\left[11\,999\,(0,3)^2/(1,96)^2 + 0,5\,(0,5)\right]$$

$$n \approx 980$$

On aurait donc besoin d'un échantillon d'au plus 980 personnes.

Les méthodes de détermination de la taille de l'échantillon que nous avons présentées se généralisent à d'autres techniques d'échantillonnage plus complexes[6]. Avant de passer à la dernière section de ce chapitre, deux observations importantes doivent être faites concernant la taille de l'échantillon.

Premièrement, il est rare qu'un problème de détermination de la taille de l'échantillon soit résolu simplement à l'aide d'une formule «mathémagique». D'autres facteurs interviennent, notamment les contraintes de temps et d'argent associées au projet de recherche. Malheureusement, il arrive que les formules qui sont présentées dans un rapport d'étude, afin de justifier scientifiquement la taille de l'échantillon, aient été calibrées *après* que la décision sur la taille d'échantillon a été prise ou que diverses circonstances (par exemple, difficulté de joindre les unités d'échantillonnage, sous-estimation du temps alloué à la collecte des données) ont forcé le chercheur à interrompre l'échantillonnage. De telles pratiques doivent bien sûr être condamnées.

Deuxièmement, il faut noter que les méthodes discutées permettent de calculer la taille de l'échantillon nécessaire pour assurer l'estimation d'une moyenne ou d'une proportion avec une marge d'erreur donnée. Cependant, dans la majorité des recherches en marketing, on s'intéresse à comparer des résultats dans différents sous-groupes d'un échantillon. Par exemple, on voudra non seulement estimer la proportion de consommateurs qui ont l'intention d'acheter un nouveau produit, mais on voudra aussi savoir si cette proportion varie selon qu'on est une femme ou un homme, une personne jeune ou âgée, un amateur de sports ou un intellectuel, etc. Chaque fois qu'une comparaison de la sorte est effectuée, la taille de l'échantillon servant à l'estimation des moyennes et des proportions correspond au nombre d'unités d'échantillonnage qui composent les sous-groupes. Lorsque des comparaisons sont envisagées, le chercheur doit donc prévoir une taille d'échantillon totale suffisamment grande pour obtenir la précision désirée dans chaque sous-groupe.

---

6. Voir, par exemple, l'ouvrage de W. G. Cochran cité à la note 5 (page 196).

LES SOURCES D'ERREURS NE DÉCOULANT PAS DE L'ÉCHANTILLONNAGE

La théorie statistique de l'échantillonnage se préoccupe seulement des erreurs d'échantillonnage. Dans le cadre de cette théorie, la marge d'erreur associée à une estimation résulte du fait que le chercheur n'a pas procédé à un recensement. En pratique, cependant, les erreurs d'estimation ne proviennent pas uniquement de l'échantillonnage. Par exemple, il se peut que la proportion de personnes intéressées par un nouveau produit, calculée à partir des résultats d'une enquête, soit une estimation *biaisée* de la proportion dans la population parce que l'échantillon a été tiré d'un cadre d'échantillonnage incomplet ou qu'un grand nombre de personnes a refusé de participer à l'enquête. Certains auteurs en marketing croient que ce type d'erreur est non seulement fréquent, mais beaucoup plus important que l'erreur d'échantillonnage[7].

Une classification des différents types de biais qui peuvent influencer la précision des estimations dans une recherche en marketing est présentée à la figure 6.4[8]. On distingue deux grandes catégories de biais: les biais qui découlent de la *non-observation* et ceux qui dérivent de l'*observation*. Nous allons les examiner à tour de rôle.

FIGURE 6.4 Une classification des types de biais

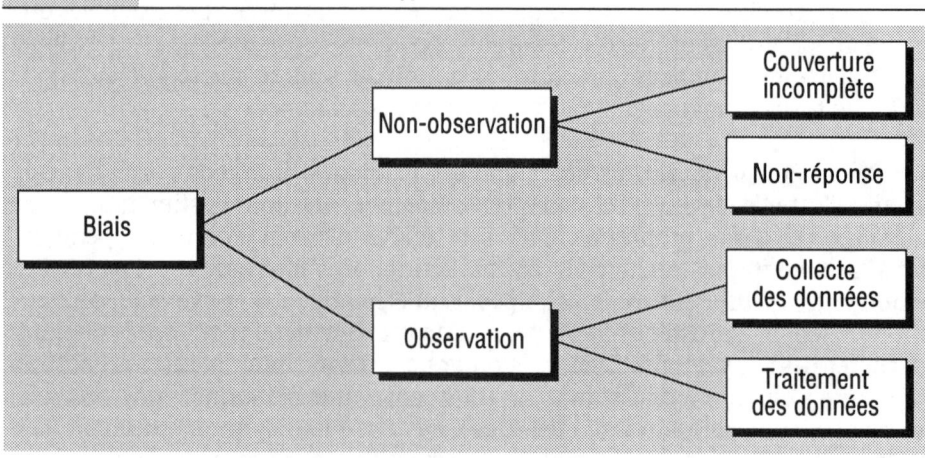

---

7. Voir la discussion dans G. A. Churchill Jr, *Marketing Research: Methodological Foundations*, 5e éd., Chicago, The Dryden Press, 1991, p. 607-609.
8. Cette classification classique est adaptée de l'ouvrage de L. Kish, *Survey Sampling*, New York, John Wiley & Sons, 1965, chap. 13.

Les biais découlant de la non-observation

Ce type de biais peut résulter d'une couverture incomplète de la population étudiée ou d'un taux de non-réponses élevé.

Couverture incomplète

Un problème d'échantillonnage très fréquent est l'erreur causée par le fait que la population à l'étude n'a pas été adéquatement couverte. À titre d'illustration, nous avons mentionné auparavant le danger d'utiliser l'annuaire téléphonique comme cadre d'échantillonnage, étant donné que tout le monde n'a pas le téléphone et que des personnes ont des numéros de téléphone confidentiels. Une liste d'entreprises manufacturières vieille de 10 ans ne constitue pas non plus un bon cadre d'échantillonnage pour une étude en marketing industriel. Pour avoir une meilleure couverture de la population, le chercheur peut tenter d'améliorer son cadre d'échantillonnage en le changeant pour un autre ou en incorporant au cadre existant les éléments qui manquent et en éliminant les duplications. Une autre stratégie consiste à ne pas faire la sélection des unités d'échantillonnage à partir d'un cadre. Par exemple, au lieu de tirer des numéros de téléphone dans un annuaire, on utilise des numéros produits de façon aléatoire ou modifiés systématiquement par une procédure quelconque (revoir le chapitre 4, pages 80 et 81).

Non-réponse

Il arrive que le chercheur soit incapable d'obtenir les informations dont il a besoin chez les éléments de la population qui ont été choisis pour faire partie de l'échantillon. Par exemple, cela se produit lorsque les personnes sont difficiles à joindre. Dans d'autres situations, les gens peuvent refuser tout bonnement de participer à l'étude ou de répondre à certaines questions jugées trop indiscrètes. On peut augmenter le taux de contact en procédant à plusieurs visites ou appels et en prenant rendez-vous à l'avance. Par ailleurs, la collaboration des personnes peut être améliorée en utilisant des intervieweurs expérimentés et en offrant une compensation monétaire.

Au chapitre 5, nous avons discuté du problème des questions qui entraînent des réticences à répondre de la part des personnes interrogées. Lorsqu'une question est essentielle pour l'étude, mais qu'elle est jugée offensante ou déplacée par un grand nombre de personnes, le chercheur peut employer une méthode d'estimation connue sous le nom de **modèle de réponse aléatoire** (en anglais, *random-response model*)[9]. Voyons comment fonctionne cette méthode.

Supposons que nous voulions estimer la proportion de personnes, dans une population donnée, qui répondraient «oui» à la question «Avez-vous déjà volé à l'étalage?». Si cette population compte N_1 personnes ayant déjà volé à l'étalage et N_2 personnes ne l'ayant jamais fait, on cherche à estimer la proportion de réponses affirmatives dans la population, représentée par π (lettre grecque pi), soit $\pi = N_1 / (N_1 + N_2)$.

Pour obtenir une estimation de π, on prépare un ensemble de cartes dont certaines sont identifiées par «oui» et d'autres par «non». Le chercheur doit décider de la proportion de «oui» et de «non» dans le lot. Habituellement, la fraction de cartes identifiées par un «oui», soit θ (lettre grecque theta), est comprise entre 0,50 et 1. Chaque personne interrogée tire au hasard une carte du lot, sans la montrer à l'intervieweur, et lui dit si la réponse écrite sur la carte correspond à celle qu'elle donnerait à la question embarrassante. La carte est remise dans le paquet et l'intervieweur note la réponse. Si on symbolise par n_1 le nombre de personnes dans l'échantillon qui disent que la réponse qu'elles donneraient est celle inscrite sur la carte et par n le nombre total de personnes interrogées, une estimation valable de π est donnée par :

$$p = \frac{(\theta - 1)}{(2\theta - 1)} + \frac{n_1}{(2\theta - 1)n}$$

La marge d'erreur associée à cette estimation est la suivante :

$$1,96 \sqrt{\frac{1}{n}\left[\frac{1}{16\left(\theta - 1/2\right)^2} - \left(p - 1/2\right)^2\right]}$$

Deux problèmes principaux sont associés à l'utilisation du modèle de réponse aléatoire en recherche appliquée. D'abord, si on veut une précision intéressante avec cette méthode, il faut que la taille d'échantillon *(n)* soit grande ou que la fraction de cartes identifiées par «oui» (θ) soit élevée. Bien entendu, plus la fraction θ augmente, plus la confidentialité réelle des réponses est douteuse. Le deuxième problème est plus sérieux. Même si on réussit à obtenir une estimation dont la précision est satisfaisante, il demeure que l'information résultante *(p)* est agrégée à l'ensemble de l'échantillon et qu'il est impossible de comparer les personnes ayant dit «oui» avec celles ayant dit «non». Par exemple, dans une étude portant sur le vol à l'étalage, il serait important de décrire

---

9. Voir, par exemple, l'ouvrage de R. L. Scheaffer, W. Mendenhall et L. Ott cité à la note 5 (page 196).

les voleurs à l'étalage et de contraster leur profil avec celui des autres participants. Le modèle de réponse aléatoire ne permet pas ce type d'analyse.

Les biais dérivés de l'observation

Ces biais peuvent être causés par suite d'erreurs lors de la collecte des données ou du traitement des donnés.

Collecte des données

Plusieurs erreurs accidentelles ou intentionnelles peuvent se produire à l'étape de la collecte des données. Par exemple, les intervieweurs peuvent être trop directifs et orienter les réponses des participants. Ils peuvent manquer de sérieux et de motivation dans l'interprétation des réponses. Pire encore, ils peuvent tricher et remplir eux-mêmes les questionnaires. Il est important que le chercheur mette sur pied un système qui permet de contrôler le travail des intervieweurs afin de minimiser les erreurs de ce type.

Traitement des données

Des erreurs peuvent aussi se produire lorsque les données sont préparées pour être analysées ou même lors de l'analyse. Dans le prochain chapitre, nous verrons que l'analyse des données se fait à partir d'un fichier numérique qu'on appelle une **base de données.** La construction de cette base est relativement facile, mais elle n'est pas à l'abri des erreurs (mauvaise codification des réponses, erreurs de transcription). Par ailleurs, l'analyse des données implique un ensemble d'opérations qui peuvent aussi donner lieu à des erreurs (transformations incohérentes, techniques d'analyse inappropriées).

RÉSUMÉ

Dans la majorité des recherches en marketing, les objets (personnes, événements, etc.) étudiés forment un sous-ensemble d'une population qu'on appelle un échantillon. Selon la nature du problème et les contraintes auxquelles le chercheur en marketing fait face, la sélection de l'échantillon peut être aléatoire (échantillonnage probabiliste) ou non (échantillonnage non probabiliste).

Il existe cinq méthodes principales d'échantillonnage non probabiliste : selon le jugement, de convenance, par quota, en boule de neige et volontaire. Ces méthodes peuvent s'avérer très utiles lorsque la sélection aléatoire des objets est difficile.

Contrairement aux méthodes d'échantillonnage non probabiliste, les méthodes d'échantillonnage probabiliste permettent au chercheur d'émettre des conclusions probabilistes sur les moyennes ou les proportions d'une population. Ces méthodes posent cependant des problèmes importants pour ce qui est de leur application. Pour cette raison, il est rare de voir des échantillons strictement probabilistes dans les recherches en marketing. Plus souvent qu'autrement, le chercheur en marketing tentera d'obtenir le meilleur échantillon possible, en fonction des moyens dont il dispose.

Les erreurs inhérentes à l'échantillonnage ne sont que la pointe de l'iceberg. Plusieurs autres types d'erreur entraînent des biais dans la qualité des informations obtenues. Selon certains auteurs, ces biais seraient plus importants que les erreurs qui sont dues à l'échantillonnage. C'est pourquoi le chercheur en marketing doit y prêter une grande attention.

1. Dans le cadre d'une recherche en marketing, pourquoi l'échantillonnage est-il généralement un procédé plus intéressant que le recensement?

2. Quelles sont les étapes du processus d'échantillonnage? Discutez de la mise en œuvre de chaque étape dans le contexte d'une enquête par téléphone dans votre ville.

3. Quelles distinctions fait-on entre l'échantillonnage probabiliste et l'échantillonnage non probabiliste?

4. Quelles sont les principales méthodes d'échantillonnage non probabiliste? Donnez un exemple pertinent pour chacune.

5. Qu'est-ce qu'un paramètre? Qu'est-ce qu'une statistique?

6. Expliquez clairement le concept de distribution d'échantillonnage de la moyenne.

7. Quelles sont les trois propriétés de la distribution d'échantillonnage de la moyenne?

8. Qu'est-ce que la marge d'erreur? Comment estime-t-on la marge d'erreur associée à une moyenne? À une proportion?

9. Comment obtient-on un échantillon aléatoire stratifié?

10. Quels sont les facteurs qui influencent le choix entre l'échantillonnage proportionnel et l'échantillonnage non proportionnel?

11. Comment obtient-on une estimation ponctuelle d'une moyenne et d'une proportion avec un échantillon aléatoire stratifié?

12. Dans quelles circonstances l'échantillonnage aléatoire stratifié conduira-t-il à des estimations plus précises que l'échantillonnage aléatoire simple?

13. Comment obtient-on un échantillon en grappes?

14. Quelles sont les principales différences entre l'échantillonnage aléatoire stratifié et l'échantillonnage en grappes?

15. Pourquoi l'échantillonnage systématique est-il un cas particulier de l'échantillonnage en grappes?

16. Qu'est-ce qu'un échantillon aérolaire?

17. Qu'est-ce que l'échantillonnage en phases successives? Donnez un exemple d'échantillonnage en deux phases.

18. L'échantillonnage probabiliste est-il une utopie en ce qui concerne la recherche en marketing ?

19. Comment détermine-t-on la taille d'un échantillon ? Dans la pratique, quels problèmes soulèvent les méthodes que vous proposez ?

20. Quels sont les différents types de biais qui peuvent toucher la précision des estimations dans une recherche en marketing et qui ne découlent pas spécifiquement de l'échantillonnage ? Comment peut-on limiter l'effet de ces biais ?

21. Qu'est-ce que le modèle de réponse aléatoire ? Quels sont ses avantages et ses limites ?

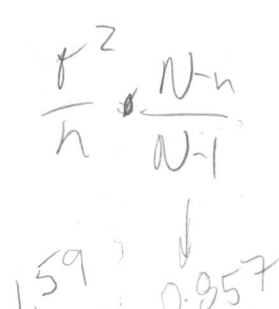

1. Cet exercice vise à illustrer certains résultats de l'échantillonnage statistique discutés dans ce chapitre[10]. Le nombre d'années de scolarité d'une population de huit personnes est présenté dans le tableau suivant :

Personne	Nombre d'années de scolarité
Anne	15
Benny	10
Charles	21
Diane	13
Étienne	19
François	17
Gilles	14
Hélène	11

a) Quelle est la moyenne (μ) des années de scolarité et la variance (σ^2) de cette population ?

b) Considérez la distribution de la moyenne des années de scolarité de tous les échantillons de taille $n = 2$ tirés de cette population. Calculez la moyenne ($\mu_{\bar{x}}$) et la variance des moyennes ($\sigma_{\bar{x}}^2$) de cette distribution. Que remarquez-vous ?

Considérez la distribution de la moyenne des années de scolarité de tous les échantillons de taille $n = 4$ tirés de cette population. Calculez la moyenne et la variance des moyennes de cette distribution. Que notez-vous ?

d) Comparez les distributions obtenues en *a* et en *b* pour ce qui est de la forme et de la variance des moyennes ($\sigma_{\bar{x}}^2$). Qu'observez-vous ?

---

10. Cet exercice s'inspire de l'exemple présenté au chapitre premier de l'ouvrage de M. H. Hansen, W. N. Hurtwitz et W. G. Madow (cité à la note 5, à la page 196).

e)   Soit le schème de stratification suivant appliqué à la population:

        Strate 1: Benny, Charles
        Strate 2: François, Gilles
        Strate 3: Étienne, Hélène
        Strate 4: Anne, Diane

Considérez la distribution de la moyenne des années de scolarité de tous les échantillons stratifiés proportionnels de taille $n = 4$ tirés de cette population en utilisant ce schème de stratification. Calculez la moyenne des moyennes de cette distribution. Que notez-vous? Calculez la variance des moyennes. Que remarquez-vous?

f)   Soit le schème de stratification suivant:

        Strate 1: Benny, Hélène
        Strate 2: Anne, Diane
        Strate 3: François, Gilles
        Strate 4: Charles, Étienne

Considérez la distribution de la moyenne des années de scolarité de tous les échantillons stratifiés proportionnels de taille $n = 4$ tirés de cette population en utilisant ce schème de stratification. Calculez la moyenne et la variance des moyennes de cette distribution. Qu'observez-vous?

g)   Supposons maintenant que la population soit divisée en deux grappes de quatre personnes de la façon suivante:

        Grappe 1: Benny, Charles, Diane, François
        Grappe 2: Anne, Étienne, Gilles, Hélène

Considérez la distribution de la moyenne des années de scolarité de tous les échantillons de taille $n = 4$ (donc une seule grappe sélectionnée à chaque fois) tirés de cette population en utilisant cette division en grappes. Calculez la moyenne et la variance des moyennes de cette distribution. Que notez-vous?

h)   Soit la division en grappes suivante:

        Grappe 1: Anne, Benny, Diane, Hélène
        Grappe 2: Charles, Étienne, François, Gilles

Considérez la distribution de la moyenne des années de scolarité de tous les échantillons de taille $n = 4$ tirés de cette population en utilisant cette division en grappes. Calculez la moyenne et la variance des moyennes de cette distribution. Que remarquez-vous?

2. Une enquête est réalisée dans la ville de Sherbrooke. Le chercheur décide de faire livrer le questionnaire à domicile par des enquêteurs et de le faire récupérer par la suite. L'échantillonnage est établi de la façon suivante. D'abord, le chercheur divise la ville en trois secteurs : nord, est et ouest. Il obtient à l'hôtel de ville la liste de toutes les rues dans chaque secteur. Après avoir éliminé les rues commerçantes, il tire un échantillon aléatoire de rues dans chaque secteur proportionnellement au nombre d'habitants. Les enquêteurs se rendent sur place et visitent une résidence (une maison, un appartement) sur deux de façon systématique. Lorsqu'il n'y a pas de réponse ou que la personne refuse de collaborer, les enquêteurs visitent la maison suivante.

Comment décrivez-vous cette procédure d'échantillonnage ? Quels problèmes potentiels voyez-vous avec cette procédure ? Comment pourrait-on l'améliorer ?

3. Des chercheurs veulent mener une enquête afin de mesurer la sensibilité des consommateurs québécois à l'influence sociale. Ils comptent utiliser l'échelle additive présentée au chapitre 5 (tableau 5.4, page 149). En supposant qu'ils soient prêts à tolérer une marge d'erreur de deux échelons, quelle devrait être la taille de l'échantillon pour l'étude ?

4. Un ami vous dit : « Il est évident que j'aurai besoin d'une taille d'échantillon plus grande si je mène une enquête à Montréal que si je la mène à Hull, étant donné que la population de Montréal est quatre fois et demie plus importante. » Votre ami a-t-il raison ?

L'estimation d'une moyenne et d'une proportion dans le cas de l'échantillonnage en grappes

Supposons une population comprenant M éléments. On divise cette population en N grappes contenant chacune m_i éléments et on sélectionne un échantillon aléatoire simple de n grappes. On peut alors définir :

▨ la taille moyenne d'une grappe dans l'échantillon :

$$\overline{m} = \frac{1}{n} \sum_{i=1}^{n} m_i$$

▨ la taille moyenne d'une grappe dans la population :

$$\overline{M} = \frac{M}{N}$$

Représentons par X_i la *somme* des observations de la variable d'intérêt dans la nième grappe. L'estimation ponctuelle de la moyenne de la population est donnée par l'équation suivante :

$$\overline{X} = \frac{\displaystyle\sum_{i=1}^{n} X_i}{\displaystyle\sum_{i=1}^{n} m_i}$$

On peut montrer que la marge d'erreur estimée, à un niveau de confiance de 0,95, est :

Marge d'erreur estimée à 0,95 :

$$1,96 \sqrt{\frac{(N - n)}{Nn\overline{M}^2} \frac{\displaystyle\sum_{i=1}^{n} \left(X_i - \overline{X}m_i\right)^2}{(n - 1)}}$$

Désignons maintenant par a_i le nombre d'éléments de la nième grappe qui possèdent une caractéristique donnée intéressante pour le chercheur. L'estimation ponctuelle de la proportion d'éléments de la population qui possèdent cette caractéristique est donnée par :

$$p = \frac{\displaystyle\sum_{i=1}^{n} a_i}{\displaystyle\sum_{i=1}^{n} m_i}$$

La marge d'erreur estimée, à un niveau de confiance de 0,95, s'obtient par la formule suivante :

Marge d'erreur estimée à 0,95 :

$$1,96 \sqrt{\frac{(N - n)}{Nn\overline{M}^2} \frac{\displaystyle\sum_{i=1}^{n} \left(a_i - pm_i\right)^2}{(n - 1)}}$$

La mise en forme des données et l'analyse statistique univariée

7

Introduction

Tout projet de recherche en marketing implique une collecte de données. Comme nous l'avons vu dans les chapitres précédents, ces données peuvent être obtenues par différentes méthodes et au moyen d'instruments divers. Elles peuvent être qualitatives (par exemple, les données recueillies lors d'une entrevue individuelle en profondeur) ou quantitatives (comme les ventes mensuelles en unités d'un produit, observées au cours des cinq dernières années). Dans beaucoup de projets de recherche en marketing, on trouve à la fois des données qualitatives et des données quantitatives, obtenues à partir d'un ou de plusieurs échantillons.

L'objectif des trois prochains chapitres est d'examiner les différentes techniques qui permettent d'analyser les données collectées dans une recherche en marketing. Notre discussion portera essentiellement sur les techniques d'analyse statistique, c'est-à-dire sur les techniques visant à décrire et à synthétiser les données d'échantillons et à généraliser les résultats produits par ces analyses aux populations que ces échantillons représentent.

Le présent chapitre traite de la mise en forme et de l'analyse univariée des données. On entend par «mise en forme» la codification numérique des données; l'organisation de ces données codifiées en un ensemble est appelée une **base de données**. C'est à partir de cette base de données que sont effectuées les analyses statistiques. L'analyse univariée est généralement la première étape de l'analyse. Elle consiste à décrire et à synthétiser les données qui concernent les variables de l'étude, en considérant ces variables une à la fois. Comme nous le verrons, l'analyse univariée peut aussi aider à vérifier que la base de données est exempte d'erreurs.

LA MISE EN FORME DES DONNÉES

Dans la plupart des recherches en marketing, les données collectées sont nombreuses et il est préférable de les traiter à l'aide d'outils informatiques. Par exemple, dans l'étude portant sur les ventes de garage qui a été présentée aux chapitres 4 et 5, on dispose d'une grande quantité de données provenant de l'observation et de l'interrogation d'une centaine de consommateurs. Il serait inefficace de tenter d'extraire des informations utiles de ces données en examinant visuellement les 99 grilles d'observation et les questionnaires.

La codification

Afin de procéder au traitement informatique des données, celles-ci doivent être transposées dans une forme compatible avec ce type de traitement. Cette étape de **codification** consiste à représenter les données brutes de la recherche (par exemple, les réponses à une question, les aspects observés) par des nombres. Ce sont ces nombres qui sont traités par les outils informatiques.

À titre d'illustration, considérons la question 3 du questionnaire sur les ventes de garage (voir le questionnaire à la page 160) :

3. Lequel des énoncés suivants décrit le mieux votre fréquentation des ventes de garage?

   1. Je suis un mordu des ventes de garage.
   2. Je fréquente régulièrement les ventes de garage.
   3. Il m'arrive d'aller dans les ventes de garage.
   4. Je vais rarement dans les ventes de garage.
   5. Je ne vais presque jamais dans les ventes de garage.

Lors de l'enquête, si un consommateur indiquait que l'énoncé correspondant le mieux à sa fréquentation (ou à son intérêt) était: « Je fréquente régulièrement les ventes de garage », l'intervieweur encerclait le chiffre 2 sur le questionnaire. Pour cette question, on a utilisé les nombres 1 à 5 pour codifier les réponses fournies par les participants, de sorte que les réponses correspondant au deuxième énoncé sont représentées par des 2 dans la base de données. Comme on le voit, la codification nécessite que le chercheur définisse les nombres qui seront utilisés pour représenter les données et qu'il procède ensuite à la codification et à l'organisation de ces nombres en une base de données. Notons qu'il est permis d'employer des caractères alphabétiques (par exemple, des lettres) pour codifier les réponses. Toutefois, il est préférable d'utiliser uniquement des nombres afin d'éviter les problèmes de programmation qui peuvent survenir.

Avant de discuter de la façon dont on construit une base de données, examinons les situations de codification les plus courantes.

Les variables discrètes comportant une seule affectation

La question 3 qui précède est un exemple d'une question fermée pour laquelle la personne interrogée fournit une seule réponse. La codification de ce type de variable ne pose pas de problème particulier. Lorsque les réponses expriment un ordonnancement par rapport à un attribut quelconque, c'est-à-dire lorsqu'il s'agit d'une variable ordinale, il est recommandé d'employer des nombres qui sont cohérents avec cet ordonnancement (contrairement à l'exemple de la question 3 où les nombres sont inversés). S'il s'agit d'une variable nominale, on est libre d'utiliser les nombres qu'on veut, quoique, habituellement, on emploie les nombres 1, 2, 3 et ainsi de suite. Par exemple, la variable d'observation concernant le quartier dans lequel se tenait la vente de garage (Nord, Sud, Est, Ouest – voir la grille d'observation présentée à la figure 4.2, page 89) correspond à une mesure nominale. Dans ce cas, on a codifié les catégories de la façon suivante : nord = 1, sud = 2, est = 3 et ouest = 4.

Les variables numériques

Lorsque les réponses aux questions ou les valeurs observées sont numériques, on utilise les nombres tels quels. Dans l'étude sur les ventes de garage, la température en degrés Celsius, le nombre de présentoirs sur le site, le nombre de ventes de garage visitées, l'opinion sur la présentation des produits (échelle de 0 à 5), le montant d'argent dépensé et l'âge de la personne sont des exemples de telles variables.

Les variables discrètes comportant des affectations multiples

Certaines questions fermées ainsi que certaines variables d'observation permettent la sélection de plusieurs options. Par exemple, supposons qu'on pose la question ouverte suivante – comportant un ensemble de choix préalablement définis – à des consommateurs abordés dans une épicerie :

Pourquoi avez-vous acheté cette marque de dentifrice?

1. Parce qu'elle était moins chère que les autres.
2. Parce que c'est la marque que je préfère.
3. Parce que c'est la marque que ma famille préfère.
4. Parce que je considère que c'est la meilleure marque.
5. Parce que c'est une marque réputée.
6. Autre raison.

Pour cette question, plusieurs options de réponse peuvent être acceptables pour une même personne. Comment doit-on alors codifier les multiples réponses obtenues? Il existe deux façons de traiter ce type de variable. On peut d'abord identifier les combinaisons de réponses les plus fréquentes et créer une nouvelle variable, comme on le voit ci-dessous :

> 1 = réponses 1 et 2
> 2 = réponses 1 et 3
> 3 = réponses 1, 2 et 3
> 4 = réponses 1, 3 et 4
> 5 = toute autre combinaison

La principale difficulté soulevée par cette façon de faire est d'arriver à circonscrire un nombre limité de combinaisons. Plus les options de réponse sont nombreuses, plus le nombre de combinaisons aura tendance à être grand. Cette méthode est donc appropriée lorsque les options de réponse sont peu nombreuses (comme deux ou trois).

La deuxième méthode consiste à faire éclater la variable en autant de variables qu'il y a d'options de réponse, chacune des nouvelles variables offrant deux possibilités : « n'a pas été mentionné (ou observé) » et « a été mentionné (ou observé) ». Dans l'exemple qui précède, cela consisterait à créer les variables suivantes (le nom des variables et les nombres utilisés, c'est-à-dire 0 et 1, sont arbitraires – les noms n'ont jamais d'accent) :

> PRIX : 1 = option mentionnée, 0 = option non mentionnée
> PREF : 1 = option mentionnée, 0 = option non mentionnée
> FAMI : 1 = option mentionnée, 0 = option non mentionnée
> MEIL : 1 = option mentionnée, 0 = option non mentionnée
> REPU : 1 = option mentionnée, 0 = option non mentionnée
> AUTR : 1 = option mentionnée, 0 = option non mentionnée

Afin de bien comprendre ces deux méthodes, considérons un deuxième exemple tiré de l'étude sur les ventes de garage. Durant la phase d'observation, on a noté si la vente de garage était annoncée sur le site, dans le quartier ou s'il n'y avait aucune annonce (figure 4.2, page 89). Puisque certaines ventes de garage étaient annoncées uniquement sur le site, d'autres uniquement dans le quartier et que d'autres enfin étaient annoncées aux deux endroits, il s'agit d'une variable discrète comportant plusieurs affectations. Une première solution de codification consisterait à créer une nouvelle variable dont les catégories seraient celles-ci : 1 = annonce sur le site, 2 = annonce dans le quartier, 3 = annonces sur le site et dans le quartier, 4 = aucune annonce. La solution choisie a été plutôt de créer deux variables définies de la façon suivante :

> ANSITE : 1 = si la vente est annoncée sur le site, 0 = autrement
> ANQUAR : 1 = si la vente est annoncée dans le quartier, 0 = autrement

En conclusion, ces deux méthodes de codification représentent deux solutions acceptables. Le chercheur choisit celle qui lui convient le mieux en se rappelant qu'il n'est pas lié par ce choix, car il peut, à l'aide de quelques instructions dans un programme informatique, passer aisément de l'une à l'autre solution de codification.

Les questions ouvertes sans réponses préétablies

Nous avons discuté du cas des questions ouvertes au chapitre 5. Lorsque de telles questions apparaissent dans un questionnaire, le chercheur doit procéder à un examen de toutes les réponses fournies par les participants afin de définir des catégories types de réponse. Cela correspond en fait à une analyse de contenu (méthode présentée au chapitre 4) des réponses aux questions ouvertes. Les catégories ainsi définies sont utilisées pour la codification.

Prenons le cas de la question 6 du questionnaire employé dans l'étude sur les ventes de garage: «Pourquoi achetez-vous dans les ventes de garage?». Un examen des réponses à cette question a permis de définir six réponses types: 1) acheter pour revendre, 2) acheter pour le plaisir de marchander, 3) acheter pour faire une bonne affaire, 4) acheter parce que ce n'est pas cher, 5) acheter pour combler un besoin, 6) acheter parce qu'on ne peut trouver la même chose ailleurs. Toutes les autres réponses ont été groupées sous l'appellation «autres raisons». Plusieurs raisons étant parfois données, on a créé sept variables afin de rendre compte des réponses des participants:

ACHREV: 1 = raison mentionnée, 0 = raison non mentionnée
ACHMAR: 1 = raison mentionnée, 0 = raison non mentionnée
ACHAFF: 1 = raison mentionnée, 0 = raison non mentionnée
ACHCPC: 1 = raison mentionnée, 0 = raison non mentionnée
ACHBES: 1 = raison mentionnée, 0 = raison non mentionnée
ACHAIL: 1 = raison mentionnée, 0 = raison non mentionnée
ACHAUT: 1 = raison mentionnée, 0 = raison non mentionnée

Il est courant de définir une catégorie «autres» dans laquelle on place les réponses qui ne sont pas mentionnées par un nombre suffisamment grand de participants pour justifier une catégorie distincte.

La codification des questions ouvertes est une tâche laborieuse lorsque l'étude comporte un grand nombre de participants et que les réponses fournies sont nombreuses et variées. Lorsque les catégories ont été définies, il est important de faire en sorte que les réponses originales soient catégorisées correctement. Si les réponses des participants semblent conduire à différentes interprétations, il est souhaitable de faire catégoriser celles-ci par au moins deux personnes (qu'on appelle des *juges*) travaillant de façon indépendante. On confronte ensuite les catégorisations des juges afin de s'assurer qu'elles convergent et on procède à une conciliation des catégorisations qui diffèrent[1].

À propos du traitement informatique

Le traitement informatique des données se fait à l'aide de programmes spécialisés qu'on appelle des **logiciels**. Il en existe plusieurs, conçus pour les micro-ordinateurs ainsi que pour les systèmes informatiques plus imposants. Certains de ces logiciels possèdent une procédure intégrée d'organisation des données ; l'analyste fournit le nom des variables et les codes associés aux données (c'est-à-dire les nombres) et le logiciel organise lui-même la base de données. Le désavantage principal de cette façon de procéder est que l'analyste est alors limité à un seul logiciel d'analyse. La plupart des logiciels offrent la possibilité d'importer des bases de données construites à partir d'autres logiciels, mais la conversion d'un logiciel à un autre n'est pas toujours évidente. Aussi vaut-il mieux envisager la construction de la base de données de façon à la rendre compatible avec plusieurs logiciels.

Dans ce livre, nous allons nous rapporter à deux des logiciels les plus utilisés au monde pour analyser les données d'une recherche : SPSS (Statistical Package for the Social Sciences) et SAS (Statistical Analysis System). Notre objectif n'est pas d'enseigner la programmation de ces logiciels, car il existe de très bons volumes conçus à cette fin. Nous allons plutôt tenter de montrer comment ces logiciels facilitent la tâche du chercheur à l'étape de l'analyse des données. Pour ce faire, il nous faudra aborder les aspects de la programmation et de l'interprétation des sorties informatiques.

La construction de la base de données

Les logiciels SPSS et SAS sont conçus pour faire l'analyse de bases de données qui se présentent comme des ensembles de nombres organisés en colonnes et en lignes. De façon générale, les lignes d'une base de données correspondent aux observations et les colonnes, aux variables. Nous montrons au tableau 7.1 les huit premières lignes de la base de données de l'étude sur les ventes de garage. Ces huit lignes correspondent aux données obtenues auprès

---

1. Pour un exemple de codification de réponses à des questions ouvertes, voir l'article d'A. d'Astous et J. Guindon, «Facteurs influençant la sélection de stratégies de vente d'assurance-vie : Une étude empirique», *Revue canadienne des sciences de l'administration*, vol. 10, n° 3, 1993, p. 191-200.

des deux premiers acheteurs. Étant donné la grande quantité de données recueillies dans cette étude, on a prévu quatre lignes par observation. On aurait pu utiliser une seule ligne par observation. Cependant, la visualisation de la base de données est facilitée lorsque les données (nombreuses) sont réparties sur plusieurs lignes. La base de données complète, appelée « GARAGE.DAT », figure à l'annexe A à la fin de ce chapitre. Elle comprend 396 lignes (99 observations × 4 lignes/observation). On peut construire la base de données au moyen de l'éditeur incorporé aux logiciels ou encore à l'aide d'un autre type d'éditeur (par exemple, un programme de traitement de texte qui permet de sauvegarder un document en fichier texte pour l'environnement DOS). Lorsque cela est possible, il vaut mieux utiliser un éditeur qui permet d'identifier et de situer les lignes et les colonnes.

Pour pouvoir utiliser la base de données GARAGE.DAT à des fins d'analyse, il faut un **guide de la codification**, c'est-à-dire un tableau sommaire où sont décrits les variables de l'étude, les codes utilisés et leur localisation. Ce tableau figure à l'annexe B. Examinons la structure de la base de données GARAGE.DAT en nous limitant pour l'instant aux deux premières observations (tableau 7.1). Les trois premiers nombres de chaque ligne correspondent au numéro d'observation (001, 002, ..., 099). Ils occupent systématiquement les trois premières colonnes de toutes les lignes. Le nombre dans la cinquième colonne correspond au numéro de ligne (1, 2, 3 ou 4). Il est recommandé de numéroter ainsi les observations et les lignes afin de faciliter le repérage des données numériques. C'est le chercheur qui décide de la façon dont il veut organiser la base de données. Ainsi, un autre chercheur aurait pu positionner le numéro de ligne dans la quatrième colonne ou prévoir simplement deux colonnes pour le numéro d'observation.

Dans GARAGE.DAT, ce sont d'abord les données de la phase d'observation qui apparaissent (lignes 1 et 2), suivies des données de l'enquête (lignes 3 et 4).

TABLEAU 7.1   Les huit premières lignes du fichier GARAGE.DAT

```
001 1 1311207 16 210 31113140 0111111011111011 4 0000000000000000
001 2 0000000010000000 0000000010000000 0000000000000000
001 3 0007 161 0000010 0 100000010000000 0000000000000000 00.00 2 12
001 4 4231 06 0000100011000000 03.00 2 2 1   6 3 40 3 4
002 1 1312207 05 210 31113140 0111111011111011 2 0000000000010000
002 2 0010100100000000 0000000100000000 0000000000000000
002 3 0101 311 1000000 0 0000100000000000 0000000000000000 00.00 2 42
002 4 4431 07 0000100000000000 10.00 2 2 1   3 1 57 3 2
```

Voyons quelques exemples. La septième colonne de la première ligne est réservée à la variable JOUR, c'est-à-dire la journée où les données ont été collectées : samedi (JOUR = 1) ou dimanche (JOUR = 2). Comme on peut le constater, les données des deux premiers acheteurs ont été obtenues un samedi. Un peu plus loin sur la première ligne, aux colonnes 15 et 16, on trouve la durée d'observation en minutes (DUREE). L'observation du premier acheteur a duré 16 min et celle du deuxième 5 min seulement. Notons que deux colonnes sont consacrées à cette variable dans la base de données.

Considérons maintenant la troisième ligne. Les colonnes 7 et 8 contiennent les données relatives à la première question adressée aux acheteurs abordés : « Combien de ventes de garage avez-vous visitées jusqu'à maintenant aujourd'hui (excluant celle-ci) ? ». Comme on le voit, le premier acheteur a dit qu'il n'en avait visité aucune, alors que le deuxième a répondu « une ». Plus loin sur cette même ligne, à la colonne 13, figurent les données qui concernent la question 4 : « Combien de fois par année allez-vous dans les ventes de garage ? ». À cette question, le premier acheteur a répondu « 101 à 150 fois » (code : 6) et le deuxième a répondu « 1 à 5 fois » (code : 1).

La colonne 44 de la quatrième ligne contient les données relatives au lieu de résidence de la personne (RESID), c'est-à-dire les données provenant de la question 21 : « Dans quel secteur de la ville habitez-vous ? ». Pour cette variable, on a défini les codes suivants : Nord (RESID = 1), Sud (RESID = 2), Est (RESID = 3), Ouest (RESID = 4) et autre (RESID = 5). En examinant le tableau 7.1, on remarque que la colonne 44 contient un blanc. Cela signifie que l'information n'est pas disponible. Pour diverses raisons (refus de répondre, oublis, erreurs de transcription), il est fréquent dans une recherche que des données soient manquantes. Dans ce cas, le chercheur doit décider d'une façon de les codifier. Trois choix s'offrent à lui : 1) utiliser un code spécifique (par exemple, le chiffre 9), 2) employer un code reconnu automatiquement par un logiciel, 3) laisser les données manquantes en blanc (cela correspond à laisser un espace vide dans la base de données). C'est cette dernière option qui a été retenue pour GARAGE.DAT.

Toutes les données de l'étude sur les ventes de garage sont contenues dans le fichier GARAGE.DAT. Prenez quelques minutes maintenant pour l'examiner. Établissez la correspondance entre les variables de la phase d'observation (figure 4.2, page 89), celles de la phase d'enquête (annexe du chapitre 5, page 160) et les noms qui ont été choisis pour les représenter. Situez quelques-unes des valeurs des variables dans le fichier numérique (par exemple, qu'a répondu le vingt-huitième acheteur à la question « À quelle fréquence achetez-vous ? » S'agissait-il d'un homme ou d'une femme ?). Il est important de bien comprendre comment est organisée la base de données GARAGE.DAT, car nous allons nous y reporter continuellement.

La construction de la base de données est une étape critique. Si la base de données contient des erreurs, les analyses et les interprétations seront probablement erronées. Aussi est-il important d'apporter à ce travail le plus grand soin. La base de données doit être bien organisée et bien documentée, afin de faciliter le travail des personnes qui auront à l'utiliser.

L'ANALYSE STATISTIQUE UNIVARIÉE

L'analyse statistique univariée a pour objectif de décrire et de synthétiser les résultats de la recherche en analysant les variables une à la fois. Comme nous l'avons dit au chapitre 5, le choix d'une technique d'analyse appropriée repose sur la connaissance du niveau de mesure des variables. Selon que les variables sont discrètes (mesurées à l'aide d'échelles nominales ou ordinales) ou continues (mesurées à l'aide d'échelles d'intervalles ou de ratio), on fait appel à des techniques différentes. Dans le cas de variables discrètes, on utilise la technique des **distributions de fréquences**, aussi appelées «*tris à plat*». Dans le cas de variables continues, on utilise diverses **statistiques descriptives** (mesures de tendance centrale et de dispersion).

Les distributions de fréquences

Afin d'introduire la technique des distributions de fréquences, considérons la variable ACCOM dans le fichier GARAGE.DAT (ligne 1, colonne 48). Il s'agit d'une variable de la phase d'observation qui peut prendre quatre valeurs : 1 (consommateur seul), 2 (en couple), 3 (en famille) et 4 (en groupe). ACCOM est donc une variable discrète, mesurée à l'aide d'une échelle nominale. Obtenir une distribution de fréquences suppose de calculer les fréquences observées de chaque valeur d'une variable dans l'échantillon. Cela se fait habituellement à l'aide d'un logiciel. Nous présentons au tableau 7.2 (page 224) une sortie informatique du logiciel SAS qui correspond à la distribution des fréquences de la variable ACCOM[2].

La première colonne de la sortie informatique (ACCOM) contient les valeurs de la variable. La deuxième colonne (Frequency) correspond aux fréquences associées à chaque valeur. Ainsi, on voit que 45 acheteurs étaient seuls, 26 en couple, 15 en famille et 13 en groupe. La colonne suivante (Percent)

---

2. Dans les tableaux obtenus à l'aide de SAS (ou de SPSS), nous gardons les termes anglais de façon à faciliter la correspondance entre les concepts statistiques et la terminologie de ces logiciels. Une traduction est fournie dans l'analyse de ces tableaux.

TABLEAU 7.2   La distribution des fréquences de la variable ACCOM (sortie SAS)

The SAS System

Consommateur accompagné ?

ACCOM	Frequency	Percent	Cumulative Frequency	Cumulative Percent
1	45	45.5	45	45.5
2	26	26.3	71	71.7
3	15	15.2	86	86.9
4	13	13.1	99	100.0

contient ces informations en pourcentage. Par exemple, les 26 acheteurs en couple représentent 26,3 p. 100 du total de l'échantillon (c'est-à-dire 26/99 × 100). Les deux dernières colonnes comprennent les fréquences cumulées (Cumulative Frequency) et les pourcentages cumulés (Cumulative Percent).

Les distributions de fréquences constituent des analyses statistiques de base. Elles sont généralement produites pour toutes les variables discrètes d'une étude. En plus de montrer comment se distribuent les observations dans les catégories des variables, elles permettent de vérifier si des erreurs se sont glissées dans la base de données. Par exemple, si la sortie informatique affiche la valeur 7 pour une variable dont les valeurs possibles sont 0 ou 1, l'analyste sait qu'il y a une erreur à corriger. C'est une procédure couramment employée pour « épurer » une base de données.

La programmation

Voyons maintenant comment on peut obtenir une distribution de fréquences à l'aide du logiciel SAS (la programmation avec SPSS sera discutée plus loin). Nous présentons au tableau 7.3 un programme SAS conçu pour produire une distribution des fréquences de la variable ACCOM (et d'autres variables) à partir du fichier GARAGE.DAT. Comme nous le verrons, ce programme permet aussi de transformer la codification d'une variable et de créer une nouvelle variable à partir d'une variable courante.

```
data vente;
infile 'a:garage.dat';
input #1 accom 48 #2 #3 interet 12 appris 68 #4;
        label   accom = 'Consommateur accompagné?';
                appris = 'Question 12';
if appris = 1 then nappris = 1;
if appris  > 1 then nappris = 2;
interet = 6–interet;
run;
proc freq data = vente; tables accom appris nappris;
run;
```

Un programme SAS est composé d'instructions séparées par des points-virgules (qu'il ne faut jamais oublier). Ces instructions débutent toujours par un mot clé (par exemple, DATA, INPUT, PROC, etc.) qui informe SAS du type de traitement à effectuer. Nous allons faire référence aux instructions d'un programme SAS en les identifiant aux mots clés qui les caractérisent.

L'instruction DATA est généralement la première instruction d'un programme SAS. Elle sert à créer un fichier SAS dans lequel seront contenues toutes les informations relatives aux variables qui sont analysées dans le programme. Il ne faut pas confondre ce fichier (appelé «VENTE» dans notre exemple) avec celui qui contient les données numériques (c'est-à-dire GARAGE.DAT dans ce cas-ci).

L'instruction INFILE indique à SAS la façon d'accéder à la base de données. Dans notre exemple, la base de données s'appelle GARAGE.DAT et elle se trouve sur une disquette placée dans le lecteur «A:» du micro-ordinateur. On aurait pu utiliser une autre localisation tel un répertoire sur un disque dur. Cette façon d'accéder à une base de données est propre à la version PC de SAS (DOS ou WINDOWS). Elle est généralement différente lorsque le logiciel SAS est intégré à un système informatique plus imposant (en anglais, *mainframe system*). Il est possible aussi d'insérer des données directement dans un programme SAS.

L'instruction INPUT informe SAS du nom des variables à analyser et de l'endroit où leurs valeurs se trouvent dans la base de données. Puisque GARAGE.DAT comprend quatre lignes par observation, il est nécessaire d'en informer SAS. Ici, SAS sait qu'il doit lire les valeurs d'une variable appelée ACCOM qui se trouvent à la colonne 48 sur la première ligne (#1), qu'il y a une deuxième ligne (#2) sur laquelle il ne doit rien lire, qu'il doit lire les valeurs de la variable INTERET à la colonne 12 et APPRIS à la colonne 68 sur la troisième ligne (#3) et qu'enfin, il y a une quatrième ligne (#4) sur laquelle il ne lit rien. La lecture des données se fait pour toutes les observations du fichier.

L'instruction LABEL est optionnelle. Elle sert à donner une étiquette aux variables définies auparavant dans l'instruction INPUT. Dans notre exemple, on a donné l'étiquette « Consommateur accompagné ? » à la variable ACCOM et l'étiquette « Question 12 » à la variable APPRIS (« Comment avez-vous appris qu'il y avait cette vente de garage ? »). Les étiquettes figurent sur la sortie informatique avec le nom des variables tel qu'il a été défini (voir, par exemple, le tableau 7.2).

Les deux instructions IF THEN servent à la création d'une nouvelle variable appelée arbitrairement « NAPPRIS ». L'équation qui suit ces deux instructions vise à transformer la codification de la variable INTERET. Nous y reviendrons plus loin. Après avoir inscrit les instructions qui définissent les variables (DATA, INFILE et INPUT), on utilise l'énoncé RUN pour que ces instructions soient exécutées. Cet énoncé figure normalement après chaque ensemble d'instructions d'un programme.

SAS propose un grand nombre de méthodes d'analyse de données. Ces méthodes sont toujours appelées à l'aide du mot clé PROC. La procédure FREQ est celle qui permet de produire des distributions de fréquences. Après l'instruction PROC FREQ, on indique à SAS le nom du fichier où se trouvent les variables pour lesquelles on veut obtenir une distribution de fréquences (DATA = VENTE). Les variables sont ensuite identifiées à l'aide du mot clé TABLES. Dans notre exemple, on a demandé la distribution des fréquences des variables ACCOM, APPRIS et NAPPRIS.

La transformation et la création de variables

Dans la plupart des cas, il est nécessaire de transformer quelques-unes des variables originales de l'étude et de créer de nouvelles variables pour les besoins de l'analyse. Cela se produit dans les cas suivants : 1) lorsque le chercheur désire construire une variable à partir d'une ou de plusieurs variables (par exemple, définir le score d'une échelle additive incluant plusieurs énoncés) ; 2) lorsque la codification d'une variable doit être modifiée (notamment afin de rendre les nombres cohérents avec l'ordonnancement des catégories d'une échelle ordinale) ; 3) lorsqu'une ou des catégories d'une variable discrète ne comportent pas suffisamment d'observations (par exemple, une seule personne parmi toutes celles qui ont été interrogées parle une autre langue que le français ou l'anglais).

À titre d'illustration, le programme SAS présenté au tableau 7.3 permet de créer une nouvelle variable à partir de la variable APPRIS. La distribution des fréquences de la variable APPRIS est illustrée au tableau 7.4. On constate que 62,9 p. 100 des 97 acheteurs ayant répondu à cette question (il y a deux valeurs manquantes – en anglais, *missing*) ont appris l'existence de la vente par les journaux (APPRIS = 1). Les autres l'ont appris par d'autres moyens: pancarte (19,6 p. 100), bouche à oreille (3,1 p. 100) ou en passant devant la maison (14,4 p. 100). La variable NAPPRIS a été créée à l'aide de deux instructions IF THEN (tableau 7.3). La nouvelle variable peut prendre deux valeurs: 1 («journaux») ou 2 («autres moyens»). La valeur 2 de NAPPRIS groupe donc les valeurs 2, 3 et 4 d'APPRIS. Notons que la variable originale APPRIS demeure dans le fichier SAS courant (VENTE).

Nous avons indiqué auparavant que la codification de la variable INTERET (Question 3: «Lequel des énoncés suivants décrit le mieux votre fréquentation

TABLEAU 7.4   La distribution des fréquences des variables APPRIS et NAPPRIS (sortie SAS)

| | | The SAS System | | |
| | | Question 12 | | |
APPRIS	Frequency	Percent	Cumulative Frequency	Cumulative Percent
1	61	62.9	61	62.9
2	19	19.6	80	82.5
3	3	3.1	83	85.6
4	14	14.4	97	100.0
		Frequency Missing = 2		
NAPPRIS	Frequency	Percent	Cumulative Frequency	Cumulative Percent
1	61	62.9	61	62.9
2	36	37.1	97	100.0
		Frequency Missing = 2		

de ventes de garage?») n'était pas cohérente avec l'ordonnancement des catégories (voir à la page 217). Afin de la rendre cohérente, nous avons transformé la variable en posant l'équation INTERET = 6–INTERET (tableau 7.3) dans le programme SAS. Cette équation permet d'inverser la codification de la variable (1→5, 2→4, etc.). Cette fois-ci, il faut noter que la variable INTERET originale n'est plus disponible dans le fichier SAS courant (elle l'est toujours dans la base de données, bien sûr). Pour conserver la variable originale, il aurait fallu créer une nouvelle variable en utilisant par exemple l'équation suivante: NINTERET = 6–INTERET.

Il existe d'autres moyens de programmer la transformation et la création de variables avec SAS. Ces moyens sont décrits dans les ouvrages de référence qui présentent le logiciel. Notons en terminant que les instructions visant à transformer et à créer des variables doivent figurer à la suite de l'instruction INPUT et *avant* les procédures (PROC) d'analyse.

L'inférence statistique

Nous avons vu au chapitre 6 (page 184) qu'on peut calculer la marge d'erreur associée à l'estimation d'une proportion. Lorsqu'il le juge nécessaire, le chercheur peut établir un intervalle de confiance autour des estimations ponctuelles des proportions. On obtient généralement ces intervalles pour les variables importantes de l'étude (par exemple, la proportion des participants qui ont l'intention d'acheter le nouveau produit, la proportion des gens insatisfaits, la proportion des personnes qui vont voter pour le parti, etc.).

Les statistiques descriptives

Les variables continues (échelles d'intervalles ou de ratio) sont analysées en calculant différentes statistiques descriptives. Ces statistiques se répartissent en deux catégories: celles qui renseignent sur la *tendance centrale* des données (la moyenne, la médiane, le mode) et celles qui renseignent sur leur *dispersion* (la variance, l'écart type, l'étendue).

Les mesures de tendance centrale

La **moyenne** ($\bar{X}$) est la plus connue et la plus utilisée des mesures de tendance centrale. Elle est obtenue en divisant la somme des valeurs de la variable par le nombre total d'observations ayant servi au calcul de cette somme, comme on le voit ci-dessous :

$$\overline{X} = \frac{(X_1 + X_2 + \ldots + X_n)}{n}$$

$$\overline{X} = \frac{\sum\limits_{i=1}^{n} X_i}{n}$$

On peut aussi obtenir des informations sur la tendance centrale des valeurs d'une variable en considérant sa **médiane,** c'est-à-dire la valeur «milieu» de la distribution (50 p. 100 des fréquences cumulées). En voici un exemple (la médiane est en caractères gras) :

23, 31, 31, 47, **121**, 166, 167, 189, 201

Lorsqu'il y a un nombre pair d'observations, la médiane est alors égale à la moyenne des deux valeurs «milieu». Une autre mesure de tendance centrale est le **mode,** c'est-à-dire la valeur la plus fréquente de la distribution. Dans l'exemple précédent, le mode est égal à 31 et la moyenne est de 108,44.

Les mesures de dispersion

La **variance** de l'échantillon (s^2) est une mesure couramment employée pour juger de la dispersion des valeurs d'une variable. Elle se définit comme suit :

$$s^2 = \frac{\left(X_1 - \overline{X}\right)^2 + \left(X_2 - \overline{X}\right)^2 + \ldots + \left(X_n - \overline{X}\right)^2}{n - 1}$$

$$s^2 = \frac{\sum\limits_{i=1}^{n} \left(X_i - \overline{X}\right)^2}{n - 1}$$

En prenant la racine carrée de la variance, on obtient l'**écart type** *(s)* de la variable. La différence entre la valeur maximale de la distribution et la valeur minimale, qu'on appelle l'**étendue** de la variable, est une autre mesure de dispersion.

Dans l'exemple qui précède, la variance est égale à 5 628,28, l'écart type à 75,02 et l'étendue à 178 (201 – 23).

Un exemple SPSS

Nous présentons au tableau 7.5 un programme SPSS conçu pour produire certaines statistiques descriptives à partir du fichier GARAGE.DAT. Nous allons commenter brièvement ce programme avant de présenter la sortie informatique qui en découle.

Un programme SPSS comprend un ensemble d'instructions commençant par un mot clé (DATA LIST, COMPUTE, DESCRIPTIVES, etc.) et se terminant par un point (qu'il ne faut pas oublier). L'instruction DATA LIST permet de situer la base de données, de donner un nom aux variables et de préciser à SPSS les lignes et les colonnes où se trouvent les valeurs des variables. Dans notre exemple, SPSS sait que le fichier s'appelle GARAGE.DAT, qu'il se trouve sur une disquette dans le lecteur «A:» du micro-ordinateur, qu'il comprend 4 lignes (records) par observation et que des valeurs doivent être lues aux lignes 1, 3 et 4.

L'instruction COMPUTE est utilisée pour créer deux nouvelles variables. On crée d'abord la variable ACHAT en faisant la somme des variables IANTIQ, IELECT, IJARDI, etc. qui sont associées à la question 16 «Qu'avez-vous acheté ici?». Chaque variable correspond à une catégorie de produit spécifique (antiquités, appareils électroniques, articles de jardin, etc.) et prend la valeur 0 lorsque la catégorie de produit n'a pas été achetée et 1 lorsqu'elle l'a été (voir l'annexe B, page 252). La nouvelle variable ACHAT représente donc le total des catégories de produits achetés à la vente de garage. Il s'agit d'un indice de l'intensité de l'activité d'achat pour chaque personne.

TABLEAU 7.5   Un programme SPSS pour obtenir des statistiques descriptives

```
data list file = 'a:garage.dat' records = 4
/1    duree 15-16
/2
/3    iantiq 15 ielect 16 ijardi 17 imenag 18 isport 19 idecor 20
      idisqs 21 igadgt 22 ijouet 23 ilivre 24 igrmeu 25 iptmeu 26
      iobjet 27 ioutil 28 ivetem 29 iautre 30
/4    eval1 7 eval2 8 eval3 9 eval4 10 depen2 32-36.
compute achat = sum(iantiq,ielect,ijardi,imenag,isport,idecor,idisqs,
igadgt,ijouet,ilivre,igrmeu,iptmeu,iobjet,ioutil,ivetem,iautre).
missing values eval1 to eval4 (0).
compute eval = eval1 + eval2 + eval3 + eval4.
descriptives variables = duree achat eval depen2.
```

La deuxième variable créée à l'aide de l'instruction COMPUTE s'appelle « EVAL » et elle est égale à la somme des variables associées à la question 14 « Que pensez-vous de cette vente de garage ? ». EVAL constitue donc une évaluation globale de la vente de garage. Cette variable est formée à partir des évaluations portant sur la présentation des produits (EVAL1), le choix (EVAL2), l'ambiance (EVAL3) et l'influence du vendeur (EVAL4).

Avant de procéder à la définition de la variable EVAL, on informe SPSS qu'il lui faut interpréter les valeurs 0 que prennent les variables EVAL1 à EVAL4 pour indiquer des données manquantes (MISSING VALUES). En effet, puisque pour ces variables 0 signifie que la personne « ne sait pas » (voir le questionnaire à l'annexe du chapitre 5, page 162), il serait inapproprié d'introduire cette valeur dans la somme qui compose l'évaluation globale. L'instruction DESCRIPTIVES est employée pour obtenir la moyenne, l'écart type et les valeurs minimum et maximum des variables DUREE, ACHAT, EVAL et DEPEN2 (Question 17 : « Combien avez-vous dépensé ? »).

La sortie informatique associée à ce programme est présentée au tableau 7.6. On note que la durée moyenne d'une visite à la vente de garage (Mean) est de 8,59 min. L'écart type (Std Dev) de la variable DUREE est égal à 8,35 min et l'étendue à 53 min (54 – 1). Les gens ont dépensé (DEPEN2) en moyenne 2,20 $ à la vente de garage, le montant dépensé variant entre 0 $ (Minimum) et 20 $ (Maximum). L'indice de l'intensité de l'activité d'achat varie entre 0 et 7 et sa moyenne est de 2,85. L'évaluation moyenne globale de la vente est égale à 10,87, avec un écart type de 2,71 et une étendue de 15.

TABLEAU 7.6   Les statistiques descriptives associées aux variables DUREE, ACHAT, EVAL et DEPEN2 (sortie SPSS)

Number of valid observations (listwise) = 93.00					
Variable	Mean	Std Dev	Minimum	Maximum	Valid N
DUREE	8.59	8.35	1	54	99
ACHAT	2.85	1.44	.00	7.00	97
EVAL	10.87	2.71	4.00	19.00	93
DEPEN2	2.20	4.43	0	20	98

L'inférence statistique

Il est possible de calculer des intervalles de confiance pour les moyennes observées en utilisant les formules présentées au chapitre 6. Ces intervalles sont généralement établis pour les variables les plus importantes de l'étude.

La première étape de l'analyse des données de la recherche consiste à codifier les données collectées et à les rassembler dans une base de données. On utilise généralement des nombres pour codifier les données. Une base de données est un ensemble organisé de nombres (un fichier numérique) qui représentent les données d'une recherche. La mise en forme des données constitue une opération importante ; le chercheur doit y accorder la plus grande attention afin d'éviter des erreurs.

Lorsque la base de données a été construite, on procède à l'analyse statistique univariée. Dans le cas de variables discrètes, il faut obtenir des distributions de fréquences. Pour les variables continues, on calcule différentes statistiques descriptives qui renseignent sur la tendance centrale et sur la dispersion des données. Ces analyses sont effectuées à l'aide de logiciels informatiques tels que SAS et SPSS. On applique les techniques d'analyse statistique univariée aux variables originales et à d'autres variables qui sont issues de transformations de ces dernières. Lorsque cela s'avère nécessaire, il est possible d'établir des intervalles de confiance pour les estimations des moyennes (variables continues) et des proportions (variables discrètes).

Questions de révision

1. Quelles sont les deux stratégies de codification qu'on peut employer dans le cas de variables discrètes comportant des affectations multiples ? L'une des stratégies est-elle préférable ? Pourquoi ?

2. Comment procède-t-on à la codification des questions ouvertes sans réponses préétablies ?

3. Comment construit-on une base de données ?

4. Qu'est-ce qu'un guide de la codification ? Quelle est son utilité ?

5. Qu'est-ce que l'analyse statistique univariée ?

6. Quelle technique d'analyse statistique univariée doit-on utiliser dans le cas de variables discrètes ?

7. Quel type d'inférence statistique est associé à la technique des distributions de fréquences ?

8. Pourquoi est-il généralement nécessaire de transformer des variables d'une recherche en marketing ?

9. Comment procède-t-on à l'analyse statistique univariée de variables continues ?

10. Quelles sont les différentes mesures de tendance centrale ? Ces mesures sont-elles équivalentes ?

11. Quelles sont les différentes mesures de dispersion ? Ces mesures sont-elles équivalentes ?

Exercices et sujets de réflexion

1. À l'aide d'un logiciel, obtenez et commentez les distributions de fréquences des variables suivantes contenues dans le fichier GARAGE.DAT:

Observation:	ASPECT	**Enquête**:	INTERET
	PRESENT		NBFOIS
	DISPOS		APPRIS
	CHOIX		
	ACHAL		

   Selon-vous, y aurait-il lieu de procéder à des transformations? Si oui, lesquelles? Montrez les résultats des transformations que vous proposez.

2. À l'aide d'un logiciel, obtenez et commentez la moyenne, l'écart type et l'étendue des variables suivantes du fichier GARAGE.DAT:

Observation:	DUREE	**Enquête**:	DEPEN1
	DEGRES		DEPEN2
	NBPRES		

   Transformez la variable DUREE en une variable ordinale. Combien de catégories cette variable transformée aura-t-elle? Pourquoi?

3. On vous a demandé de décrire d'un point de vue sociodémographique les acheteurs ayant participé à l'étude sur les ventes de garage. Faites les analyses statistiques univariées nécessaires et rédigez un court rapport.

Annexe A

Le fichier GARAGE.DAT

```
001 1 1311207 16 210 31113140 0111111011111011 4 0000000000000000
001 2 0000000010000000 0000000010000000 0000000000000000
001 3 0007 161 0000010 0 100000010000000 0000000000000000 00.00 2 12
001 4 4231 06 0000100011000000 03.00 2 2 1   6 3 40 3 4
002 1 1312207 05 210 31113140 0111111011111011 2 0000000000010000
002 2 0010100100000000 0000000100000000 0000000000000000
002 3 0101 311 1000000 0 000010000000000 0000000000000000 00.00 2 42
002 4 4431 07 0000100000000000 10.00 2 2 1   3 1 57 3 2
003 1 1312207 03 210 31113140 0111111011111011 3 0000000000100000
003 2 0000101010000000 0000101000000000 0000000000000000
003 3 0103 161 0001000 0 000010100000010 0000000000000000 00.00 2 12
003 4 3132 01 0000000000000000 00.00 2 2 1   3 2 55   2
004 1 1311207 03 210 31113140 0111111011111011 1 0000000000000000
004 2 0000000000000000 0000000000000000 0000000000000000
004 3 0415 164 1000001 0 001000100100001 0000000000000000 00.00 2 12
004 4 3131 02 0000000000000000 00.00 2 1 1   6 2 40 5 3
005 1 1311207 03 210 31113140 0111111011111011 1 0000000000000000
005 2 0000000001000000 0000000001000000 0000000000000000
005 3 0400 161 1000000 0 000000000000000 0000100001000000 18.00 1 12
005 4 1131 08 0000000001000000 01.00 2 1 2   8 5 67   2
006 1 1312207 07 210 31113140 0111111011111011 2 0000000000000000
006 2 0000000000000010 0000000001010010 0000000000000000
006 3 0305 411 0010000 0 000000001000000 0000000000000000 00.00 2 12
006 4 2233 06 0000000001000000 02.00 2 2 1   6 2 26 6 2
007 1 1311207 05 210 31113140 0111111011111011 2 0000000000000000
007 2 0011000000000000 0000000000000000 0000000000000000
007 3 0000 161 0001000 0 000100010000010 0000000000000000 00.00 2 42
007 4 4441 09 0001000000000000 01.00 2 2 2   8 4 67 5 2
008 1 1311207 03 210 31113140 0111111011111011 1 0000000000000000
008 2 0000000000000000 0000000000000000 0000000000000000
008 3 0105 262 0001000 0 001010000000000 0000000000000000 00.00 2 12
008 4 1121 03 0000000000000000 00.00 2 1 1   1 5 44 5 4
009 1 1312207 07 210 31113140 0111111011111011 2 0000000001000000
009 2 0000001100010000 0000001000010000 0000000000000000
009 3 0105 161 0001000 0 001010010001000 0000000000000000 00.00 2 12
009 4 4431 03 0000000000000000 00.00 2 2 1   3 1 60 3 2
010 1 1311207 02 210 31113140 0111111011111011 4 0000000001000000
010 2 0000000000000000 0000000001000000 0000000000000000
010 3 0315 162 1000000 0 010000000010001 0000000000000000 00.00 2 12
010 4 4441 03 0000000000000000 00.00 2 1 1   4 2 45 1
011 1 1311207 02 210 31113140 0111111011111011 2 0000000000000000
011 2 0000000000000000 0000000000000000 0000000000000000
011 3 0103 221 0001000 0 000000000000100 0000000000000000 00.00 2 12
```

```
011 4 4221 02 0000000000000000 00.00 2 1 1    6 2 40 3 5
012 1 1321210 05 210 32212000 1110111001110101 2 0000000000000000
012 2 0000000000000000 0000000000000000 0000000000000000
012 3 0000 311 0001000 0 1000100000000000 0000000000000000 00.00 2 11
012 4 1241 10 0000100000000000 02.00 2 2 1    2 2 42 5 5
013 1 1321210 20 210 32212000 1110111001110101 3 0100000000000000
013 2 0000000000000000 0100000000000000 0000000000000000
013 3 0315 162 0001000 0 0000000000000110 0000000100000010 00.75 2 12
013 4 4442 10 0000000000000100 01.00 1 1 1    4 1 23 1 3
014 1 1322210 04 210 32212000 1110111001110101 2 0000000000000000
014 2 0000000000000000 0000000000000000 0000000000000000
014 3 0102 411 0010000 0 0000000000110000 0000000000000000 00.00 2 11
014 4 2231 04 0000000000000000 00.00 2 1 1    6 2 34 5 2
015 1 1131210 04 311 21213070 1110110001111011 2 0000000000000010
015 2 0000000000000000 0000000000000000 0000000000000000
015 3 0100 411 0010100 0 1010100001000100 0000000000000000 00.00 2 22
015 4 2111 04 0000000000000000 00.00 2 2 1    8 4 57 3 2
016 1 1132210 10 311 21213070 1110110001111011 1 0000000000000010
016 2 1010000000000000 0000000000000000 0000000000000000
016 3 0100 234 0010000 0 1010000010010000 0000000000000000 00.00 2 11
016 4 1112 12 0000000000000000 00.00 2 1 1    8 4 77 3 2
017 1 1132210 07 311 21213070 1110110001111011 1 0000100000010000
017 2 0100010000000000 0000010000000000 0000000000000000
017 3 0100 321 0010000 0 1000010001000000 0000000000000000 00.00 2 11
017 4 1115 11 0000000000000000 00.00 2 1 1    9 3 36 5 4
018 1 1131210 01 311 21213070 0111011000111011 1 0000000000000000
018 2 0000000000000000 0000000000000000 0000000000000000
018 3 0403 411 0000100 0 0001000000000100 0000000000000000 00.00 2 12
018 4 0000 04 0000000000000000 00.00 2 1 1    1 4 44 6 4
019 1 1131210 01 311 21213070 1110110001111011 1 0000000000000000
019 2 0000000000000000 0000000000000000 0000000000000000
019 3 0000 321 0000100 0 0010100000000000 0000000000000000 00.00 2 22
019 4 3135 04 0000000000000000 00.00 2 1 1    1 5 47 7 5
020 1 1131210 17 311 21213070 1110110001111011 1 0000000000000000
020 2 0000000000000000 0100000000000000 0000000000000000
020 3 0100 262 0010000 0 0010100000100010 0000000000000000 00.00 2 22
020 4 3131 14 0000000000000000 00.00 2 1 1    1 2 33 5 4
021 1 1242110 19 300 31312091 0111111111110010 1 0000000010000000
021 2 0000000000000000 0001000010000010 0000000000000000
021 3 0200 151 0101100 0 0111011011001110 0000000000000000 00.00 2 12
021 4 3441 05 0001000000000010 12.00 1 2 1 5 3 1 51 2 2
022 1 1242110 12 300 31312091 0111111111110010 2 0000000000000000
022 2 0001000000000000 0000010000000000 0000000000000000
022 3 0200 151 0001100 0 0001010011000111 000000011000010 07.00 1 12
022 4 3332 13 0001000000000010 01.50 1 2 1 5 3 2 57 1 2
023 1 1241110 16 300 31322091 0111111111110010 1 0000000000010000
023 2 0001000000000000 0001000000000000 0000000000000000
023 3 0004 16  1000000 0 1000000000110000 0000000000000000 00.00 2 12
023 4 3232 04 0001000000000000 04.00 2 1 2 5 9 1 67    2
024 1 1241110 14 300 31322091 0111111111110010 2 0000000000000000
024 2 1000010100111000 0000010000001000 0000000000000000
024 3 0104 161 1010000 0 1001000000110001 0001000000000000 02.50 2 12
024 4 3331 10 0001000000000000 07.00 2 1 1 1 5 3 23 5 2
025 1 1241110 03 300 31312091 0111111111110010 1 0000001100000000
025 2 0000000010000000 0000000000000000 0000000000000000
025 3
```

```
025 4              0000000010000000 00.65 2 1 1
026 1 1242110 01 300 31322091 0111111111110010 1 0001000000000000
026 2 0000000000000000 0001000000000000 0000000000000000
026 3 0201 322 0100100 0 1000010111000100 0000000000000000 00.00 2 12
026 4 3531 04 0000000000000000 00.00 2 1 1 3 8 1 66    3
027 1 1241110 05 300 31312091 0111111111110010 1 0000000100000000
027 2 0010000010001000 0001000000000000 0000000000000000
027 3 0101 161 0000001 0 0000000000000001 0000000000000001 03.00 2 12
027 4 5451      0000000000000000 00.00 2 1 1 1 8 3 71 5 2
028 1 1242110 03 310 31312091 0111111111110010 1 0000000000000010
028 2 0000000100000000 0001000000000000 0000000000000000
028 3 0100 431 0000100 0 0001000000000000 0000000000000000 00.00 2 42
028 4 3211 04 0000000000000000 00.00 2 1 1 1 2 3 27 3 2
029 1 1242110 07 310 31322091 0111111111110010 1 0000000010000000
029 2 0000000000000000 0000000000000000 0000000000000000
029 3 0100 222 0101100 0 0101000010100100 0000000000000000 00.00 2 21
029 4 3311 01 0000000000000000 00.00 2 1 1 2 7 2 39 1 1
030 1 1241110 21 310 31312091 0111111111110010 2 0000000000000000
030 2 0101010000000000 0100000000000000 0000000000000000
030 3 0101 232 1001001 0 0001010000000000 0000000000000000 00.00 2 12
030 4 5455 15 0001010000000000 01.70 1 2 1 5 3 2 52 2 3
031 1 1242110 03 310 31312091 0111111111110010 1 0001000000000000
031 2 0000000000000000 0000000000000000 0000000000000000
031 3 0300 341 0001100 0 0100010111100100 0000000000000000 00.00 2 12
031 4 3331 04 0000000000000000 00.00 2 1 1 4 6 3 35 5 1
032 1 1242110 03 310 31322091 0111111111110010 3 0001010000000000
032 2 0000000010000000 0100000010000000 0000000000000000
032 3 0304 161 0001000 0 0010111011000110 0000100011000000 07.00 1 12
032 4 4335 04 0000000000000000 00.00 2 1 1 5 6 2 34 3 4
033 1 1241110 05 310 31312091 0111111111110010 1 0000000000000000
033 2 0001000010000100 0000000000000000 0000000000000000
033 3 0101 411 0000001 0 0000000000000100 0000000000000000 00.00 2 12
033 4 4151 04 0000000000000000 00.00 2 1 1 3 6 2 39 3 3
034 1 1451112 12 210 21321151 1111111111110110 2 0000000000000000
034 2 0110000010000000 0010000000000100 0000000000000000
034 3 0003 161 0001010 0 0110000010010100 0000000000000000 00.00 2 12
034 4 4551 12 0000000010000100 10.00 2 1 1 4 6 1 47 1 1
035 1 1452112 08 210 21321151 1111111111110110 1 0000000000000000
035 2 0000011000000000 1000000010000000 0001000000000000
035 3 0200 122 0010000 0 1000010000001001 0000010010000000 12.00 2 12
035 4 1333 07 0000011010000000 07.00 2 2 1 1 6 4 50 2 1
036 1 1452112 05 210 21311151 1111111111110110 1 0000000001000000
036 2 0000010000000000 0000000000000000 0000000000000000
036 3 0400 321 0000001 0 0000010000000001 0000010000000000 00.25 2 42
036 4 3333 04 0000000000000000 00.00 2 1 1 3 5 2 64 5 2
037 1 1451115 18 210 21321151 1111111111110110 4 0000000000010100
037 2 0000000101000010 0001000101010000 0000000000000000
037 3 0000 221 0000100 0 0100000000000000 0000000000000000 00.00 2 42
037 4 4134 01 0000000000000000 00.00 2 1 2 4 7 4 26 1 3
038 1 1452115 15 210 21321151 1111111111110110 2 0000000000010000
038 2 0000000000000000 0101000010000000 0000000000000000
038 3 0201 142 0011000 0 0001001101010100 0000000000000000 00.00 2 12
038 4 2335 05 0001000000000000 01.00 2 2 1 4 3 2 46 2 3
039 1 1451115 18 210 21321151 1111111111110110 1 0000000000000000
039 2 0000000010000010 0000000010000000 0000000000000000
039 3 0100 152 0011001 0 0000000000000000 0000000000000000 00.00 2 12
```

```
039 4 3341    0000000010000010 18.00 2 2 1 5 3 3 60 2 4
040 1 1452115 32 210 21321151 1111111111110110 1 0000000000000000
040 2 0001000000000000 0010000000000010 0000000000000000
040 3 0200 162 0011000 0 0011100011110110 0001010000000000 02.50 1 12
040 4 2355 05 0001000010000010 05.00 2 2 1 1 2 3 41 4 5
041 1 1451115 01 210 21321151 1111111111110110 1 0000000000100000
041 2 0000000000000000 0000000000100000 0000000000000000
041 3 0000 511 0000100 0 0000000000000000 0000000000000000 00.00 2 42
041 4     01 0000000000000000 00.00 2 1 1 5 4 26 7 1
042 1 1451115 14 210 21321151 1111111111110110 1 0000000000000000
042 2 0000000010010000 0000000010000000 0000000000000000
042 3 0101 321 0001000 0 0000000010000000 0000000010000000 08.00 2 12
042 4 3541 05 0000000010000000 11.00 1 2 1 1 9 2 39 4 4
043 1 1452115 03 210 21321151 1111111111110110 3 0000000000000000
043 2 0001010010010000 0000000000000000 0000000000000000
043 3 0301 331 0010000 0 0000000100000001 0000000000000000 00.00 2 12
043 4 2235 03 0000000000000000 00.00 2 1 1 2 8 1 68 6 2
044 1 1452115 13 210 21321151 1111111111110110 1 0000000000000000
044 2 0000000000000000 0000000000000000 0000000000000000
044 3 0100 311 0011000 0 0001000001000000 0000000000000000 00.00 2 32
044 4 3345 05 0001000000000000 01.00 2 2 1 4 3 1 65 4 2
045 1 1452115 03 210 21321151 1111111111110110 3 0000000000000000
045 2 0100010010000110 0000000000000000 0000000000000000
045 3 0102 122 0011000 0 0110110000110100 0000000000000000 00.00 2 42
045 4 1333 16 0000000000000000 00.00 2 1 1 4 6 2 42 6 4
046 1 1451115 22 210 21321151 1111111111110110 3 0100000000000000
046 2 0001000000000000 0101000000000000 0000000000000000
046 3 0000 500 0000000 1 0000000000000000 0000000000000000 00.00 2 42
046 4 3333 07 0000000000001000 20.00 1 1 1 4 5 2 56    2
047 1 1241115 06 310 31212071 0111111111110010 3 0010000000000000
047 2 0010010100000010 0000000000000010 0000000000000000
047 3
047 4                    2 1 5
048 1 1242115 18 310 31212071 0111111111110010 1 0000000000000000
048 2 0100000101100000 0000000000000010 0000000000000000
048 3 0102 161 0111000 0 1101111111100110 0000000000000000 00.00 2 12
048 4 4435 17 0001000100000010 03.00 1 2 1 2 3 2 59 3 4
049 1 1241115 06 310 31212071 0111111111110010 1 0000000000000000
049 2 0000000100000010 0000000100000010 0000000000000000
049 3 0000 161 0000110 0 0000000000000000 0000000000000000 00.00 2 11
049 4 4431 04 0000000000000000 00.00 2 2 1 1 6 1 50 3 1
050 1 1241115 05 310 31212071 0111111111110010 1 0000100000000000
050 2 0001000000000000 0000000000000000 0000000000000000
050 3 0000 324 0011100 0 0001000000000100 0000000000000000 00.00 2 12
050 4 3331 04 0000000000000000 00.00 2 1 1 4 6 2 28 3 3
051 1 1241115 06 310 31211071 0111111111110010 1 0001000000000000
051 2 0000100000000000 0000100000000000 0000000000000000
051 3 0000 500 0000000 2 0000000000000000 0000000000000000 00.00 2 12
051 4     18 0000000000000000 00.00 2 2 1 4 6 2 30 3
052 1 2241110 05 310 31212071 0101111111110010 1 0000000000000000
052 2 0000000100000000 0000000000000000 0000000000000000
052 3 0005 161 0010000 0 0000000001110100 0000000000000000 00.00 2 12
052 4 4421 03 0000000000000000 00.00 2 1 1 4 6 2 24 3 2
053 1 2161108 23 100 31223081 1111110111001110 2 0000000000000000
053 2 0000000000000001 0000000000000000 0000000000000001
053 3 0001 161 1010100 0 0001000000000100 0000000000000000 00.00 2 11
```

```
053 4 3135 17 0000100000000000 10.00 1 1 1 5 8 1 58 1 2
054 1 2162108 54 100 31223081 1111110111001110 2 0000000000100000
054 2 1100000000000010 1001000100100010 0000000000000000
054 3 0101 171 1111000 001 1101000000110 0000000000000000 00.00 2 12
054 4 3245 09 1100010000000000 20.00 1 2 1 5 3 1 57 1 2
055 1 2161108 03 100 31223081 1111110111001110 1 0000000000000000
055 2 0000000000000000 0000000000000000 0000000000000000
055 3 0100 262 0001001 0 0000000000000100 0000000000000000 00.00 2 11
055 4 1131 02 0000000000000000 00.00 2 1 2 5 5 2 50 4 3
056 1 2451117 07 210 31211141 1101111111011010 1 0000000000000000
056 2 0000100000000000 0000000000000000 0000000000000000
056 3 0000 321 0000100 0 0000000000000001 0000000000000000 00.00 2 42
056 4 3321 04 0000100000000000 02.00 2 2 1 4 3 3 25 5 4
057 1 2452117 06 210 31211141 1101111111011010 1 0001010011000000
057 2 0000000000000000 0000000000000000 0000000000000000
057 3 0101 162 0011000 0 1001010101111110 0000000000000000 00.00 2 12
057 4 3234 06 0000000000000010 02.00 1 2 1 4 3 2 41 3 4
058 1 2452117 05 210 31211141 1101111111011010 4 0001010000000000
058 2 0000000000000000 0000000101000000 0000000000000000
058 3 0100 321 0110000 0 0001000001000000 0000000000000000 00.00 2 12
058 4 2233 06 0000000001000000 04.00 2 2 1 5 6 2 42 4 3
059 1 2451117 18 210 31211141 1101111111011010 4 0001010000000000
059 2 0001000011000010 0000000011000010 0000000000000000
059 3 0002 161 0010100 0               0000000000000000 00.00 2 12
059 4 1331 03 0000000000000000 00.00 2 2 1 4 3 2 60    2
060 1 2451117 13 210 31221141 1101111111011010 3 0000000000000000
060 2 0010001000000010 0000010000000000 0000000000000000
060 3 0000 261 0001000 0 0001001000000010 0000000000000000 00.00 2 12
060 4 4433 05 0000011010000010 01.00 2 1 3 2 6    29 1 3
061 1 2452117 13 210 31211141 1101111111011010 4 0000000010000000
061 2 0001001001000010 0000000011000000 0000000000000000
061 3 0100 322 0011000 0 0101000110010011 0000000000000000 00.00 2 12
061 4 2245 16 0000000000000000 00.00 2 2 1 4 7 3 24 1 1
062 1 2451117 04 210 31211141 1101111111011010 4 0000000010000000
062 2 0001001001000010 0000000011000000 0000000000000000
062 3 0100 322 0001100 0 0000000011000110 0000000000000000 00.00 2 12
062 4 3141 03 0000000000000010 00.00 2 1 1 5 8 3 50 4 3
063 1 2451117 05 210 31221141 1101111111011010 2 0000000000000000
063 2 0000010000000000 0000000000000000 0000000000000000
063 3 0101 212 0010100 0 0001000000000010 0000000000000000 00.00 2 12
063 4 3341 04 0000000000000000 00.00 2 2 1       2 59 2 2
064 1 2451117 02 210 31211141 1101111111011010 4 0000000000000000
064 2 0000000000000000 0000000000000000 0000000000000000
064 3 0101 51  0001000 0 0001110010000010 0000000000000000 00.00 2 12
064 4 3331 03 0000000000000000 00.00 2 2 1 4 3 1 35 2 4
065 1 2452117 09 210 31211141 1101111111011010 2 0000000000000100
065 2 0000000110000000 0000000000000000 0000000010000000
065 3 0504 331 0011000 0 1100000011010100 0000000010000000 01.00 2 12
065 4 3344 17 0000000010000000 00.50 2 1 1 4 6 2 20 4 2
066 1 2451117 03 210 31211141 1101111111011010 4 0000000000000000
066 2 0000000000000000 0000000000000000 0000000000000000
066 3 0002 321 0000000    0001000000110000 0000000000000000 00.00 2 12
066 4 1111 19 0000000000000000 00.00 2 2 1 5 3 3 65    2
067 1 2452117 03 210 31211141 1101111111011010 4 0000000000000000
067 2 0000000000000000 0000000000000000 0000000000000000
067 3 0100 322 0001100 0 1000100010000100 0000000000000000 00.00 2 42
```

```
067 4 3233 03 0000000000000000 00.00 2 1 1 4 5 2 32 3 4
068 1 2451117 06 210 31211141 1101111111011010 1 0000000000000000
068 2 0000000011000000 0000000000000000 0000000000000000
068 3 0000 500 0000000 2 0000000000000000 0000000000000000 00.00 2 32
068 4 3333 05 0000000001000000 02.00 2 2 1 4 3 1 68 2 2
069 1 2452117 04 210 31211141 1101111111011010 1 0000000000100000
069 2 0000000000000000 0000000000100000 0000000000000000
069 3 0100 341 0010100 0 0010110010000101 0000000000000000 00.00 2 41
069 4 3235 01 0000000000000000 00.00 2 2 1 1 3 2 58 5 2
070 1 2451117 08 210 31211141 1101111111011010 2 0000000000000000
070 2 0100000000010000 0100000000010000 0000000000000000
070 3 0000 3 2 0001100 0 1000000010001000 0000000000000000 00.00 2 42
070 4 4351 17 0000000000000000 00.00 2 1 1 4 8 2 71 1 2
071 1 2452117 06 210 31211141 1101111111011010 3 0000000000000000
071 2 0000000000110000 0000000000100000 0000000000000000
071 3 01   321 0011000 0 0100011011001010 0000000000000000 00.00 2 12
071 4 1341 06 0000000001000000 01.00 2 1 1 6 2 38 3 2
072 1 1171307 02 210 32123020 0101111010011101 2 0000000000000000
072 2 0000000000000100 0000000000000000 0000000000000000
072 3 0101 134 0001100 0 0000000010000101 0000000000000100 01.00 2 11
072 4 4231 02 0000000000000000 00.00 2 1 1 5 6 2 47 3 2
073 1 1171307 26 210 32123020 0101111010011101 1 0000000000000000
073 2 0000000000000000 0000000000000000 0000000000000000
073 3 0000 322 0101010 0 1000000001000100 0000000000000000 00.00 2 12
073 4 3333 10 0000000000000100 08.00 1 1 1 1 5 29 5 2
074 1 1172307 02 210 32113020 0101111010011101 1 0100000000001100
074 2 0000000000000000 0000000000000000 0000000000000000
074 3 0000 322 0101010 0 1010100110001100 0000000000000000 00.00 2 12
074 4 22   03 0000000000000000 00.00 2 1 1 5 6 2 35 5 4
075 1 1171307 04 210 32113020 0101111010011101 1 0000000000000000
075 2 0000000000000100 0000000000000100 0000000000000000
075 3 0202 162     0        0000000000000001 00.75 1 12
075 4 3333 03 0000000000000000 00.00 2 1 1       50
076 1 1172307 16 210 32113020 0101111010011101 2 0000000000000000
076 2 0000000000000000 0000000000000000 0000000000000000
076 3 0100 322 0010100 0 1010010100001100 0000000000000000 00.00 2 22
076 4 4335 06 0000000000000001 01.00 2 2 1 5 3 2 40 4 3
077 1 1171307 12 210 32113020 0101111010011101 1 0000000000000000
077 2 0000000000000000 0000000000000000 0000000000000000
077 3 0100 321 0001100 0 0000000000000100 0000000000000000 00.00 2 42
077 4 4133 03 0000000000000000 00.00 2 1 1 5 5 2 42 4 4
078 1 1171307 01 210 32113010 0101111010011101 4 0000000000000000
078 2 0000000000000000 0000000000000000 0000000000000000
078 3 0000 311 0001000 0 1000000000000000 0000000000000000 00.00 2 22
078 4 3133 02 0000000000000000 00.00 2 2 1 5 3 2 53 1 2
079 1 1171307 06 210 32113020 0101111010011101 3 0000000000000000
079 2 0000000000000100 0000000000000000 0000000000000000
079 3 0000 221 0011100 0 0101000011000110 0000000000000000 00.00 2 42
079 4 2333 01 0000000000000000 00.00 2 1 1 5 1 5 33 5 4
080 1 1172307 04 210 32113020 0101111010011101 4 0000000000000000
080 2 0000000000000000 0000000000000000 0000000000000000
080 3 0200 232 0001100 0 1000011000111100 0000000000000000 00.00 2 22
080 4 3335 01 0001000000000000 16.00 2 2 1 5 1 3 29 4 1
081 1 1171307 02 210 32113020 0101111010011101 2 0001000000000000
081 2 0000000000000100 0001000000000100 0000000000000000
081 3 0000 261 0001100 0 0001001001100110 0000000000000000 00.00 2 12
```

```
081 4 2133 03 0000000000000000 00.00 2 2 1 5 3 2 41    4
082 1 1171307 02 210 32113010 0101111010011101 2 0000000000000000
082 2 0000000000000000 0000000000000100 0000000000000000
082 3 0000 510 0000000 3 0000000000000000 0000000000000000 00.00 2 22
082 4 3333 04 0000000000000000 00.00 2 1 1 5 1 4 41 7 4
083 1 1172307 04 210 32113020 0101111010011101 3 0000000000000000
083 2 0001000000000000 0000000000000010 0000000000000000
083 3 0200 531 0010000 0 0000000011000000 0000000010000000 60.00 1 12
083 4 3115 03 0000000000000000 00.00 2 2 1 5 2 3 34 5 3
084 1 1171307 03 210 32123020 0101111010011101 3 0000000000000000
084 2 0000100000000100 0000000000000000 0000000000000000
084 3 0000 500 0000000 4 0000000000000000 0000000000000000 00.00 2 22
084 4 3335 04 0000000000000000 00.00 2 1 1 1 5 2 43 5 5
085 1 1172307 21 210 32113020 0101111010011101 3 0000000000000000
085 2 0000000000000010 0000000000000110 0000000000000000
085 3 0101 234 0001000 0 0000100111010100 0000000000000000 00.00 2 12
085 4 2234 05 0000000000000110 01.50 2 1 1 1 5 3 55 2 6
086 1 1171307 02 210 32113020 0101111010011101 2 0000000000000000
086 2 0000000010000000 0000000000000000 0000000000000000
086 3 0000 411 0001100 0 0001000100110001 0000000000000000 00.00 2 12
086 4 3133 03 0000000000000000 00.00 2 1 1 5 6 1 27 3 2
087 1 1172307 11 210 32113020 0101111010011101 1 0000000000000000
087 2 0000000000001000 0000000000000110 0000000000000000
087 3 0100 324 0010100 0 0000000000000010 0000000000000000 00.00 2 22
087 4 3235 05 0000000000000010 05.00 2 1 1 5 6 2 35 6 2
088 1 1171307 05 210 32113020 0101111010011101 3 0000000000000100
088 2 0100000000000000 0100000000000000 0000000000000000
088 3 0200 261 0001100 0 0001000010000100 0000000000000000 00.00 2 12
088 4 3221 12 0000000000000000 00.00 2 1 1 5 9 2 33 4 6
089 1 1171307 30 210 32113020 0101111010011101 2 0000000000000000
089 2 0000000000000000 0000000000001000 0000000000000000
089 3 0000 412 0000100 0 0010000000000000 0000000000000000 00.00 2 22
089 4 3134 04 0000000000000000 00.00 2 2 1 5 3 1 62 2 3
090 1 1172307 16 210 32113020 0101111010011101 1 0001000000000000
090 2 0000000000000000 0000000000001000 0000000000000000
090 3 0100 212 0011100 0 0011100011010100 0000000000000000 00.00 2 22
090 4 3233 10 0000000000000100 09.00 1 1 1 5 5 2 31 3 7
091 1 1171307 02 210 32113020 0101111010011101 1 0000000000000100
091 2 0000000000000000 0000000000000000 0000000000000000
091 3 0000 224 0101000 0 0011010000000100 0000000000000000 00.00 2 22
091 4 3133 03 0000000000000000 00.00 2 1 1 5 6 2 47 6 5
092 1 1172307 01 210 32113020 0101111010011101 1 0000000000000000
092 2 0000000000000000 0000000000000000 0000000000000000
092 3 0100 411 0001100 0 0001100000000000 0000000000000000 00.00 2 22
092 4 2223 03 0000000000000000 00.00 2 1 1 5 1 5 42 5 5
093 1 1172307 10 210 32113020 0101111010011101 1 0001001000000000
093 2 0100000000000000 0100000000000000 0000000000000000
093 3 1225 172 1010010 0 0101001101000110 1101001101000111 95.00 1 12
093 4 4343 04 0000000000000000 00.00 2 1 1 5 6 2 37 3 1
094 1 1171307 02 210 32113020 0101111010011101 2 0000000000000000
094 2 0000000000000000 0000000000000000 0000000000000000
094 3 0100 162 1000010 0 1000010011000000 0000010000000000 01.25 2 22
094 4 3133 03 0000000000000000 00.00 2 1 1 5 6 1 48    2
095 1 1172307 02 210 32113020 0101111010011101 4 0100010000000000
095 2 0000000000000000 0000000000000000 0000000000000000
095 3 0202 412 0000110 0 1001011000100000 0000000000000001 01.00 2 22
```

```
095 4 3133 03 0000000000000000 00.00 2 1 1 5 5 3 25 3 2
096 1 1171307 02 210 32113020 0101111010011101 1 0000000000001000
096 2 0000000000000000 0000000000001000 0000000000000000
096 3 0000 261 0001100 0 0010000000000100 0000000000000000 00.00 2 22
096 4 3133 04 0000000000000000 00.00 2 1 1 5 5    64 4 3
097 1 1171307 11 210 32113020 0101111010011101 3 0000000000000000
097 2 0000000000000000 0000000000000100 0000000000000000
097 3 0000 221 0001010 0 1000100000000100 0000000000000000 00.00 2 22
097 4 2111 02 0000100000000000 03.00 1 1 1 5 6 2 37 1 3
098 1 1172307 07 210 32113020 0101111010011101 2 0001000000011000
098 2 0000000000000000 0000000000011000 0000000000000000
098 3 0100 321 0000000 0 1000010100010000 0000000000000000 00.00 2 31
098 4 2133 04 0000000000000000 00.00 2 2 1 9 2 49 7 4
099 1 1171307 05 210 32113020 0101111010011101 1 0000000000000001
099 2 0000000000000000 0000000000000001 0000000000000000
099 3 0000 2 1 0010100 0 0001000010010000 0000000000000000 00.00 2 22
099 4 3333 05 0000000000000001 07.00 2 1 1 5 1 5 28 4 3
```

La disposition des données dans le fichier GARAGE.DAT

PHASE D'OBSERVATION

Ligne	Colonne(s)	Variable	Codification	Nom
1	1-3	Numéro d'observation	001 à 099	OBS
	5	Numéro de ligne	1	LIGNE
	7	Jour	Samedi (1), dimanche (2)	JOUR
	8	Quartier	Nord (1), Sud (2), Est (3), Ouest (3)	QUART
	9	Numéro de la vente	1 à 7	VENTE
	10	Observateur	1 ou 2	OBSER
	11	Temps	Ensoleillé (1), nuageux (2), pluvieux (3)	TEMPS
	12-13	Température	Degrés Celsius	DEGRES
	15-16	Durée de l'observation	Minutes	DUREE
	18	Aspect de la maison	Cossu (1), moyen (2), modeste (3)	ASPECT
	19	Annonces sur le site	Oui (1), non (0)	ANSITE
	20	Annonces dans le quartier	Oui (1), non (0)	ANQUAR
	22	Présentation des produits	Mauvaise (1), moyenne (2), bonne (3)	PRESENT

PHASE D'OBSERVATION

Ligne	Colonne(s)	Variable	Codification	Nom
1	23	Disposition des produits	Par groupe (1), pêle-mêle (2)	DISPOS
	24	Choix	Faible (1), moyen (2), élevé (3)	CHOIX
	25	Achalandage	Faible (1), moyen (2), élevé (3)	ACHAL
	26	Localisation des présentoirs	Extérieur (1), intérieur (2), les deux (3)	LOCAL
	27	Visibilité des présentoirs	De la rue (1), non (0)	VISIB
	28	Nombre de présentoirs	Nombre	NBPRES
	29	Autos stationnées	Oui (1), non (0)	AUTOS
	31	Disponibilité : antiquités	Oui (1), non (0)	ANTIQ
	32	Disp.: app. électroniques	Oui (1), non (0)	ELECT
	33	Disp.: articles de jardin	Oui (1), non (0)	JARDI
	34	Disp.: articles ménagers	Oui (1), non (0)	MENAG
	35	Disp.: articles de sport	Oui (1), non (0)	SPORT
	36	Disp.: articles décoratifs	Oui (1), non (0)	DECOR
	37	Disp.: disques	Oui (1), non (0)	DISQS
	38	Disp.: gadgets	Oui (1), non (0)	GADGT
	39	Disp.: jouets	Oui (1), non (0)	JOUET
	40	Disp.: livres et revues	Oui (1), non (0)	LIVRE
	41	Disp.: gros meubles	Oui (1), non (0)	GRMEU
	42	Disp.: petits meubles	Oui (1), non (0)	PTMEU
	43	Disp.: objets de valeur	Oui (1), non (0)	OBJET

PHASE D'OBSERVATION

Ligne	Colonne(s)	Variable	Codification	Nom
1	44	Disp.: outils	Oui (1), non (0)	OUTIL
	45	Disp.: vêtements	Oui (1), non (0)	VETEM
	46	Disp.: autres	Oui (1), non (0)	AUTRE
	48	Consommateur accompagné	Seul (1), couple (2), famille (3), groupe (4)	ACCOM
	50	Regarde : antiquités	Oui (1), non (0)	RANTIQ
	51	Reg. : app. électroniques	Oui (1), non (0)	RELECT
	52	Reg. : articles de jardin	Oui (1), non (0)	RJARDI
	53	Reg. : articles ménagers	Oui (1), non (0)	RMENAG
	54	Reg. : articles de sport	Oui (1), non (0)	RSPORT
	55	Reg. : articles décoratifs	Oui (1), non (0)	RDECOR
	56	Reg. : disques	Oui (1), non (0)	RDISQS
	57	Reg. : gadgets	Oui (1), non (0)	RGADGT
	58	Reg. : jouets	Oui (1), non (0)	RJOUET
	59	Reg. : livres et revues	Oui (1), non (0)	RLIVRE
	60	Reg. : gros meubles	Oui (1), non (0)	RGRMEU
	61	Reg. : petits meubles	Oui (1), non (0)	RPTMEU
	62	Reg. : objets de valeur	Oui (1), non (0)	ROBJET
	63	Reg. : outils	Oui (1), non (0)	ROUTIL
	64	Reg. : vêtements	Oui (1), non (0)	RVETEM
	65	Reg. : autres	Oui (1), non (0)	RAUTRE
2	1-3	Numéro d'observation	001 à 099	OBS
	5	Numéro de ligne	2	LIGNE
	7	Manipule : antiquités	Oui (1), non (0)	MANTIQ
	8	Manip. : app. électroniques	Oui (1), non (0)	MELECT

PHASE D'OBSERVATION

Ligne	Colonne(s)	Variable	Codification	Nom
2	9	Manip.: articles de jardin	Oui (1), non (0)	MJARDI
	10	Manip.: articles ménagers	Oui (1), non (0)	MMENAG
	11	Manip.: articles de sport	Oui (1), non (0)	MSPORT
	12	Manip.: articles décoratifs	Oui (1), non (0)	MDECOR
	13	Manip.: disques	Oui (1), non (0)	MDISQS
	14	Manip.: gadgets	Oui (1), non (0)	MGADGT
	15	Manip.: jouets	Oui (1), non (0)	MJOUET
	16	Manip.: livres et revues	Oui (1), non (0)	MLIVRE
	17	Manip.: gros meubles	Oui (1), non (0)	MGRMEU
	18	Manip.: petits meubles	Oui (1), non (0)	MPTMEU
	19	Manip.: objets de valeur	Oui (1), non (0)	MOBJET
	20	Manip.: outils	Oui (1), non (0)	MOUTIL
	21	Manip.: vêtements	Oui (1), non (0)	MVETEM
	22	Manip.: autres	Oui (1), non (0)	MAUTRE
	24	Discute: antiquités	Oui (1), non (0)	DANTIQ
	25	Disc.: app. électroniques	Oui (1), non (0)	DELECT
	26	Disc.: articles de jardin	Oui (1), non (0)	DJARDI
	27	Disc.: articles ménagers	Oui (1), non (0)	DMENAG
	28	Disc.: articles de sport	Oui (1), non (0)	DSPORT
	29	Disc.: articles décoratifs	Oui (1), non (0)	DDECOR
	30	Disc.: disques	Oui (1), non (0)	DDISQS
	31	Disc.: gadgets	Oui (1), non (0)	DGADGT
	32	Disc.: jouets	Oui (1), non (0)	DJOUET
	33	Disc.: livres et revues	Oui (1), non (0)	DLIVRE
	34	Disc.: gros meubles	Oui (1), non (0)	DGRMEU
	35	Disc.: petits meubles	Oui (1), non (0)	DPTMEU

PHASE D'OBSERVATION

Ligne	Colonne(s)	Variable	Codification	Nom
2	36	Disc.: objets de valeur	Oui (1), non (0)	DOBJET
	37	Disc.: outils	Oui (1), non (0)	DOUTIL
	38	Disc.: vêtements	Oui (1), non (0)	DVETEM
	39	Disc.: autres	Oui (1), non (0)	DAUTRE
	41	Négocie: antiquités	Oui (1), non (0)	NANTIQ
	42	Nég.: app. électroniques	Oui (1), non (0)	NELECT
	43	Nég.: articles de jardin	Oui (1), non (0)	NJARDI
	44	Nég.: articles ménagers	Oui (1), non (0)	NMENAG
	45	Nég.: articles de sport	Oui (1), non (0)	NSPORT
	46	Nég.: articles décoratifs	Oui (1), non (0)	NDECOR
	47	Nég.: disques	Oui (1), non (0)	NDISQS
	48	Nég.: gadgets	Oui (1), non (0)	NGADGT
	49	Nég.: jouets	Oui (1), non (0)	NJOUET
	50	Nég.: livres et revues	Oui (1), non (0)	NLIVRE
	51	Nég.: gros meubles	Oui (1), non (0)	NGRMEU
	52	Nég.: petits meubles	Oui (1), non (0)	NPTMEU
	53	Nég.: objets de valeur	Oui (1), non (0)	NOBJET
	54	Nég.: outils	Oui (1), non (0)	NOUTIL
	55	Nég.: vêtements	Oui (1), non (0)	NVETEM
	56	Nég.: autres	Oui (1), non (0)	NAUTRE

PHASE D'ENQUÊTE

Ligne	Colonne(s)	Variable	Codification	Nom
3	1-3	Numéro d'observation	000 à 099	OBS
	5	Numéro de ligne	3	LIGNE
	7-8	Question 1	Nombre	NBVEN1
	9-10	Question 2	Nombre	NBVEN2

PHASE D'ENQUÊTE

Ligne	Colonne(s)	Variable	Codification	Nom
3	12	Question 3	Mordu (1), régulier (2), ..., presque jamais (5)	INTERET
	13	Question 4	Jamais (0), 1 à 5 (2), ..., 151 ou plus (7)	NBFOIS
	14	Question 5	Jamais (0), 1 sur 4 (2), ..., toutes (5)	FREQ
	16	Question 6: revendre	Mention (1), non (0)	ACHREV
	17	Question 6: marchander	Mention (1), non (0)	ACHMAR
	18	Question 6: affaire	Mention (1), non (0)	ACHAFF
	19	Question 6: pas cher	Mention (1), non (0)	ACHCPC
	20	Question 6: besoin	Mention (1), non (0)	ACHBES
	21	Question 6: unique	Mention (1), non (0)	ACHAIL
	22	Question 6: autre raison	Mention (1), non (0)	ACHAUT
	24	Question 7	Ne s'applique pas (0), préfère encans (1), pas d'intérêt (2), assez d'objets chez moi (3), pas besoin (4)	PASACHA
	26	Question 8: antiquités	Oui (1), non (0)	HANTIQ
	27	Q. 8: app. électroniques	Oui (1), non (0)	HELECT

PHASE D'ENQUÊTE

Ligne	Colonne(s)	Variable	Codification	Nom
3	28	Q. 8 : articles de jardin	Oui (1), non (0)	HJARDI
	29	Q. 8 : articles ménagers	Oui (1), non (0)	HMENAG
	30	Q. 8 : articles de sport	Oui (1), non (0)	HSPORT
	31	Q. 8 : articles décoratifs	Oui (1), non (0)	HDECOR
	32	Q. 8 : disques	Oui (1), non (0)	HDISQS
	33	Q. 8 : gadgets	Oui (1), non (0)	HGADGT
	34	Q. 8 : jouets	Oui (1), non (0)	HJOUET
	35	Q. 8 : livres et revues	Oui (1), non (0)	HLIVRE
	36	Q. 8 : gros meubles	Oui (1), non (0)	HGRMEU
	37	Q. 8 : petits meubles	Oui (1), non (0)	HPTMEU
	38	Q. 8 : objets de valeur	Oui (1), non (0)	HOBJET
	39	Q. 8 : outils	Oui (1), non (0)	HOUTIL
	40	Q. 8 : vêtements	Oui (1), non (0)	HVETEM
	41	Q. 8 : autres	Oui (1), non (0)	HAUTRE
	43	Question 9 : antiquités	Oui (1), non (0)	JANTIQ
	44	Q. 9 : app. électroniques	Oui (1), non (0)	JELECT
	45	Q. 9 : articles de jardin	Oui (1), non (0)	JJARDI
	46	Q. 9 : articles ménagers	Oui (1), non (0)	JMENAG
	47	Q. 9 : articles de sport	Oui (1), non (0)	JSPORT
	48	Q. 9 : articles décoratifs	Oui (1), non (0)	JDECOR
	49	Q. 9 : disques	Oui (1), non (0)	JDISQS
	50	Q. 9 : gadgets	Oui (1), non (0)	JGADGT
	51	Q. 9 : jouets	Oui (1), non (0)	JJOUET
	52	Q. 9 : livres et revues	Oui (1), non (0)	JLIVRE
	53	Q. 9 : gros meubles	Oui (1), non (0)	JGRMEU
	54	Q. 9 : petits meubles	Oui (1), non (0)	JPTMEU

PHASE D'ENQUÊTE

Ligne	Colonne(s)	Variable	Codification	Nom
3	55	Q. 9 : objets de valeur	Oui (1), non (0)	JOBJET
	56	Q. 9 : outils	Oui (1), non (0)	JOUTIL
	57	Q. 9 : vêtements	Oui (1), non (0)	JVETEM
	58	Q. 9 : autres	Oui (1), non (0)	JAUTRE
	60-64	Question 10	Montant d'argent	DEPEN1
	66	Question 11	Oui (1), non (2)	MARCH1
	68	Question 12	Journaux (1), pancarte (2), bouche à oreille (3), en passant (4), autre (5)	APPRIS
	69	Question 13	Oui (1), non (2)	SAVAIT
4	1-3	Numéro d'observation	000 à 099	OBS
	5	Numéro de ligne	4	LIGNE
	7	Question 14 : présentation	0 à 5	EVAL1
	8	Question 14 : choix	0 à 5	EVAL2
	9	Question 14 : ambiance	0 à 5	EVAL3
	10	Question 14 : vendeur	0 à 5	EVAL4
	12-13	Question 15	Trop cher (1), pas de choix (2), pas d'intérêt (3), trouve pas (4), besoin comblé (5), trouvaille (6), pour revendre (7), veut encourager (8),	INFLUE

PHASE D'ENQUÊTE

Ligne	Colonne(s)	Variable	Codification	Nom
4	12-13	Question 15	bon choix (9), bon prix (10), endroit sale (11), prix non affichés (12),vendeur ne veut pas négocier (13), besoin de réfléchir (14), accueil chaleureux (15), mal présenté (16), achète pour un autre (17), regarde (18), trop de monde (19)	
	15	Question 16 : antiquités	Oui (1), non (0)	IANTIQ
	16	Q. 16 : app. électroniques	Oui (1), non (0)	IELECT
	17	Q. 16 : articles de jardin	Oui (1), non (0)	IJARDI
	18	Q. 16 : articles ménagers	Oui (1), non (0)	IMENAG
	19	Q. 16 : articles de sport	Oui (1), non (0)	ISPORT
	20	Q. 16 : articles décoratifs	Oui (1), non (0)	IDECOR
	21	Q. 16 : disques	Oui (1), non (0)	IDISQS
	22	Q. 16 : gadgets	Oui (1), non (0)	IGADGT
	23	Q. 16 : jouets	Oui (1), non (0)	IJOUET
	24	Q. 16 : livres et revues	Oui (1), non (0)	ILIVRE
	25	Q. 16 : gros meubles	Oui (1), non (0)	IGRMEU
	26	Q. 16 : petits meubles	Oui (1), non (0)	IPTMEU
	27	Q. 16 : objets de valeur	Oui (1), non (0)	IOBJET
	28	Q. 16 : outils	Oui (1), non (0)	IOUTIL
	29	Q. 16 : vêtements	Oui (1), non (0)	IVETEM

PHASE D'ENQUÊTE

Ligne	Colonne(s)	Variable	Codification	Nom
4	30	Q. 16 : autres	Oui (1), non (0)	IAUTRE
	32-36	Question 17	Montant d'argent	DEPEN2
	38	Question 18	Oui (1), non (2)	MARCH2
	40	Question 19	Homme (1), femme (2)	SEXE
	42	Question 20	Français (1), anglais (2), autre (3)	LANGUE
	44	Question 21	Nord (1), Sud (2), ..., autre (5)	RESID
	46	Question 22	Professionnel (1), employé de bureau (2), ..., autre (9)	OCCUP
	48	Question 23	Primaire (1), secondaire (2), ..., université – 2e et 3e cycles (5)	ETUDES
	50-51	Question 24	Années	AGE
	53	Question 25	0-10 000$ (1), 10 001 à 20 000$ (2), ..., plus de 60 000$ (7)	REVENUS
	55	Question 26	Nombre de personnes	FOYER

L'analyse des relations comportant deux variables

Introduction

Au chapitre 7, nous avons présenté les notions de base de l'analyse statistique des données issues d'une recherche en marketing. Nous avons vu comment le chercheur en marketing procède à la codification et à la mise en forme des données ainsi qu'à l'analyse statistique univariée (c'est-à-dire une variable à la fois). Dans le présent chapitre, nous poursuivons notre présentation de l'analyse des données en examinant le cas où le chercheur s'intéresse aux relations qui existent entre des variables prises deux à la fois, ce qu'on appelle l'**analyse bivariée**. Nous verrons qu'il existe différentes techniques permettant de faire ces analyses et que leur utilisation est définie en fonction du niveau de mesure des variables en cause.

Ce chapitre débute par une brève discussion de la notion de relation entre deux variables, suivie de la présentation d'une procédure générale de sélection d'une technique appropriée pour résoudre le problème d'analyse bivariée du chercheur. Par la suite, les techniques d'analyse bivariée suivantes sont discutées à tour de rôle : tableaux croisés, comparaisons de moyennes, corrélation et régression simple.

L'ANALYSE BIVARIÉE

Il est rare que le chercheur en marketing se contente des résultats d'une analyse statistique univariée. La plupart du temps, il voudra en apprendre plus en faisant intervenir une deuxième variable. Supposons, par exemple, qu'un chercheur ait mesuré l'intention d'achat d'un nouveau produit en utilisant l'échelle ordinale suivante :

Je ne l'achèterai pas. ☐

Je l'achèterai peut-être. ☐

Je l'achèterai sûrement. ☐

En examinant la distribution des fréquences de cette variable, le chercheur connaîtra la proportion des personnes dans l'échantillon qui ont l'intention d'acheter le produit, la proportion des personnes qui hésitent et celle des personnes qui n'ont pas l'intention de procéder à l'achat. S'il le désire, il pourra calculer la marge d'erreur associée à ces estimations, afin de généraliser ses résultats à la population d'où a été tiré l'échantillon.

Bien qu'intéressante, cette analyse univariée n'en est pas moins limitée. En effet, il serait très utile de connaître le profil des personnes ayant donné différentes réponses, afin de formuler ultérieurement des recommandations aux décideurs. Par exemple, les personnes qui n'ont pas l'intention d'acheter sont-elles plus jeunes que les autres ? En mettant en relation la mesure d'intention avec l'âge, le chercheur saura si cette variable influence l'intention d'achat des consommateurs.

Les types de relation

Dans l'exemple qui précède, la relation (bivariée) entre l'intention d'achat et l'âge suppose naturellement un effet de l'âge sur l'intention. L'inverse n'est pas logiquement possible. Schématiquement, on obtient la relation suivante :

Âge → Intention

Lorsque, comme ici, une relation bivariée implique un effet d'une variable sur l'autre variable et non l'inverse, on parle d'une **relation de dépendance**. Dans ce cas, la variable influencée est appelée « **variable dépendante** » et la variable qui produit l'effet, « **variable indépendante** ». Nous avons vu ces termes auparavant, lors de notre discussion de l'expérimentation au chapitre 4 (page 94). Dans notre exemple, l'âge est la variable indépendante, alors que l'intention d'achat est la variable dépendante.

Une variable peut agir à titre de variable dépendante dans une relation donnée et être une variable indépendante dans une autre relation. Par exemple, si le chercheur obtient une mesure réelle d'achat après l'introduction du nouveau produit, il pourrait envisager l'analyse de la relation de dépendance suivante :

Intention → Achat

Ici, l'intention d'achat agit à titre de variable indépendante. Il est important de retenir que le statut d'une variable à l'intérieur d'une relation bivariée donnée se définit généralement à partir du contexte dans lequel cette variable intervient. Il appartient au chercheur de déterminer le statut des variables qu'il met en relation.

Il arrive qu'il soit difficile ou même impossible de décider du statut des variables mises en relation. On dit alors qu'il s'agit d'une **relation d'interdépendance**. À titre d'illustration, dans une enquête on pourrait mesurer la sensibilité à l'influence sociale (voir l'échelle présentée au tableau 5.4, page 149) ainsi que la gourmandise des participants à l'aide de la question suivante :

Êtes-vous :

très gourmand   ☐

plutôt gourmand   ☐

peu gourmand   ☐

pas gourmand   ☐

Si on considère la relation entre ces deux variables, il apparaît difficile de préciser une quelconque direction de dépendance. Il vaudrait mieux proposer une influence réciproque qui s'exprimerait schématiquement comme ceci :

Sensibilité à l'influence sociale ◄─► Gourmandise

La plupart des techniques d'analyse bivariée que nous verrons dans ce chapitre peuvent être employées pour l'étude de relations de dépendance ou d'interdépendance (à l'exception de la régression simple qui est strictement une technique d'analyse de dépendance). Retenons que c'est le chercheur qui, après y avoir réfléchi, décide du statut des variables qu'il met en relation.

Le choix d'une technique d'analyse appropriée

Avant d'entreprendre notre discussion de l'analyse statistique bivariée, nous allons présenter une classification visant à faciliter le choix d'une technique d'analyse appropriée. Cette classification, fondée sur les distinctions qui ont été établies entre les différentes échelles de mesure, sert de cadre de référence pour la présentation subséquente des techniques[1].

Nous avons vu au chapitre 5 que les variables sont mesurées à l'aide d'échelles discrètes (nominales ou ordinales) ou continues (d'intervalles ou de ratio). La connaissance du niveau de mesure des variables permet de choisir la technique d'analyse statistique bivariée qui convient. Au tableau 8.1, nous montrons que lorsque les variables sont mesurées toutes les deux à l'aide d'une échelle discrète, le chercheur doit procéder à l'analyse d'un *tableau croisé*. Si l'une des variables est mesurée sur une échelle discrète et que l'autre est mesurée sur une échelle continue, il doit procéder à une *comparaison de moyennes*.

---

1. Cette classification est tirée de l'ouvrage d'A. d'Astous, *Introduction à l'analyse des données issues d'une enquête*, Montréal, Guérin éditeur, 1993.

Enfin, si les deux variables sont mesurées à l'aide d'une échelle continue, le chercheur doit faire une analyse de *corrélation* ou de *régression*.

Il n'est pas nécessaire d'en savoir plus à ce stade-ci. La logique de cette classification apparaîtra lorsque nous étudierons chacune des situations décrites au tableau 8.1.

L'ANALYSE DES TABLEAUX CROISÉS

Nous avons vu au chapitre 7 que l'analyse univariée des variables mesurées à l'aide d'échelles discrètes se fait à partir de distributions de fréquences. L'analyse de deux variables discrètes s'effectue aussi à l'aide de fréquences, mais cette fois il s'agit de fréquences *conjointes*.

Les fréquences conjointes obtenues en croisant deux variables discrètes de l'étude sur les ventes de garage sont présentées au tableau 8.2. On s'intéresse ici à la relation entre les revenus (30 000 $ ou moins contre plus de 30 000 $ par an) et l'intérêt pour les ventes de garage (voir l'annexe du chapitre 5, question 3, page 160). On peut penser que la relation qui unit ces deux variables discrètes est une relation de dépendance :

$$\text{Revenus} \longrightarrow \text{Intérêt}$$

Le tableau croisé contient les fréquences correspondant au croisement des catégories qui définissent les deux variables. Ainsi, parmi les personnes interrogées qui gagnent 30 000 $ ou moins par an, 25 affirment être des mordues des

TABLEAU 8.1   Une classification des techniques d'analyse statistique bivariée

		ÉCHELLE DE MESURE DE LA DEUXIÈME VARIABLE	
		Nominale ou ordinale	**D'intervalles ou de ratio**
ÉCHELLE DE MESURE DE LA PREMIÈRE VARIABLE	*Nominale ou ordinale*	Tableau croisé	Comparaison de moyennes
	D'intervalles ou de ratio	Comparaison de moyennes	Corrélation ou régression

ventes de garage. De même, parmi les personnes qui gagnent plus de 30 000 $, 19 disent qu'il leur arrive occasionnellement d'aller dans les ventes de garage. On obtient le total des fréquences d'une catégorie en faisant la somme des fréquences associées à cette catégorie pour toutes les catégories de l'autre variable. Par exemple, 54 (25 + 10 + 9 + 6 + 4) participants à l'enquête gagnent 30 000 $ ou moins, 10 (6 + 4) vont rarement dans les ventes de garage, et ainsi de suite. Ces totaux constituent les **fréquences marginales** du tableau croisé. Elles correspondent aux fréquences univariées de chaque variable.

Examinons attentivement le tableau croisé (tableau 8.2). Chez les personnes *qui gagnent 30 000 $ ou moins*, la distribution de fréquences est la suivante : 25 («très souvent»), 10 («régulièrement»), 9 («occasionnellement»), 6 («rarement») et 4 («jamais»). Chez les gens *qui gagnent plus de 30 000 $*, la distribution de fréquences s'établit comme suit : 6, 10, 19, 4 et 4 selon les catégories respectives. Il semble donc que les mordus des ventes de garage soient plus nombreux au sein du groupe de personnes dont les revenus sont moins élevés. On peut mieux s'en rendre compte en exprimant les données du tableau croisé sous forme de pourcentages, comme nous le faisons au tableau 8.3

L'interprétation d'un tableau croisé est généralement facilitée lorsque les données sont présentées sous forme de pourcentages *selon les catégories de la variable indépendante*. Nous pouvons constater au tableau 8.3 que la distribution des pourcentages d'intérêt pour les ventes de garage varie selon les catégories de revenus. Les mordus sont proportionnellement plus nombreux chez les personnes qui ont des revenus moins élevés (46,29 % contre 13,95 %), alors que c'est l'inverse en ce qui concerne les personnes qui visitent les ventes

TABLEAU 8.2   Un exemple de tableau croisé

		REVENUS		
		30 000 $ ou moins	**Plus de 30 000 $**	
	Très souvent (mordu)	25 *(17.26)*	6	31
INTÉRÊT	Régulièrement	10	10	20
	Occasionnellement	9	19	28
	Rarement	6	4	10
	Jamais	4	4	8
		54	43	97

$$\left(\frac{54 \cdot 31}{97}\right)$$

$$\left(\frac{25-17.26}{17.26}\right)^2 + \left(\quad\right)^2 = \boxed{\quad}$$

TABLEAU 8.3   Le tableau croisé exprimé sous forme de pourcentages
selon les revenus

		REVENUS	
		30 000 $ ou moins	**Plus de 30 000 $**
	Très souvent (mordu)	46,29 %	13,95 %
INTÉRÊT	*Régulièrement*	18,52 %	23,26 %
	Occasionnellement	16,67 %	44,19 %
	Rarement	11,11 %	9,30 %
	Jamais	7,41 %	9,30 %
		100,00 %	100,00 %

de garage de façon occasionnelle (16,67 % contre 44,19 %). On note des différences dans les autres catégories de la variable INTÉRÊT, mais celles-ci ne sont pas aussi marquées. Du point de vue des données de l'échantillon, on aurait tendance à penser que les revenus ont un effet sur l'intérêt: les gens qui ont des revenus moins élevés semblent s'intéresser davantage aux ventes de garage. Cette conclusion se limite toutefois à l'échantillon de personnes interrogées lors de l'enquête. Généralement, on cherche à tester l'existence de la relation dans la population représentée par l'échantillon.

Le test d'indépendance du khi carré

Afin de vérifier si une relation entre deux variables discrètes existe dans la population, on emploie le test du khi carré (χ^2). La procédure de test repose sur la statistique χ^2 qui se définit ainsi:

$$\chi^2 = \sum_{i=1}^{r} \sum_{j=1}^{c} \frac{\left(O_{ij} - T_{ij}\right)^2}{T_{ij}}$$

Dans cette expression, O_{ij} est la fréquence *observée* pour la cellule ij du tableau croisé et T_{ij} est la fréquence *théorique* associée à la même cellule. Les fréquences observées sont celles qu'on trouve dans le tableau croisé. Les fréquences théoriques doivent être calculées; elles correspondent aux fréquences qu'on obtiendrait si les deux variables discrètes étaient indépendantes. Essayons maintenant de comprendre la logique qui sous-tend le calcul de la statistique χ^2. Nous verrons par la suite la façon de calculer les fréquences théoriques.

Comme on le voit, χ^2 s'obtient en calculant, pour chaque cellule ij du tableau croisé, le carré de la différence entre la fréquence observée et la fréquence théorique, divisé par la fréquence théorique et en faisant la somme de ce rapport pour toutes les cellules du tableau (r lignes et c colonnes). Il s'agit donc d'une sorte d'indice de *distance* entre les fréquences observées et les fréquences théoriques; plus χ^2 est grand, plus les fréquences observées s'éloignent des fréquences théoriques. Puisque ces dernières correspondent à celles qu'on devrait obtenir si les deux variables étaient indépendantes, on conclut que plus χ^2 est grand, plus on aura tendance à croire que les deux variables sont associées.

On calcule les fréquences théoriques d'un tableau croisé à partir des fréquences marginales (ou totaux des lignes et des colonnes). Plus précisément, on utilise l'équation suivante:

$$T_{ij} = \frac{\text{Total ligne}_i \times \text{Total colonne}_j}{\text{Grand total}}$$

Cette équation provient d'une règle de probabilité qui dit que lorsque deux événements sont indépendants, la probabilité conjointe d'occurrence des deux événements est égale au produit des probabilités simples associées à chaque événement. À titre d'illustration, pour la cellule du tableau 8.2 qui correspond au croisement «30 000 $ ou moins/visite régulièrement», la fréquence observée est de 10 et la fréquence théorique est égale à 11,13 [(20 × 54)/97]. De la même manière, on peut obtenir les fréquences théoriques pour toutes les cellules du tableau croisé. Nous présentons au tableau 8.4 les fréquences observées et théoriques (entre parenthèses) de notre exemple. Pour se convaincre que les fréquences théoriques correspondent à une situation d'indépendance entre les deux variables, le lecteur devrait vérifier que la distribution des pourcentages calculés à partir de ces dernières est la même pour chaque catégorie de revenus.

TABLEAU 8.4   Les fréquences observées et théoriques dans le tableau croisé

		REVENUS		
		30 000 $ ou moins	Plus de 30 000 $	
INTÉRÊT	Très souvent (mordu)	25 (17,26)	6 (13,74)	31
	Régulièrement	10 (11,13)	10 (8,87)	20
	Occasionnellement	9 (15,59)	19 (12,41)	28
	Rarement	6 (5,57)	4 (4,43)	10
	Jamais	4 (4,45)	4 (3,55)	8
		54	43	97

Annotation manuscrite : $df = (h-1)(c-1)$; $4 \cdot 1 = 4$

On peut maintenant calculer la statistique χ^2 de notre exemple :

$$\chi^2 = \begin{bmatrix} (25 - 17,26)^2/17,26 + (10 - 11,13)^2/11,13 \\ + (9 - 15,59)^2/15,59 + (6 - 5,57)^2/5,57 \\ + (4 - 4,45)^2/4,45 + (6 - 13,74)^2/13,74 \\ + (10 - 8,87)^2/8,87 + (19 - 12,41)^2/12,41 \\ + (4 - 4,43)^2/4,43 + (4 - 3,55)^2/3,55 \end{bmatrix} = 14,55$$

Que peut-on dire sur l'existence de la relation entre les deux variables dans la population sur la base de cette valeur de χ^2? On sait que plus χ^2 est grand, moins les deux variables sont indépendantes. Pour pouvoir ajouter quoi que ce soit de plus précis, nous devons nous interroger sur la *vraisemblance* d'obtenir une valeur de χ^2 égale à 14,55 lorsque les variables sont effectivement indépendantes. Nous devons procéder à un **test d'hypothèse**.

L'analyse statistique des relations entre deux variables procède habituellement à partir de tests d'hypothèse. Un test d'hypothèse correspond à une procédure visant à évaluer si l'existence d'une relation dans la population est plausible. Les tests d'hypothèse sont fondés sur la notion de distribution d'échantillonnage, un concept dont nous avons discuté au chapitre 6. Voyons comment on peut tester l'existence d'une relation entre les revenus et l'intérêt pour les ventes de garage en utilisant les résultats de l'analyse de χ^2.

Partons de l'hypothèse qu'il n'y a pas de relation entre les deux variables dans la population. C'est ce qu'on appelle l'**hypothèse nulle**. Si cette hypothèse est vraie, cela signifie que la valeur de χ^2 dans la population, soit χ^2_{pop} est égale à zéro. Si on tire un échantillon de 97 personnes de cette population (il y a deux valeurs manquantes dans notre exemple), on devrait s'attendre à ce que la valeur d'échantillon de χ^2 soit petite. Bien sûr, parce qu'il s'agit d'un échantillon, il est possible que cette valeur soit élevée, mais cela est peu probable. Supposons qu'on replace les observations dans la population et qu'on tire un nouvel échantillon de 97 personnes. Encore une fois, on devrait s'attendre à ce que la valeur de χ^2 soit petite et proche de la première valeur. En répétant (en imagination) ce processus à l'infini, on aboutira à une *distribution d'échantillonnage de* χ^2. Logiquement, selon l'hypothèse nulle ($\chi^2_{pop} = 0$), la grande majorité des valeurs de χ^2 de cette distribution devraient être faibles.

Les statisticiens connaissent bien la distribution d'échantillonnage de χ^2. Ils ont montré que cette distribution dépend du nombre de lignes et de colonnes du tableau croisé. Plus précisément, cette distribution est complètement spécifiée par la quantité $[(r - 1) \times (c - 1)]$, qui correspond aux *degrés de liberté* associés au tableau croisé.

Dans notre exemple, le tableau croisé contient cinq lignes et deux colonnes. On a donc quatre degrés de liberté $[(5 - 1) \times (2 - 1)]$. Nous illustrons à la figure 8.1 la distribution d'échantillonnage de χ^2 avec quatre degrés de liberté. On constate que les valeurs de χ^2 vont de zéro à l'infini, puisque cette statistique ne permet pas de valeurs négatives. De plus, la surface sous la courbe est plus importante lorsque les valeurs de χ^2 sont faibles que lorsqu'elles sont élevées. Cela est logique, car il s'agit d'une distribution produite à partir d'une population où on suppose que χ^2_{pop} est nul.

Comme pour la distribution normale (chapitre 6), on obtient la probabilité qu'une observation tirée au hasard de la distribution de χ^2 soit comprise dans un intervalle donné en calculant la surface sous la courbe telle qu'elle est définie par cet intervalle. Avec quatre degrés de liberté, la probabilité qu'une valeur de χ^2 tirée au hasard soit supérieure à 9,49 est égale à 0,05. Cela est illustré à la figure 8.1. En d'autres termes, si l'hypothèse nulle ($\chi^2_{pop} = 0$) est vraie, il est improbable ($p = 0,05$) d'observer une valeur d'échantillon de χ^2 qui soit plus grande que 9,49. Puisque la valeur d'échantillon de χ^2 que nous avons obtenue dans notre exemple est égale à 14,55, une valeur supérieure à 9,49, on devrait rejeter l'hypothèse nulle de non-relation entre les deux variables en faveur de l'hypothèse que la relation existe (hypothèse «de dépendance»).

FIGURE 8.1 La distribution de χ^2 avec quatre degrés de liberté

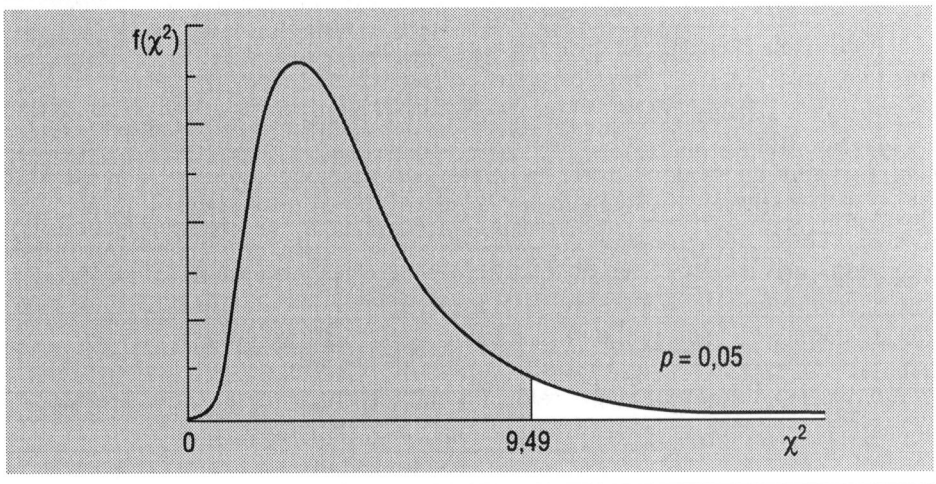

Comme on le voit, la logique du test de χ^2 est simple. Lorsque la valeur d'échantillon de χ^2 calculée à partir du tableau croisé paraît trop improbable dans le contexte de l'hypothèse nulle, on rejette cette hypothèse et on conclut que la relation existe dans la population. Généralement, la valeur d'échantillon de χ^2 est jugée trop improbable lorsqu'elle est plus grande qu'une *valeur critique* correspondant à la valeur à partir de laquelle la probabilité d'observer une valeur de χ^2 supérieure (selon l'hypothèse nulle toujours) est de 0,05. La majorité des chercheurs croient qu'une probabilité de 0,05 est suffisamment faible pour rejeter l'hypothèse nulle avec confiance. Dans le jargon statistique, on appelle cette probabilité le **seuil de signification statistique**. Ce seuil correspond à la probabilité d'erreur que le chercheur est prêt à assumer pour rejeter l'hypothèse nulle. Dans notre exemple, la valeur critique est de 9,49. Au tableau 8.5, nous présentons plusieurs valeurs critiques de la distribution de χ^2 pour des degrés de liberté variant de 1 à 30 et un seuil de signification statistique de 0,05.

Récapitulation

Le test d'indépendance du χ^2 a pour objectif de tester l'existence d'une relation entre deux variables discrètes formant un tableau croisé. On pose d'abord l'hypothèse (nulle) que la relation n'existe pas ou, de façon équivalente, que $\chi^2_{pop} = 0$. On calcule la valeur d'échantillon de χ^2 avec la formule présentée auparavant. On décide d'un seuil de signification statistique, généralement

TABLEAU 8.5 Des valeurs de χ^2 pour lesquelles prob $(\chi^2 >$ valeur$) = 0,05$

Degrés de liberté	Valeur	Degrés de liberté	Valeur
1	3,841	16	26,296
2	5,991	17	27,587
3	7,815	18	28,869
4	9,488	19	30,144
5	11,070	20	31,410
6	12,592	21	32,671
7	14,067	22	33,924
8	15,507	23	35,172
9	16,919	24	36,415
10	18,307	25	37,652
11	19,675	26	38,885
12	21,026	27	40,113
13	22,362	28	41,337
14	23,685	29	42,557
15	24,996	30	43,773

0,05. On rejette l'hypothèse nulle si la valeur d'échantillon de χ^2 est supérieure à la valeur critique correspondant au seuil de signification statistique. Si l'hypothèse nulle est rejetée, on dit que la relation est *statistiquement significative*. On interprète ensuite la relation en examinant les fréquences et les pourcentages du tableau croisé.

Un exemple SAS

Voyons maintenant comment obtenir les résultats d'une analyse d'un tableau croisé à l'aide d'un logiciel statistique. Nous en profiterons pour discuter d'autres points d'intérêt.

Programmation

Nous présentons au tableau 8.6 un programme SAS conçu pour l'analyse de la relation entre les revenus et l'intérêt pour les ventes de garage. Notons d'abord qu'une nouvelle variable, appelée REV, est créée en transformant la variable originale REVENUS du fichier GARAGE.DAT à l'aide d'une instruction IF THEN. La nouvelle variable permet de distinguer les personnes qui gagnent

TABLEAU 8.6   Un programme SAS pour obtenir un tableau croisé

```
data vente;
infile 'a:garage.dat';
input #1 #2 #3 interet 12 #4 revenus 53;
if revenus < 4 then rev=1;else rev=2;
run;
proc freq data=vente; tables interet*rev/chisq measures;
run;
```

30 000 $ ou moins (REVENUS < 4) de celles qui gagnent plus de 30 000 $
(REVENUS ≥ 4).

Pourquoi faire l'analyse avec la variable REV plutôt qu'avec REVENUS ?
Comme nous l'avons indiqué au chapitre 7, il est normal de faire des transformations de variables lorsqu'on procède à l'analyse des données d'une recherche. Dans le cas présent, la variable REVENUS est mesurée à l'aide d'une échelle
ordinale à sept niveaux (question 25 de l'annexe du chapitre 5, page 163). Si on
croise cette variable avec la variable INTERET, qui elle est mesurée à l'aide
d'une échelle à cinq niveaux (question 3 de la même annexe, page 160), on
obtient un tableau croisé formé de 35 (7 × 5) cellules. Puisque la taille de
l'échantillon est de 99, il est évident qu'un tel tableau contiendrait des cellules
possédant des fréquences nulles ou encore très petites.

Les fréquences observées d'un tableau croisé doivent être suffisamment
grandes pour permettre d'interpréter la relation entre les deux variables. Par
ailleurs, le test du χ^2 repose sur une distribution d'échantillonnage approximative dont la qualité dépend de la taille des fréquences *théoriques* du tableau.
Généralement, les statisticiens recommandent de travailler avec des tableaux
dont les fréquences théoriques sont au moins égales à cinq[2]. Par conséquent, il
est fréquent que le chercheur en marketing transforme les variables discrètes
qu'il veut croiser en groupant des catégories dans le but d'augmenter la taille
des fréquences observées et théoriques dans les tableaux croisés. C'est ce qui a
été fait ici.

Pour obtenir un tableau croisé avec SAS, on utilise la procédure FREQ.
Après le mot clé TABLES, on inscrit les éléments suivants: «nom de la variable

---

2. Voir l'ouvrage de G. W. Snedecor et W. G. Cochran, *Statistical Methods*, 6ᵉ éd., Ames, IA, The Iowa State Uni-
    versity Press, 1967. Dans ce volume qui constitue une référence classique, on mentionne que des fréquences
    théoriques supérieures à un sont acceptables.

en lignes » • « nom de la variable en colonnes » (sans les guillemets), suivi d'une barre oblique et des mots clés CHISQ (pour obtenir la statistique χ^2) et MEASURES (si on désire la statistique γ – la lettre grecque gamma – dont nous parlerons plus loin).

Résultats

La sortie informatique de SAS est présentée au tableau 8.7. SAS présente d'abord le tableau croisé qui contient les fréquences (première ligne des cellules), le pourcentage par rapport au grand total (deuxième ligne), le pourcentage par rapport au total de la ligne (troisième ligne) et le pourcentage par rapport au total de la colonne (quatrième ligne). Le tableau croisé affiche aussi les fréquences marginales ainsi que les pourcentages de celles-ci par rapport au grand total. La statistique χ^2 figure ensuite (Chi-Square) avec les degrés de liberté (DF). Dans notre exemple, il y a quatre degrés de liberté et $\chi^2 = 14,556$ (même résultat que précédemment à une décimale près). La colonne intitulée « Prob » présente une information très importante, soit la valeur p du test ($p = 0,006$). Celle-ci mérite qu'on s'y attarde.

La valeur p

Nous avons dit que l'hypothèse nulle qui propose qu'il n'y a pas de relation entre les variables est rejetée si la valeur d'échantillon de χ^2 est supérieure à la valeur critique correspondant à un seuil de signification statistique de 0,05. Avec quatre degrés de liberté, nous savons que cette valeur critique est égale à 9,49 (tableau 8.5). Supposons, pour un instant, que l'on ait observé une valeur d'échantillon de χ^2 égale à 9,49. On aurait alors rejeté l'hypothèse nulle avec une probabilité d'erreur de 0,05 précisément. Si la valeur de χ^2 avait été de 9,50, la probabilité d'erreur aurait été légèrement inférieure. À quelle probabilité d'erreur la valeur réelle de χ^2, soit 14,556, correspond-elle ? SAS nous indique que cette probabilité, qu'on appelle la valeur p (ou *niveau de signification statistique*), est égale à 0,006. Nous illustrons ces propos à la figure 8.2.

La connaissance de la valeur p suggère donc une deuxième méthode de tester l'hypothèse de non-relation entre deux variables. En effet, puisque cette valeur correspond à la probabilité d'erreur exacte associée à la décision de rejeter l'hypothèse nulle, on peut formuler la règle de décision suivante : *il faut rejeter l'hypothèse nulle (conclure que la relation existe) si la valeur* p *est inférieure à 0,05.*

De nos jours, l'analyse statistique des données de recherche se fait dans la plupart des cas par l'entremise de logiciels spécialisés. Puisque ces logiciels

TABLEAU 8.7 **Le tableau croisé entre les revenus et l'intérêt se rapportant aux ventes de garage** (sortie SAS partielle)

The SAS System

TABLE OF INTERET BY REV

INTERET Frequency Percent Row Pct Col Pct	REV 1	2	Total
1	25 25.77 80.65 46.30	6 6.19 19.35 13.95	31 31.96
2	10 10.31 50.00 18.52	10 10.31 50.00 23.26	20 20.62
3	9 9.28 32.14 16.67	19 19.59 67.86 44.19	28 28.87
4	6 6.19 60.00 11.11	4 4.12 40.00 9.30	10 10.31
5	4 4.12 50.00 7.41	4 4.12 50.00 9.30	8 8.25
Total	54 55.67	43 44.33	97 100.00

Frequency missing = 2

STATISTICS FOR TABLE OF INTERET BY REV			
Statistic	DF	Value	Prob
Chi-Square	4	14.556	0.006
Likelihood Ratio Chi-Square	4	15.317	0.004
Mantel-Haenszel Chi-Square	1	5.317	0.017
Phi Coefficient		0.387	
Contingency Coefficient		0.361	
Cramer's V		0.387	

Statistic	Value	ASE
Gamma	0.387	0.130
Kendall's Tau-b	0.251	0.088
.	.	.
.	.	.
.	.	.

Effective Sample Size = 97
Frequency Missing = 2
WARNING : 30% of the cells have expected counts less
than 5. Chi-Square may not be a valid test.

fournissent généralement les valeurs p associées aux tests statistiques effectués, il n'est pas nécessaire de consulter des tables qui présentent les valeurs critiques correspondant à des seuils de signification statistique particuliers (comme le tableau 8.5). On peut simplement employer la règle de décision présentée précédemment. L'avantage de la valeur p est que la décision du chercheur est assortie d'une probabilité d'erreur définie. À titre d'illustration, si dans l'exemple de l'analyse de la relation entre les revenus et l'intérêt pour les ventes de garage on avait observé une valeur de χ^2 égale à 9,50, on aurait rejeté l'hypothèse nulle en comparant cette valeur avec la valeur critique de 9,49. Pourtant, on se rend compte que la probabilité d'erreur associée à cette décision est plus élevée que si le χ^2 observé est de 14,556.

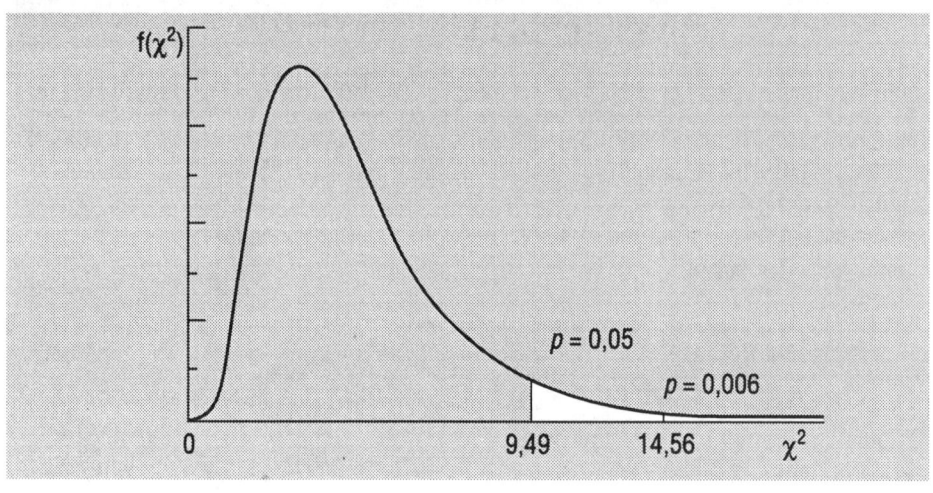

La force de la relation

La statistique χ^2 et la valeur *p* qui lui est associée permettent au chercheur en marketing de déterminer, avec une probabilité d'erreur donnée, si la relation entre les variables discrètes qui forment le tableau croisé existe dans la population. Généralement, le chercheur voudra connaître aussi la force de la relation. En effet, l'existence confirmée d'une relation statistique ne dit pas grand-chose à propos de l'importance de cette relation. Il est possible qu'une relation existe, mais qu'elle soit faible (par exemple, les revenus ont un effet réel, mais limité, sur l'intérêt pour les ventes de garage) ou encore qu'elle soit forte. Un indice de force de relation très utile pour l'analyse des tableaux croisés est le *V* de **Cramer**. On obtient cette statistique par la formule suivante :

$$V = \sqrt{\frac{\chi^2}{n(L-1)}}$$

Dans cette équation, *n* représente le nombre d'observations (le grand total des fréquences du tableau croisé), *L* correspond au minimum des lignes et des colonnes, c'est-à-dire min (r, c), et χ^2 se définit comme auparavant. Ainsi, dans notre exemple, $V = 0,387$ $[14,556/97(2-1)]^{1/2}$. Cette valeur apparaît sur la sortie informatique que produit SAS (voir le tableau 8.7 – «Cramer's V»). En général, la valeur de V est comprise entre 0 (relation nulle) et 1 (relation complète). Plus V se rapproche de 1, plus la relation est forte. On peut utiliser le schéma suivant pour donner une interprétation qualitative à cet indice de force de relation[3]:

		V	$\geq$	0,70	:	relation très forte
0,50	$\leq$	V	$\leq$	0,69	:	relation forte
0,30	$\leq$	V	$\leq$	0,49	:	relation modérée
0,10	$\leq$	V	$\leq$	0,29	:	relation faible
0,01	$\leq$	V	$\leq$	0,09	:	relation très faible
		V	$=$	0,00	:	relation nulle

Il apparaît donc que la relation entre les revenus et l'intérêt pour les ventes de garage est statistiquement significative ($p = 0,006$) et modérée ($V = 0,387$).

Le gamma et l'analyse des variables ordinales

L'analyse du χ^2 est appropriée pour des variables discrètes mesurées à l'aide d'échelles nominales ou ordinales. Cependant, lorsque les deux variables qui forment le tableau croisé sont ordinales, il peut s'avérer intéressant de procéder à une analyse complémentaire à l'aide de la statistique gamma (γ). Cette statistique indique à la fois la *force* et le *sens* de la relation entre deux variables ordinales. En général, γ prend des valeurs comprises entre –1 (relation parfaite *négative*) et +1 (relation parfaite *positive*)[4]. Elle permet donc de synthétiser une relation qui unit deux variables ordinales (X et Y) en une expression comme: «Plus la variable X augmente (ou diminue), plus la variable Y augmente (ou diminue) aussi.»

L'exemple de la relation entre les revenus et l'intérêt pour les ventes de garage nous permet d'illustrer l'utilisation de γ. En effet, ces deux variables sont mesurées sur des échelles ordinales. En précisant l'option MEASURES

---

3. Voir l'ouvrage de J. A. Davis, *Elementary Survey Analysis*, Englewood Cliffs, NJ, Prentice-Hall, 1971. Bien que l'auteur ait proposé ce schéma pour la statistique gamma (γ), son utilisation semble appropriée aussi pour le V de Cramer ainsi que pour d'autres indices de force de relation dont nous discuterons plus loin.

4. La façon de calculer γ est présentée dans l'ouvrage de J. A. Davis susmentionné. Pour une discussion utile concernant la logique de γ et ses limites, voir l'ouvrage de J. H. Mueller, K. F. Schuessler et H. L. Costner, *Statistical Reasoning in Sociology*, 3e éd., Boston, MA, Houghton Mifflin, 1977, p. 207-222.

dans le programme SAS (voir le tableau 8.6), on obtient (avec plusieurs autres statistiques dont nous n'allons pas nous occuper) la valeur de γ (voir le tableau 8.7). Dans notre exemple, on a $\gamma = 0,387$ (la similitude avec la statistique V est une coïncidence). En employant le schéma d'interprétation présenté auparavant (pour des valeurs *absolues* de γ), on conclut que la relation est modérée. De plus, le signe positif de γ indique une relation positive: plus les revenus augmentent, plus l'intérêt pour les ventes de garage augmente. Cela est contradictoire avec l'analyse que nous avons faite auparavant. Comment expliquer ces résultats *a priori* incohérents? La contradiction disparaît lorsqu'on se rappelle que la codification de la variable INTERET est inversée: 1 = Je suis un mordu des ventes de garage, ..., 5 = Je ne vais presque jamais dans les ventes de garage. Il nous faut donc interpréter la relation à l'inverse: plus les revenus augmentent (c'est-à-dire plus la variable REV augmente), plus l'intérêt pour les ventes de garage diminue (en d'autres mots, plus la variable INTERET augmente).

Parce qu'elle permet des conclusions synthétiques, la statistique γ est un outil d'analyse très précieux. Une mise en garde toutefois: γ se limite à l'identification de relations strictement *linéaires*. Une valeur faible de cette statistique signifie donc que la relation «linéaire» entre les deux variables est faible. Il est cependant possible qu'un autre type de relation (par exemple, une relation curviligne) caractérise l'association.

La distribution d'échantillonnage de γ est complexe et n'est valable que pour des échantillons de grande taille. On peut tester si la relation linéaire entre les deux variables est statistiquement significative en considérant l'erreur asymptotique standardisée (ASE) que fournit SAS. On rejette l'hypothèse nulle de non-relation (c'est-à-dire $\gamma_{pop} = 0$) si la valeur absolue de γ est supérieure à $1,96 \times \text{ASE}$ (la marge d'erreur). Dans notre exemple, ASE $= 0,13$ (voir le tableau 8.7). Puisque $0,387 > (1,96 \times 0,13)$, on conclut que la relation linéaire entre les revenus et l'intérêt pour les ventes de garage est statistiquement significative.

Conclusions

Un erreur fréquente, lorsqu'on fait l'analyse d'un tableau croisé, est d'oublier de s'assurer que les fréquences à l'intérieur du tableau sont suffisamment grandes. Certains logiciels statistiques avertissent l'utilisateur qu'un tableau croisé contient des cellules dont les fréquences théoriques sont trop faibles. SAS, par exemple, donne un tel avertissement (voir le tableau 8.7 – «WARNING»). Si le problème est aigu, le chercheur doit procéder à des regroupements de catégories afin d'augmenter la taille des fréquences. Si cela s'avère impossible, il doit laisser tomber l'analyse et peut-être se contenter de commenter les résultats d'un point de vue descriptif (c'est-à-dire en se limitant à l'échantillon).

Une autre erreur courante est de conclure qu'une relation entre deux variables est statistiquement significative et de ne pas l'interpréter. Il ne sert à rien de dire qu'une relation existe si on ne prend pas la peine de décrire la nature de cette relation. Nous avons vu que l'interprétation d'un tableau croisé se fait à partir des pourcentages calculés selon les catégories de la variable indépendante. Les statistiques V et γ (variables ordinales uniquement) doivent aussi être employées pour compléter l'analyse.

LES COMPARAISONS DE MOYENNES

Lorsque la relation bivariée d'intérêt comporte une variable discrète (nominale ou ordinale) et une variable continue (d'intervalles ou de ratio), on procède à une comparaison de moyennes (voir le tableau 8.1). Selon le cas, l'une ou l'autre des variables peut avoir le rôle de variable dépendante ou de variable indépendante ou encore il peut s'agir d'une relation d'interdépendance. Par exemple, supposons qu'on veuille savoir si l'âge (mesuré à l'aide d'une échelle de ratio) a un effet sur l'appartenance à un parti politique (mesurée à l'aide d'une échelle nominale : parti A, B ou C). Ici, la variable continue agit à titre de variable indépendante et la variable discrète est la variable dépendante. On conclura qu'il existe une relation entre les deux variables si la moyenne d'âge des électeurs varie significativement selon le parti auquel ils appartiennent.

Supposons maintenant que l'on veuille savoir si l'occupation (mesurée à l'aide d'une échelle nominale comportant cinq catégories) a une influence sur la valeur de l'automobile possédée (mesurée en dollars). Ici, la variable discrète est la variable indépendante et la variable continue constitue la variable dépendante. On conclura que la relation existe si la valeur moyenne de l'automobile est significativement différente d'une occupation à l'autre. Comme on le voit, la relation entre une variable discrète et une variable continue amène généralement le chercheur à comparer les moyennes de la variable continue dans les catégories de la variable discrète.

La comparaison de deux moyennes indépendantes : Le test en *t*

Le premier cas que nous allons examiner est celui où la variable discrète comporte deux catégories. Cette situation suppose la comparaison de deux moyennes. La généralisation à plus de deux catégories sera traitée plus loin. Pour illustrer l'analyse, nous allons nous intéresser à la relation entre le sexe des acheteurs dans les ventes de garage (annexe du chapitre 5, question 19, variable SEXE) et le montant dépensé sur le site (question 17, variable DEPEN2). On peut exprimer la relation qui unit ces deux variables ainsi :

$$SEXE \rightarrow DEPEN2$$

L'existence d'une relation statistique entre ces deux variables signifierait que la moyenne des dépenses effectuées sur les lieux de la vente de garage n'est pas la même pour les hommes et pour les femmes.

Comme pour l'analyse des tableaux croisés, il nous faut définir une procédure de test d'hypothèse. L'hypothèse nulle ici est qu'il n'existe pas de relation entre ces deux variables dans la population. Cette hypothèse équivaut à dire que la moyenne des dépenses dans la population des hommes (soit μ_1) est égale à la moyenne des dépenses dans la population des femmes (soit μ_2), c'est-à-dire : $\mu_1 = \mu_2$ ou encore $\mu_1 - \mu_2 = 0$.

Supposons que cette hypothèse nulle soit vraie. Qu'arrivera-t-il si on tire un échantillon aléatoire d'hommes et de femmes et que l'on calcule les moyennes de dépenses dans chaque groupe ? On devrait s'attendre à ce que la différence de moyennes dans l'échantillon, c'est-à-dire $\bar{X}_1 - \bar{X}_2$, soit près de zéro. Bien sûr, à cause de l'erreur d'échantillonnage, la différence ne sera pas exactement égale à zéro mais, selon toute probabilité, elle devrait être petite (positive ou négative). En répétant (en imagination) ce processus à l'infini, on aboutira à une *distribution d'échantillonnage des différences de moyennes*. On pourrait procéder au test d'hypothèse en employant la distribution d'échantillonnage des différences de moyennes. Cependant, cette distribution dépend de l'échelle de mesure de la variable continue. Par exemple, on aura une distribution d'échantillonnage différente si les dépenses sont mesurées en cents au lieu d'être mesurées en dollars. C'est pourquoi, dans cette analyse, on considère plutôt la distribution d'échantillonnage des différences de moyennes *standardisées*, afin de faciliter les comparaisons d'une étude à l'autre et de pouvoir se reporter à une distribution unique. Cette standardisation suppose la division des différences de moyennes par l'écart type de la distribution d'échantillonnage (s_d). Le résultat final est une statistique qu'on appelle le *t* de **Student** et qui se définit ainsi :

$$t = \frac{\overline{X}_1 - \overline{X}_2}{s_d}$$

L'écart type de la distribution d'échantillonnage est estimé à partir des variances (s_i^2) et des tailles d'échantillon (n_i) dans chaque groupe de la façon suivante :

$$s_d = s\sqrt{\frac{1}{n_1} + \frac{1}{n_2}}$$

où

$$s = \sqrt{\frac{(n_1 - 1)s_1^2 + (n_2 - 1)s_2^2}{(n_1 + n_2 - 2)}}$$

À quoi ressemble la distribution d'échantillonnage de t sous l'hypothèse nulle d'égalité des moyennes de population ? Étant donné que le numérateur de t correspond à la différence entre les deux moyennes d'échantillon ($\overline{X}_1 - \overline{X}_2$), il s'ensuit que la moyenne de cette distribution sera égale à zéro. Par ailleurs, plus les valeurs de t s'éloignent de zéro (positif ou négatif), plus la densité de la distribution devrait diminuer, reflétant une probabilité décroissante d'être observées.

Une distribution de t est présentée à la figure 8.3. On note que la forme de cette distribution s'apparente à celle de la loi normale. Contrairement à la loi normale cependant, celle-ci est déterminée par des *degrés de liberté* dont le nombre est calculé de la façon suivante : $n_1 + n_2 - 2$. Comme nous le verrons plus loin, dans l'étude sur le ventes de garage, 60 hommes (n_1) et 38 femmes (n_2) ont indiqué à l'intervieweur la somme qu'ils avaient dépensée sur le site (il y a une valeur manquante). Dans cet exemple, la distribution de t se présente donc avec 96 degrés de liberté ($60 + 38 - 2$).

Voyons un peu la logique du test en t. Dans le cadre de l'hypothèse nulle ($\mu_1 - \mu_2 = 0$), la majorité des valeurs de t obtenues par échantillonnage successif devraient être près de la valeur zéro. Plus elles s'éloignent de zéro, plus la probabilité de les observer diminue. C'est ce qui explique la forme en cloche de la distribution de t (figure 8.3). On aura tendance à rejeter l'hypothèse nulle lorsque la valeur observée de t sera trop improbable, c'est-à-dire pour des

FIGURE 8.3   La distribution de *t* avec 96 degrés de liberté

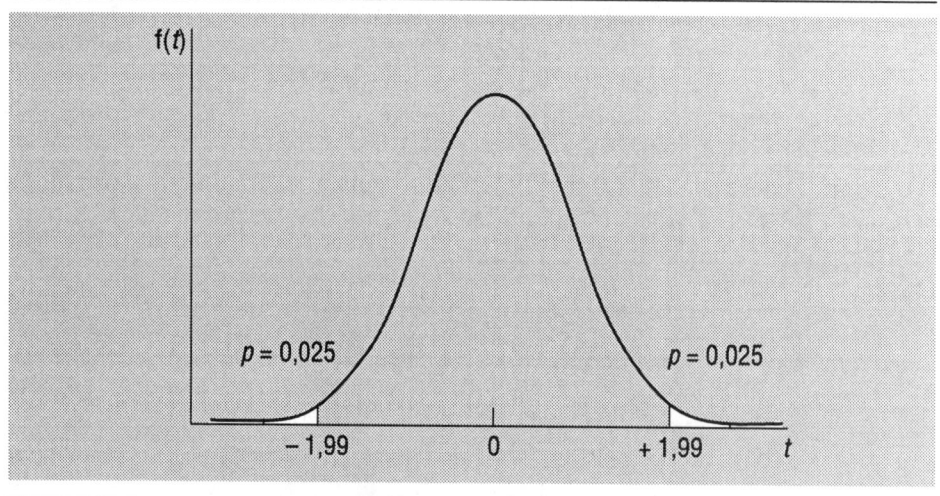

valeurs de *t* très grandes, positives *ou* négatives. Il nous faut cependant rendre fonctionnel ce principe en définissant une règle de décision. La question est de savoir à partir de quel niveau de probabilité on devrait rejeter l'hypothèse nulle. Comme nous l'avons vu avec le test du χ^2, les chercheurs en marketing croient généralement que lorsque la probabilité d'observer une statistique dans le contexte de l'hypothèse nulle est inférieure à 0,05 (le seuil de signification statistique), on doit rejeter cette hypothèse. Cette règle générale devrait donc s'appliquer ici.

Un problème se pose cependant dans la mesure où les valeurs de *t* pour lesquelles l'hypothèse nulle d'égalité des moyennes de population sera rejetée peuvent être positives ou négatives. Comment doit-on alors définir la valeur critique pour le test d'hypothèse? Une solution courante est de répartir la probabilité d'erreur également de chaque côté de la distribution. Ainsi, si le seuil de signification statistique est fixé à 0,05 (la valeur habituelle), il s'agit de considérer une probabilité de 0,025 de part et d'autre de la distribution. Cette façon de faire est illustrée à la figure 8.3. Comme on le voit, avec l'hypothèse nulle d'égalité des moyennes de population et 96 degrés de liberté, la probabilité d'observer une valeur de *t* supérieure à +1,99 *ou* inférieure à –1,99 est égale à 0,05 (0,025 + 0,025). Cette valeur critique de 1,99 est tirée du tableau 8.8 dans lequel nous présentons les valeurs critiques de *t* pour deux seuils de signification (0,025 et 0,05) et différents degrés de liberté. La distribution de *t* étant symétrique, les valeurs présentées dans ce tableau peuvent être inversées. Ainsi, prob $(t > 1,99)$ = prob $(t < -1,99)$ = 0,025. La règle de décision est donc de rejeter l'hypothèse nulle lorsque la valeur de t observée dans l'échantillon est plus grande que la valeur critique définie à la droite de la distribution ou moins grande que celle définie de façon symétrique à gauche.

Test bilatéral et test unilatéral

La procédure de test que nous avons décrite est de type *bilatéral*. Cette procédure est appropriée lorsque le chercheur n'a pas d'idée préconçue sur le

TABLEAU 8.8   Les valeurs pour lesquelles prob (t > valeur) = 0,025 et prob (t > valeur) = 0,05

Degrés de liberté	Valeurs		Degrés de liberté	Valeurs	
	(0,025)	(0,05)		(0,025)	(0,05)
1	12,706	6,314	18	2,101	1,734
2	4,303	2,920	19	2,093	1,729
3	3,182	2,353	20	2,086	1,725
4	2,776	2,132	21	2,080	1,721
5	2,571	2,015	22	2,074	1,717
6	2,447	1,943	23	2,069	1,714
7	2,365	1,895	24	2,064	1,711
8	2,306	1,860	25	2,060	1,708
9	2,262	1,833	26	2,056	1,706
10	2,228	1,812	27	2,052	1,703
11	2,201	1,796	28	2,048	1,701
12	2,179	1,782	29	2,045	1,699
13	2,160	1,771	30	2,042	1,697
14	2,145	1,761	40	2,021	1,684
15	2,131	1,753	60	2,000	1,671
16	2,120	1,746	120	1,980	1,658
17	2,110	1,740	(infini)	1,960	1,645

sens de la différence entre les deux moyennes. Dans ce cas, l'objectif est de confronter l'hypothèse nulle à l'hypothèse de remplacement non directionnelle qui établit que les deux moyennes sont différentes ($\mu_1 \neq \mu_2$). Par contre, si l'hypothèse de remplacement du chercheur est directionnelle, c'est-à-dire qu'elle précise qu'une moyenne est plus grande que l'autre (par exemple, $\mu_1 > \mu_2$), une procédure de type *unilatéral* est requise.

Afin d'illustrer la procédure de test unilatéral, revenons à l'exemple de la relation entre le sexe et le montant dépensé lors de la vente de gagage. Selon certains chercheurs[5], les femmes s'engagent généralement davantage que les hommes dans les ventes de garage en ce qui concerne l'organisation de l'événement et les achats effectués. Supposons que l'on veuille confronter l'hypothèse nulle à l'hypothèse (de remplacement) voulant que les femmes dépensent plus que les hommes en moyenne dans les ventes de garage (c'est-à-dire $\mu_1 < \mu_2$). Dans ce cas, il serait inapproprié de considérer la partie droite de la distribution d'échantillonnage de t, puisque celle-ci comprend les valeurs positives de t. On devrait définir la valeur critique du côté négatif de la distribution. Avec 96 degrés de liberté, la probabilité que la valeur de t soit plus petite que $-1,66$ est égale à 0,05. On trouve cette valeur critique au tableau 8.8. Nous résumons la nouvelle situation du test à la figure 8.4. La procédure de test unilatéral nous amène à rejeter l'hypothèse nulle si la valeur de t est inférieure à $-1,66$.

FIGURE 8.4   La valeur critique de t pour un test unilatéral avec 96 degrés de liberté

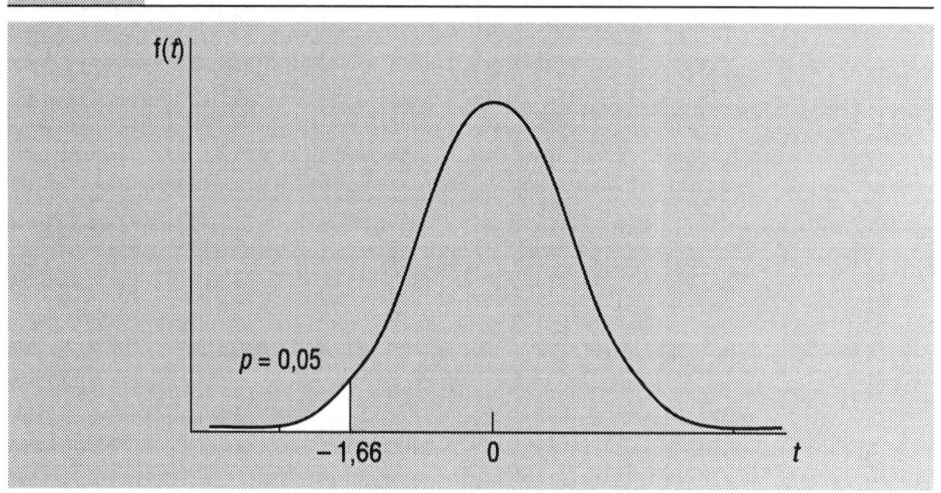

5. C'est l'avis des sociologues Mary et James Maxwell. Voir l'article « Garage Sales Recall a Gentler Time », *Globe and Mail*, 22 septembre 1984, p. H7.

La force de la relation

Il est toujours approprié d'évaluer la force d'une relation statistique entre deux variables. Dans le cas d'une comparaison de deux moyennes indépendantes, la statistique *oméga carré* ($\hat{\omega}^2$) de Hays[6] est un indice de force de relation couramment utilisé. On la calcule ainsi :

$$\hat{\omega}^2 = \frac{t^2 - 1}{\left(t^2 + n_1 + n_2 - 1\right)}$$

En général, $\hat{\omega}^2$ prendra des valeurs comprises entre 0 (relation nulle) et 1 (relation parfaite). Là encore, on peut employer le schéma d'interprétation présenté auparavant (page 273).

Un exemple SPSS

Programmation

Nous présentons au tableau 8.9 un programme SPSS permettant d'analyser la relation entre le sexe (SEXE) et le montant dépensé sur le site de la vente de garage (DEPEN2). La procédure T-TEST est employée pour la comparaison de deux moyennes indépendantes. On indique à SPSS le nom de la variable discrète à l'aide du mot clé GROUPS et celui de la variable continue avec le mot clé VARIABLES. Si on veut obtenir plusieurs comparaisons de moyennes, il suffit de faire la liste des variables continues, séparées par une virgule, après le mot clé VARIABLES. Le programme SPSS du tableau 8.9 comprend quelques instructions additionnelles dont nous parlerons plus loin.

Résultats

Les résultats de l'analyse sont présentés au tableau 8.10. SPSS nous informe qu'il y a 60 hommes (GROUP 1) et 38 femmes (GROUP 2). La moyenne (Mean) des dépenses est de 1,49 $ chez les hommes et de 3,32 $ chez

---

6. Voir l'ouvrage de W. L. Hays, *Statistics*, 3ᵉ éd., New York, Holt, Rinehart and Winston, 1981.

TABLEAU 8.9 Un programme SPSS pour obtenir des comparaisons de moyennes

```
data list file = 'a:garage.dat' records=4
/1 choix 24 achal 25
/2
/3
/4 depen2 32-36 sexe 40.
compute nchoix=2.
if (choix < 3) nchoix=1.
t-test groups=sexe
        /variables=depen2.
anova variables=depen2 by choix (1,3).
        /statistics=mean.
t-test groups=nchoix
        /variables=depen2.
```

-1.96 1.96

TABLEAU 8.10 La comparaison de deux moyennes indépendantes (sortie SPSS)

T-test for independent samples of SEXE

GROUP 1 - SEXE EQ 1
GROUP 2 - SEXE EQ 2

$\mu = \overline{X} \pm z \cdot {}^{S}\!/\!\sqrt{n}$

Variable		Number of Cases	Mean	Standard Deviation	Standard Error
DEPEN2					
	GROUP 1	n_1 60	H 1.4942	s_1 3.603	.465 $^{S}\!/\!\sqrt{n}$
	GROUP 2	n_2 38	F 3.3211	s_2 5.360	.869

accepte Ho   accepte H₁

		Pooled Variance Estimate			Separate Variance Estimate		
F Value	2-tail Prob.	t Value	Degrees of Freedom	2-tail Prob.	t Value	Degrees of Freedom	2-tail Prob.
2.21	.006	−2.02 tc	96	.046	−1.85	58.22	.069

$\frac{s_1^2}{s_2^2}$

α plus petit 0.05
accepte H₁
égale   accepte H₁
         égale

tc

$H_0: \sigma_1^2 = \sigma_2^2$
$H_1: \sigma_1^2 \neq \sigma_2^2$

accepte Ho moyenne égale

−1.96 −1.85

282

1.96 − t théorique

les femmes, avec des écarts types de 3,603 et 5,360 respectivement. Le tableau situé au bas de la sortie informatique contient plusieurs informations. Ce sont celles présentées sous la rubrique «Pooled Variance Estimate» qui nous concernent[7]. On note que la statistique t (t Value) est égale à –2,02. En utilisant une procédure de test bilatéral, nous savons que l'hypothèse nulle est rejetée si la valeur observée de t est supérieure à 1,99 ou inférieure à –1,99 (figure 8.3). On peut conclure que les deux moyennes sont statistiquement différentes. SPSS nous informe d'ailleurs que la valeur p, pour un test bilatéral (2-tail Prob.), est égale à 0,046.

La valeur p fournie par SPSS est celle qui est associée à un test bilatéral. Que faire si le chercheur veut plutôt utiliser un test unilatéral? Dans ce cas, il lui faut simplement diviser par deux la valeur p que donne SPSS (ou un autre logiciel). En effet, puisqu'une procédure unilatérale se limite à un côté de la distribution de t, la valeur p doit être calculée uniquement de ce côté. Dans notre exemple, si l'hypothèse de remplacement est que les femmes dépensent plus que les hommes, la valeur p du test (unilatéral) est égale à 0,046/2 = 0,023. Attention! Il faut que la différence observée entre les deux moyennes aille dans le sens prédit! Si on avait observé une différence de moyennes contraire (c'est-à-dire $\bar{X}_1 > \bar{X}_2$), on n'aurait pas rejeté l'hypothèse nulle. Finalement, on calcule $\hat{\omega}^2$ pour évaluer la force de la relation entre les deux variables (ce résultat n'est pas fourni par SPSS) :

$$\hat{\omega}^2 = \frac{(-2,02)^2 - 1}{(-2,02)^2 + 60 + 38 - 1} = 0,03$$

On peut dire que la relation entre le sexe et les dépenses effectuées dans les ventes de garage est statistiquement significative – les femmes dépensent plus que les hommes –, mais néanmoins très faible.

---

7. Le test en t que nous avons présenté repose sur le postulat que les variances de population sont égales ($\sigma_1^2 = \sigma_2^2$). Dans ce cas, il est approprié d'estimer la variance de la distribution d'échantillonnage de t en combinant les variances d'échantillon. C'est ce que les concepteurs de SPSS entendent par «Pooled Variance Estimate». Nous nous limitons ici à cette procédure, étant donné que les résultats du test ne sont généralement pas beaucoup touchés lorsque les variances de population sont inégales. Pour en savoir davantage, voir les pages 286-287 de l'ouvrage de W. L. Hays cité à la note 6 (page 281).

La comparaison de plusieurs moyennes : L'analyse de variance

Dans la section précédente, nous avons vu que le montant dépensé dans une vente de garage varie selon le sexe de la personne : les femmes dépensent plus en moyenne que les hommes. Plusieurs autres facteurs peuvent influencer les dépenses effectuées dans une vente de garage. L'un de ceux-ci est la variété des biens disponibles sur le site : plus le choix est grand, plus les acheteurs seront portés à dépenser. Puisque nous disposons de données d'observation concernant le choix disponible sur les sites étudiés (figure 4.2, variable CHOIX, page 89), nous allons nous intéresser à la relation de dépendance suivante :

CHOIX → DEPEN2

La variable CHOIX est une variable ordinale comportant trois catégories : 1 = faible, 2 = moyen et 3 = élevé. Si la relation entre les deux variables est statistiquement significative, cela signifie que les dépenses moyennes effectuées par les acheteurs diffèrent selon le choix (observé) disponible. La situation ne se prête pas à la comparaison de deux moyennes, car trois moyennes sont en cause cette fois-ci. Lorsque, comme dans cet exemple, la variable discrète comprend plus de deux catégories, on doit envisager une analyse permettant de comparer plusieurs moyennes à la fois. La procédure d'analyse à employer s'appelle l'**analyse de variance** et son objectif est de tester l'hypothèse nulle qui propose que les moyennes de population sont toutes égales.

L'analyse de variance est fondée sur deux principes de base. Premier principe : plus les différences *entre* les moyennes de groupe observées dans l'échantillon sont grandes, plus il y a de chances que la relation existe dans la population. Cela est sensé et cohérent avec le test de comparaison de deux moyennes indépendantes présenté auparavant. En effet, rappelons que le numérateur de la statistique t est égal à la différence entre les deux moyennes d'échantillon (voir la page 277). Plus cette différence est grande, plus la statistique t est grande (en valeur absolue) et plus l'hypothèse nulle peut être rejetée avec confiance. Dans la logique de l'analyse de variance, on considère un indice de la distance entre les moyennes de groupe, qu'on appelle la **somme des carrés entre les groupes** (*SCG*). Celle-ci se définit ainsi :

$$SCG = \sum_{i=1}^{k} n_i \left(\overline{X}_i - \overline{X} \right)^2$$

Dans cette expression, n_i représente le nombre d'observations dans le nième groupe, $\overline{X}_i$ correspond à la moyenne du nième groupe, $\overline{X}$ est la grande moyenne (la moyenne de toutes les observations) et la sommation est faite pour k groupes, correspondant au nombre de catégories de la variable discrète. La somme des carrés entre les groupes est obtenue en calculant le carré de la différence entre chaque moyenne de groupe et la grande moyenne et en faisant la somme pondérée (par les tailles d'échantillon) de ce résultat pour les k groupes. Plus les moyennes de groupe sont différentes, plus la statistique SCG est grande et plus on sera tenté de rejeter l'hypothèse nulle.

Illustrons le calcul de SCG avec les données de notre exemple (nous verrons ci-après comment obtenir ces données à l'aide du logiciel SPSS). Les dépenses moyennes effectuées par les acheteurs selon le choix observé dans les ventes de garage sont les suivantes :

CHOIX	Nombre d'observations (n_i)	Dépenses moyennes $(\bar{X}_i)$
Faible	39	1,73
Moyen	33	1,47
Élevé	26	3,84

Grande moyenne $(\bar{X})$:
[39 (1,73) + 33 (1,47) + 26 (3,84)]/98 = 2,20

Avec ces données, on calcule aisément la statistique SCG :

$$SCG = \left[\begin{array}{l} 39\left(1,73 - 2,20\right)^2 + 33\left(1,47 - 2,20\right)^2 \\ + 26\left(3,84 - 2,20\right)^2 \end{array} \right] = 96,13$$

Deuxième principe de l'analyse de variance : plus la dispersion dans les groupes est petite, plus les différences entre les moyennes sont réelles dans la population. En effet, si les moyennes de groupe sont calculées à partir de données dont la variance est importante, cela entraînera moins de précision pour ce qui est des différences observées (revoir notre discussion de la marge d'erreur d'une moyenne au chapitre 6, page 181). La façon de mettre en application ce deuxième principe consiste à calculer un indice qu'on appelle la **somme des carrés dans les groupes** (*SCE*), qui se définit ainsi :

$$SCE = \sum_{i=1}^{k} \sum_{j=1}^{n_i} \left(X_{ij} - \bar{X}_i \right)^2$$

Comme on le voit, la quantité *SCE* s'obtient en faisant la somme des carrés des écarts entre les valeurs observées de la variable continue dans le nième groupe (X_{ij}) et la moyenne de groupe ($\bar{X}_i$), et ce, pour tous les groupes. Plus *SCE* est grand, plus la variation dans les groupes est grande et, par conséquent, moins les différences de moyennes observées reflètent des différences réelles dans la population. On peut montrer qu'en additionnant les quantités *SCG* et *SCE*, on obtient la variation totale des observations, soit la **somme des carrés totale** (*SCT*):

$$SCG + SCE = SCT$$

$$SCT = \sum_{i=1}^{k} \sum_{j=1}^{n_i} \left(X_{ij} - \bar{X} \right)^2$$

Afin de tester l'hypothèse nulle d'égalité des moyennes, on utilise des formes *standardisées* des quantités *SCG* et *SCE*. En effet, l'ordre de grandeur de *SCG* est une fonction directe du nombre de groupes. De même, plus le nombre d'observations dans les groupes est élevé, plus *SCE* sera grand. C'est pourquoi on standardise *SCG* en le divisant par le nombre de groupes moins un ($k - 1$) et *SCE* en le divisant par le nombre total d'observations moins le nombre de groupes ($n - k$). On obtient ainsi le **carré moyen entre les groupes** (*CMG*):

$$CMG = \frac{SCG}{(k - 1)}$$

et le **carré moyen dans les groupes** (*CME*):

$$CME = \frac{SCE}{(n - k)}$$

Le terme «carré moyen» fait partie du vocabulaire propre à l'analyse de variance. Un carré moyen correspond en fait à une variance. Cette variance est égale à une somme des carrés divisée par les *degrés de liberté* qui lui sont associés. Dans ce cas-ci, *CMG* est la variance entre les groupes et on lui associe $k - 1$ degrés de liberté. *CME* est la variance dans les groupes; on lui associe $n - k$ degrés de liberté. Plus *CMG* est grand et *CME* petit, plus on sera porté à rejeter l'hypothèse nulle qui pose que les moyennes sont égales. Pour tester cette hypothèse, on utilise une statistique égale au rapport de ces deux variances, qu'on appelle la **statistique** F:

$$F = \frac{CMG}{CME}$$

Les valeurs assumées par la statistique F sont positives et varient de zéro (égalité parfaite des moyennes de groupe dans l'échantillon) à l'infini (différences importantes entre les moyennes et variance à peu près nulle dans les groupes). Plus le F est grand, plus on tendra à rejeter l'hypothèse nulle qui propose que les moyennes de population sont égales, c'est-à-dire plus on sera enclin à croire que la relation entre les deux variables est réelle.

Voyons la logique du test. Nous partons de l'hypothèse nulle que les moyennes de population sont égales, c'est-à-dire que $\mu_1 = \mu_2 = ... = \mu_k = \mu$. Si on tire un échantillon aléatoire de cette population, on devrait observer une valeur de F petite. Un deuxième tirage devrait donner des résultats semblables. En procédant à une infinité de tirages, on obtiendra une distribution d'échantillonnage de F. Dans le cadre de l'hypothèse nulle, la majorité des valeurs de F de cette distribution seront faibles. De plus, la densité de la fonction diminuera au fur et à mesure de l'augmentation des valeurs de F.

La distribution de F est définie par la valeur des degrés de liberté associés à son numérateur ($k - 1$) et à son dénominateur ($n - k$). Dans l'exemple de la relation entre le choix et les dépenses des acheteurs, les degrés de liberté de la distribution sont respectivement de 2 (3 – 1) et de 95 (98 – 3) (il y a une valeur manquante). Nous montrons à la figure 8.5 qu'avec 2 et 95 degrés de liberté, la probabilité d'observer une valeur de F supérieure à 3,10 est égale à 0,05. On rejettera donc l'hypothèse nulle (on conclura que la relation entre les deux variables est statistiquement significative) si la valeur observée de F est supérieure à 3,10. Nous présentons au tableau 8.11 les valeurs critiques de F pour différents degrés de liberté et un seuil de signification statistique de 0,05.

FIGURE 8.5   **La distribution de F avec 2 et 95 degrés de liberté**

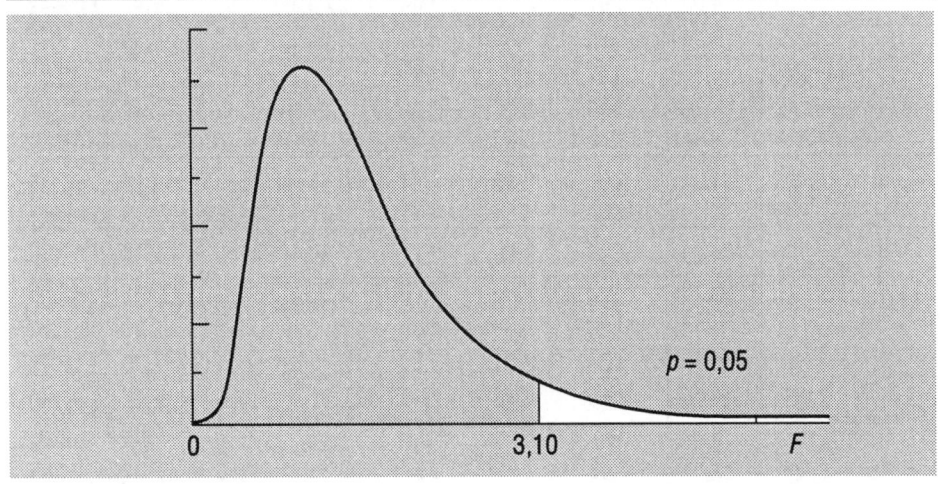

TABLEAU 8.11   Les valeurs de *F* pour lesquelles prob (*F* > valeur) = 0,05

		DEGRÉS DE LIBERTÉ AU NUMÉRATEUR							
		1	**2**	**3**	**4**	**5**	**6**	**7**	**8**
	1	161,40	199,50	215,70	224,60	230,20	234,00	236,80	238,90
	2	18,51	19,00	19,16	19,25	19,30	19,33	19,35	19,37
	3	10,13	9,55	9,28	9,12	9,01	8,94	8,89	8,85
	4	7,71	6,94	6,59	6,39	6,26	6,16	6,09	6,04
	5	6,61	5,79	5,41	5,19	5,05	4,95	4,88	4,82
	6	5,99	5,14	4,76	4,53	4,39	4,28	4,21	4,15
	7	5,59	4,74	4,35	4,12	3,97	3,87	3,79	3,73
	8	5,32	4,46	4,07	3,84	3,69	3,58	3,50	3,44
	9	5,12	4,26	3,86	3,63	3,48	3,37	3,29	3,23
	10	4,96	4,10	3,71	3,48	3,33	3,22	3,14	3,07
	11	4,84	3,98	3,59	3,36	3,20	3,09	3,01	2,95
	12	4,75	3,89	3,49	3,26	3,11	3,00	2,91	2,85
	13	4,67	3,81	3,41	3,18	3,03	2,92	2,83	2,77
	14	4,60	3,74	3,34	3,11	2,96	2,85	2,76	2,70
DEGRÉS	15	4,54	3,68	3,29	3,06	2,90	2,79	2,71	2,64
DE	16	4,49	3,63	3,24	3,01	2,85	2,74	2,66	2,59
LIBERTÉ	17	4,45	3,59	3,20	2,96	2,81	2,70	2,61	2,55
AU	18	4,41	3,55	3,16	2,93	2,77	2,66	2,58	2,51
DÉNOMI-	19	4,38	3,52	3,13	2,90	2,74	2,63	2,54	2,48
NATEUR	20	4,35	3,49	3,10	2,87	2,71	2,60	2,51	2,45
	21	4,32	3,47	3,07	2,84	2,68	2,57	2,49	2,42
	22	4,30	3,44	3,05	2,82	2,66	2,55	2,46	2,40
	23	4,28	3,42	3,03	2,80	2,64	2,53	2,44	2,37
	24	4,26	3,40	3,01	2,78	2,62	2,51	2,42	2,36
	25	4,24	3,39	2,99	2,76	2,60	2,49	2,40	2,34
	26	4,23	3,37	2,98	2,74	2,59	2,47	2,39	2,32
	27	4,21	3,35	2,96	2,73	2,57	2,46	2,37	2,31
	28	4,20	3,34	2,95	2,71	2,56	2,45	2,36	2,29
	29	4,18	3,33	2,93	2,70	2,55	2,43	2,35	2,28
	30	4,17	3,32	2,92	2,69	2,53	2,42	2,33	2,27
	40	4,08	3,23	2,84	2,61	2,45	2,34	2,25	2,18
	60	4,00	3,15	2,76	2,53	2,37	2,25	2,17	2,10
	120	3,92	3,07	2,68	2,45	2,29	2,17	2,09	2,02
	∞	3,84	3,00	2,60	2,37	2,21	2,10	2,01	1,94

La table d'analyse de variance

Il est courant de présenter les résultats de l'analyse de variance dans un tableau récapitulatif, appelé « **table d'analyse de variance** », qui montre les sommes des carrés, les degrés de liberté et les carrés moyens selon la source de variation (entre les groupes, dans les groupes et au total), de même que la statistique F. Cette table figure au tableau 8.12.

La force de la relation

On peut évaluer la force de la relation entre les deux variables à l'aide de la statistique $\hat{\omega}^2$. Dans le cas de l'analyse de variance, on calcule cette statistique de la façon suivante :

$$\hat{\omega}^2 = \frac{SCG - (k - 1)\,CME}{SCT + CME}$$

L'interprétation de $\hat{\omega}^2$ suit la même logique que précédemment.

TABLEAU 8.12   La table d'analyse de variance

Sources de la variation	Sommes des carrés	Degrés de liberté	Carrés moyens	F
Entre les groupes	$SCG = \sum_{i=1}^{k} n_i \left(\overline{X}_i - \overline{X} \right)^2$	$k - 1$	$CMG = \dfrac{SCG}{(k - 1)}$	$\dfrac{CMG}{CME}$
Dans les groupes	$SCE = \sum_{i=1}^{k} \sum_{j=1}^{n_i} \left(X_{ij} - \overline{X}_i \right)^2$	$n - k$	$CME = \dfrac{SCE}{(n - k)}$	
Total	$SCT = \sum_{i=1}^{k} \sum_{j=1}^{n_i} \left(X_{ij} - \overline{X} \right)^2$	$n - 1$		

Un exemple SPSS

Programmation

Le programme SPSS présenté au tableau 8.9 (page 282) contient des instructions pour obtenir une analyse de variance avec les variables CHOIX et DEPEN2. La procédure utilisée est ANOVA. Après le mot clé VARIABLES, on écrit «nom de la variable continue» by «nom de la variable discrète» (sans les guillemets), suivi des codes affectés aux premier et dernier groupes (avec les parenthèses). Pour obtenir les moyennes de groupe, on utilise l'option MEAN après le mot clé STATISTICS.

Résultats

Les résultats sont présentés au tableau 8.13. SPSS présente d'abord les moyennes de groupe (CELL MEANS). On constate que les dépenses moyennes les plus élevées se situent dans le groupe 3, soit celui correspondant à un choix élevé ($\overline{X}_3 = 3,84$). Afin de voir si les différences de moyennes observées dans l'échantillon reflètent des différences réelles dans la population, il nous faut procéder à l'analyse de variance. À cette fin, SPSS présente une table d'analyse de variance. On y trouve les sommes des carrés (Sum of Squares), les degrés de liberté (DF) et les carrés moyens (Mean Square) pour chaque source de variation : entre les groupes (ligne «CHOIX»), dans les groupes (ligne «Residual») et au total. La valeur observée de F est égale à 2,523. Nous savons que l'hypothèse nulle est rejetée si $F > 3,10$. Il nous faut donc conclure que les différences de moyennes ne sont pas statistiquement significatives. La valeur p du test est de 0,086.

On pourrait arrêter l'analyse ici, mais une analyse complémentaire semble justifiée. En effet, la valeur p du test en F n'est pas très élevée. En outre, comme nous l'avons noté, la moyenne du groupe 3 (choix élevé) s'éloigne sensiblement des deux autres moyennes. Même si le test en F ne permet pas de rejeter l'hypothèse nulle d'égalité des moyennes dans la population, il serait intéressant de voir si la moyenne des dépenses des acheteurs, lorsque le choix est élevé, est statistiquement différente de la moyenne des dépenses lorsque le choix est faible ou moyen. Le programme SPSS du tableau 8.9 contient des instructions (COMPUTE, IF) permettant de créer une nouvelle variable, appelée NCHOIX, dont les valeurs sont 1 = choix faible ou moyen et 2 = choix élevé. La procédure T-TEST est employée pour faire la comparaison des deux moyennes.

TABLEAU 8.13   Une analyse de variance (sortie SPSS)

```
* * * CELL MEANS * * *

DEPEN2
BY    CHOIX

TOTAL POPULATION

       2.20
     (  98)

CHOIX

         1                    2                    3

       1.73                 1.47                 3.84
     (  39)               (  33)               (  26)
```

```
* * * ANALYSIS OF VARIANCE * * *

DEPEN2
BY    CHOIX
```

Source of Variation	Sum of Squares	DF	Mean Square	F	Sig. of F
Main Effects	96.149	2	48.074	2.523	.086
CHOIX	96.149	2	48.074	2.523	.086
Explained	96.149	2	48.074	2.523	.086
Residual	1810.493	95	19.058		
Total	1906.642	97	19.656		

99 cases were processed.
1 cases (1.0 pct) were
 missing

Les résultats de l'analyse complémentaire sont présentés au tableau 8.14. On constate que la différence entre les deux moyennes est statistiquement significative à un niveau de 0,027 (test bilatéral). Les résultats de cette analyse semblent indiquer que la variété des produits sur les lieux d'une vente de garage a un effet significatif sur les dépenses effectuées : lorsque le choix est grand (par opposition à faible ou moyen), les dépenses des acheteurs sont en moyenne plus élevées. La force de la relation est très faible ($\hat{\omega}^2 = 0,04$).

Il est important de faire une mise en garde concernant les analyses complémentaires réalisées à la suite d'une analyse de variance (significative ou non). En examinant la configuration des moyennes résultant de l'analyse et en choisissant *a posteriori* de comparer certaines d'entre elles (plutôt que d'autres), le chercheur force en quelque sorte la chance. D'un point de vue statistique, le niveau de signification du test devrait être plus élevé que celui qui est affiché par le logiciel, car la comparaison de moyennes a plus de chances d'être significative. Ces analyses doivent donc être interprétées avec prudence et il est recommandé d'être plus exigeant quant au seuil de signification statistique du test (par exemple, 0,01 au lieu de 0,05). À titre d'illustration, si on applique un seuil de 0,01 dans l'exemple précédent, notre conclusion serait de ne pas rejeter l'hypothèse nulle d'égalité des deux moyennes (0,027 > 0,01).

TABLEAU 8.14 La comparaison de deux moyennes indépendantes :
            Analyse complémentaire (sortie SPSS)

T-test for independent samples of NCHOIX

GROUP 1 - NCHOIX EQ 1
GROUP 2 - NCHOIX EQ 2

Variable		Number of Cases	Mean	Standard Deviation	Standard Error
DEPEN2					
	GROUP 1	72	1.6111	3.676	.433
	GROUP 2	26	3.8404	5.838	1.145

		Pooled Variance Estimate			Separate Variance Estimate		
F Value	2-tail Prob.	t Value	Degrees of Freedom	2-tail Prob.	t Value	Degrees of Freedom	2-tail Prob.
2.52	.003	− 2.24	96	.027	− 1.82	32.44	.078

Des méthodes statistiques ont été conçues pour faire des comparaisons de moyennes sélectionnées après avoir réalisé une analyse de variance[8].

Conclusions

L'analyse de variance est une technique d'analyse générale pour comparer des moyennes indépendantes. Par conséquent, elle est appropriée pour la comparaison de deux moyennes. Les résultats seront identiques à ceux d'un test en t. En effet, on peut montrer (voir l'exercice 5 à la fin du chapitre) que le test en F est équivalent à un test en t bilatéral. Généralement, les chercheurs préfèrent employer le test en t lorsqu'ils doivent comparer deux moyennes, en partie par habitude, mais aussi parce qu'il est plus facile ainsi d'appliquer une procédure unilatérale.

Par ailleurs, l'analyse de variance offre un test général qui informe sur l'existence de différences entre des moyennes. Ce test ne dit pas *où* se situent les différences, c'est-à-dire quelles sont les moyennes (ou les combinaisons de moyennes) qui diffèrent. Aussi, si un test en F s'avère statistiquement significatif, il est en général instructif de procéder à des analyses complémentaires visant à déterminer la localisation des différences. Ces analyses prennent la forme de tests en t de comparaison de deux moyennes. Nous avons montré comment faire une analyse complémentaire à la suite d'une analyse de variance et discuté brièvement des problèmes particuliers qu'entraîne ce type d'analyse.

L'interprétation des résultats d'une comparaison de moyennes se fait toujours à partir des moyennes de groupe. Il est donc très important d'examiner ces moyennes afin de donner un sens aux résultats. De plus, le chercheur doit s'assurer que la taille de l'échantillon dans les groupes qui sont comparés est suffisamment grande. S'il n'y a pas assez d'observations, le regroupement de certaines des catégories de la variable discrète est une solution qui devrait être envisagée[9].

---

8. Voir l'ouvrage de G. Keppel, *Design and Analysis: A Researcher's Handbook*, 3e éd., Englewood Cliffs, NJ, Prentice-Hall, 1991.
9. Notre discussion des comparaisons de moyennes s'est limitée aux cas où les moyennes sont calculées dans des groupes différents (moyennes *indépendantes*). Il existe aussi des méthodes d'analyse de variance conçues pour permettre la comparaison de moyennes calculées chez les mêmes personnes (analyse de variance pour mesures répétées). Pour plus d'information, voir l'ouvrage de G. Keppel susmentionné.

LA CORRÉLATION ET LA RÉGRESSION SIMPLE

La dernière situation d'analyse à discuter est celle où les deux variables mises en relation sont mesurées à l'aide d'échelles continues (d'intervalles ou de ratio). Dans ce cas, deux techniques d'analyse peuvent être employées par le chercheur : la corrélation ou la régression (voir le tableau 8.1). Alors que la corrélation est appropriée pour l'analyse de relations de dépendance ou d'interdépendance, l'analyse de régression est strictement une technique d'analyse de dépendance. Examinons chaque technique à tour de rôle.

L'analyse de corrélation

Lorsque les deux variables sont continues, on cherche à établir si l'augmentation des valeurs d'une des variables est liée à l'augmentation ou à la diminution des valeurs de l'autre variable. Il s'agit d'une situation analogue à celle de l'analyse d'un tableau croisé formé à partir de deux variables ordinales. Nous avons vu que la statistique gamma (γ) permet de mesurer le sens et la force de la relation linéaire entre deux variables ordinales. Dans le cas de deux variables continues comme X et Y, on utilise un indice de relation linéaire (c'est-à-dire une relation représentée par une ligne droite) qu'on appelle le **coefficient de corrélation de Pearson**. Celui-ci se définit ainsi :

$$r_{xy} = \frac{\sum_{i=1}^{n} (X_i - \bar{X})(Y_i - \bar{Y})}{s_x s_y (n - 1)}$$

Dans cette équation, le coefficient de corrélation (r_{xy}) est le résultat de la somme du produit des écarts entre les valeurs des deux variables (X_i, Y_i) et leur moyenne respective ($\bar{X}$, $\bar{Y}$), divisée par le produit des écarts types (s_x, s_y) et de la taille d'échantillon moins un ($n - 1$). Tout comme γ, r_{xy} peut prendre des valeurs comprises entre –1 (relation négative parfaite) et +1 (relation positive parfaite).

Pour illustrer l'analyse de corrélation, nous allons de nouveau utiliser un exemple tiré de l'étude sur les ventes de garage. Nous avons vu auparavant que les dépenses des acheteurs sont influencées par la variété des produits disponibles sur les lieux de la vente. Pour établir cette conclusion, nous avons mis en relation le montant dépensé (DEPEN2) avec une mesure d'observation du choix disponible sur le site (CHOIX). On peut obtenir une autre mesure du choix en considérant le total des catégories d'articles disponibles sur le site (voir la grille d'observation à la figure 4.2, page 89). Nous verrons plus loin comment on peut créer cette nouvelle variable que nous allons nommer DISPO. Posons donc le modèle de dépendance suivant:

$$DISPO \rightarrow DEPEN2$$

La corrélation observée entre DISPO et DEPEN2, soit $r_{DISPO,DEPEN2}$ ou plus simplement r, est égale à 0,21. Ce résultat provient d'une analyse produite par le logiciel SAS. Nous y reviendrons ultérieurement. Pour l'instant, voyons comment interpréter cette corrélation et tester si la relation présumée est statistiquement significative.

D'un point de vue descriptif d'abord, la relation entre les deux variables est positive, comme prévu: plus le nombre de catégories d'articles est élevé, plus les dépenses des acheteurs augmentent. Si on utilise le schéma d'interprétation habituel, il s'agit toutefois d'une relation faible. Que peut-on dire maintenant à propos de la corrélation dans la population (soit r_{POP})? Pour faire de l'inférence statistique, il nous faut de nouveau mettre en application le concept de distribution d'échantillonnage.

Partons de l'hypothèse nulle selon laquelle il n'y a pas de relation entre DISPO et DEPEN2 dans la population, ce qui revient à dire que $r_{POP} = 0$. Si on tire un échantillon aléatoire de cette population, les chances sont grandes d'observer une valeur faible (positive ou négative) de r. En répétant le processus d'échantillonnage une infinité de fois, on obtiendra une distribution (d'échantillonnage) de r. Afin d'éviter d'avoir à travailler avec une distribution dont les valeurs doivent varier de -1 à +1, on considère plutôt la distribution d'échantillonnage d'une transformation de r, soit la statistique t dont nous avons parlé précédemment. Cette fois, t se définit ainsi:

$$t = \frac{r}{\sqrt{\dfrac{1 - r^2}{n - 2}}}$$

Nous savons que la distribution de t est fonction de degrés de liberté. Dans le cas de l'analyse de corrélation, les degrés de liberté de t sont obtenus en soustrayant de la taille d'échantillon le chiffre deux ($n - 2$). Dans notre exemple, il y a une valeur manquante, de sorte que les degrés de liberté égalent 96 (98 – 2). Étant donné que le nombre de degrés de liberté est le même que pour l'exemple d'une comparaison de deux moyennes indépendantes, la distribution de t est donc identique. Nous pouvons donc nous reporter aux figures 8.3 (page 278) et 8.4 (page 280) dans lesquelles sont présentées respectivement les situations de test bilatéral et unilatéral. Ainsi, dans une perspective de test bilatéral, on conclura qu'il existe une relation entre les deux variables si la valeur de t observée est supérieure à +1,99 ou inférieure à –1,99 (figure 8.3). Si, par contre, l'hypothèse de remplacement (posée *avant* d'avoir obtenu les résultats!) établit qu'il existe une relation linéaire positive, on rejettera l'hypothèse nulle si t est plus grand que +1,66 (figure 8.4 inversée de façon à considérer la partie droite de la distribution). Dans notre exemple, on obtient le résultat suivant:

$$ t = \frac{0,21}{\sqrt{\dfrac{1 - (0,21)^2}{98 - 2}}} = 2,10 $$

L'hypothèse nulle est donc rejetée dans les deux cas.

Un exemple SAS

Considérons maintenant l'analyse de corrélation en utilisant le logiciel SAS.

Programmation

Nous présentons au tableau 8.15 un programme SAS permettant d'obtenir, entre autres, l'analyse de corrélation entre DISPO et DEPEN2. La variable DISPO est d'abord créée en faisant la somme des variables ANTIQ, ELECT, JARDI, etc., qui correspondent à l'observation de la disponibilité de différents articles sur le site de la vente de garage. DISPO représente donc le nombre total de catégories différentes d'articles disponibles. On emploie la procédure CORR pour l'analyse de corrélation. Après le mot clé VAR, on dresse la liste des variables qu'on veut mettre en corrélation (ici, DEPEN2 et DISPO).

Résultats

Les résultats sont donnés au tableau 8.16. SAS présente d'abord quelques statistiques descriptives concernant les deux variables, soit la moyenne, l'écart type, la somme et les valeurs minimum et maximum. Les informations ayant trait à la dispersion des deux variables (écart type, valeurs minimum et maximum) sont particulièrement importantes. En effet, une faible corrélation entre

TABLEAU 8.15   Un programme SAS pour obtenir une analyse de corrélation et de régression

```
data vente;
infile 'a:garage.dat';
input #1 antiq 31 elect 32 jardi 33 menag 34 sport 35 decor 36 disqs 37 gadgt 38
jouet 39 livre 40 grmeu 41 ptmeu 42 objet 43 outil 44 vetem 45 autre 46 #2 #3 #4
eval2 8 depen2 32-36;
if eval2=0 then eval2='.';
dispo=sum(of antiq elect jardi menag sport decor disqs gadgt jouet livre grmeu
ptmeu objet outil vetem autre);
run;
proc corr; var depen2 dispo;
run;
proc glm; model depen2=eval2;
run;
```

deux variables peut être due à l'absence de relation ou encore être causée par le manque de variation d'une variable ou même des deux. Dans notre exemple, on note que DEPEN2 prend des valeurs comprises entre 0 (aucune dépense) et 20 (montant maximum dépensé) et que le nombre de catégories d'articles disponibles (DISPO) varie entre 10 et 14. La dispersion des deux variables ne cause donc pas de problème.

L'analyse de corrélation figure ensuite. SAS présente les résultats de cette analyse sous forme d'une matrice de corrélations dont les lignes et les colonnes représentent les variables en cause. Les cellules de cette matrice fournissent trois informations: la corrélation, la valeur p (pour un test bilatéral) et le nombre d'observations ayant servi au calcul. Dans notre exemple, la corrélation entre DISPO et DEPEN2 est égale à 0,21421, la valeur p à 0,0342 et le nombre d'observations à 98. Les conclusions sont donc les mêmes. En utilisant une procédure de test bilatérale, on rejette l'hypothèse nulle à un niveau de signification statistique de 0,0342. Si le chercheur avait prévu *a priori* une relation positive entre les deux variables et qu'il avait opté pour un test unilatéral, la valeur p du test serait égale à 0,0171 (0,0342/2).

TABLEAU 8.16 Une analyse de corrélation (sortie SAS)

The SAS System

Correlation Analysis

2 'VAR' Variables: DEPEN2 DISPO

Simple Statistics

Variable	N	Mean	Std Dev	Sum	Minimum	Maximum
DEPEN2	98	2.20255	4.43352	215.85000	0	20.00000
DISPO	99	11.69697	1.35115	1158	10.00000	14.00000

Pearson Correlation Coefficients / Prob > IRI under Ho: Rho = 0
/ Number of Observations

	DEPEN2	DISPO
DEPEN2	1.00000	0.21421
	0.0	0.0342
	98	98
DISPO	0.21421	1.00000
	0.0342	0.0
	98	99

La régression simple

La régression simple est une technique d'analyse statistique dont l'objectif est d'estimer la relation de dépendance entre deux variables continues. Elle repose sur un modèle mathématique qui exprime la relation linéaire entre une variable dépendante et une variable indépendante *dans la population*. Ce modèle est le suivant :

$$Y_i = \alpha + \beta X_i + \varepsilon_i$$

Dans ce modèle, Y_i correspond à la nième valeur de la variable dépendante, X_i est la nième valeur de la variable indépendante, α (la lettre grecque alpha) et β (lettre bêta) constituent des paramètres à estimer et ε_i (epsilon) est l'erreur ou la *composante aléatoire*. Le paramètre α est communément appelé «**ordonnée à l'origine**», car il correspond à la valeur prédite de Y lorsque $X = 0$. Le paramètre β est appelé «**coefficient de régression**». Comme on le voit, le modèle de régression est un modèle de *prédiction*: connaissant les valeurs de α et de β, on peut prédire la nième valeur de Y à partir de la nième valeur de X. L'erreur (ε_i) rend compte du fait que la modélisation n'est généralement pas parfaite, d'autres variables influençant sans doute la variation de Y.

Pour s'assurer que le modèle précédent est une représentation adéquate de la relation entre les deux variables, on doit procéder à son estimation à partir d'un échantillon de n observations. On pose alors le modèle *d'échantillon* suivant:

$$Y_i = a + bX_i + e_i \qquad (i = 1, n)$$

On note que la structure mathématique de ce modèle est identique à celle du modèle de population. Les lettres a et b correspondent aux estimations des paramètres α et β, alors que e_i représente l'erreur dans l'échantillon, souvent appelée «**résidu**».

Le modèle d'échantillon peut aussi s'exprimer ainsi:

$$\hat{Y}_i = a + bX_i \qquad (i = 1, n)$$

Dans cette équation, $\hat{Y}_i$ représente la nième valeur prédite (d'où l'accent circonflexe) de Y. En soustrayant cette dernière équation de la précédente, on obtient la définition de l'erreur de prédiction:

$$Y_i - \hat{Y}_i = e_i \qquad (i = 1, n)$$

Avant de discuter des problèmes d'estimation et d'inférence statistique, considérons un exemple tiré de l'étude sur les ventes de garage. Les analyses précédentes semblent indiquer que le montant d'argent dépensé dans les ventes de garage est plus élevé lorsque la variété des articles disponibles est plus grande. Cette conclusion est issue d'analyses faisant intervenir deux mesures différentes de la variété (CHOIX, DISPO). Afin de renforcer davantage notre conclusion quant à l'existence de cette relation, nous allons utiliser une troisième mesure de la variété, soit le jugement porté par les acheteurs de l'enquête en ce qui a trait au choix des produits (annexe du chapitre 5, question 14, variable EVAL2). Cette variable est mesurée sur une échelle numérique à cinq échelons (1 = mauvais, ..., 5 = excellent) que nous allons considérer comme une échelle d'intervalles. Le modèle de régression qui nous intéresse est le suivant :

$$DEPEN2_i = \alpha + \beta EVAL2_i + \varepsilon_i$$

Estimation du modèle

L'estimation d'un modèle de régression consiste à trouver les valeurs de a et de b qui conduisent à la meilleure prédiction possible de la variable dépendante. Par « meilleure prédiction possible », on entend la minimisation des erreurs (résidus). Plus précisément, il s'agit de trouver les valeurs de a et de b pour lesquelles la somme des résidus mis au carré, c'est-à-dire Σe_i^2, est minimisée. Cette procédure d'estimation est appelée **« estimation par la méthode des moindres carrés »**. On peut montrer que les estimations par moindres carrés de α et de β sont calculées de la façon suivante :

$$b = \frac{\sum_{i=1}^{n}(X_i - \bar{X})(Y_i - \bar{Y})}{\sum_{i=1}^{n}(X_i - \bar{X})^2}$$

$$a = \bar{Y} - b\bar{X}$$

À titre d'illustration, l'estimation par SAS du modèle de régression qui unit les variables EVAL2 et DEPEN2 (discutée plus loin) a produit les résultats suivants : $a = -0,17$ et $b = 1,03$. Le modèle estimé est celui-ci :

$$DEPEN2_i = -0,17 + 1,03 EVAL2_i + e_i$$

La variable EVAL2 a donc un effet positif sur DEPEN2, car le coefficient de régression qui lui est associé est positif. Ce coefficient indique que pour chaque augmentation d'une unité de EVAL2, les dépenses des acheteurs (DEPEN2) augmentent de 1,03 $ en moyenne.

Qualité du modèle

Que vaut le modèle de régression estimé ? Cette question groupe en fait deux sous-questions : 1) La prédiction du modèle est-elle satisfaisante ? et 2) Peut-on dire que le modèle de population est une représentation valable de la relation entre les deux variables ? Voyons comment on peut répondre à ces questions.

Examinons d'abord la qualité de prédiction du modèle estimé. De façon générale, un bon modèle de régression permet de prédire correctement les valeurs de la variable dépendante : plus les valeurs prédites par le modèle estimé ($\hat{Y}_i$) se rapprochent des valeurs observées (Y_i), meilleur est le modèle. On peut concrétiser cette observation par le biais d'un indice qu'on appelle la **somme des carrés de l'erreur** (*SCE*) :

$$SCE = \sum_{i=1}^{n} \left(Y_i - \hat{Y}_i\right)^2$$

La quantité *SCE* représente la variation due à l'erreur de prédiction. Plus *SCE* est petit, meilleure est la prédiction. Afin d'obtenir une évaluation relative, il faut cependant comparer cette variation d'erreur à la variation totale de la variable dépendante, qu'on appelle la **somme des carrés totale** (*SCT*) :

$$SCT = \sum_{i=1}^{n} \left(Y_i - \bar{Y}\right)^2$$

En divisant la quantité *SCE* par *SCT*, on obtient la proportion de la variation totale de la variable dépendante due à l'erreur de prédiction. Par conséquent, un indice de la qualité de prédiction du modèle de régression estimé est donné par le complément de cette proportion, appelé «**coefficient de détermination**» (R^2) :

$$R^2 = 1 - \frac{SCE}{SCT}$$

Le coefficient de détermination correspond à la proportion de la variation totale de la variable dépendante qui *n'est pas* due à l'erreur, c'est-à-dire à la proportion de la variation totale *expliquée* par le modèle. En général, R^2 varie entre 0 (relation linéaire nulle) et 1 (relation linéaire parfaite) et s'interprète comme les indices de force de relation discutés auparavant (V, Y, $\hat{\omega}^2$). Donc, plus R^2 tend vers la valeur 1, plus la prédiction du modèle est bonne.

De façon tout à fait équivalente, on peut calculer R^2 en exprimant directement la variation expliquée par le modèle en fonction de la variation totale. La variation expliquée est évaluée par la **somme des carrés de la régression** (**SCR**):

$$SCR = \sum_{i=1}^{n} \left(\hat{Y} - \overline{Y}\right)^2$$

Le coefficient R^2 est obtenu en divisant cette somme des carrés par la somme des carrés totale:

$$R^2 = \frac{SCR}{SCT}$$

Le lecteur aura sans doute noté la ressemblance entre ces sommes des carrés et celles qui sont associées à l'analyse de variance. En effet, l'analyse de régression simple et l'analyse de variance sont des techniques qui découlent d'une même philosophie statistique, soit celle du *modèle linéaire général*. Une idée centrale de ce modèle est de décomposer la variation totale d'une variable en une variation expliquée et une variation d'erreur. En analyse de variance, la variation expliquée se traduit par la somme des carrés entre les groupes et la variation d'erreur par la somme des carrés dans les groupes. En régression simple, la variation expliquée correspond à la somme des carrés de la régression et la variation d'erreur à la somme des carrés de l'erreur. L'addition des deux sommes des carrés donne la variation totale:

$$SCR + SCE = SCT$$

Tout comme en analyse de variance, il est courant de présenter les informations qui résultent de cette décomposition de la variation dans une table d'analyse de variance.

Examinons maintenant la qualité du modèle sous l'angle de l'inférence statistique: le modèle de régression estimé est-il statistiquement significatif? Posons l'hypothèse nulle que le modèle de population n'est pas valable. Ceci équivaut à dire que le coefficient de détermination dans la population (soit R^2_{pop}) est nul. Si on tire un échantillon aléatoire de cette population, la valeur observée de R^2 devrait être proche de zéro. En répétant le processus à l'infini, on obtiendra une distribution d'échantillonnage de R^2 où la grande majorité des valeurs devraient être faibles. Étant donné que R^2 est contraint de varier entre 0 et 1, on considère plutôt la distribution d'échantillonnage d'une transformation de cet indice, soit la statistique F que nous avons étudiée auparavant. Dans le cas de la régression simple, la statistique F se calcule ainsi:

$$F = \frac{R^2}{\left(\dfrac{1 - R^2}{n - 2}\right)}$$

Nous avons vu que la distribution de F dépend de degrés de liberté au numérateur et au dénominateur. Dans le cas de l'analyse de régression, ces degrés de liberté sont respectivement 1 et n – 2. On rejette l'hypothèse nulle si la valeur observée de F est plus grande qu'une valeur critique correspondant à un seuil de signification statistique de 0,05. On peut aussi effectuer le test à l'aide de la valeur p calculée par un logiciel.

Un exemple SAS

Voyons maintenant comment on peut obtenir une analyse de régression à l'aide du logiciel SAS.

Programmation

Le programme SAS présenté au tableau 8.15 (page 297) comprend des instructions permettant d'obtenir une analyse de régression. La procédure utilisée est GLM. On indique à SAS le modèle à estimer à l'aide du mot clé MODEL suivi de «nom de la variable dépendante» = «nom de la variable indépendante» (sans les guillemets). Dans ce programme, on a demandé à SAS de faire l'analyse du modèle $DEPEN2_i = \alpha + \beta EVAL2_i + \varepsilon_i$.

Résultats

Les résultats issus de la procédure GLM sont présentés au tableau 8.17. SAS nous informe d'abord qu'il y a des valeurs manquantes et que, par conséquent, seulement 94 observations ont été utilisées pour l'analyse. La table d'analyse de variance vient ensuite. On note que $SCR = 125,04$, $SCE = 1763,93$ et $SCT = SCR + SCE = 1888,97$. Les degrés de liberté (DF) correspondent à 1 (au numérateur) et à 92 (au dénominateur). La statistique F (F Value) est égale à 6,52 avec une valeur p (Pr > F) de 0,0123. On peut conclure que la relation est statistiquement significative. Le coefficient de détermination (R-Square) est égal à 0,066, soit 125,04/1888,97. Dans le langage propre à l'analyse de régression, cela signifie que la variable EVAL2 explique 6,6 p. 100 de la variation de DEPEN2. Il s'agit donc d'une relation très faible.

TABLEAU 8.17   Une analyse de régression simple (sortie SAS partielle)

The SAS System

General Linear Models Procedure

Number of observations in data set = 99

NOTE : Due to missing values, only 94 observations can be used in this analysis.

Dependent Variable: DEPEN2

Source	DF	Sum of Squares	Mean Square	F Value	Pr > F
Model	1	125.04065605	125.04065605	6.52	0.0123
Error	92	1763.92870565	19.17313810		
Corrected Total	93	1888.96936170			

R-Square	C.V.	Root MSE	DEPEN2 Mean
0.066195	191.2635	4.3787142	2.2893617

Parameter	Estimate	T for HO: Parameter = 0	Pr > ITI	Std Error of Estimate
INTERCEPT	−0.170088925	−0.16	0.8733	1.06370985
EVAL2	1.027503817	2.55	0.0123	0.40235039

Les estimations des paramètres du modèle sont présentées au bas de la sortie SAS. L'ordonnée à l'origine (INTERCEPT) est égale à – 0,17 et le coefficient de régression (ligne EVAL2) est égal à 1,03. SAS fournit de plus les résultats de tests concernant les paramètres du modèle, les hypothèses nulles étant respectivement $\alpha = 0$ et $\beta = 0$. Ces tests sont effectués à partir de statistiques t. On procède rarement à un test sur l'ordonnée à l'origine. Quant au test sur β, dans sa version bilatérale, il est strictement équivalent au test en F. On note d'ailleurs que la valeur p du test est identique. Un test sur β s'avère intéressant lorsque le chercheur veut confronter l'hypothèse nulle ($\beta = 0$) avec une hypothèse de remplacement directionnelle (par exemple, $\beta > 0$). Dans ce cas, comme nous l'avons vu auparavant, la valeur p donnée par SAS doit être divisée par deux (si le signe du coefficient est, bien entendu, cohérent avec l'hypothèse de remplacement).

Conclusions

La corrélation et la régression simple sont deux techniques appropriées pour l'analyse des relations comportant deux variables continues. Bien que leur approche et les informations qu'elles fournissent soient différentes, les conclusions qui peuvent en être tirées sont *complètement* équivalentes. En fait, il est possible de trouver les résultats d'une analyse de corrélation à partir de ceux d'une analyse de régression, et vice-versa (voir l'exercice 6 à la fin de ce chapitre). Quelle technique le chercheur en marketing doit-il alors choisir ? En général, l'analyse de corrélation est toujours appropriée, qu'il s'agisse de l'analyse de relations de dépendance ou d'interdépendance. S'il le souhaite, le chercheur en marketing peut opter pour la régression simple lorsque la relation de dépendance entre les variables est claire, mais cela n'est pas nécessaire. Il est cependant préférable de choisir la régression si l'objectif est d'estimer un modèle de prédiction. Par exemple, si on veut prédire les ventes d'un produit à partir de l'effort promotionnel (dépenses de publicité, marketing direct, etc.), une analyse de régression serait plus appropriée. Par cette analyse, le chercheur pourra estimer l'effet d'une variation de l'effort promotionnel sur le nombre d'unités vendues du produit ou les ventes en dollars, selon le cas.

Par ailleurs, il faut se rappeler que les analyses de corrélation et de régression simple se limitent à l'estimation de relations bivariées de type *linéaire*. Ainsi, l'absence de corrélation entre deux variables signifie qu'il n'y a pas de relation linéaire, mais il est possible qu'une autre forme de relation existe. Enfin, il faut noter que les résultats de la corrélation et de la régression sont touchés par la qualité des données de recherche. Premièrement, il est important que le chercheur s'assure que les variables mises en relation à l'aide de ces techniques ont une variance suffisante. Si les variables ne varient pas, il y a peu de chance qu'elles *co*varient. Deuxièmement, il faut se méfier des situations où la base de données contient des observations extrêmes (en anglais, *outliers*) qui peuvent éventuellement influer sur les résultats des analyses. Par exemple, si la majorité des valeurs observées des deux variables sont peu élevées et qu'une observation a une valeur très grande, l'ordre de grandeur de la corrélation ou du coefficient de régression sera déterminé en grande partie par cette seule observation[10].

CONCLUSIONS SUR L'ANALYSE STATISTIQUE BIVARIÉE

Ce chapitre a présenté les concepts de base de l'analyse statistique bivariée. En appliquant ces concepts à l'étape d'analyse des données, le chercheur en marketing peut produire des informations qui seront utiles pour les décideurs. Même si notre discussion s'est volontairement arrêtée aux notions essentielles (il existe des livres complets sur chacune des méthodes discutées[11]), la quantité d'informations contenues dans ce chapitre est néanmoins considérable. C'est pourquoi nous présentons au tableau 8.18 un résumé des aspects à considérer dans l'application des techniques d'analyse bivariée. Ce tableau peut être employé comme aide-mémoire lors de l'étape d'analyse. Dans les lignes qui suivent, nous abordons d'autres aspects de l'analyse dont le chercheur en marketing doit tenir compte.

Interpréter ! Interpréter !

L'analyse des données ne doit jamais être un exercice mécanique de production de tableaux et de statistiques ; elle doit servir l'objectif primordial de la recherche qui est de fournir des informations permettant d'améliorer la prise de décision en marketing. De ce point de vue, l'interprétation des résultats d'analyse est ce qui compte le plus. Pourtant, nombreux sont les rapports de recherche en marketing qui font état de résultats sans qu'il y ait véritablement d'interprétation. Interpréter, c'est bien sûr décrire la nature de la relation qui unit deux variables, mais cela ne doit pas s'arrêter là. Un bon chercheur en marketing est animé par un désir de comprendre et d'expliquer les phénomènes

---

10. En principe, le problème des valeurs extrêmes ne se pose pas lorsque la distribution de la composante aléatoire du modèle de régression (ε_i) est normale, comme le suppose le modèle de régression simple. Notons qu'il faut aussi se méfier des valeurs extrêmes dans le cas de comparaisons de moyennes.

11. Voir, par exemple, l'ouvrage d'A. Gilles, *Éléments de méthodologie et d'analyse statistique pour les sciences sociales*, Montréal, McGraw-Hill, Éditeurs, 1994.

TABLEAU 8.18 L'analyse statistique bivariée : Un sommaire

	Deux variables discrètes	Une variable discrète et une variable continue	Deux variables continues
Type d'analyse	Tableau croisé	Comparaison de moyennes	Corrélation ou régression
Tests statistiques	χ^2 γ (si deux variables ordinales)	t (deux moyennes) F (deux moyennes ou plus)	t (corrélation, régression) F (régression)
Force de la relation	V de Cramer γ (si deux variables ordinales)	$\hat{\omega}^2$	r (corrélation) R^2 (régression)
Interprétation	À partir de la configuration des fréquences et des pourcentages dans le tableau croisé	À partir des moyennes de groupe	En examinant l'ordre de grandeur et le signe du coefficient de corrélation ou de régression
À surveiller	Grandeur des fréquences théoriques et observées	Taille de l'échantillon dans les groupes, valeurs extrêmes	Dispersion des variables, valeurs extrêmes
Procédures SAS	FREQ	TTEST (deux moyennes) ANOVA (deux moyennes ou plus)	CORR (corrélation) GLM, REG (régression)
Procédures SPSS	CROSSTABS	T-TEST (deux moyennes) ONEWAY, ANOVA (deux moyennes ou plus)	CORRELATION (corrélation) REGRESSION (régression)

qu'il étudie et d'en voir les conséquences pratiques. À titre d'illustration, supposons qu'une recherche portant sur un nouveau produit s'adressant aux jeunes consommateurs montre que l'intérêt pour ce produit est significativement plus grand chez les hommes que chez les femmes. Sans doute le chercheur voudra-t-il en savoir davantage. Il pourra se poser les questions suivantes :

> Les perceptions qu'entretiennent les hommes et les femmes au regard de ce nouveau concept sont-elles identiques ?

> Si elles l'étaient, la différence d'intérêt serait-elle quand même observée ?

> Peut-on expliquer ce résultat autrement ?

Il se pourrait que dans l'échantillon les femmes soient plus âgées que les hommes, ce qui expliquerait leur intérêt moins grand (quelles analyses suggérez-vous pour tester cette idée ?). Comme on le voit dans cet exemple, en plus d'éclairer le chercheur sur des aspects particuliers du problème de recherche, l'interprétation doit être orientée vers la compréhension et la découverte.

Pas de relation ?

Il est normal qu'un chercheur en marketing ait le désir d'observer des relations significatives entre les variables qu'il met en relation. Cependant, il ne faut pas oublier que le fait de ne pas observer de relation entre deux variables est aussi une information utile. Par exemple, si les revenus des consommateurs n'ont pas d'effet statistiquement significatif sur l'intention d'achat, cela signifie que les décideurs n'ont pas à se préoccuper de cette variable dans l'élaboration de leurs stratégies (segmentation, définition de la cible, positionnement). Voilà une information très intéressante !

Signification statistique et signification pratique

Dans ce chapitre, nous avons beaucoup insisté sur la notion de signification statistique. Cet aspect de l'analyse des données est important, mais certainement moins que celui de la signification pratique des résultats. Ainsi, même si on observe une relation hautement significative entre les revenus et la profession, cela n'a généralement pas beaucoup d'intérêt dans le contexte d'une recherche appliquée en marketing. En choisissant les analyses à effectuer, il est donc primordial que le chercheur s'interroge sur l'intérêt pratique de la relation étudiée au regard des objectifs de la recherche.

L'analyse des données de recherche procède habituellement par l'étude des relations comportant deux variables, c'est-à-dire l'analyse statistique bivariée. Il existe deux types d'analyse bivariée: 1) l'analyse de dépendance, dans laquelle une variable appelée «variable dépendante» est réputée avoir un effet sur une autre variable nommée «variable indépendante»; 2) l'analyse d'interdépendance, dans laquelle les deux variables sont présumées agir réciproquement l'une sur l'autre.

La plupart des techniques statistiques bivariées permettent l'analyse de relations de dépendance et d'interdépendance. En général, il appartient au chercheur de définir le type de relation qui unit les variables considérées. Lorsque les deux variables qu'on veut mettre en relation sont mesurées à l'aide d'échelles discrètes (nominale ou ordinale), on utilise l'analyse de tableaux croisés. On teste si la relation observée dans l'échantillon est statistiquement significative avec la statistique χ^2 et on évalue la force de la relation avec le V de Cramer. Si les deux variables discrètes sont mesurées à l'aide d'échelles ordinales, on peut effectuer une analyse complémentaire à l'aide de la statistique γ. L'interprétation des résultats se fait en examinant les fréquences et les pourcentages du tableau croisé.

Lorsqu'une des variables est mesurée au moyen d'une échelle discrète et l'autre à l'aide d'une échelle continue (d'intervalles ou de ratio), on emploie des techniques de comparaisons de moyennes. Si la variable discrète est dichotomique (deux catégories), on utilise un test de comparaison de deux moyennes indépendantes (test en t). Par contre, si elle comprend plus de deux catégories, on procède à une comparaison de plusieurs moyennes, c'est-à-dire à une analyse de variance (test en F). Dans tous les cas, on mesure la force de la relation en calculant la statistique $\hat{\omega}^2$ et on interprète les résultats en examinant les moyennes de groupe.

Lorsque les deux variables sont continues, on peut utiliser l'analyse de corrélation ou la régression simple. Cette dernière technique est appropriée pour l'étude de relations de dépendance uniquement.

Questions de révision

1. Pourquoi l'analyse statistique univariée ne suffit-elle pas généralement pour analyser les données d'une recherche en marketing ?

2. Qu'est-ce qui distingue une relation de dépendance d'une relation d'interdépendance ?

3. Montrez comment la connaissance du niveau de mesure des variables permet de choisir une technique d'analyse statistique bivariée appropriée.

4. Comment interprète-t-on les données contenues dans un tableau croisé ?

5. Quelle interprétation donne-t-on à la statistique χ^2 ?

6. Comment calcule-t-on les fréquences théoriques d'un tableau croisé ?

7. Montrez la logique du test du χ^2 dans les cas suivants : 1) lorsqu'on emploie un tableau des valeurs critiques de la distribution ; 2) lorsqu'on emploie la valeur p.

8. Comment mesure-t-on la force de la relation entre deux variables discrètes ? Pourquoi le fait-on ?

9. Quel type d'analyse peut-on faire à partir d'un tableau croisé formé de deux variables ordinales ?

10. Montrez la logique du test en t pour comparer deux moyennes indépendantes.

11. Contrastez la procédure de test unilatérale et la procédure bilatérale à l'aide d'un exemple de comparaison de deux moyennes.

12. Comment mesure-t-on la force de la relation entre une variable discrète et une variable continue ?

13. Montrez la logique du test en F pour comparer plusieurs moyennes indépendantes.

14. Montrez la logique du test en t dans le contexte de l'analyse de corrélation.

15. Montrez l'équation qui définit le modèle de régression simple et expliquez chacune des composantes de cette équation.

16. Qu'entend-on par l'estimation « par moindres carrés » ?

17. Comment mesure-t-on la force de la relation dans le cas de la régression simple ?

18. Quels sont les aspects à surveiller lorsqu'on utilise la corrélation ou la régression ?

Exercices et sujets de réflexion

1. Considérez de nouveau la relation entre INTERET et REV dans l'étude sur les ventes de garage. Recodez la variable INTERET de façon à grouper les catégories «rarement» (code = 4) et «jamais» (code = 5). Faites l'analyse du nouveau tableau croisé et interprétez les résultats.

2. Faites l'analyse de la relation entre la variable INTERET, telle qu'elle a été recodée dans l'exercice précédent, et la variable SEXE. Interprétez les résultats.

3. Les résultats présentés dans ce chapitre montrent que les femmes dépensent plus en moyenne que les hommes dans les ventes de garage. Peut-on dire aussi qu'elles visitent plus de ventes de garage que les hommes? Proposez et effectuez des analyses statistiques pour répondre à cette question.

4. Au chapitre 7, nous avons créé la variable EVAL en faisant la somme des variables EVAL1 à EVAL4 qui correspondent aux jugements portés par les participants à l'étude sur les ventes de garage quant à la présentation des produits, au choix des produits, à l'ambiance et à l'influence du vendeur sur l'achat. Selon vous, est-il approprié de faire cette somme (revoir notre discussion sur la fidélité au chapitre 5, page 152)? Justifiez votre réponse par des analyses statistiques. Pouvez-vous suggérer la création d'une autre variable?

5. Considérez de nouveau la relation entre les variables SEXE et DEPEN2 dont il a été question dans ce chapitre. Faites l'analyse de cette relation en employant l'analyse de variance plutôt qu'un test en t de comparaison de deux moyennes. Les résultats sont-ils les mêmes? Comparez la statistique F obtenue avec la valeur de la statistique t décrite dans le chapitre ($t = -2{,}02$). Que remarquez-vous?

6. Considérez de nouveau la relation entre les variables DISPO et DEPEN2 dont il a été question dans ce chapitre. Estimez et vérifiez la qualité du modèle de régression suivant:

$$DEPEN2_i = \alpha + \beta DISPO_i + \varepsilon_i$$

Comparez le R^2 avec le coefficient de corrélation présenté dans ce chapitre ($r = 0{,}21$). Que remarquez-vous? Calculez la quantité suivante: $b\,(s_{DISPO}/s_{DEPEN2})$. Que notez-vous?

$$SSB \underset{(g-1)}{=} \sum_{i-1}^{n} \sum_{j=1}^{n} n_i \, (\bar{x}_i - \bar{\bar{x}}_i)^2$$

grande $\quad n = \dfrac{z^2}{e^2} \cdot \sigma^2$

$$SSW \underset{(n-g)}{=} \sum_{i-1} (n_i - 1) s_i^2$$

$$n = \dfrac{z^2}{e^2} \cdot (p \cdot q)$$

$$n = \dfrac{N \sigma^2}{(N-1) \dfrac{e^2}{z^2} + \sigma^2} \; ; \qquad n = \dfrac{N(p \cdot q)}{N-1 \left(\dfrac{e^2}{z^2}\right) + (p \cdot q)} \left.\begin{array}{c} \\ \\ \end{array}\right\} \text{petite population}$$

$$\dfrac{SSB}{SSW} = MSE$$

p. 198 taille échantillon

p. 182-183 marge d'erreur

p. 190 marge erreur (small strat)

p. 262 Cross + abs.

p. 276 T-test

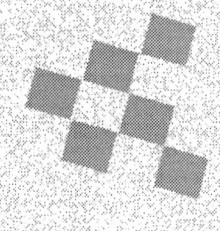

L'analyse des perceptions et des préférences

9

Introduction

L'objectif de ce chapitre est de présenter quelques techniques courantes que les chercheurs en marketing utilisent pour analyser les relations entre plusieurs variables. Ce domaine, soit celui de l'analyse statistique multivariée, est vaste et il est impossible d'en faire une présentation complète et satisfaisante dans un seul chapitre. C'est pourquoi notre discussion tentera de montrer l'intérêt des techniques multivariées dans le cadre restrictif, mais néanmoins important, de l'analyse des perceptions et des préférences.

Le chapitre débute par la présentation d'un paradigme – sorte de modèle général qui oriente la recherche dans un domaine donné – qui a influencé et influence encore la recherche en marketing et qui vise à expliquer la formation des préférences. Par la suite, des techniques multivariées diverses permettant de mettre ce paradigme en application sont présentées et leur application est illustrée à l'aide de données provenant d'études réelles.

UN PARADIGME POUR LE MARKETING[1]

On trouve dans les disciplines comme la physique, la sociologie et la psychologie de grands modèles de pensée qui orientent la pratique et la recherche fondamentale et appliquée. Ces modèles de pensée, qu'on appelle des **paradigmes**, correspondent à des représentations, à des explications et à des théories généralement acceptées ayant trait à des phénomènes propres à la discipline. Le marketing ne fait pas exception. Par exemple, un paradigme dominant en marketing est celui du *mix marketing* (ou les «quatre P») qui définit le «territoire» du marketing comme celui des décisions qui concernent les produits, les prix, la communication et la distribution.

Un autre paradigme du marketing qui nous intéresse particulièrement dans ce chapitre peut être représenté par l'équation suivante:

$$P = f(C)$$

---

1. Le paradigme dont il est question dans cette section a été discuté par Y. Allaire, *The Measurement of Heterogeneous Semantic, Perceptual and Preference Structures*, thèse de doctorat, Massachussets Institute of Technology, 1972, chap. 1. Pour une discussion plus générale des paradigmes en marketing, on peut consulter les articles réunis dans l'ouvrage de N. Dholakia et J. Arndt, *Changing the Course of Marketing: Alternative Paradigms for Widening Marketing Theory*, Greenwhich, CT, JAI Press, 1985.

Dans cette équation, les préférences des acheteurs (*P*) sont une fonction (*f*) de leurs perceptions (*C*). En d'autres termes, si on connaît les perceptions qu'entretiennent les acheteurs par rapport à un objet (une marque, un magasin, une publicité, etc.) et la fonction qu'il convient de leur appliquer, on pourra prévoir leurs préférences envers cet objet. Cette idée fort simple est à la base d'un ensemble de techniques d'analyse qu'on peut grouper sous deux catégories :

1. *L'analyse des perceptions.* L'objectif de ces techniques d'analyse est de comprendre comment les acheteurs se représentent mentalement les marques, les produits, les magasins, etc., qu'on trouve dans un marché.

2. *L'analyse des préférences.* L'objectif de ces techniques d'analyse est de comprendre la relation entre les perceptions et les préférences.

Nous présentons au tableau 9.1 une classification des différentes techniques d'analyse discutées dans ce chapitre.

L'ANALYSE DES PERCEPTIONS

L'analyse des perceptions vise à répondre à deux questions qui s'inscrivent dans le paradigme $P = f(C)$:

1. Quelles sont les caractéristiques ou les dimensions que les acheteurs utilisent pour distinguer les marques, les produits, les magasins et les autres objets pertinents en marketing ?

TABLEAU 9.1   Les techniques d'analyse issues du paradigme $P = f(C)$

L'analyse des perceptions	L'analyse des préférences
Approche indirecte :	▪ La régression multiple
▪ L'analyse multidimensionnelle des similarités	▪ La modélisation multiattributs
	▪ L'analyse des mesures conjointes
Approche directe :	
▪ L'analyse des composantes principales	
▪ L'analyse discriminante	

2. Comment les objets se positionnent-ils par rapport à ces dimensions?

Il existe deux approches différentes qu'on peut mettre en œuvre pour répondre à ces questions (voir le tableau 9.1):

1. *L'approche directe.* Cette approche consiste à obtenir et à synthétiser des jugements portés par des acheteurs au regard des attributs déterminants pour l'évaluation des objets auxquels le chercheur s'intéresse. L'*analyse des composantes principales* et l'*analyse discriminante* sont deux techniques qu'on emploie à cette fin.
2. *L'approche indirecte.* Cette approche consiste à dériver les dimensions perceptuelles et les positions des objets à partir de jugements des acheteurs portant sur la similarité perçue entre des objets. L'*analyse multidimensionnelle des similarités* est la technique utilisée dans ce cas-ci.

L'analyse multidimensionnelle des similarités

Supposons qu'on vous présente une carte géographique montrant la position des principales villes du Québec (Montréal, Québec, Sherbrooke, etc.). Ce serait un jeu d'enfant pour vous de calculer les distances à vol d'oiseau entre ces villes à l'aide d'une règle. On pourrait inclure ces distances (par exemple, en centimètres) dans une matrice dont les lignes et les colonnes correspondraient aux villes. Supposons maintenant qu'on vous présente une telle matrice de distances entre des villes et qu'on vous demande, à l'inverse, de reconstituer la carte géographique. Un peu plus difficile cette fois, non? L'analyse multidimensionnelle des similarités est une technique qui vise à résoudre des problèmes de ce type.

Comment peut-on reconstituer une carte géographique à partir d'un ensemble de distances entre des villes? Cette tâche est accomplie à l'aide de programmes informatiques spécialisés. Elle s'effectue en deux étapes:

1. On trouve une première solution, qu'on appelle une **configuration initiale**. Cette configuration doit être aussi «bonne» que possible, c'est-à-dire qu'elle doit permettre de reproduire assez fidèlement les distances contenues dans la matrice.
2. On essaie d'améliorer la configuration en déplaçant les villes de façon à reproduire les distances encore mieux. On procède à des

déplacements successifs, qu'on appelle des **itérations**, jusqu'à ce qu'il n'y ait plus d'amélioration notable.

En marketing, on ne cherche habituellement pas à reconstituer des cartes géographiques à partir de distances, on essaie plutôt de construire une **carte perceptuelle** (en anglais, *perceptual map*) à partir de mesures de la similarité (ou de la dissimilarité) perçue entre des objets tels des marques, des produits ou des magasins. Ces mesures de similarité correspondent à des distances *psychologiques* plutôt que physiques.

À titre d'illustration, nous présentons au tableau 9.2 des données réelles provenant d'une étude menée aux États-Unis dans les années 1970[2]. Il s'agit d'une matrice des dissimilarités perçues entre des marques de boissons gazeuses. Ces mesures ont été obtenues auprès d'un échantillon de 269 consommateurs américains. Nous avons analysé ces dissimilarités à l'aide de la procédure MDS associée au logiciel SAS. La solution produite par MDS est présentée à la figure 9.1.

Dans cet exemple, la carte comportant deux dimensions s'est avérée satisfaisante. Comment juge-t-on de la valeur d'une solution? La plupart des programmes calculent un indice de la (mauvaise) qualité de l'ajustement entre les dissimilarités originales et les dissimilarités reproduites, qu'on appelle le **stress**. En général, l'indice de stress varie entre zéro (ajustement parfait) et un (aucun ajustement). On voudra normalement qu'il soit le plus petit possible.

TABLEAU 9.2   Une matrice de dissimilarités entre des marques de boissons gazeuses

	1	2	3	4	5	6	7	8
1. Coke	–							
2. Seven-Up	0,38	–						
3. Tab	1,56	1,26	–					
4. Like	1,46	1,11	0,40	–				
5. Pepsi	0,13	0,25	1,45	1,34	–			
6. Sprite	0,63	0,26	1,14	0,92	0,50	–		
7. Diet Pepsi	1,62	1,34	0,11	0,50	1,52	1,22	–	
8. Fresca	1,27	0,91	0,52	0,21	1,14	0,71	0,71	–

2. Voir l'article de D. Lehmann, « Judged Similarity and Brand-Switching Data as Similarity Measures », *Journal of Marketing Research*, vol. 9, n° 3, 1972, p. 331-334.

Dans notre exemple, le stress était égal à 0,006, ce qui correspond à un ajustement plus qu'acceptable.

Examinons la figure 9.1. On note que la dimension horizontale (I) sépare les marques Coke, Pepsi, Seven-Up et Sprite des autres. On pourrait étiqueter cette dimension «diète contre non diète». Quant à elle, la dimension verticale (II) sépare les marques Coke, Pepsi, Diet Pepsi et Tab des autres. L'appellation «cola contre incola» semble lui convenir. On peut noter que la dispersion des marques est plus grande en ce qui a trait à la dimension diète contre non diète, ce qui permet de penser que cette dimension est plus importante que l'autre.

Dans l'analyse multidimensionnelle des similarités, on interprète souvent les dimensions en examinant la position relative des objets dans la carte. Divers moyens peuvent être employés pour faciliter l'interprétation, comme celui qui consiste à corréler les dissimilarités entre les objets avec divers adjectifs pouvant caractériser les dimensions sous-jacentes. La tâche d'interprétation appartient au chercheur et elle peut parfois s'avérer difficile. En effet, la solution obtenue est fondée uniquement sur les distances entre les objets. Celles-ci, par

FIGURE 9.1   Une carte perceptuelle produite à l'aide de la procédure MDS du logiciel SAS

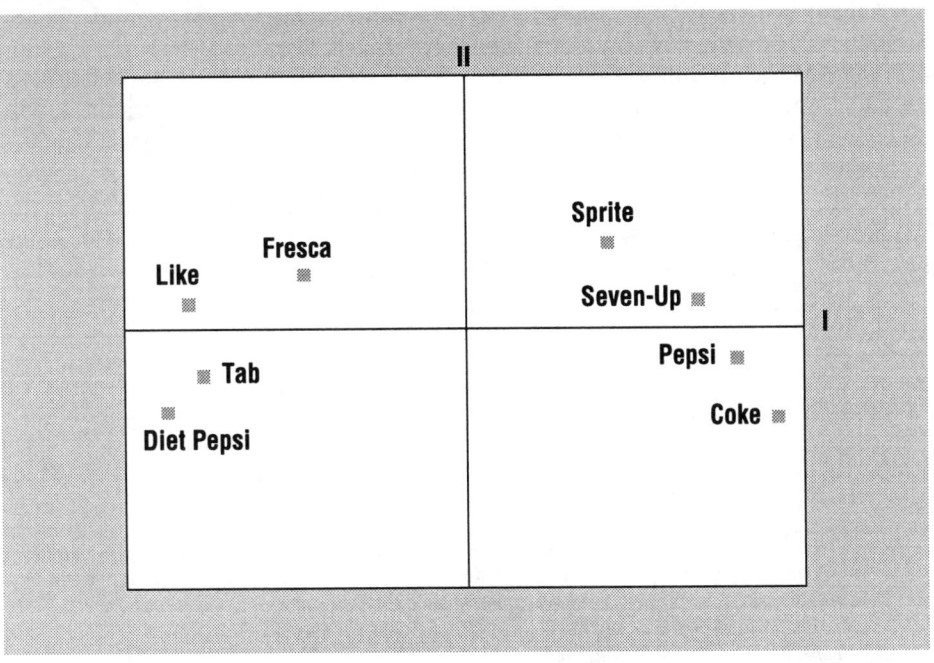

ailleurs, ne sont touchées ni par une rotation des axes, ni par une transformation réflexive de la solution (comme si on la reflétait dans un miroir), ni par une translation (c'est-à-dire que les axes correspondent à des échelles d'intervalles). La sortie originale de la procédure MDS de SAS ne présentait pas les marques comme nous les voyons à la figure 9.1. Il a fallu chercher une configuration interprétable (la solution du chercheur qui a mené l'étude a bien sûr facilité la tâche).

L'analyse multidimensionnelle des similarités vise donc à identifier les dimensions qu'utilisent les acheteurs lorsqu'ils comparent des produits, des marques, des magasins et d'autres objets de cette nature. Les résultats montrent comment les objets se distinguent entre eux et aussi lesquels peuvent être substitués les uns aux autres. D'un point de vue pratique, une firme peut confronter le positionnement obtenu par l'analyse avec celui recherché et dégager ainsi des conclusions pertinentes concernant les stratégies de marketing à employer.

L'analyse a cependant ses limites. Ainsi, il n'est pas sûr que les dimensions employées par les acheteurs pour juger de la similarité entre des marques soient les mêmes que celles qu'ils utilisent pour évaluer ces marques ou prendre leurs décisions d'achat. Nous avons aussi indiqué qu'il est parfois difficile d'interpréter la configuration produite par l'analyse. Une interprétation aisée implique souvent des résultats triviaux. Enfin, pour que l'analyse soit valable, il est recommandé d'avoir des données de similarité sur au moins huit objets. Si on procède à l'aide de comparaisons par paires (voir le chapitre 5, page 141), cela suppose un minimum de 28 jugements à effectuer par les participants à l'étude. Dans un contexte de recherche appliquée, cela peut représenter une tâche relativement exigeante. Pour toutes ces raisons, l'analyse multidimensionnelle des similarités n'est plus beaucoup employée de nos jours dans la recherche en marketing. On lui préfère généralement des méthodes fondées sur l'approche directe, soit l'analyse des composantes principales ou encore l'analyse discriminante. Examinons ces méthodes à tour de rôle[3].

---

3. Notre discussion de l'analyse multidimensionnelle des similarités est très sommaire. Pour plus d'information sur cette méthodologie, consulter l'ouvrage de J. B. Kruskal et M. Wish, *Multidimensional Scaling*, Beverly Hills, CA, Sage Publications, 1978. On trouvera une présentation d'autres techniques d'analyse multidimensionnelle d'intérêt dans l'ouvrage de P. E. Green, F. J. Carmone Jr et S. M. Smith, *Multidimensional Scaling: Concepts and Applications*, Boston, Allyn and Bacon, 1989.

L'analyse des composantes principales

Dans l'approche directe, on procède d'abord à une étude préliminaire afin d'identifier les objets en concurrence ainsi que les attributs que les acheteurs considèrent pour évaluer ceux-ci. Les termes spécifiques employés par les acheteurs pour décrire les objets sont importants, car ils servent à construire des échelles sur lesquelles ils seront comparés. Cela se fait dans une deuxième étape, à l'aide d'une enquête. Les données collectées lors de cette enquête sont analysées par la suite afin d'établir une carte perceptuelle.

Un exemple

Une étude a été réalisée en 1989 auprès de 96 jeunes consommateurs anglophones de la région d'Ottawa-Hull[4]. L'objectif de cette étude était d'établir un positionnement de différentes marques de jeans en concurrence. Les chercheurs ont d'abord effectué des entrevues individuelles informelles auprès d'un petit groupe d'acheteurs du marché cible, afin de dresser la liste des termes utilisés pour décrire des jeans. Les 13 termes (ou attributs) qui ont été identifiés lors de cette première étape sont présentés au tableau 9.3.

TABLEAU 9.3   La liste des termes utilisés pour décrire des jeans

1	Durable
2	Moulé
3	Confortable
4	Mauvaise qualité
5	Pratique
6	Jeans design
7	Cher
8	Nonchalant
9	Masculin
10	À la mode
11	Country
12	Sexy
13	Chic

---

4. Les données de cette étude ont été réunies par Hélène Barette, Renée Brisson, Michel Fortier et Patrick Schryburt dans le cadre d'un cours de recherche en marketing enseigné par l'auteur à la Faculté d'administration de l'Université d'Ottawa. Le questionnaire original était rédigé en langue anglaise.

On a ensuite construit et prétesté un questionnaire dans lequel les marques de jeans Calvin Klein, GWG, Levi's et Roberto étaient comparées du point de vue des attributs et de la préférence globale. Les jugements directs peuvent être obtenus de diverses façons (voir le chapitre 5, pages 140-151). Dans cette étude, on a demandé aux participants de classer les marques relativement à chaque attribut ainsi que par rapport à leur préférence globale. Bien qu'on obtienne ainsi des mesures ordinales, cette méthode a l'avantage d'être moins longue et de forcer les gens à bien distinguer les objets comparés. Cette dernière caractéristique entraîne des résultats généralement plus nets. Le questionnaire ayant servi à la collecte des données est versé à l'annexe A du présent chapitre. La base de données (JEANS.DAT) et le guide de la codification sont présentés aux annexes B et C respectivement.

Résultats préliminaires

Les moyennes des rangs associés aux marques de jeans sur les 13 attributs ont été calculées à l'aide d'un logiciel et transposées sur le graphique présenté à la figure 9.2. Afin de faciliter l'interprétation, les classements originaux des participants à l'étude ont été inversés (1 = pas du tout, 4 = tout à fait). Le graphique permet de saisir comment les différentes marques sont perçues par rapport aux attributs utilisés par les consommateurs. On constate que les marques sont classées différemment selon le type d'attribut. Par exemple, pour l'aspect «confort», la marque Levi's est la mieux perçue, alors que pour l'aspect «design», c'est Calvin Klein qui est première. Ces résultats préliminaires semblent montrer que les distinctions que les consommateurs établissent entre les marques dépendent de la nature des attributs considérés.

Le graphique présenté à la figure 9.2 est intéressant, mais néanmoins complexe. On voudrait avoir une représentation plus simple des perceptions des consommateurs. Par ailleurs, il semble raisonnable de penser que les perceptions des consommateurs sont plus générales, fondées sans doute sur une *combinaison* de l'ensemble des attributs – permettant la formation d'une image *globale* des marques en concurrence – plutôt que sur la prise en considération individuelle de chaque attribut. L'objectif de l'analyse des composantes principales est de simplifier les jugements sur les attributs de façon à faire ressortir les *dimensions* perceptuelles de base et la *position* des marques sur ces dimensions.

Dérivation des facteurs

L'analyse des composantes principales est utilisée lorsqu'on veut réduire un ensemble de variables à quelques dimensions plus générales qu'on appelle

FIGURE 9.2 La perception de quatre marques de jeans

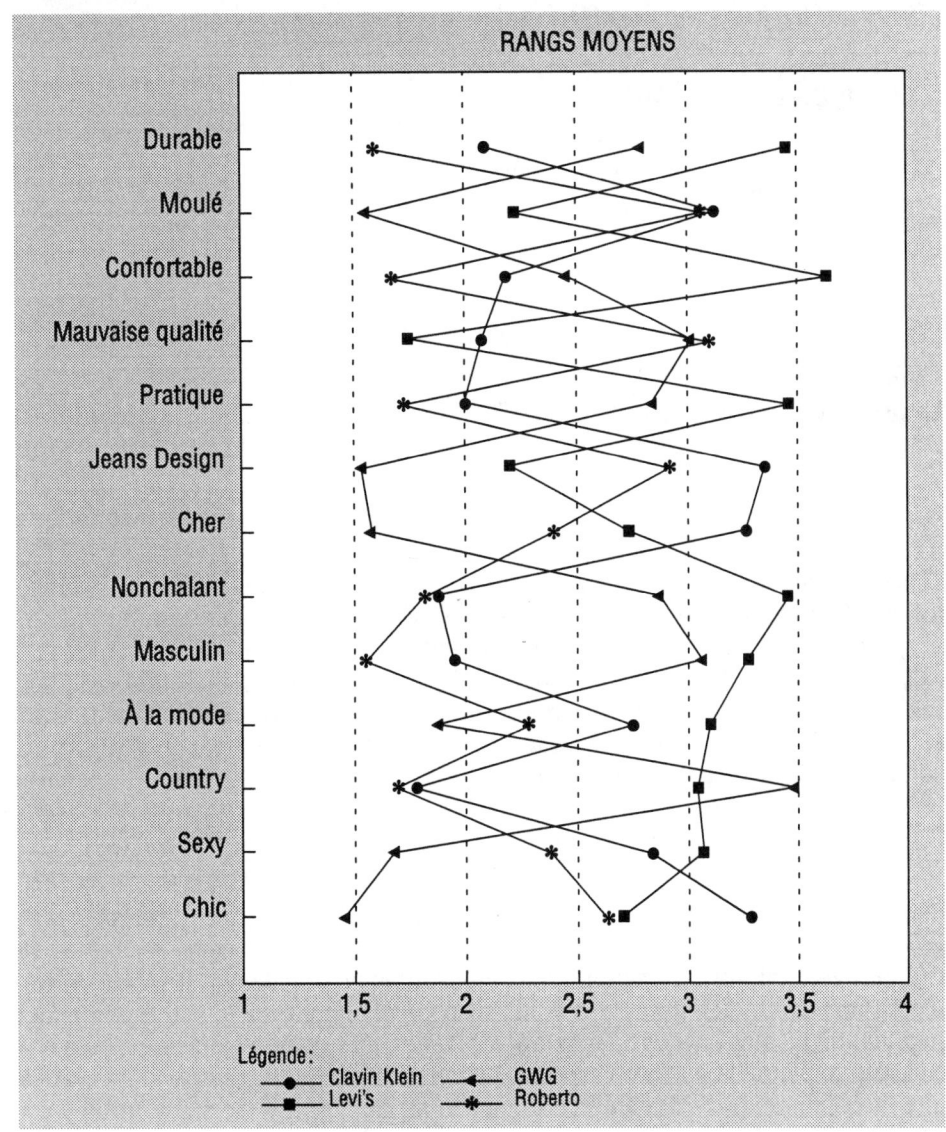

des **facteurs**. Ces facteurs (ou composantes principales) correspondent à des combinaisons linéaires des variables originales. À titre d'illustration, dans l'étude sur les jeans, on dispose des données suivantes *pour chaque marque*:

Observation	DURAB	MOULE	CONFO	...	CHIC
001	X_{11}	X_{21}	X_{31}	X_{i1}	$X_{13,1}$
002	X_{12}	X_{22}	X_{32}	X_{i2}	$X_{13,2}$
003	X_{13}	X_{23}	X_{33}	X_{i3}	$X_{13,3}$
004	X_{14}	X_{24}	X_{34}	X_{i4}	$X_{13,4}$
⋮	⋮	⋮	⋮	⋮	⋮
096	$X_{1,96}$	$X_{2,96}$	$X_{3,96}$	$X_{i,96}$	$X_{13,96}$

La première composante principale (*CP*) est obtenue à partir d'une combinaison linéaire des 13 attributs, soit:

$$CP_1 = a_{11}X_1 + a_{12}X_2 + ... + a_{1,13}X_{13}$$

Cette combinaison linéaire est celle qui «explique» le maximum de la variance totale des variables originales standardisées. Dans cette équation, $a_{11}, a_{12}, ...,$ $a_{1,13}$ sont des coefficients à estimer. Pour éviter la solution triviale qui consisterait à accorder une valeur infinie aux coefficients (et obtenir ainsi une variance infinie), on fait en sorte que la somme des carrés des coefficients soit égale à un ($\Sigma a_i^2 = 1$). La deuxième composante principale est obtenue à partir d'une autre combinaison linéaire des 13 attributs, soit:

$$CP_2 = a_{21}X_1 + a_{22}X_2 + ... + a_{2,13}X_{13}$$

Cette nouvelle combinaison explique le maximum de la variance restante.

En général, il existe autant de composantes principales qu'il y a de variables. Dans notre exemple, on obtient 13 composantes principales à partir des jugements portant sur les 13 attributs. La première composante principale est celle qui explique le plus de variance. La deuxième explique moins de variance que la première, mais davantage que la troisième, et ainsi de suite. Toutes les composantes principales ainsi obtenues sont *orthogonales*, c'est-à-dire que la corrélation entre chaque paire de composantes est nulle. En d'autres mots, l'analyse des composantes principales permet de passer d'une base de données caractérisée par des relations d'interdépendance (corrélations) entre des variables à une nouvelle base de données où les nouvelles variables sont toutes indépendantes. À la figure 9.3, nous présentons les résultats de l'analyse des composantes principales de façon schématique. Les nouvelles variables (*CP*) sont appelées «composantes principales», «facteurs», «dimensions» ou «variables latentes».

Réduction du nombre de facteurs

Comme on l'a vu, l'analyse des composantes principales donne lieu à autant de composantes orthogonales qu'il y a de variables originales. Généralement, on ne voudra retenir que les composantes les plus importantes. Il existe quelques méthodes permettant de définir le nombre de composantes à retenir. L'une d'elles consiste à examiner la proportion de variance additionnelle apportée par

FIGURE 9.3 Une représentation schématique de la logique de l'analyse des composantes principales

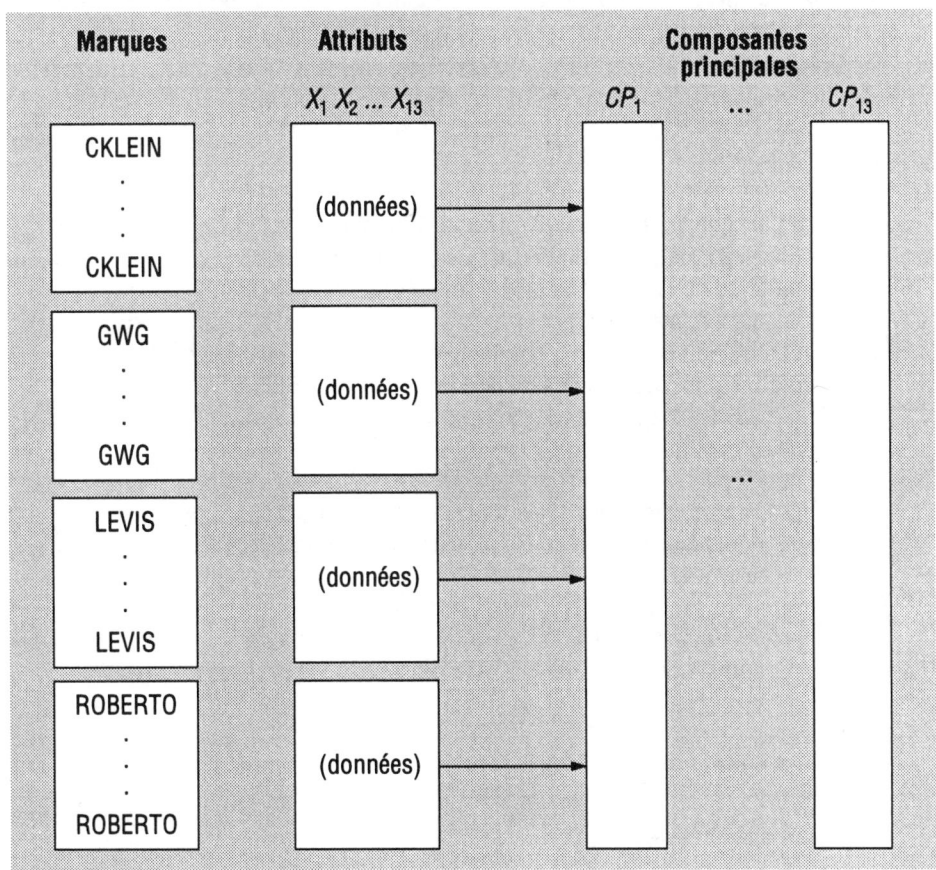

chaque composante principale et à éliminer les composantes dont la contribution à la variance totale semble plafonnée (en anglais, *scree test*). Nous allons illustrer cette méthode en analysant les données de l'étude sur les jeans à l'aide du logiciel SAS. Nous présenterons par la même occasion d'autres concepts importants de l'analyse.

Programmation

Nous présentons au tableau 9.4 un programme SAS conçu pour faire une analyse des composantes principales à partir des données de l'étude sur les jeans. On utilise l'instruction INPUT pour définir le nom des variables (LIGNE, MARQUE, DURAB, etc.) et leur localisation dans le fichier JEANS.DAT. Le signe « $ »

TABLEAU 9.4   Un programme SAS pour obtenir une analyse des composantes principales

```
data jeans ;
infile 'a :jeans.dat' ;
input ligne 5-6 marque $ 8-14 durab 17 moule 19 confo 21
mqual 23 prati 25 desig 27 cher 29 nonch 31 mascu 33
mode 35 ctry 37 sexy 39 chic 41 pref 44 ;
if ligne > 4 then delete ;
durab=5-durab ;moule=5-moule ;confo=5-confo ;mqual=5-mqual ;
prati=5-prati ;desig=5-desig ;cher=5-cher ;nonch=5-nonch ;
mascu=5-mascu ;mode=5-mode ;ctry=5-ctry ;sexy=5-sexy ;
chic=5-chic ;pref=5-pref ;
run ;
proc factor data=jeans scree rotate=varimax reorder ;
var durab moule confo mqual prati desig cher nonch mascu
mode ctry sexy chic ;
run ;
proc factor data=jeans rotate=varimax nfact=2 out=carte ;
var durab moule confo mqual prati desig cher nonch mascu
mode ctry sexy chic ;
run ;
proc anova data=carte ;class marque ;
model factor1 factor2=marque ;
means marque ;
run ;
```

qui suit la variable MARQUE indique à SAS que cette variable est codifiée par des lettres (codification alphabétique). On procède ensuite à une série de transformations visant à inverser les scores employés pour codifier les classements des consommateurs (en général : attribut = 5 – attribut). La procédure FACTOR est celle qu'il faut utiliser pour l'analyse des composantes principales. L'option SCREE permet d'obtenir un graphique des variances associées aux composantes pour pouvoir juger visuellement de la contribution additionnelle de chacune à l'explication de la variance totale et déterminer ainsi le nombre de facteurs à retenir. Le nom des variables à analyser vient après le mot clé VAR. Nous commenterons les autres options ainsi que les autres instructions plus loin.

Premiers résultats

Nous présentons au tableau 9.5 un premier ensemble de résultats fournis par SAS. La première partie de la sortie informatique contient les quantités de variance expliquées par les 13 composantes principales. Dans le langage de l'analyse des composantes principales, ces quantités sont appelées des *valeurs propres* ou des *racines* (Eigenvalue). Par exemple, la variance expliquée par la première composante est égale à 4,6536, celle qui correspond à la deuxième composante est de 3,1995, et ainsi de suite. Comme prévu, l'ordre de grandeur des valeurs propres va en diminuant. SAS calcule aussi, pour chaque composante, la différence entre sa contribution et celle de la suivante (Difference), la proportion de la variance totale (Proportion) ainsi que la proportion de variance cumulée (Cumulative). Par exemple, la variance expliquée par la deuxième composante est égale à 3,1995. Cela représente une différence de 2,4967 avec la suivante et correspond à 24,61 p. 100 de la variance totale (somme des variances de toutes les composantes). De plus, la première et la deuxième composantes représentent ensemble 60,41 p. 100 de la variance totale.

Dans cet exemple, il est clair que les deux premières composantes sont les plus importantes. D'abord, elles contribuent ensemble à plus de 60 p. 100 de la variance totale. Ensuite, on voit que la variance des composantes suivantes est plafonnée immédiatement (0,7028, 0,6241, 0,6164, etc.). Cela est confirmé visuellement à l'aide du graphique qui suit (Scree Plot of Eigenvalues). Enfin, on note que seules les deux premières composantes ont une valeur propre supérieure à un. Un critère fréquemment employé pour décider du nombre de composantes à retenir consiste à se limiter aux composantes principales dont la valeur propre est supérieure à un. L'argument motivant l'emploi de ce critère est que l'on croit que la variance d'une composante principale devrait être supérieure à celle de toute variable *standardisée* (donc de variance égale à un) de l'ensemble des variables considérées. Ce critère est tellement utilisé dans la pratique que SAS en a fait une option par défaut (critère MINEIGEN). Sur la sortie informatique, SAS nous informe d'ailleurs que seuls les deux premiers facteurs seront retenus dans les étapes subséquentes. En général, l'analyste utilise une combinaison de critères pour décider du nombre de composantes à retenir.

TABLEAU 9.5   Une analyse des composantes principales (sortie SAS partielle)

The SAS System

Initial Factor Method : Principal Components

Prior Communality Estimates : ONE

Eigenvalues of the Correlation Matrix : Total = 13 Average = 1

	1	2	3	4	5
Eigenvalue	4.6536	3.1995	0.7028	0.6241	0.6164
Difference	1.4541	2.4967	0.0787	0.0077	0.0629
Proportion	0.3580	0.2461	0.0541	0.0480	0.0474
Cumulative	0.3580	0.6041	0.6581	0.7061	0.7536

	6	7	8	9	10
Eigenvalue	0.5535	0.4750	0.4370	0.4230	0.3671
Difference	0.0785	0.0380	0.0140	0.0558	0.0038
Proportion	0.0426	0.0365	0.0336	0.0325	0.0282
Cumulative	0.7961	0.8327	0.8663	0.8988	0.9271

	11	12	13
Eigenvalue	0.3633	0.3114	0.2735
Difference	0.0519	0.0379	
Proportion	0.0279	0.0240	0.0210
Cumulative	0.9550	0.9790	1.0000

2 factors will be retained by the MINEIGEN criterion

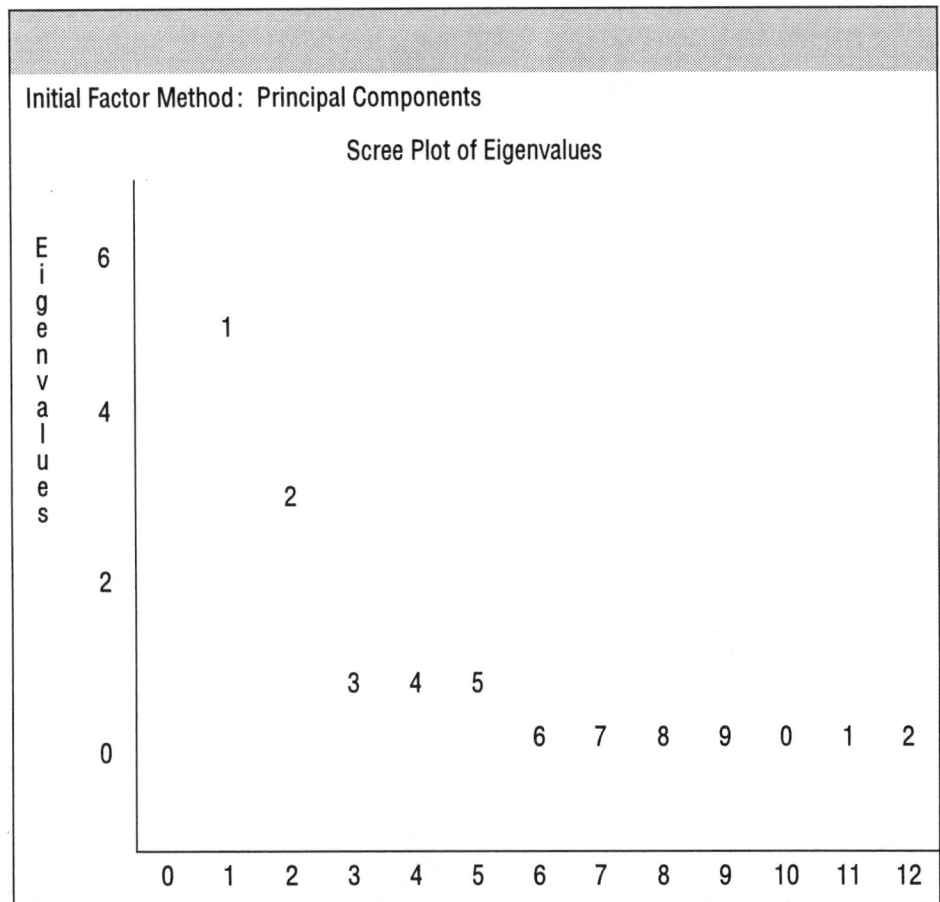

Initial Factor Method: Principal Components

Structure simple et rotation des axes

Après avoir décidé de ne conserver que les deux premiers facteurs, il nous faut maintenant interpréter les résultats, c'est-à-dire donner une signification aux facteurs retenus. Généralement, cela se fait en examinant la corrélation entre chaque facteur et les variables originales. On appelle ces corrélations des **corrélations de structure** (en anglais *factor loadings*). Dans notre exemple, il s'agit de considérer la matrice qui est présentée à la page suivante.

	CP$_1$	CP$_2$
DURAB	r_{11}	r_{12}
MOULE	r_{21}	r_{22}
CONFO	r_{31}	r_{32}
MQUAL	r_{41}	r_{42}
PRATI	r_{51}	r_{52}
DESIG	r_{61}	r_{62}
CHER	r_{71}	r_{72}
NONCH	r_{81}	r_{82}
MASCU	r_{91}	r_{92}
MODE	$r_{10,1}$	$r_{10,2}$
CTRY	$r_{11,1}$	$r_{11,2}$
SEXY	$r_{12,1}$	$r_{12,2}$
CHIC	$r_{13,2}$	$r_{13,2}$

Les corrélations de structure (r_{ij}) renseignent sur la contribution de chaque variable à la définition du facteur. Par exemple, une forte corrélation entre la variable DURAB et la première composante principale voudrait dire que l'attribut « durabilité » joue un rôle important dans la définition de la composante. L'examen de l'ensemble des corrélations de structure devrait permettre d'interpréter les facteurs retenus. Cependant, avec l'analyse des composantes principales, il arrive souvent que la solution ne soit pas directement interprétable. Pour des raisons diverses dont nous n'allons pas nous préoccuper ici, la première composante principale est fréquemment corrélée avec la plupart des variables. Or, on voudrait idéalement avoir une solution dans laquelle : 1) une composante est fortement corrélée avec quelques variables et peu corrélée avec les autres ; 2) une variable est corrélée avec une seule composante (ou, à la limite, avec un petit nombre) ; 3) la configuration des corrélations de structure est différente d'une composante à l'autre.

Cette situation idéale correspond à ce qui est communément appelé une *structure simple*. L'étape suivante de l'analyse consiste à transformer la matrice des corrélations de structure de façon à se rapprocher le plus possible d'une situation de structure simple. Cette étape est appelée la *rotation des axes factoriels*.

Un exemple simplifié permettra de comprendre la logique de cette étape. Supposons qu'une analyse des composantes principales de quatre variables ait produit la matrice des corrélations de structure présentée à la page suivante.

	CP$_1$	CP$_2$
X_1	-0,8	0,6
X_2	0,8	0,7
X_3	0,6	-0,4
X_4	0,6	0,5

On constate que cette matrice n'est pas un bon exemple de structure simple. À la figure 9.4, nous utilisons les corrélations de structure de cette matrice comme coordonnées dans un graphique où les axes (orthogonaux) correspondent aux deux composantes principales. En procédant à une rotation des axes (d'environ 45 degrés à droite) similaire à celle qui est illustrée à la figure 9.4, on note que les corrélations de structure exprimées selon le nouveau système d'axes donnent lieu à une structure plus simple. En effet, les variables X_2 et X_4 sont maintenant fortement corrélées avec la deuxième (nouvelle) dimension, alors que les variables X_1 et X_3 sont corrélées (de façon inverse) avec la première. La rotation des axes a permis de dégager une structure simple.

FIGURE 9.4 Un exemple de rotation des axes factoriels

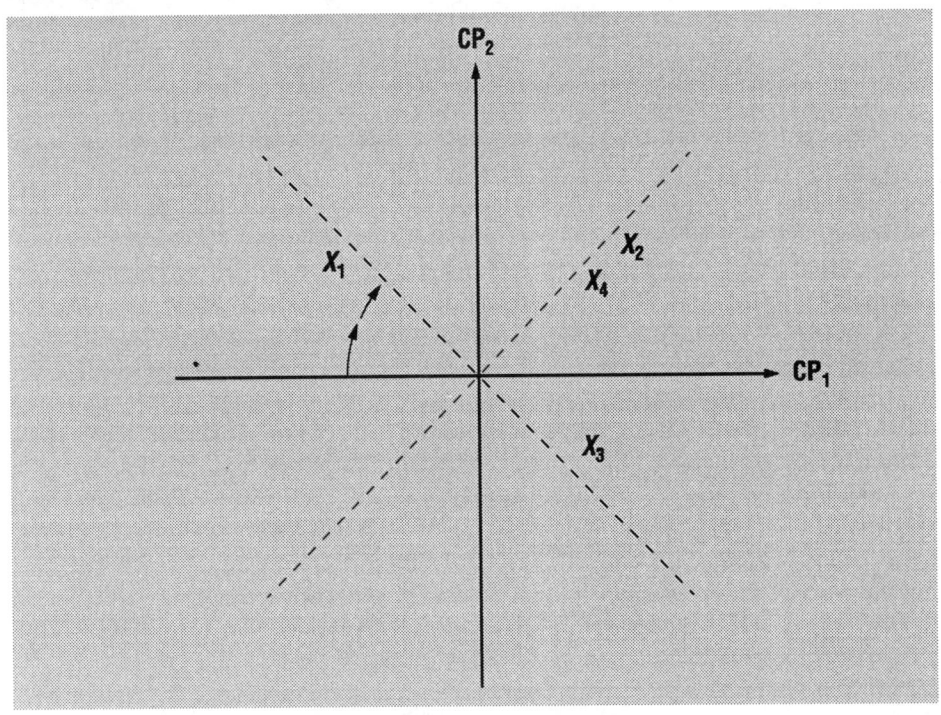

Il existe plusieurs types de rotation. L'une des plus populaires est la rotation orthogonale de type *varimax*. Elle consiste à définir la transformation de la matrice des corrélations de structure de telle sorte que la variance des corrélations (mises au carré) associées à chaque composante soit maximisée. La configuration des corrélations de structure qu'on obtient avec ce type de rotation est généralement plus facile à interpréter.

Suite des résultats

Dans le programme SAS du tableau 9.4, on utilise l'option ROTATE = VARIMAX pour obtenir une rotation varimax de la matrice des corrélations de structure. Nous présentons au tableau 9.6 les résultats de cette étape. On y trouve la matrice des corrélations de structure avant (Factor Pattern) et après la rotation

TABLEAU 9.6 **Une analyse des composantes principales** (suite de la sortie SAS)

Initial Factor Method: Principal Components

Factor Pattern

	FACTOR1	FACTOR2
PRATI	0.80100	0.26368
MASCU	0.77982	0.12083
CTRY	0.77693	-0.20377
NONCH	0.76950	0.17742
DURAB	0.74912	0.30669
CONFO	0.68059	0.42315
DESIG	-0.65013	0.45526
MOULE	-0.67105	0.27742
SEXY	0.04867	0.75637
CHER	-0.34737	0.71261
MODE	0.00540	0.68468
CHIC	-0.33682	0.67512
MQUAL	-0.27226	-0.69345

Variance explained by each factor

FACTOR1	FACTOR2
4.653570	3.199498

	Rotated Factor Pattern	
	FACTOR1	FACTOR2
PRATI	0.83997	0.07473
DURAB	0.79922	0.12841
NONCH	0.78968	-0.00211
MASCU	0.78694	-0.05958
CONFO	0.75895	0.25740
CRTY	0.71029	-0.37501
MOULE	-0.59044	0.42267
CHER	-0.17632	0.77291
SEXY	0.12451	0.74763
CHIC	-0.17457	0.73400
MODE	0.16082	0.66532
DESIG	-0.52965	0.59110
MQUAL	-0.42274	-0.61342

Variance explained by each factor

FACTOR1	FACTOR2
4.578463	3.274606

varimax (Rotated Factor Pattern). Grâce à l'option REORDER (tableau 9.4), les lignes des matrices sont organisées de sorte que les corrélations de structure apparaissent en ordre décroissant sur chaque facteur où elles prédominent.

En comparant les deux matrices, on constate que la structure factorielle n'a pas été modifiée grandement par la rotation. Dans la matrice transformée (Rotated Factor Pattern), nous pouvons constater que les variables PRATI (pratique), DURAB (durable), NONCH (nonchalant), MASCU (masculin), CONFO (confortable) et CTRY (country) sont corrélées de façon positive avec le premier facteur et faiblement corrélées avec le deuxième. Les variables CHER, SEXY, CHIC et MODE (à la mode) sont corrélées de façon positive avec le deuxième facteur et faiblement corrélées avec le premier. Les variables DESIG (jeans design), MOULE (moulé) et MQUAL (mauvaise qualité), quant à elles, sont corrélées avec les deux facteurs. Dans le cas des variables MOULE et DESIG, la corrélation avec le premier facteur est négative, alors que celle avec le deuxième facteur est positive. En ce qui a trait à la variable MQUAL, la corrélation avec les deux facteurs est négative.

La configuration globale des résultats laisse penser que le premier facteur se rapporte à des attributs associés à des *jeans de tous les jours,* alors que le deuxième facteur réunit les attributs des *jeans mode.* Nous allons retenir ces deux appellations dans le texte qui suit.

Scores factoriels

L'analyse des composantes principales des données du fichier JEANS.DAT a permis de créer une nouvelle base de données où on trouve deux facteurs orthogonaux, l'un représentant un axe *jeans de tous les jours* et l'autre un axe *jeans mode.* Dans cette nouvelle base de données, les observations correspondent à la position des marques sur les facteurs. Ainsi, on obtient les données suivantes *pour chaque marque* (voir aussi la figure 9.3) :

DURAB	MOULE		CHIC		Jeans de tous les jours	Jeans mode
X_{11}	X_{12}	...	$X_{1,13}$		CP_{11}	CP_{12}
X_{21}	X_{22}	...	$X_{2,13}$	$\longrightarrow$	CP_{21}	CP_{22}
$\vdots$	$\vdots$	$\vdots$	$\vdots$		$\vdots$	$\vdots$
$X_{96,1}$	$X_{96,2}$	...	$X_{96,13}$		$CP_{96,1}$	$CP_{96,2}$

On appelle **scores factoriels** (en anglais, *factor scores*) les nouvelles observations produites par l'analyse des composantes principales (CP_{11}, CP_{21}, etc.). Les scores factoriels correspondent aux positions des marques dans le nouveau système orthogonal. En calculant la moyenne de ces scores pour chaque marque et pour chaque facteur, on peut construire une carte perceptuelle montrant la position (moyenne) des marques dans le nouveau système.

Suite des résultats

Le programme SAS qui est présenté au tableau 9.4 contient des instructions additionnelles permettant d'obtenir les informations nécessaires à la construction de la carte perceptuelle. On utilise de nouveau la procédure FACTOR, en précisant que l'on veut retenir uniquement les deux premiers facteurs (NFACT = 2). On demande à SAS de créer un fichier temporaire appelé arbitrairement «CARTE» (OUT = CARTE), lequel contiendra les observations originales ainsi que les scores factoriels associés aux deux premiers facteurs. Dans le fichier CARTE, les facteurs sont appelés «FACTOR1» et «FACTOR2» par SAS (en général FACTOR1, FACTOR2, ..., FACTORn lorsqu'il y a n facteurs). La façon la plus simple d'obtenir la moyenne des marques pour les deux facteurs est de procéder à deux analyses de variance, l'une où FACTOR1 est la variable continue et MARQUE la variable discrète, et l'autre où FACTOR2 est la variable continue. Dans SAS, on utilise la procédure ANOVA à cette fin. Après avoir activé la procédure de la façon habituelle (PROC ANOVA), on indique à SAS que la variable discrète s'appelle « MARQUE » à l'aide du mot clé CLASS. On obtient les analyses de variance par l'instruction FACTOR1 FACTOR2 = MARQUE (de façon générale : « nom des variables continues » = « nom de la variable discrète » – sans les guillemets). Les moyennes résultant des deux analyses de variance s'obtiennent par le biais du mot clé MEANS (de façon générale : MEANS = « nom de la variable discrète » – sans les guillemets).

Les moyennes issues des analyses de variance sont présentées au tableau 9.7. En utilisant celles-ci comme coordonnées dans l'espace factoriel à deux dimensions (par exemple, CALVIN KLEIN : -0,589, 0,716), on obtient la carte perceptuelle présentée à la figure 9.5.

En examinant la carte perceptuelle, on note que la marque Levi's est plutôt bien positionnée, car elle est la mieux perçue pour la dimension *jeans de tous*

TABLEAU 9.7   Les moyennes des marques dans l'espace factoriel (sortie SAS partielle)

The SAS System

Analysis of Variance procedure

Level of MARQUE	N	---------------- FACTOR1 ----------------	
		Mean	SD
CKLEIN	93	-0.58909298	0.66472116
GWG	93	0.47332594	0.49503266
LEVIS	92	1.04967025	0.58218651
ROBERTO	92	-0.93264487	0.66680175
Level of MARQUE	N	---------------- FACTOR2 ----------------	
		Mean	SD
CKLEIN	93	0.71601826	0.71703928
GWG	93	-1.12020390	0.72341154
LEVIS	92	0.51359657	0.57865821
ROBERTO	92	-0.10501761	0.76616801

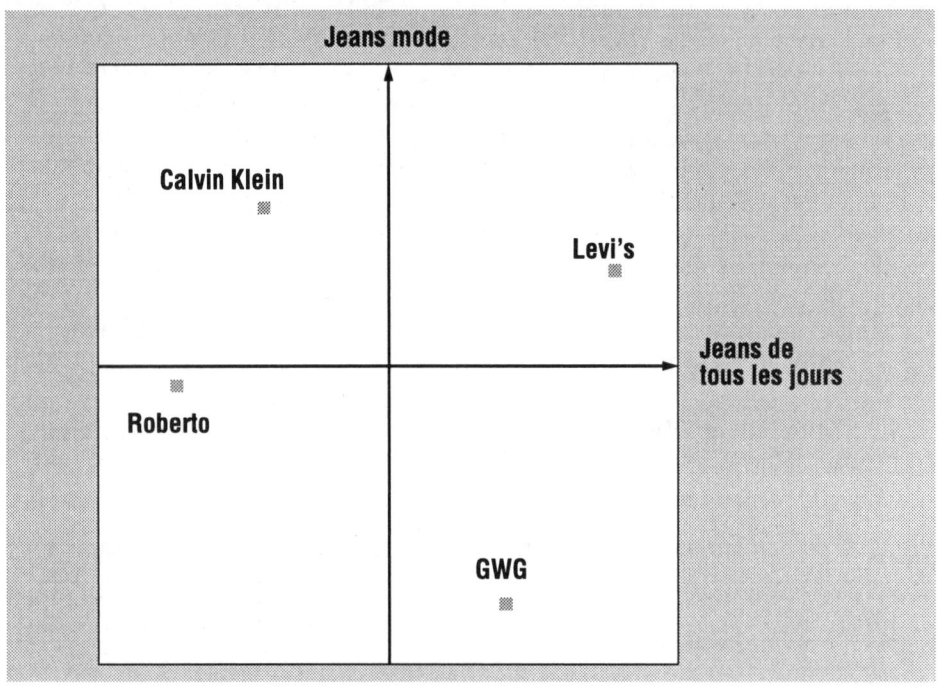

les jours et sa position par rapport à la dimension *jeans mode* n'est pas mauvaise non plus. Calvin Klein est perçue avant tout comme une marque de jeans mode. Les marques Roberto et GWG n'occupent pas des positions avantageuses par rapport aux marques concurrentes.

En conclusion

L'analyse des composantes principales est une technique multivariée très intéressante pour la recherche en marketing. Son emploi ne se limite pas à l'analyse des perceptions. En fait, cette technique est pertinente à chaque fois que le chercheur en marketing désire transformer un ensemble de variables en un autre ensemble, généralement plus petit, de forme orthogonale[5].

---

5. Pour en savoir davantage sur l'analyse des composantes principales, consulter l'ouvrage de F. N. Kerlinger, *Foundations of Behavioral Research*, 3ᵉ éd., New York, Holt, Rinehart and Winston, 1986, chap. 35.

L'analyse discriminante

L'analyse des composantes principales est probablement la technique la plus populaire auprès des chercheurs en marketing pour construire une carte perceptuelle. Certains lui préfèrent cependant une autre technique, fondée sur une logique assez différente, qui est appelée l'**analyse discriminante**.

L'analyse discriminante appliquée à la construction d'une carte perceptuelle poursuit les mêmes objectifs que l'analyse des composantes principales : 1) identifier les dimensions perceptuelles latentes que les consommateurs utilisent pour évaluer les marques ; 2) positionner les marques dans un espace perceptuel.

Dans le cas de l'analyse des composantes principales, chaque facteur correspond à une combinaison linéaire définie de façon à expliquer la variance des variables originales. Avec l'analyse discriminante, les combinaisons linéaires sont définies de telle sorte que c'est la *séparation* entre les marques (ou d'autres objets) qui est maximisée. Par « séparation » (ou discrimination), on entend plus précisément que les combinaisons linéaires sont celles qui maximisent la statistique F qui correspond au rapport de la variance entre les marques sur la variance d'erreur (voir notre discussion de l'analyse de variance au chapitre 8). Ces combinaisons linéaires sont appelées des *variables canoniques* et les statistiques F maximum qui leur sont associées des *valeurs propres* (veuillez noter que ces statistiques n'ont pas la même distribution que les statistiques F univariées ordinaires).

Considérons de nouveau l'étude sur les marques de jeans. Dans ce cas, la première variable canonique (VC) est la combinaison linéaire des 13 attributs qui permet de mieux séparer les marques (c'est-à-dire ayant la plus grande valeur propre). Cette combinaison linéaire se présente comme suit :

$$VC_1 = a_{11}X_1 + a_{12}X_2 + ... + a_{1,13}X_{13}$$

Les coefficients a_1, a_2, ..., a_{13} doivent être estimés à cette fin. La deuxième variable canonique est la combinaison linéaire des 13 attributs qui, après la première, est la meilleure pour séparer les marques, soit :

$$VC_2 = a_{21}X_1 + a_{22}X_2 + ... + a_{2,13}X_{13}$$

Et ainsi de suite. En général, si on a k objets et p attributs, on pourra définir [min $(p, k-1)$] variables canoniques (et valeurs propres). Dans l'étude sur les jeans, par exemple, on peut définir au plus 3 [min $(13, 4-1)$] variables canoniques. Tout comme pour l'analyse des composantes principales, on ne retient que les variables canoniques les plus importantes.

À la figure 9.6, le problème est présenté de façon schématique. Notez la similitude avec l'analyse des composantes principales (figure 9.3, page 325). Dans les deux cas, les techniques visent à exprimer les données originales dans un système différent; il faut se rappeler que les critères qui guident la transformation ne sont pas les mêmes.

FIGURE 9.6 **Une représentation schématique de la logique de l'analyse discriminante**

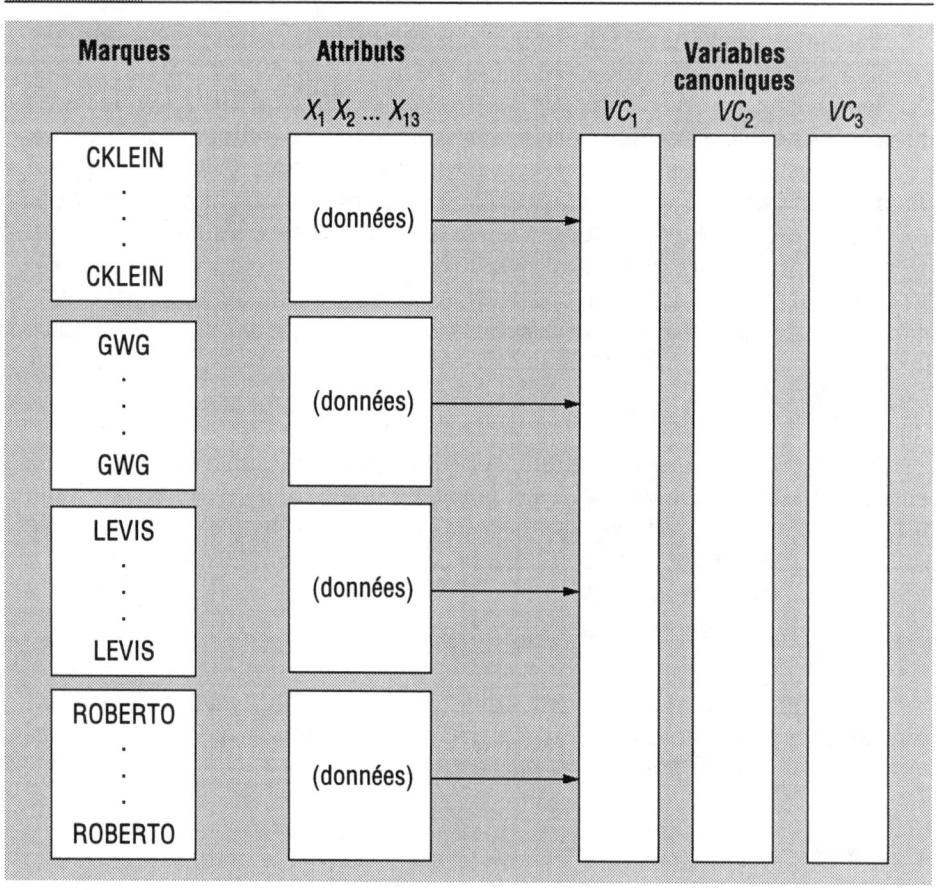

Un exemple SPSS

Nous présentons au tableau 9.8 un programme SPSS permettant de faire une analyse discriminante à partir des données du fichier JEANS.DAT. La procédure DISCRIMINANT est employée pour l'analyse. On indique à SPSS le nom de la variable discrète à l'aide du mot clé GROUPS. Ici, on a utilisé la variable LIGNE pour représenter les marques, car avec SPSS il est nécessaire que la variable discrète soit une variable numérique (ce qui n'est pas le cas de la variable MARQUE). Le nom des variables représentant les attributs vient après le mot clé VARIABLES.

Une partie des résultats fournis par SPSS est présentée au tableau 9.9. Le premier bloc (CANONICAL DISCRIMINANT FUNCTIONS) contient les valeurs propres (EIGENVALUE), le pourcentage du total (PCT) ainsi que les pourcentages cumulés (CUM PCT). La première valeur propre est égale à 2,4379 et elle

TABLEAU 9.8 Un programme SPSS pour obtenir une analyse discriminante

```
data list file='a:jeans.dat'
/  ligne 5-6 durab 17 moule 19 confo 21 mqual 23 prati 25
   desig 27 cher 29 nonch 31 mascu 33 mode 35 ctry 37
   sexy 39 chic 41 pref 44.
select if (ligne le 4).
compute durab=5-durab.
compute moule=5-moule.
compute confo=5-confo.
compute mqual=5-mqual.
compute prati=5-prati.
compute desig=5-desig.
compute cher=5-cher.
compute nonch=5-nonch.
compute mascu=5-mascu.
compute mode=5-mode.
compute ctry=5-ctry.
compute sexy=5-sexy.
compute chic=5-chic.
compute pref=5-pref.
discriminant groups=ligne(1,4)
/  variables durab moule confo mqual prati desig cher nonch mascu
   mode ctry sexy chic.
```

représente 68,8 p. 100 du total. La deuxième valeur propre est moins élevée (0,9968), mais elle représente quand même 28,13 p. 100 du total. La troisième

TABLEAU 9.9 **Les résultats de l'analyse discriminante** (sortie SPSS partielle)

```
---------------- DISCRIMINANT ----------------

              CANONICAL DISCRIMINANT FUNCTIONS

      FCN      EIGENVALUE      PCT OF       CUM
                              VARIANCE      PCT

       1*        2.4379        68.80        68.60
       2*         .9968        28.13        96.93
       3*         .1089         3.07       100.00
```

* MARKS THE 3 CANONICAL DISCRIMINANT FUNCTIONS REMAINING IN THE ANALYSIS.

STRUCTURE MATRIX:

POOLED WITHIN-GROUPS CORRELATIONS BETWEEN DISCRIMINATING VARIABLES AND CANONICAL DISCRIMINANT FUNCTIONS
(VARIABLES ORDERED BY SIZE OF CORRELATION WITHIN FUNCTION)

	FUNC 1	FUNC 2	FUNC 3
CTRY	.65613*	.00307	-.28448
MASCU	.52616*	.32027	-.16005
DESIG	-.52031*	.22427	-.17760
MOULE	-.50036*	.15737	.27927
NONCH	.45616*	.34774	.34482
PRATI	.42796*	.40357	.15598
MQUAL	-.01042	-.61979*	.43248
CONFO	.35913	.60051*	.14222
SEXY	-.12595	.50222*	.27809
MODE	-.05918	.50071*	.17712
CHER	-.30154	.48686*	-.31204
DURAB	.43896	.46690*	-.13605
CHIC	-.36033	.45729*	-.19123

▷

CANONICAL DISCRIMINANT FUNCTIONS EVALUATED AT GROUP MEANS (GROUP CENTROIDS)			
GROUP	FUNC 1	FUNC 2	FUNC 3
1	-1.62324	.47784	-.42214
2	1.82892	-1.10422	-.19551
3	1.24361	1.38940	.21338
4	-1.45153	-.75621	.41099

valeur propre est beaucoup moins importante. Nous allons nous limiter aux deux premières variables canoniques[6].

Le bloc suivant (STRUCTURE MATRIX) contient les corrélations de structure entre les variables canoniques (FUNC 1, FUNC 2 et FUNC 3) et les attributs. Comme ce fut le cas avec l'analyse des composantes principales, on utilise ces corrélations pour interpréter la signification des variables canoniques. On note que les variables CTRY (country), MASCU (masculin) et NONCH (nonchalant) sont corrélées de façon positive avec FUNC 1 et faiblement corrélées avec FUNC 2. Les variables DESIG (jeans design) et MOULE (moulé) sont corrélées négativement avec FUNC 1 et peu corrélées avec FUNC 2. De même, les variables SEXY et MODE (à la mode) ont une corrélation positive avec FUNC 2 et une faible corrélation avec FUNC 1. La variable MQUAL (mauvaise qualité), quant à elle, est corrélée de façon négative avec FUNC 2. Les corrélations de structure des variables CHER et CHIC sont du même ordre de grandeur, mais elles sont négatives pour FUNC 1 et positives pour FUNC 2. Finalement, les variables PRATI (pratique), CONFO (confortable) et DURAB (durable) sont corrélées positivement avec les deux variables canoniques. La configuration des corrélations de structure semble être cohérente avec notre interprétation précédente, c'est-à-dire qu'une première dimension canonique reflète les *jeans de tous les jours* et qu'une deuxième reflète les *jeans mode*.

Le dernier bloc de la sortie informatique contient la position des marques pour chaque dimension canonique. À l'aide de ces moyennes, on construit la carte perceptuelle qui est présentée à la figure 9.7. Celle-ci est similaire à celle qui a été obtenue avec l'analyse des composantes principales.

---

6. Il est possible de tester la signification statistique des variables canoniques. Pour plus de détails, voir l'ouvrage de M. M. Tatsuoka, *Multivariate Analysis*, 2e éd., New York, MacMillan, 1988, p. 246-249. Dans notre exemple, les deux premières variables canoniques sont statistiquement significatives.

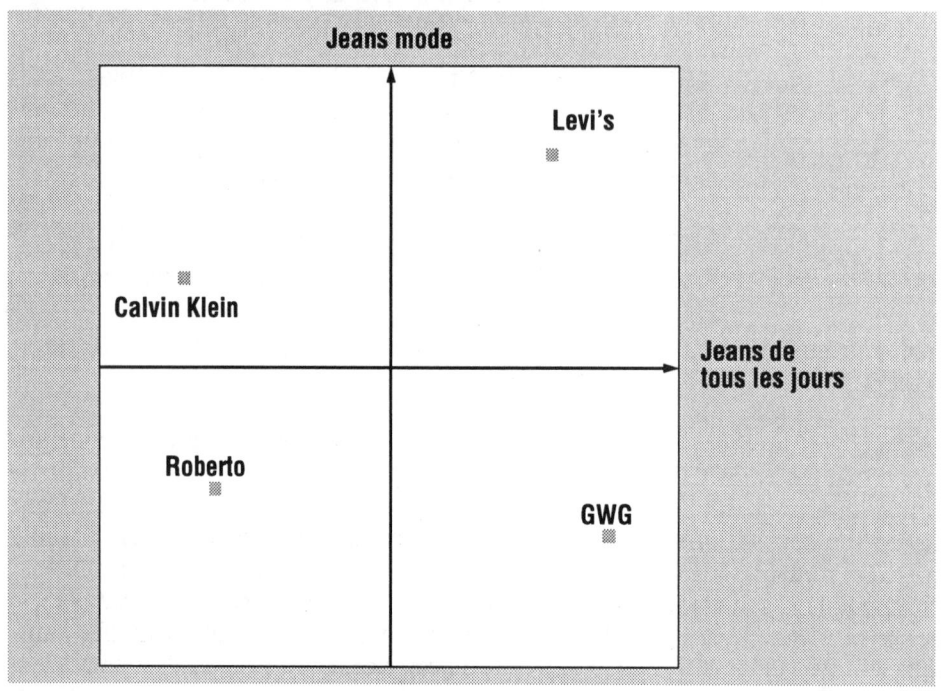

En conclusion

L'utilisation de l'analyse discriminante en marketing ne se limite pas à l'analyse des perceptions. Cette technique est pertinente à chaque fois que l'on cherche à définir des dimensions qui permettent de distinguer des objets tels des marques, des magasins, des concepts ou des personnes. Par exemple, on peut employer l'analyse discriminante pour déterminer les caractéristiques fondamentales qui distinguent les vendeurs performants des vendeurs non performants ou encore les acheteurs des non-acheteurs[7].

---

7. On trouvera des articles présentant des applications de l'analyse discriminante en marketing dans l'ouvrage de D. A. Aaker, *Multivariate Analysis in Marketing*, 2ᵉ éd., Palo Alto, CA, The Scientific Press, 1981.

Conclusions sur l'analyse des perceptions

Le chercheur en marketing qui souhaite comprendre comment les consommateurs se représentent les marques en concurrence sur un marché donné a le choix entre trois techniques de base : l'analyse multidimensionnelle des similarités, l'analyse des composantes principales et l'analyse discriminante. Il semble que l'analyse des composantes principales soit une technique que bon nombre de chercheurs choisissent. Les quelques études comparatives qui ont été réalisées tendent à montrer que l'analyse des composantes principales est supérieure aux autres techniques quant à la facilité d'utilisation et à la qualité des cartes perceptuelles qu'elle produit pour ce qui est de leur interprétation et de leur utilité managériale[8].

L'ANALYSE DES PRÉFÉRENCES

Les techniques de construction de cartes perceptuelles que nous avons examinées sont intéressantes, mais elles ne disent pas comment les dimensions latentes mises à jour sont liées aux préférences des consommateurs. Ainsi, dans l'étude portant sur les marque de jeans, on a identifié deux dimensions («jeans de tous les jours» et «jeans mode») et positionné les marques par rapport à ces dimensions. Supposons que l'on veuille introduire une nouvelle marque. Comment devrait-on la positionner ? Pour pouvoir apporter une réponse à cette question, il faut des informations additionnelles concernant la relation entre les perceptions des consommateurs et leurs préférences. Par exemple, si on trouve que la dimension «jeans mode» est plus importante pour les consommateurs, on cherchera sans doute à mettre cette dimension en valeur pour la nouvelle marque. Il y a bien sûr d'autres aspects à considérer avant de prendre une telle décision, notamment la position des marques concurrentes, mais l'information est néanmoins très pertinente.

L'objectif de cette section est de présenter les techniques d'analyse que les chercheurs en marketing emploient couramment pour analyser les préférences des consommateurs (voir le tableau 9.1, page 316).

---

8. Voir l'article de J. R. Hauser et F. S. Koppelman, « Alternative Perceptual Mapping Techniques : Relative Accuracy and Usefulness », *Journal of Marketing Research*, vol. 16, n° 4, 1979, p. 495-506. Pour un point de vue différent, voir l'ouvrage de W. R. Dillon, T. J. Madden et N. H. Firtle, *Marketing Research in a Marketing Environment*, 3ᵉ éd., Burr Ridge, IL, Irwin, 1994, p. 557.

La régression multiple

Au chapitre 8, nous avons vu que l'on peut étudier la relation entre deux variables continues au moyen de l'analyse de régression simple. Le modèle de régression simple est le suivant :

$$Y_i = \alpha + \beta X_i + \varepsilon_i$$

Dans ce modèle, Y_i est la nième valeur de la variable dépendante, X_i correspond à la nième valeur de la variable indépendante, α et β sont des paramètres à estimer et ε_i est la composante aléatoire. On peut généraliser ce modèle à l'ensemble des cas où on a plusieurs (soit k) variables indépendantes. On obtient alors un modèle dit de *régression multiple* :

$$Y_i = \alpha + \beta_1 X_{1i} + \beta_2 X_{2i} + ... + \beta_k X_{ki} + \varepsilon_i$$

Le modèle de régression multiple a une structure linéaire additive. Comme dans le cas de la régression simple, on procède à son estimation à partir d'un échantillon de n observations. Le modèle d'échantillon est alors celui-ci :

$$Y_i = a + b_1 X_{1i} + b_2 X_{2i} + ... + b_k X_{ki} + e_i \qquad (i = 1, n)$$

L'estimation de ce modèle consiste à trouver les valeurs de a, b_1, b_2, ..., b_k qui minimisent la somme des carrés des résidus, c'est-à-dire Σe_i^2. D'un point de vue mathématique, l'estimation (par la méthode des moindres carrés) du modèle de régression multiple est un peu plus complexe, mais elle suit la même logique que pour la régression simple[9].

Dans le langage de la régression multiple, les coefficients b_1, b_2, ..., b_k sont appelés «**coefficients de régression partiels**» parce que chacun représente l'effet de la variable indépendante qui lui est associée sur la variable dépendante (Y) lorsque les autres sont tenues constantes (dérivée partielle). Ainsi, b_j correspond au changement (positif ou négatif) de la valeur de Y entraîné par une variation unitaire de la variable X_j. Si les variables indépendantes sont mesurées à partir d'échelles semblables, les coefficients de régression partiels

---

9. Le lecteur trouvera une discussion brève, mais néanmoins relativement complète, de la régression multiple dans l'ouvrage de J. J. Lambin, *La recherche marketing*, Paris, McGraw-Hill, 1990, chap. 15.

sont des indicateurs de l'importance de chaque variable dans le contexte du modèle (sinon, on peut utiliser les coefficients standardisés).

Application à l'analyse des préférences

Rappelons que l'analyse des composantes principales appliquée à un ensemble de jugements directs sur des attributs permet de définir les dimensions perceptuelles latentes et d'établir un ensemble de scores factoriels. Ainsi, dans notre exemple, pour chaque consommateur et pour chaque marque (384 lignes), les scores factoriels se présentent ainsi :

Jeans de tous les jours	Jeans mode
CP_{11}	CP_{12}
CP_{21}	CP_{22}
$\vdots$	$\vdots$
$CP_{96,1}$	$CP_{96,2}$

De plus, on dispose des jugements de préférence ($PREF_i$) des consommateurs. La matrice des données (augmentée) est alors la suivante (pour chaque marque) :

Préférence	Jeans de tous les jours	Jeans mode
P_1	CP_{11}	CP_{12}
P_2	CP_{21}	CP_{22}
$\vdots$	$\vdots$	$\vdots$
P_{96}	$CP_{96,1}$	$CP_{96,2}$

En accord avec le paradigme $P = f(C)$, on considère l'effet des deux facteurs sur ces préférences. Cela peut être présenté de façon schématique :

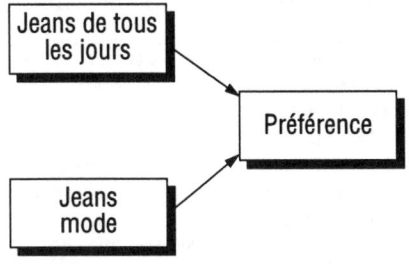

On s'intéresse donc au modèle de régression multiple suivant :

$$\text{PREF}_i = \alpha + \beta_1 \text{CP}_{1i} + \beta_2 \text{CP}_{2i} + \varepsilon_i$$

Dans cette équation, CP_1 et CP_2 correspondent respectivement aux dimensions « jeans de tous les jours » et « jeans mode ». Le modèle d'échantillon correspondant est celui-ci :

$$\text{PREF}_i = a + b_1 \text{CP}_{1i} + b_2 \text{CP}_{2i} + e_i \qquad (i = 1, 384)$$

L'estimation de ce modèle par moindres carrés permettra d'évaluer l'importance relative des variables CP_1 et CP_2 dans l'explication des préférences des consommateurs[10].

Un exemple SAS

Nous présentons au tableau 9.10 un programme SAS qui permet de faire l'estimation du modèle de régression multiple précédent. Après avoir créé un fichier temporaire appelé arbitrairement « NOUVEAU » dans lequel on trouve les variables originales ainsi que les scores factoriels, on procède à l'estimation du modèle à l'aide de la procédure GLM. On précise à SAS la structure du modèle de régression : MODEL PREF = FACTOR1 FACTOR2 (en général : « nom de la variable dépendante » = « nom des variables indépendantes » – sans les guillemets).

Une partie des résultats de l'analyse est donnée au tableau 9.11. SAS présente d'abord la table d'analyse de variance où sont contenues différentes informations permettant d'évaluer la qualité du modèle. On y trouve la somme des carrés (Sum of Squares) de la régression (SCR) qui est égale à 47,46, la somme des carrés de l'erreur (SCE) qui est égale à 391,03 et les carrés moyens correspondants (Mean Square). Le rapport de la somme des carrés de la régression sur la somme des carrés totale (SCT), soit 47,46/438,49, donne le coefficient de détermination (R^2), c'est-à-dire 0,11 environ (R-Square). Ensemble,

---

10. En principe, l'analyse de régression multiple n'est appropriée que lorsque les variables dépendantes et indépendantes sont mesurées sur des échelles métriques. Dans notre exemple, les jugements de préférence sont mesurés avec une échelle ordinale (ordonnancement forcé) et il faut donc être prudent quant à l'interprétation des résultats de l'analyse. Il est fréquent que les préférences soient mesurées à l'aide d'une échelle ordinale. Dans ces situations, certains chercheurs optent pour une analyse de régression multiple *monotone* qui consiste, en gros, à définir une transformation des scores de préférence de telle sorte que les erreurs de prédiction sont minimisées. En pratique, il est courant de se contenter d'une analyse de régression multiple conventionnelle. Voir, par exemple, l'ouvrage de G. L. Urban et J. R. Hauser, *Design and Marketing of New Products*, 2ᵉ éd., Englewood Cliffs, NJ, Prentice-Hall, 1993, p. 268-272.

TABLEAU 9.10   Un programme SAS pour obtenir une analyse de régression multiple

```
data jeans;
infile 'a:jeans.dat';
input ligne 5-6 marque $ 8-14 durab 17 moule 19 confo 21
mqual 23 prati 25 desig 27 cher 29 nonch 31 mascu 33
mode 35 ctry 37 sexy 39 chic 41 pref 44;
if ligne > 4 then delete;
durab=5-durab;moule=5-moule;confo=5-confo;mqual=5-mqual;
prati=5-prati;desig=5-desig;cher=5-cher;nonch=5-nonch;
mascu=5-mascu;mode=5-mode;ctry=5-ctry;sexy=5-sexy;
chic=5-chic;pref=5-pref;
run;
proc factor data=jeans nfact=2 out=nouveau;
var durab moule confo mqual prati desig cher nonch mascu
mode ctry sexy chic;
run;
proc glm data=nouveau;
model pref=factor1 factor2;
run;
```

les variables CP_1 et CP_2 expliquent donc près de 11 p. 100 de la variation totale des préférences. On obtient la statistique F (F Value) en divisant le carré moyen de la régression par le carré moyen de l'erreur (23,73/1,11) ou, de façon équivalente, par la formule générale suivante:

$$F = \frac{R^2/k}{\left(1 - R^2\right)/\left(n - k - 1\right)}$$

Dans cette formule, n est le nombre d'observations et k correspond au nombre de variables indépendantes. Lorsque $k = 1$, la formule équivaut à celle que nous avons présentée au chapitre 8 pour tester la qualité du modèle de régression simple.

Dans notre exemple, la statistique F est égale à 21,30. La valeur p associée étant de 0,0001, on conclut que le modèle est statistiquement significatif ou, en d'autres termes, que le coefficient de détermination dans la population est différent de zéro.

TABLEAU 9.11 Une analyse de régression multiple (sortie SAS partielle)

The SAS System

General Linear Models Procedure

Number of observations in data set = 384

NOTE: Due to missing values, only 354 observations can be used in this analysis.

Dependent variable : PREF

Source	DF	Sum of Squares	Mean Square	F Value	Pr > F
Model	2	47.45972797	23.72986398	21.30	0.0001
Error	351	391.02897260	1.11404266		
Corrected Total	353	438.48870056			

R-Square	C.V.	Root MSE	PREF Mean
0.108235	42.12409	1.055482	2.50564972

Parameter	Estimate	T for HO: Parameter = 0	Pr >|T|	Std Error of Estimate
INTERCEPT	2.508056283	44.71	0.0001	0.05609986
FACTOR1	0.360155652	6.43	0.0001	0.05601559
FACTOR2	-0.058375979	-1.05	0.2965	0.05582915

Les estimations des coefficients du modèle sont présentées par la suite (Estimate). L'ordonnée à l'origine (*a*) est égale à 2,51 et les valeurs des coefficients de régression partiels sont les suivantes : $b_1 = 0,36$ et $b_2 = -0,06$. Le modèle estimé est donc celui-ci :

$$PREF_i = 2,51 + 0,36CP_1 - 0,06CP_2 + e_i$$

Le test en *F* est un test global qui concerne la qualité du modèle dans son ensemble. Lorsqu'il est significatif, on teste ensuite la contribution de chaque variable indépendante à la régression. Cela se fait au moyen de tests en *t* sur les coefficients de régression (T for HO : Parameter = 0). On rejette l'hypothèse nulle selon laquelle $\beta_j = 0$ si la valeur *p* associée au coefficient est inférieure à

0,05. Dans notre exemple, la première composante principale (CP_1) contribue significativement à la régression (valeur $p = 0,0001$). Par contre, le coefficient associé à CP_2 n'est pas statistiquement significatif (valeur $p = 0,2965$). Donc, même si d'un point de vue global le modèle de régression est statistiquement significatif, il appert que seule la dimension «jeans de tous les jours» a un effet réel sur les préférences. Par conséquent, si on veut influencer positivement les préférences des consommateurs, l'analyse suggère de mettre l'accent sur des attributs tels la durabilité, le confort et le style country. Ces résultats viennent confirmer la position avantageuse de la marque Levi's.

Remarques additionnelles

On aurait pu envisager l'analyse des préférences en considérant la régression des scores de préférence sur l'ensemble des jugements portant sur les attributs, c'est-à-dire estimer le modèle de régression multiple suivant :

$$\text{PREF}_i = \alpha + \beta_1 \text{DURAB}_i + \beta_2 \text{MOULE}_i + ... + \beta_{13} \text{CHIC}_i + \varepsilon_i$$

Cette approche entraîne une difficulté : plusieurs attributs sont fortement corrélés entre eux. La corrélation entre les variables indépendantes d'un modèle de régression multiple correspond à une situation de **multicollinéarité**. En général, l'analyse de régression multiple donne des résultats cohérents si la multicollinéarité n'est pas trop forte. Si elle l'est, la stabilité des coefficients de régression est touchée et les résultats manquent de cohérence.

Un résultat typique d'une multicollinéarité trop forte est l'obtention d'un modèle de régression statistiquement significatif alors qu'aucune variable indépendante ne contribue significativement au modèle. Si on procède à l'estimation du modèle présenté ci-dessus (le lecteur est invité à faire cet exercice), le test en F portant sur la qualité du modèle est statistiquement significatif ($F = 5,09$; $p = 0,0001$), mais une seule variable indépendante contribue significativement au modèle (CTRY : $t = 2,75$; $p = 0,0062$). On peut sans doute attribuer ces résultats à la forte multicollinéarité inhérente au modèle. En employant au préalable l'analyse des composantes principales, on évite le problème de multicollinéarité. En effet, rappelons que les facteurs issus de l'analyse sont orthogonaux, c'est-à-dire non corrélés.

La modélisation multiattributs

Nous avons présenté le modèle multiattributs au chapitre 2, lors de notre discussion de la structuration du problème de recherche. Ce modèle représente une autre façon d'appliquer le paradigme $P = f(C)$. Le modèle multiattributs pose que l'évaluation d'une marque (d'un objet j en général) dépend à la fois de l'importance relative que le consommateur accorde aux attributs qui composent la marque (I_{ik}) et de la quantité perçue d'attribut offerte par la marque (B_{ijk}). L'évaluation globale est obtenue en considérant la somme des B_{ijk} pour tous les attributs, pondérée par l'importance relative (I_{ik}) (figure 2.1, page 34).

Dans le contexte de l'analyse des préférences, le modèle multiattributs permet de positionner les marques par rapport aux attributs jugés importants. On obtient généralement des mesures des perceptions des consommateurs (B_{ijk} et I_{ik}) au moyen d'une enquête. En comparant les positions des marques, on peut déduire des stratégies de communication qui permettent à une entreprise d'améliorer sa position concurrentielle :

Stratégie n° 1 : Augmenter l'importance perçue des attributs pour lesquels l'entreprise est en meilleure position que les concurrents.

Stratégie n° 2 : Diminuer l'importance perçue des attributs pour lesquels elle est en moins bonne position.

Stratégie n° 3 : Améliorer sa position perçue relativement à des attributs jugés importants.

Stratégie n° 4 : Faire valoir de nouveaux attributs qui la différencient des concurrents.

La modélisation multiattributs n'est pas à proprement parler une technique multivariée. Il s'agit toutefois d'une application importante de l'analyse des préférences.

L'analyse des mesures conjointes

L'analyse des mesures conjointes – ou plus simplement, l'analyse conjointe – représente un ensemble de techniques employées pour analyser les préférences des consommateurs. Son approche s'apparente à celle du modèle multiattributs, car elle suppose également que l'évaluation qu'un consommateur fait d'une marque est une fonction additive des évaluations des caractéristiques (ou attributs) de cette marque. Elle s'en distingue cependant par deux aspects :

1. Les marques (ou les objets) que les consommateurs évaluent sont généralement fictives (fictifs), c'est-à-dire qu'elles (qu'ils) sont composées (composés)par le chercheur.

2. L'évaluation des attributs n'est pas mesurée directement : elle est plutôt dérivée de l'analyse.

Nous présentons à la figure 9.8 la démarche type d'une application de l'analyse conjointe. La première étape consiste à *identifier les attributs déterminants* pour la classe d'objet étudiée. On franchit habituellement cette étape à l'aide d'entrevues qualitatives (individuelles ou de groupe) avec des personnes pertinentes (par exemple, des acheteurs de la catégorie de produit). Lorsque les attributs déterminants sont connus, le chercheur doit en *définir les niveaux* afin de les rendre opératoires. Par exemple, si le prix est jugé déterminant pour la catégorie de produit, il faut « concrétiser » cet attribut par des niveaux de prix comme 1,50 $, 2,00 $ et 2,50 $. En général, les niveaux des attributs sont sensés « représenter » les conditions actuelles du marché, tout en étant assez différents pour influencer les préférences des consommateurs. En général, les niveaux ainsi que leur nombre sont fixés par le chercheur selon la nature du problème de recherche.

L'étape suivante consiste à *construire les profils*. Dans cette présentation de l'analyse conjointe, nous allons nous limiter à une méthode de construction des profils qu'on appelle la **méthode des profils complets** (c'est la méthode la plus courante). Celle-ci consiste à obtenir des combinaisons de produits en croisant

FIGURE 9.8   L'analyse conjointe : Une démarche type

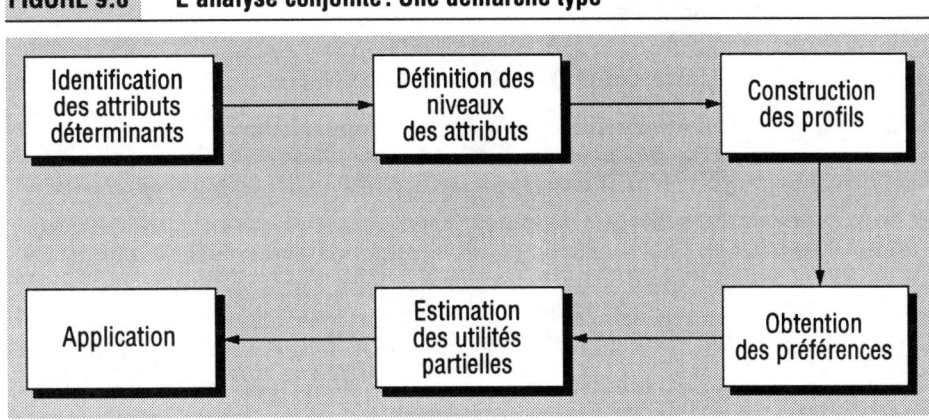

les niveaux d'attributs. Le résultat est un *plan d'analyse conjointe*. Par exemple, supposons qu'il y ait deux attributs déterminants pour la catégorie de produit étudié : le prix (niveaux : 1,50 $, 2,00 $ et 2,50 $) et le format (niveaux : petit, moyen et grand). En faisant la jonction des niveaux (d'où le terme d'analyse « conjointe »), on obtient neuf profils :

	Petit	Moyen	Grand
1,50 $	Profil 1	Profil 2	Profil 3
2,00 $	Profil 4	Profil 5	Profil 6
2,50 $	Profil 7	Profil 8	Profil 9

Il y aura généralement plus de deux attributs, ceux-ci comprenant un nombre varié de niveaux. Plus le nombre d'attributs et de niveaux est grand, plus les profils seront nombreux. Un trop grand nombre de profils pose un problème, car, pour les besoins de l'analyse, les personnes interrogées doivent évaluer l'ensemble des profils (voir ci-après). C'est pourquoi, lorsque les profils sont trop nombreux, il convient de *fractionner* le plan, c'est-à-dire de sélectionner un sous-ensemble des profils en faisant en sorte de conserver suffisamment d'informations pour pouvoir faire l'analyse. Nous avons discuté brièvement des plans fractionnés au chapitre 4 dans le cadre de notre présentation de la méthode expérimentale.

L'étape suivante consiste à *obtenir les préférences* d'un échantillon de personnes, habituellement des gens représentatifs du marché cible. Ces personnes doivent examiner les profils issus du plan d'analyse conjointe et exprimer leurs préférences. On peut mesurer ces préférences à l'aide d'un ordonnancement forcé (« Veuillez classer les profils selon votre préférence ») ou d'échelles catégoriques diverses comme celle-ci :

Votre évaluation de ce produit :

Très bon achat   **1 2 3 4 5 6 7**   Très mauvais achat

La cinquième étape est l'*estimation des utilités partielles*. L'analyse repose sur le modèle additif suivant :

$$U(\text{objet}) = u_1(X_1) + u_2(X_2) + \ldots + u_k(X_k)$$

où U(objet) correspond à l'*utilité (*ou *préférence) globale* de l'objet tel qu'il a été défini par les caractéristiques X_1, X_2, ..., X_k et $u_1(X_1)$, $u_2(X_2)$, ..., $u_k(X_k)$ correspondent aux *utilités (*ou *préférences) partielles* des caractéristiques de l'objet.

À titre d'illustration, dans le cas du quatrième profil associé au plan d'analyse conjointe présenté auparavant, on a l'équation suivante :

$$U(\text{profil 4}) = u_1(2,00\ \$) + u_2(\text{petit})$$

Comme on le voit, le modèle suppose que la préférence globale envers un profil est une sommation des préférences partielles associées aux niveaux des attributs. Ce sont ces préférences partielles que l'on veut estimer. La dernière étape de la démarche consiste à utiliser les utilités partielles dans diverses *applications*. Nous allons commenter l'estimation des utilités partielles ainsi que les applications de l'analyse conjointe à l'aide d'un exemple réel.

Un exemple

Une étude menée au Québec s'est intéressée aux préférences des consommateurs envers les forfaits de vacances[11]. Les quatre attributs utilisés dans cette étude ainsi que leurs niveaux sont présentés au tableau 9.12. En combinant de façon factorielle les 4 attributs, on obtient 81 ($3 \times 3 \times 3 \times 3$) profils. Afin de faciliter la tâche d'évaluation, les chercheurs ont fractionné le plan et réduit le nombre de profils à 18. Ceux-ci sont présentés au tableau 9.13. Par exemple, le profil 3 correspond à un forfait moyennement organisé (c_2) de 1 300 $ (a_3) au cours duquel 3 pays (b_2) d'Europe (d_1) sont visités. Les autres profils s'interprètent de la même façon.

Nous présentons au tableau 9.13 les préférences d'un consommateur ayant participé à l'étude. Celles-ci ont été mesurées à l'aide de l'échelle bipolaire suivante (présumée d'intervalles) :

N'aime pas   1   2   3   4   5   6   7   8   9   Aime

---

11. Cette étude a été menée par les professeurs René Darmon (ESSEC) et François Coderre (Université de Sherbrooke). Pour en savoir davantage, voir l'article suivant : R. Y. Darmon et F. Coderre, « The Predictive Validity of Conjoint Analysis : The Case of Concepts with Interpolated Attribute Levels », 1993, communication présentée au congrès de Marketing Science, Washington University, St. Louis.

TABLEAU 9.12 Les attributs et leurs niveaux

Étude sur les forfaits de vacances: Attributs et niveaux	
Attribut A: *Coût total du forfait*	**Attribut B:** *Nombre de pays visités*
a_1. 500 \$ a_2. 900 \$ a_3. 1 300 \$	b_1. 1 b_2. 3 b_3. 5
Attribut C: *Type d'organisation* *	**Attribut D:** *Destination*
c_1. Pas du tout organisé c_2. Moyennement organisé c_3. Totalement organisé	d_1. Europe d_2. Caraïbes d_3. Afrique

* Les niveaux de cet attribut ont été définis ainsi:

Pas du tout organisé: avions et hôtels réservés

Moyennement organisé: avions, hôtels et restaurants réservés et quelques activités planifiées

Totalement organisé: avions, hôtels et restaurants réservés et six jours d'activités planifiées

Estimation des utilités partielles

L'estimation des utilités partielles est simple[12]. L'utilité d'un niveau d'attribut est égale à la moyenne marginale d'évaluation correspondant à ce niveau *moins* la moyenne de toutes les évaluations. Par exemple, l'utilité du niveau d_2 (destination: Caraïbes) est égale à la moyenne de toutes les évaluations où la destination Caraïbes figure (profil 2, profil 7, etc. – tableau 9.13) moins la moyenne de toutes les évaluations, soit:

$$u(\text{Caraïbes}) = \left[(2 + 7 + 7 + 3 + 8 + 2)/6\right] - \left[(8 + 2 + ... + 7)/18\right]$$

$$u(\text{Caraïbes}) = 4,83 - 5,50 = -0,67$$

---

12. La procédure d'estimation que nous présentons est appropriée lorsque les préférences sont mesurées sur des échelles d'intervalles (ou présumées d'intervalles). S'il s'agit de rangs, c'est-à-dire de mesures de niveau ordinal, on doit en principe utiliser une variante de la méthode de régression monotone discutée à la note 10 (page 346). Dans ce cas, il s'agit d'analyse de variance monotone. Les résultats obtenus par l'une ou l'autre des méthodes sont souvent très semblables.

TABLEAU 9.13 Le plan fractionné et les préférences d'un consommateur

Profil	Combinaison	Préférence
1	$a_3b_3c_3d_3$	8
2	$a_3b_1c_1d_2$	2
3	$a_3b_2c_2d_1$	6
4	$a_1b_3c_1d_1$	7
5	$a_1b_1c_2d_3$	5
6	$a_1b_2c_3d_2$	7
7	$a_2b_3c_2d_2$	7
8	$a_2b_1c_3d_1$	6
9	$a_2b_2c_1d_3$	5
10	$a_3b_3c_2d_1$	7
11	$a_3b_1c_3d_3$	4
12	$a_3b_2c_1d_2$	3
13	$a_1b_3c_3d_2$	8
14	$a_1b_1c_1d_1$	3
15	$a_1b_2c_2d_3$	6
16	$a_2b_3c_1d_3$	6
17	$a_2b_1c_2d_2$	2
18	$a_2b_2c_3d_1$	7

On calcule toutes les utilités partielles de la même manière :

Coût (A) :	u(500 $)	=	6,00 – 5,50	=	0,50
	u(900 $)	=	5,50 – 5,50	=	0,00
	u(1 300 $)	=	5,00 – 5,50	=	–0,50
Pays (B) :	u(1 pays)	=	3,67 – 5,50	=	–1,83
	u(3 pays)	=	5,67 – 5,50	=	0,17
	u(5 pays)	=	7,17 – 5,50	=	1,67
Organisation (C) :	u(pas org.)	=	4,33 – 5,50	=	–1,17
	u(m. org.)	=	5,50 – 5,50	=	0,00
	u(t. org.)	=	6,67 – 5,50	=	1,17
Destination (D) :	u(Europe)	=	6,00 – 5,50	=	0,50
	u(Caraïbes)	=	4,83 – 5,50	=	–0,67
	u(Afrique)	=	5,67 – 5,50	=	0,17

Les résultats de l'analyse conjointe pour ce consommateur sont présentés graphiquement à la figure 9.9. Comme on le voit, plus le coût du forfait est élevé, plus l'utilité diminue, ce qui est cohérent avec la théorie microéconomique classique. Plus le nombre de pays visités augmente, plus l'utilité augmente aussi. Il en va de même avec le degré d'organisation : plus celui-ci augmente, plus l'utilité augmente. Enfin, l'Europe est la destination ayant la plus grande utilité, suivie respectivement de l'Afrique et des Caraïbes.

FIGURE 9.9   **Les graphiques des utilités partielles**

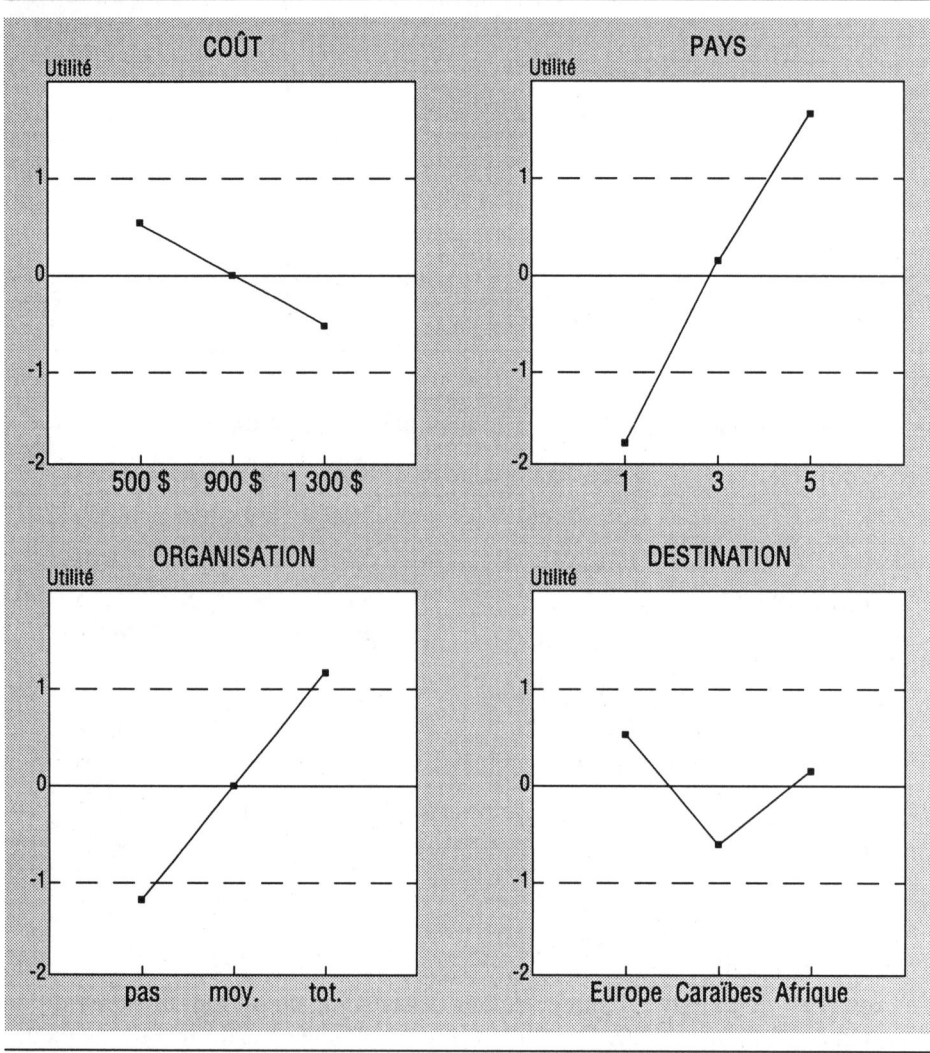

Qualité du modèle

L'analyse conjointe présume que les préférences globales des gens correspondent à la sommation des utilités partielles. Plus la prévision des préférences globales originales établies à partir des utilités partielles estimées est bonne, meilleure est la qualité du modèle. Nous montrons au tableau 9.14 que la reconstitution des préférences globales dans notre exemple est très satisfaisante. On obtient la prévision ($\hat{U}$) en additionnant les utilités partielles (u_j) et la moyenne de toutes les évaluations (5,50). En comparant les prévisions ($\hat{U}$) et les évaluations originales (P), on constate que les écarts sont petits. Un indice utilisé pour juger de la qualité du modèle est la corrélation entre les évaluations originales et les prévisions ($r_{P\hat{U}}$). Dans notre exemple, cette corrélation est égale à 0,97. On peut donc affirmer que le modèle d'analyse conjointe reproduit fidèlement les évaluations de ce consommateur.

Importance relative des attributs

Les attributs n'ont pas la même importance pour les consommateurs. Tel consommateur sera davantage influencé par le nombre de pays visités, tel autre

TABLEAU 9.14   La reconstitution des préférences

Profil	u(Coût)	+	u(Pays)	+	u(Org.)	+	u(Dest.)	+	Moyenne	=	$\hat{U}$	P
1	-0,50	+	1,67	+	1,17	+	0,17	+	5,50	=	7,84	8
2	-0,50	+	-1,83	+	-1,17	+	-0,67	+	5,50	=	1,33	2
3	-0,50	+	0,17	+	0,00	+	0,50	+	5,50	=	5,67	6
4	0,50	+	1,67	+	-1,17	+	0,50	+	5,50	=	7,00	7
5	0,50	+	-1,83	+	0,00	+	0,17	+	5,50	=	4,34	5
6	0,50	+	0,17	+	1,17	+	-0,67	+	5,50	=	6,67	7
7	0,00	+	1,67	+	0,00	+	-0,67	+	5,50	=	6,50	7
8	0,00	+	-1,83	+	1,17	+	0,50	+	5,50	=	5,34	6
9	0,00	+	0,17	+	-1,17	+	0,17	+	5,50	=	4,67	5
10	-0,50	+	1,67	+	0,00	+	0,50	+	5,50	=	7,17	7
11	-0,50	+	-1,83	+	1,17	+	0,17	+	5,50	=	4,51	4
12	-0,50	+	0,17	+	-1,17	+	-0,67	+	5,50	=	3,33	3
13	0,50	+	1,67	+	1,17	+	-0,67	+	5,50	=	8,17	8
14	0,50	+	-1,83	+	-1,17	+	0,50	+	5,50	=	3,50	3
15	0,50	+	0,17	+	0,00	+	0,17	+	5,50	=	6,34	6
16	0,00	+	1,67	+	-1,17	+	0,17	+	5,50	=	6,17	6
17	0,00	+	-1,83	+	0,00	+	-0,67	+	5,50	=	3,00	2
18	0,00	+	0,17	+	1,17	+	0,50	+	5,50	=	7,34	7

par le degré d'organisation du forfait. Une façon communément employée pour juger de l'importance relative des attributs dans une analyse conjointe consiste à calculer l'étendue des utilités partielles, c'est-à-dire la différence entre l'utilité la plus élevée et l'utilité la moins élevée. Plus l'étendue associée à un attribut est grande, plus cet attribut est important. Dans notre exemple, on a les données suivantes :

Coût (A) :	$0,50 - (-0,50) = 1,00$
Pays (B) :	$1,67 - (-1,83) = 3,50$
Organisation (C) :	$1,17 - (-1,17) = 2,34$
Destination (D) :	$0,50 - (-0,67) = 1,17$

Ce consommateur accorde donc la plus grande importance au nombre de pays visités (3,50). Vient ensuite le degré d'organisation (2,34). Le coût et la destination s'avèrent les deux attributs les moins importants avec des étendues respectives de 1,00 et de 1,17. Pour obtenir des mesures *relatives* de l'importance des attributs, il est courant de diviser l'étendue par la somme des étendues. Par exemple,

Coût (A) :	$1,00/8,01 = 0,125$
Pays (B) :	$3,50/8,01 = 0,437$
Organisation (C) :	$2,34/8,01 = 0,292$
Destination (D) :	$1,17/8,01 = 0,146$

Applications

Une première application de l'analyse conjointe est l'*optimisation de produit*. Considérons l'exemple suivant[13]. Imaginez que le propriétaire d'une pizzeria vienne vous consulter afin que vous l'aidiez à produire la meilleure pizza qui soit, celle qui plaira le plus à ses clients. Quelle quantité de pâte, de sauce tomate, de fromage, de *peperoni*, de champignons, etc., devrait-il utiliser ? Voilà un problème qui peut être étudié au moyen de l'analyse conjointe. Les ingrédients qui composent une pizza correspondent à des attributs ayant différents niveaux (par exemple, 350 grammes, 500 grammes, 650 grammes de fromage). Si on croise tous ces attributs, on définit un très grand nombre de combinaisons correspondant à différentes recettes de pizzas. À l'aide d'une procédure de fractionnement, on peut réduire le nombre de pizzas potentielles et faire goûter celles-ci à des consommateurs qui exprimeront leurs préférences. L'analyse de ces

---

13. Cet exemple est emprunté de l'article de F. J. Carmone Jr et P. E. Green, « Model Misspecification in Multiattribute Parameter Estimation », *Journal of Marketing Research*, vol. 18, n⁰ 1, 1981, p. 87-93. Pour en savoir davantage sur l'optimisation de produit, voir la source citée à la note 10 (page 346).

préférences permettra de déterminer les utilités partielles associées aux différents niveaux des attributs. Connaissant ces utilités, il est possible (en théorie) de composer la meilleure pizza simplement en sélectionnant le niveau des ingrédients pour lequel les utilités sont les plus élevées. Cette démarche générale est applicable à d'autres catégories de produits.

Une autre application intéressante de l'analyse conjointe est la *segmentation de marché*. La segmentation d'un marché consiste à définir des sous-groupes réunissant des consommateurs qui partagent les mêmes préférences ou qui réagissent de façon semblable à des variables de marketing. Les segments de marché constituent des cibles différenciées qui peuvent nécessiter des stratégies de marketing adaptées. À l'aide de techniques spécialisées, on peut grouper les consommateurs qui ont des configurations d'utilités semblables et ainsi segmenter un marché. Par exemple, dans l'étude portant sur les préférences envers la pizza, l'examen des utilités partielles pourrait conduire à l'identification de segments tels «les amateurs de pâte mince», «les végétariens», etc. Si l'échantillon de consommateurs interrogés a été sélectionné de façon probabiliste, il est possible d'estimer la taille de ces segments dans la population et de définir ainsi leur attrait pour la firme[14].

Conclusions sur l'analyse des préférences

La régression multiple, la modélisation multiattributs et l'analyse des mesures conjointes sont trois méthodes appropriées pour analyser les préférences des consommateurs. Le choix d'une méthode particulière dépend principalement de la nature du problème de recherche. S'il s'agit d'expliquer les préférences des consommateurs envers des objets existants, on peut utiliser la régression multiple ou la modélisation multiattributs. La différence majeure entre ces deux méthodes est que l'une (la régression multiple) produit des mesures *dérivées* de l'importance des attributs (c'est-à-dire les coefficients de régression partiels), alors que l'autre (la modélisation multiattributs) produit des mesures directes (soit I_{ik}). L'analyse conjointe a aussi pour objectif d'expliquer les préférences des consommateurs, mais elle le fait par le biais d'objets fictifs composés essentiellement dans le but d'estimer les utilités partielles associées aux caractéristiques des objets.

---

14. Le lecteur trouvera une discussion plus détaillée des applications de l'analyse conjointe à la segmentation de marché dans l'article d' A. d'Astous et B. P. Rigaux-Bricmont, « Application de l'analyse conjointe à la segmentation des marchés », *Rapport du congrès annuel de la section Marketing de l'Association des sciences administratives du Canada*, Guelph, 1984.

RÉSUMÉ

Un paradigme important du marketing pose que les préférences des consommateurs envers des objets dépendent de leurs perceptions des caractéristiques de ces objets $[P = f(C)]$. Ce paradigme est à la base de diverses méthodes groupées sous deux types : l'analyse des perceptions et l'analyse des préférences.

L'analyse des perceptions peut être directe ou indirecte. L'analyse multidimensionnelle des similarités est une méthode indirecte qui permet de positionner des objets dans une carte perceptuelle comprenant deux dimensions ou plus. Cette carte est produite à partir des similarités ou des dissimilarités mesurées entre les objets. L'analyse des composantes principales et l'analyse discriminante sont deux méthodes directes de construction d'une carte perceptuelle. À partir de jugements portant sur un ensemble d'attributs, ces méthodes définissent des combinaisons linéaires des attributs représentant les dimensions (latentes) sous-jacentes à ces attributs. Les objets sont alors positionnés à partir de ces nouvelles dimensions.

L'analyse des préférences vise à comprendre la relation entre les perceptions et les préférences. Elle comprend trois méthodes principales : la régression multiple, la modélisation multiattributs et l'analyse des mesures conjointes. La régression multiple consiste à estimer la relation linéaire entre les préférences et les perceptions latentes des consommateurs. Les coefficients de régression partiels issus de cette analyse renseignent sur l'importance relative des dimensions perceptuelles. La modélisation multiattributs est basée sur l'obtention de mesures directes de la quantité perçue d'attribut associée à des objets et de l'importance des attributs. En combinant ces mesures, on peut dégager les préférences des consommateurs et positionner les objets.

L'analyse des mesures conjointes a pour objectif d'estimer les utilités que les consommateurs attribuent aux caractéristiques des objets. On obtient ces estimations en composant des profils d'objet à partir des caractéristiques et en faisant évaluer ces profils par des consommateurs. Les utilités estimées servent à l'optimisation de produit et à la segmentation de marché.

1. Qu'est-ce qu'un paradigme ? Pouvez-vous identifier un paradigme important en marketing ?

2. Quel est l'objectif de l'analyse des perceptions ?

3. Quel est l'objectif de l'analyse des préférences ?

4. Quelles sont les différentes techniques utilisées pour l'analyse des perceptions et celle des préférences ?

5. En quoi l'analyse des perceptions par l'approche directe diffère-t-elle de l'analyse des perceptions par l'approche indirecte ?

6. Qu'est-ce qu'une carte perceptuelle ? Quelle est la logique sous-jacente à l'analyse multidimensionnelle des similarités ?

7. Qu'est-ce que l'indice de stress ? Quelle est son utilité ?

8. Quelles sont les limites de l'analyse multidimensionnelle des similarités ?

9. Quelle est la logique sous-jacente à l'analyse des composantes principales ?

10. Qu'est-ce qu'une composante principale ?

11. On dit que les composantes principales sont orthogonales. Qu'entend-on par là ?

12. Pourquoi ne retient-on qu'une partie des composantes principales ? Quelles méthodes peut-on utiliser pour décider du nombre de composantes principales à retenir ?

13. Qu'est-ce qu'une corrélation de structure ? Quelle est l'utilité des corrélations de structure ?

14. Qu'est-ce qu'une structure factorielle simple ? Comment obtient-on une telle structure par l'analyse des composantes principales ?

15. Qu'est-ce qu'un score factoriel ? Quelle est l'utilité des scores factoriels ?

16. Quelle est la logique sous-jacente à l'analyse discriminante ?

17. Qu'est-ce qu'une variable canonique ?

18. Combien de variables canoniques peut-on obtenir dans une analyse discriminante ? Faut-il toutes les retenir ? Si non, comment décide-t-on du nombre à retenir ?

19. Formulez l'équation qui définit le modèle de régression multiple et expliquez-en chacune des composantes.

20. Comment peut-on appliquer la régression multiple à l'analyse des préférences ?

21. Qu'est-ce que la multicollinéarité ? Quelles sont ses conséquences sur les résultats de la régression multiple ?

22. Qu'est-ce que la modélisation multiattributs ? Quelles stratégies communicationnelles ce type d'analyse suggère-t-il ?

23. Montrez les étapes de la démarche type d'une analyse conjointe et discutez-en.

24. Formulez l'équation qui définit le modèle d'analyse conjointe et expliquez-en les composantes.

25. Comment estime-t-on les utilités partielles ?

26. Comment juge-t-on de la qualité d'un modèle estimé d'analyse conjointe ?

27. Comment juge-t-on de l'importance relative des attributs inclus dans une analyse conjointe ?

28. Nommez et expliquez deux applications de l'analyse conjointe en marketing.

Exercices et sujets de réflexion

1. Voici les préférences exprimées par un consommateur ayant participé à l'étude sur les forfaits de vacances (la signification des niveaux des profils est donnée au tableau 9.12, page 354) :

Profil	Combinaison	Préférence
1	$a_3b_3c_3d_3$	8
2	$a_3b_1c_1d_2$	1
3	$a_3b_2c_2d_1$	4
4	$a_1b_3c_1d_1$	5
5	$a_1b_1c_2d_3$	3
6	$a_1b_2c_3d_2$	8
7	$a_2b_3c_2d_2$	8
8	$a_2b_1c_3d_1$	3
9	$a_2b_2c_1d_3$	4
10	$a_3b_3c_2d_1$	7
11	$a_3b_1c_3d_3$	4
12	$a_3b_2c_1d_2$	2
13	$a_1b_3c_3d_2$	9
14	$a_1b_1c_1d_1$	2
15	$a_1b_2c_2d_3$	8
16	$a_2b_3c_1d_3$	2
17	$a_2b_1c_2d_2$	4
18	$a_2b_2c_3d_1$	7

Estimez les utilités partielles pour ce consommateur et interprétez les résultats.

2. Considérez de nouveau les données du fichier JEANS.DAT. On voudrait savoir si les filles et les garçons partagent les mêmes perceptions des marques de jeans et s'ils sont influencés de la même façon par les dimensions perceptuelles qui distinguent ces marques. Faites les analyses appropriées. Que peut-on déduire de ces analyses et quelles en sont les limites ?

3. Dans l'exercice 4 du chapitre 8, on demande s'il est approprié de faire la somme des variables EVAL1, EVAL2, EVAL3 et EVAL4 du fichier GARAGE.DAT. Considérez ce problème sous l'angle de l'analyse des composantes principales. Que suggère votre analyse ?

4. Dans l'étude sur les ventes de garage, on s'intéresse au modèle de régression multiple suivant:

$$DEPEN2_i = \alpha + \beta_1 EVAL1_i + \beta_2 EVAL2_i + \beta_3 EVAL3_i + \beta_4 EVAL4_i + \varepsilon_i$$

a) À l'aide d'un logiciel, estimez ce modèle et évaluez sa qualité. Testez ensuite les coefficients de régression. Quelles sont vos conclusions?

b) Les résultats obtenus à l'exercice 3 suggèrent-ils un autre modèle de régression que celui-ci? Si oui, estimez ce modèle, évaluez sa qualité, testez les coefficients de régression et interprétez les résultats.

5. Au département de la conception des produits chez Multi Frites inc., on s'interroge sur l'effet des attributs suivants sur les préférences des consommateurs envers les frites surgelées:

Épices	:	frites épicées contre frites nature
Coupe	:	régulière contre julienne
Méthode de cuisson	:	au four contre dans l'huile

Proposez une étude pour ce problème. Soyez le plus explicite possible.

Le questionnaire utilisé dans l'étude sur les jeans

Bonjour! Nous effectuons une étude sur les marques de jeans. Nous voudrions avoir votre opinion concernant les marques de jeans suivantes:

Calvin Klein = C;   GWG = G;   Levi's = L;   Roberto = R.

Note: Si vous ne connaissez pas **toutes** ces marques, ne répondez pas à ce questionnaire. Merci de votre aide!

▪ ▪ ▪

Une liste de caractéristiques qui décrivent des jeans est présentée ci-dessous. Veuillez classer les quatre marques en fonction de **votre opinion** du degré de correspondance des marques avec les caractéristiques (1 = tout à fait,..., 4 = pas du tout).

Exemple: Quelle marque est la plus «durable», laquelle est deuxième, laquelle est troisième et laquelle est la moins «durable»?

		Tout à fait		Pas du tout	
		1	2	3	4
«Correct»	Durable	C	L	G	R
«Incorrect»	Durable	G,R	C	–	L	(*un* classement par marque)
«Incorrect»	Durable	R	–	L	C	(classer *toutes* les marques)

Classement:

	Tout à fait			Pas du tout
	1	**2**	**3**	**4**
1. Durable	____	____	____	____
2. Moulé	____	____	____	____
3. Confortable	____	____	____	____
4. Mauvaise qualité	____	____	____	____
5. Pratique	____	____	____	____
6. Jeans design	____	____	____	____
7. Cher	____	____	____	____
8. Nonchalant	____	____	____	____
9. Masculin	____	____	____	____
10. À la mode	____	____	____	____
11. Country	____	____	____	____
12. Sexy	____	____	____	____
13. Chic	____	____	____	____

Répondez maintenant aux questions suivantes.

1. Vous êtes un homme ___ ou une femme ___ ?

2. Quel âge avez-vous ? ___

3. Possédez-vous des jeans ?   Oui ___
                                      Non ___

   Si vous avez répondu *non*, merci d'avoir participé à cette étude. Votre collaboration est grandement appréciée.

   Si *oui*, qui paie vos jeans ?

   a) Vous-même ___
   b) Vos parents ___
   c) Autre   ___

4. Où achetez-vous habituellement vos jeans ?

   a) Magasin à rayons ___
   b) Boutique de jeans ___
   c) Boutique de mode ___
   d) Entrepôt   ___
   e) Autre   ___

5. En moyenne, combien de paires de jeans achetez-vous par année ? ___

6. Combien dépensez-vous environ pour l'achat de jeans par année ? ___

7. Quelle(s) marque(s) de jeans portez-vous ? _____

8. Veuillez classer les marques de jeans suivantes par ordre de préférence (1 = la marque préférée, ..., 4 = la marque la moins aimée).

   Calvin Klein ___
   GWG   ___
   Levi's   ___
   Roberto   ___

Merci de votre aide et de votre participation !

Annexe B

Le fichier JEANS.DAT

```
001 01 CKLEIN    3 3 4 3 3 1 1 3 4 2 3 2 2   3
001 02 GWG       4 4 1 1 2 4 4 1 3 4 1 4 4   4
001 03 LEVIS     1 2 3 4 1 3 3 2 1 3 2 3 3   1
001 04 ROBERTO   2 1 2 2 4 2 2 4 2 1 4 1 1   2
001 05 2 22 1 100 10000 02 100 00111 3412
002 01 CKLEIN    3 1 3 4 3 1 1 3 3 2 3 1 1   3
002 02 GWG       1 4 1 1 1 4 4 2 1 4 1 4 4   1
002 03 LEVIS     2 3 2 3 2 3 3 1 2 3 2 3 2   2
002 04 ROBERTO   4 2 4 2 4 2 2 4 4 1 4 2 3   4
002 05 2 21 1 100 10000 01 060 00101 3124
003 01 CKLEIN    4 1 4 2 4 1 1 4 4 2 4 2 1   3
003 02 GWG       2 4 3 1 3 4 4 1 1 4 1 4 4   4
003 03 LEVIS     1 2 1 4 1 3 2 2 2 3 2 1 3   2
003 04 ROBERTO   3 3 2 3 2 2 3 3 3 1 3 3 2   1
003 05 2 18 1 100 10000 02 080 00110 3421
004 01 CKLEIN    3 2 2 2 3 3 1 2 2 3 3 3 1   3
004 02 GWG       1 4 3 3 1 4 4 4 4 4 1 4 3   1
004 03 LEVIS     2 3 1 4 2 2 2 1 1 1 2 2 2   4
004 04 ROBERTO   4 1 4 1 4 1 3 3 3 2 4 1 4   2
004 05 1 21 1 100 10000 01 050 00100 3142
005 01 CKLEIN    4 1 3 4 4 1 1 4 4 1 4 1 1   3
005 02 GWG       1 4 4 1 1 4 4 1 1 4 1 4 4   4
005 03 LEVIS     3 3 2 2 2 3 3 3 2 3 3 3 3   2
005 04 ROBERTO   2 2 1 3 3 2 2 2 3 2 2 2 2   1
005 05 2 23 1 100 10000 03 150 00110 3421
006 01 CKLEIN    3 3 3 4 4 1 3 2 3 1 4 3 2   3
006 02 GWG       1 2 4 2 1 4 2 4 1 4 2 2 4   4
006 03 LEVIS     4 1 2 1 3 2 4 1 4 2 3 1 3   2
006 04 ROBERTO   2 4 1 3 2 3 1 3 2 3 1 4 1   1
006 05 1 22 1 100 10000 02 100 00110 3421
007 01 CKLEIN    4 3 1 4 3 1 3 4 3 4 3 4 2   3
007 02 GWG       1 4 4 1 2 2 4 2 1 1 4 2 4   2
007 03 LEVIS     3 1 2 3 4 3 1 3 2 3 2 1 3   4
007 04 ROBERTO   2 2 3 2 1 4 2 1 4 2 1 3 1   1
007 05 1 22 1 100 10000 03 150 01100 3241
008 01 CKLEIN    2 1 1 3 1 2 2 3 2 2 4 2 2   1
008 02 GWG       3 4 4 1 4 4 4 1 4 4 1 4 4   4
008 03 LEVIS     1 3 3 4 3 3 3 2 3 3 2 3 3   3
008 04 ROBERTO   4 2 2 2 2 1 1 4 1 1 3 1 1   2
```

```
008 05 1 23 1 100 00100 01 080 10000 1432
009 01 CKLEIN   2 2 2 3 2 2 1 2 2 1 4 1 1   3
009 02 GWG      3 4 3 2 3 1 3 3 3 3 1 3 3   1
009 03 LEVIS    1 3 1 4 1 3 2 1 1 2 3 2 2   2
009 04 ROBERTO  4 1 4 1 4 4 4 4 4 4 2 4 4   4
009 05 1 22 1 100 10000 02 080 10110 3124
010 01 CKLEIN   2 2 2 3 2 2 2 2 2 2 2 2 2   3
010 02 GWG      4 4 4 2 3 3 3 3 3 3 1 3 3   1
010 03 LEVIS    1 1 1 4 1 1 1 1 1 1 3 1 1   2
010 04 ROBERTO  3 3 3 1 4 4 4 4 4 4 4 4 4   4
010 05 1 21 1 100 01100 05 350 00000 3124
011 01 CKLEIN   3 3 2 3 2 1 1 2 3 4 2 3 1   3
011 02 GWG      2 4 1 4 4 2 3 4 2 1 1 4 4   1
011 03 LEVIS    1 2 3 2 1 3 2 1 1 2 3 2 2   2
011 04 ROBERTO  4 1 4 1 3 4 4 3 4 3 4 1 3   4
011 05 2 19 1 010 01000 02 070 00101 3124
012 01 CKLEIN   4 2 4 1 4 1 4 4 4 4 4 4 4   3
012 02 GWG      2 4 3 2 3 4 3 3 2 3 3 3 3   4
012 03 LEVIS    1 1 1 3 1 3 1 2 1 1 1 1 2   2
012 04 ROBERTO  3 3 2 4 2 2 2 1 3 2 2 2 1   1
012 05 2 18 1 110 01100 03    00111 3421
013 01 CKLEIN   4 2 2 4 4 1 1 3 3 1 3 3 2   3
013 02 GWG      1 4 3 2 2 4 4 4 2 4 1 4 4   4
013 03 LEVIS    2 3 1 3 1 2 2 1 1 2 2 1 1   1
013 04 ROBERTO  3 1 4 1 3 3 3 2 4 3 4 2 3   2
013 05 2 21 1 100 01000 03 120 00101 3412
014 01 CKLEIN   4 1 3 1 4 4 4 4 4 4 2 4 4   4
014 02 GWG      3 4 4 3 3 3 1 3 3 3 3 3 3   3
014 03 LEVIS    1 2 1 4 1 1 2 1 1 1 1 1 2
014 04 ROBERTO  2 3 2 2 2 2 3 2 2 2 4 2 1
014 05 1 22 1 100 01000 03 200 00111 43
015 01 CKLEIN   4 1 4 4 3 1 1 4 4 1 4 1 1   4
015 02 GWG      1 4 3 1 1 4 4 1 1 4 1 4 4   3
015 03 LEVIS    2 3 1 2 2 3 3 2 2 3 2 3 3   2
015 04 ROBERTO  3 2 2 3 4 2 2 3 3 2 3 2 2   1
015 05 1 22 1 100 01000 02 150 00110 4321
016 01 CKLEIN   3 2 3 3 3 2 1 3 3 2 3 1 1   3
016 02 GWG      2 4 2 2 2 4 4 2 2 4 1 4 4   2
016 03 LEVIS    1 3 1 4 1 3 3 1 1 1 2 3 2   1
016 04 ROBERTO  4 1 4 1 4 1 2 4 4 3 4 2 3   4
016 05 1 21 1 100 01000 04 200 00101 3214
017 01 CKLEIN   2 1 2 3 2 2 2 2 4 2 4 1 1   3
017 02 GWG      4 4 4 1 4 4 4 4 2 4 2 4 4   1
017 03 LEVIS    1 3 1 4 1 1 1 1 1 1 1 2 2   4
017 04 ROBERTO  3 2 3 2 3 3 3 3 3 3 3 3 3   2
017 05 2 20 1 100 10000 01 045 00100 3142
018 01 CKLEIN   3 2 2 3 1 1 2 2 2 2 3 3 2   3
018 02 GWG      2 4 4 2 4 4 3 4 3 4 1 4 4   1
018 03 LEVIS    1 3 1 4 2 2 1 1 1 1 2 1 1   4
```

```
018 04 ROBERTO  4 1 3 1 3 3 4 3 4 3 4 2 3   2
018 05 1 19 1 100 01100 05 370 00001 3142
019 01 CKLEIN   2 2 3 2 4 2 4 4 4 3 4 3 3   1
019 02 GWG      4 4 4 1 3 4 3 1 1 4 1 4 4   3
019 03 LEVIS    1 3 1 4 1 3 1 2 2 1 2 1 2   2
019 04 ROBERTO  3 1 2 3 2 1 2 3 3 2 3 2 1   4
019 05 2 19 1 100 11000 02 100 10111 1324
020 01 CKLEIN   4 4 2 3 1 1 1 1 4 4 4 4 1   3
020 02 GWG      2 2 3 2 2 4 4 3 1 2 2 2 2   4
020 03 LEVIS    1 1 1 4 3 3 2 2 2 1 3 1 3   2
020 04 ROBERTO  3 3 4 1 4 2 3 4 3 3 1 3 4   1
020 05 2 20 1 100 00100 03 200 10100 3421
021 01 CKLEIN   4 1 4 1 4 1 1 4 4 1 4 2 3   3
021 02 GWG      2 4 2 3 2 3 4 1 1 3 1 4 4   2
021 03 LEVIS    1 3 1 4 1 4 2 2 2 4 2 1 1   4
021 04 ROBERTO  3 2 3 2 3 2 3 3 3 2 3 3 2   1
021 05 2 19 1 100 01000 04 200 00101 3241
022 01 CKLEIN   3 4 2 3 4 1 2 4 3 2 4 3 1   3
022 02 GWG      2 2 4 2 2 4 3 2 2 3 1 2 3   2
022 03 LEVIS    1 1 1 4 1 3 1 1 1 1 2 1 4   1
022 04 ROBERTO  4 3 3 1 3 2 4 3 4 4 3 4 2   4
022 05 1 18 1 100 01100 03 060 00101 3214
023 01 CKLEIN   3 2 2 4 3 2 2 3 3 1 3 2 2   3
023 02 GWG      2 4 3 1 2 4 4 2 1 4 1 4 4   2
023 03 LEVIS    1 3 1 2 1 3 3 1 2 2 2 1 3   1
023 04 ROBERTO  4 1 4 3 4 1 1 4 4 3 4 3 1   4
023 05 2 22 1 100 11000 02 090 00100 3214
024 01 CKLEIN   3 3 3 2 3 2 3 3 3 3 3 3 3   3
024 02 GWG      1 2 2 4 2 4 2 2 1 2 2 2 2   4
024 03 LEVIS    2 1 1 3 1 3 1 1 2 1 1 1 1   1
024 04 ROBERTO  4 4 4 1 4 1 4 4 4 4 4 4 4   4
024 05 2 24 1 100 10000 05 100 00100 3412
025 01 CKLEIN   3 2 3 3 4 3 3 4 3 1 3 3 2   3
025 02 GWG      1 4 4 1 2 1 2 2 4 2 1 4 1   2
025 03 LEVIS    2 3 1 2 3 2 4 1 2 3 2 2 3   1
025 04 ROBERTO  4 1 2 4 1 4 1 3 4 4 4 1 4   4
025 05 1 23 1 100 01000 02 080 00100 3241
026 01 CKLEIN   3 3 4 2 3 1 1 4 4 1 4 2 1   3
026 02 GWG      4 4 2 1 4 3 4 3 2 3 2 4 4   2
026 03 LEVIS    2 1 1 4 2 4 3 1 1 2 1 1 3   1
026 04 ROBERTO  1 2 3 3 1 2 2 2 3 4 3 3 2   4
026 05 1 20 1 100 11000 03 150 01100 3214
027 01 CKLEIN   3 2 3 2 3 1 1 3 3 3 3 3 1   3
027 02 GWG      2 3 2 3 2 3 3 2 2 2 1 2 3   1
027 03 LEVIS    1 4 1 4 1 4 2 1 1 1 2 1 2   4
027 04 ROBERTO  4 1 4 1 4 2 4 4 4 4 4 4 4   2
027 05 1 21 1 100 11000 01 055 00100 3142
028 01 CKLEIN   3 1 3 3 4 1 1 4 3 2 4 2 1   3
028 02 GWG      2 4 4 2 2 4 4 2 1 4 2 4 4   1
```

```
028 03 LEVIS     1 3 1 4 1 2 2 1 2 3 1 3 3   4
028 04 ROBERTO   4 2 2 1 3 3 3 3 4 1 3 1 2   2
028 05 2 19 1 100 01010 02 100 00100 3142
029 01 CKLEIN    3 2 3 3 4 2 1 3 3 2 3 3 1   3
029 02 GWG       2 4 2 1 2 3 4 2 1 4 1 4 4   1
029 03 LEVIS     1 3 1 4 1 4 3 1 2 3 2 1 3   2
029 04 ROBERTO   4 1 4 2 3 1 2 4 4 1 4 2 2   4
029 05 2 22 1 100 01000 01 050 00100 3124
030 01 CKLEIN    3 2 2 2 2 1 1 2 2 2 2 2 2   3
030 02 GWG       2 4 3 3 3 4 3 3 3 3 3 3 3   2
030 03 LEVIS     1 1 1 4 1 2 2 1 1 1 1 1 1   4
030 04 ROBERTO   4 3 4 1 4 3 4 4 4 4 4 4 4   1
030 05 1 21 1 100 01000 01 060 00101 3241
031 01 CKLEIN    3 1 4 4 4 1 1 4 4 1 4 2 3   3
031 02 GWG       2 4 2 1 2 4 4 2 1 4 1 4 4   2
031 03 LEVIS     1 3 1 3 1 3 3 1 2 3 2 3 1   1
031 04 ROBERTO   4 2 3 2 3 2 2 3 3 2 3 1 2   4
031 05 2 22 1 100 01000 01 050 00100 3214
032 01 CKLEIN    3 1 3 2 3 1 3 3 3 2 3 3 1   3
032 02 GWG       2 4 2 3 2 4 4 2 1 4 2 2 4   2
032 03 LEVIS     1 3 1 4 1 3 1 1 2 1 1 1 3   1
032 04 ROBERTO   4 2 4 1 4 2 2 4 4 3 4 4 2   4
032 05 2 20 1 100 01000 02 100 00100 3214
033 01 CKLEIN    4 1 3 3 3 1 1 4 4 4 3 2 2   3
033 02 GWG       2 3 2 1 2 3 4 2 2 3 2 3 4
033 03 LEVIS     1 4 1 4 1 4 3 1 1 1 1 1 1
033 04 ROBERTO   3 2 4 2 4 2 2 3 3 2 4 4 3
033 05 1 22 1 100 00001 04 300 00101 3
034 01 CKLEIN    3 2 4 3 3 2 2 4 3 2 4 3 1   3
034 02 GWG       4 3 2 1 2 4 4 1 1 4 1 4 4   1
034 03 LEVIS     1 4 1 4 1 3 3 2 2 1 2 2 3   1
034 04 ROBERTO   2 1 3 2 4 1 1 3 4 3 3 1 2   2
034 05 2 21 1 100 10000 03 130 00101 3412
035 01 CKLEIN    3 2 2 3 3 1 1 3 3 2 3 1 1   3
035 02 GWG       2 4 3 2 2 4 4 1 2 3 2 4 4   1
035 03 LEVIS     1 3 1 4 1 3 3 2 1 1 1 1 3   2
035 04 ROBERTO   4 1 4 1 4 2 2 4 4 4 4 3 2   4
035 05 1 22 1 100 10000 02 080 00101 3124
036 01 CKLEIN    4 1 4 1 4 1 1 4 4 1 4 4 1   3
036 02 GWG       2 3 2 4 2 3 4 2 2 3 2 3 4   4
036 03 LEVIS     1 4 1 3 1 4 3 1 1 4 1 1 3   2
036 04 ROBERTO   3 2 3 2 3 2 2 3 3 2 3 2 2   1
036 05 2 29 1 100 11110 02 100 00101 3421
037 01 CKLEIN    3 2 2 4 3 1 1 4 3 2 3 1 1   3
037 02 GWG       2 4 3 2 2 4 4 2 1 3 1 4 4   1
037 03 LEVIS     1 3 1 3 1 3 2 1 2 1 2 2 3   2
037 04 ROBERTO   4 1 4 1 4 2 3 3 4 4 4 3 2   4
037 05 2 22 1 100 00100 01 060 00001 3124
038 01 CKLEIN    1 1 4 3 4 1 2 4 4 2 3 3 1   3
```

```
038 02 GWG       4 4 2 1 2 4 4 3 1 4 1 4 4   1
038 03 LEVIS     2 2 1 4 1 3 1 1 2 3 2 1 3   2
038 04 ROBERTO   3 3 3 2 3 2 3 2 3 1 4 2 2   4
038 05 2 19 1 100 01000 03 200 00101 3124
039 01 CKLEIN    1 2 4 3 3 1 2 4 3 2 3 2 2   3
039 02 GWG       4 4 2 1 2 4 4 3 1 4 1 4 4   2
039 03 LEVIS     2 1 1 4 1 3 3 2 2 3 2 3 3   1
039 04 ROBERTO   3 3 3 2 4 2 1 1 4 1 4 1 1   4
039 05 1 18 1 010 10000 03 120 01100 3214
040 01 CKLEIN    2 2 2 3 4 1 1 4 4 2 4 1 1   3
040 02 GWG       3 4 3 1 2 4 4 2 2 4 1 4 4   1
040 03 LEVIS     1 3 1 4 1 3 2 1 1 3 2 3 3   4
040 04 ROBERTO   4 1 4 2 3 2 3 3 3 1 3 2 2   4
040 05 2 23 1 100 01000 02 100 00100 3142
041 01 CKLEIN    3 2 3 2 3 2 2 3 3 2 3 2 1   3
041 02 GWG       2 4 2 1 2 4 4 2 2 4 1 4 4   2
041 03 LEVIS     1 3 1 3 1 3 3 1 1 1 2 3 3   1
041 04 ROBERTO   4 1 4 4 4 1 1 4 4 3 4 1 2   4
041 05 1 23 1 100 10000 02 080 01100 3214
042 01 CKLEIN    4 1 3 1 3 2 2 4 4 4 4 4 2   3
042 02 GWG       2 4 2 3 1 4 4 2 2 2 1 1 3   2
042 03 LEVIS     1 3 1 4 2 3 3 1 1 1 2 2 4   1
042 04 ROBERTO   3 2 4 2 4 1 1 3 3 3 3 3 1   4
042 05 2 26 1 100 10000 01 050 00000 3214
043 01 CKLEIN    3 2 3 4 3 2 2 2 2 2 3 2 1   3
043 02 GWG       2 4 2 1 1 4 4 4 4 4 1 4 4   4
043 03 LEVIS     1 3 1 3 2 3 3 1 1 3 2 3 2   2
043 04 ROBERTO   4 1 4 2 4 1 1 3 3 1 4 1 3   1
043 05 1 23 1 100 00100 02 040 00101 3421
044 01 CKLEIN    3 2 3 2 4 1 1 4 3 2 4 1 1   3
044 02 GWG       1 4 2 3 1 4 4 2 1 3 1 4 4   1
044 03 LEVIS     2 3 1 4 2 3 2 1 2 1 2 2 3   2
044 04 ROBERTO   4 1 4 1 3 2 3 3 4 4 3 3 2   4
044 05 1 21 1 100 01000 01 050 00100 3124
045 01 CKLEIN    2 1 2 3 4 1 1 3 3 2 3 2 2   3
045 02 GWG       3 3 3 1 2 4 4 2 2 4 2 4 3   1
045 03 LEVIS     1 4 1 4 1 3 2 1 1 1 1 1 4   2
045 04 ROBERTO   4 2 4 2 3 2 3 4 4 3 4 3 1   4
045 05 2 29 1 100 01000 01 045 00100 3124
046 01 CKLEIN    4 2 2 4 3 1 1 4 3 1 4 2 1   3
046 02 GWG       2 4 3 2 2 3 3 2 2 3 2 3 3   2
046 03 LEVIS     1 3 1 3 1 4 4 1 1 4 1 1 2   1
046 04 ROBERTO   3 1 4 1 4 2 2 3 4 2 3 4 4   4
046 05 2 21 1 100 00100 01 050 00001 3214
047 01 CKLEIN    2 2 3 3 3 2 2 3 3 2 3 2 2   3
047 02 GWG       3 4 2 1 2 4 4 2 2 3 1 3 4   2
047 03 LEVIS     1 3 1 4 1 3 3 1 1 1 2 1 3   1
047 04 ROBERTO   4 1 4 2 4 1 1 4 4 4 4 4 1   4
047 05 1 22 1 100 10000 03 120 00100 3214
```

```
048 01 CKLEIN    2 3 2 4 2 2 2 3 3 2 4 2 1   3
048 02 GWG       3 4 3 1 3 3 3 2 2 4 1 4 4   1
048 03 LEVIS     1 2 1 3 1 4 1 1 1 2 1 3     4
048 04 ROBERTO   4 1 4 2 4 1 4 4 4 3 3 3 2   2
048 05 2 25 1 100  01000 03 175 00100 3142
049 01 CKLEIN    3 2 3 4 3 2 2 3 3 1 3 2 1   3
049 02 GWG       2 4 2 1 2 4 4 1 2 4 1 4 4   1
049 03 LEVIS     1 3 1 3 1 3 3 2 1 3 2 3 3   2
049 04 ROBERTO   4 1 4 2 4 1 1 4 4 2 4 1 2   4
049 05 1 24 1 100  11010 03 150 00101 3124
050 01 CKLEIN    2 3 2 3 2 1 1 2 4 2 1 2 1   3
050 02 GWG       3 1 4 2 4 3 4 3 2 4 3 3 3   1
050 03 LEVIS     1 4 1 4 1 2 2 1 3 1 2 1 2   2
050 04 ROBERTO   4 2 3 1 3 4 3 4 1 3 4 4 4   4
050 05 2 21 1 100  10000 01 040 00100 3124
051 01 CKLEIN    2 3 2 3 3 1 2 3 1 3 3 4 2   3
051 02 GWG       3 2 3 2 2 4 4 3 2 2 1 3 4   4
051 03 LEVIS     1 4 1 4 1 2 2 1 1 3 2 2 1   1
051 04 ROBERTO   4 1 4 1 4 3 3 4 4 4 4 1 3   2
051 05 1 24 1 010  01000 02 200 00001 3412
052 01 CKLEIN    3 1 3 2 3 2 3 4 3 3 3 4 2   3
052 02 GWG       2 2 2 3 2 4 2 2 2 1 1 2 4   2
052 03 LEVIS     1 3 1 4 1 3 1 1 1 2 2 3 3   1
052 04 ROBERTO   4 4 4 1 4 1 4 3 4 4 4 1 1   4
052 05 2 22 1 100  01000 02 100 00101 3214
053 01 CKLEIN    3 1 4 4 4 1 1 4 4 1 4 3 4   3
053 02 GWG       2 4 2 1 2 3 4 2 2 3 2 4 3   2
053 03 LEVIS     1 3 1 3 1 4 3 1 1 4 1 1 1   4
053 04 ROBERTO   4 2 3 2 3 2 2 3 3 2 3 2 2   1
053 05 1 26 1 100  01000 02 080 00100 3241
054 01 CKLEIN    3 1 4 1 4 1 1 4 4 1 4 4 4   3
054 02 GWG       2 4 2 3 2 3 4 2 2 3 1 2 2   2
054 03 LEVIS     1 2 1 4 1 4 2 1 1 4 2 1 1   4
054 04 ROBERTO   4 3 3 2 3 2 3 3 3 2 3 3 3   1
054 05 1 21 1 100  10000 02 080 00100 3241
055 01 CKLEIN    3 2 3 3 3 1 2 4   2 4 1 1   3
055 02 GWG       2 3 2 2 1 3 4 2   4 1 4 4   2
055 03 LEVIS     1 4 1 4 2 4 3 1   1 2 3 3   1
055 04 ROBERTO   4 1 4 1 4 2 1 3   3 3 2 2   4
055 05 1 23 1 100  11000 03 100 00101 3214
056 01 CKLEIN    2 2 2 3 2 2 1 1 3 2 3 2 1   3
056 02 GWG       3 3 3 2 3 3 4 3 2 3 2 3 3   1
056 03 LEVIS     1 4 1 4 1 4 2 2 1 1 1 1 4   2
056 04 ROBERTO   4 1 4 1 4 1 3 4 4 4 4 4 2   4
056 05 1 23 1 110  01100 03 200 00101 3124
057 01 CKLEIN    3 2 3 4 3 1 1 3 3 3 3 3 2   3
057 02 GWG       1 3 2 3 2 4 4 2 2 4 2 2 3   2
057 03 LEVIS     2 4 1 2 1 3 3 1 1 1 1 1 1   1
057 04 ROBERTO   4 1 4 1 4 2 2 4 4 2 4 4 4   4
```

```
057 05 1 23 1 100  10000 03 150 00100 3214
058 01 CKLEIN    3 1 3 3 2 2 1 4 3 2 3 1 1  3
058 02 GWG       2 4 2 2 4 4 3 3 1 4 1 4 4  1
058 03 LEVIS     1 3 1 4 1 1 4 1 2 1 2 3 2  2
058 04 ROBERTO   4 2 4 1 3 3 2 2 4 3 4 2 3  4
058 05 2 22 1 100  01100 03 140 00100 3124
059 01 CKLEIN    3 1 1 4 2 2 1 4 1 2 3 3 2  1
059 02 GWG       2 2 3 2 3 3 3 1 2 1 1 2 4  4
059 03 LEVIS     1 3 4 3 1 4 2 3 4 3 2 4 1  3
059 04 ROBERTO   4 4 2 1 4 1 4 2 3 4 4 1 3  2
059 05 2 21 1 100  01100 05 350 00001 1432
060 01 CKLEIN    2 3 2 3 2 2 2 4 3 2 3 2 2  3
060 02 GWG       3 2 3 1 3 4 4 2 2 4 1 4 4  1
060 03 LEVIS     1 4 1 4 1 3 1 1 1 1 4 1 1  4
060 04 ROBERTO   4 1 4 2 4 1 3 3 4 3 2 3 3  2
060 05 2 22 1 100  01000 01 050 00100 3142
061 01 CKLEIN    4 2 4 3 4 1 1 4 4 4 4 2 1  3
061 02 GWG       2 3 2 1 2 3 3 2 2 3 2 3 3  3
061 03 LEVIS     1 4 1 4 1 4 4 1 1 1 1 4 4  4
061 04 ROBERTO   3 1 3 2 3 2 2 3 3 2 3 1 2  1
061 05 1 22 1 100  10000 03 090 00100 3241
062 01 CKLEIN    2 4 2 2 2 1 2 2 3 2 3 3  3
062 02 GWG       3 3 3 3 3 3 3 3 4 2 3 4 4  1
062 03 LEVIS     1 2 1 4 1 1 2 1 1 1 1 1 2  2
062 04 ROBERTO   4 1 4 1       4 3 4 4 2 1  4
062 05 1 25 1 100  01000 03 130 00100 3124
063 01 CKLEIN    2 1 4 4 2 1 1 1 1 2 1 2  3
063 02 GWG       3 3 1 3 4 3 3 3 3 4 2 4 1  2
063 03 LEVIS     1 2 2 1 1 2 2 2 2 1 3 1 3  1
063 04 ROBERTO   4 4 3 2 3 4 4 4 4 3 4 3 4  4
063 05 1 22 1 100  11110 02 050 00001 3214
064 01 CKLEIN    3 1 2 3 3 1 1 4 3 2 3 1 2  3
064 02 GWG       1 4 4 1 2 4 4 2 2 4 1 4 4
064 03 LEVIS     2 3 1 4 1 3 3 1 1 1 2 2 3
064 04 ROBERTO   4 2 3 2 4 2 2 3 4 3 4 3 1
064 05 1 25 1 100  00001 12 400 00100 3
065 01 CKLEIN    3 1 3 2 4 1 1 4 4 3 4 1 1  3
065 02 GWG       1 4 4 4 1 4 4 1 2 4 1 4 4  4
065 03 LEVIS     2 3 1 3 2 3 3 2 1 1 2 3 3  2
065 04 ROBERTO   4 2 2 1 3 2 2 3 3 2 3 2 2  1
065 05 1 22 1 100  01000 02 140 00101 3421
066 01 CKLEIN    4 1 4 4 4 1 1 4 3 1 4 1 1  3
066 02 GWG       1 4 2 1 2 4 4 2 1 4 1 4 4  1
066 03 LEVIS     2 3 1 3 1 3 3 1 2 3 2 3 3  2
066 04 ROBERTO   3 2 3 2 3 2 2 3 4 2 3 2 2  4
066 05 1 22 1 100  01000 02 100 00101 3124
067 01 CKLEIN    3 2 3 3 3 1 1 3 3 2 3 1 1  3
067 02 GWG       1 3 2 2 2 3 4 1 1 3 1 4 4  1
067 03 LEVIS     2 4 1 4 1 4 2 2 2 1 2 2 2  2
```

```
067 04 ROBERTO   4 1 4 1 4 2 3 4 4 4 4 3 3   4
067 05 1 25 1 110  11100 04 200 10101 3124
068 01 CKLEIN    3 2 2 3 2 1 1 3 3 2 3 2 1   3
068 02 GWG       1 3 3 1 3 3 4 1 2 3 1 3 4   2
068 03 LEVIS     2 4 1 4 1 4 2 2 1 1 2 4 3   1
068 04 ROBERTO   4 1 4 2 4 2 3 4 4 4 4 1 2   4
068 05 1 21 1 100  01010 02 080 00001 3214
069 01 CKLEIN    1 2 2 4 2 2 1 3 1 2 4 1 1   1
069 02 GWG       3 4 3 1 3 4 4 2 2 3 1 3 4   3
069 03 LEVIS     2 3 1 3 1 3 3 1 3 1 2 2 3   2
069 04 ROBERTO   4 1 4 2 4 1 2 4 4 4 3 4 2   4
069 05 2 23 1 100  01100 03 200 10101 1324
070 01 CKLEIN    1 1 3 4 3 1 1 3 1 2 4 1 2   1
070 02 GWG       2 4 1 2 1 4 4 2 3 3 1 3 3   3
070 03 LEVIS     3 3 2 3 2 3 3 1 4 1 2 2 1   2
070 04 ROBERTO   4 2 4 1 4 2 2 4 2 4 3 4 4   4
070 05 2 20 1 010  01100 02 090 10100 1324
071 01 CKLEIN    3 4 2 4 2 2 3 1 1 2 3 1 1   3
071 02 GWG       1 3 1 3 1 4 2 4 4 3 2 3 4
071 03 LEVIS     2 2 4 1 4 1 1 3 2 1 1 2 2
071 04 ROBERTO   4 1 3 2 3 3 4 2 3 4 4 4 3
071 05 2 21 1 100  11000 02 040 00100 3
072 01 CKLEIN    2 2 2 4 3 1 2 3 3 2 4 2 1   3
072 02 GWG       3 4 3 2 2 4 3 2 2 3 2 3 4   1
072 03 LEVIS     1 3 1 3 1 3 1 1 1 1 1 1 3   2
072 04 ROBERTO   4 1 4 1 4 2 4 4 4 4 3 4 2   4
072 05 2 22 1 100  11000 03 150 00101 3124
073 01 CKLEIN    4 2 2 4 3 1 1 3 3 2 3 1 1   3
073 02 GWG       1 4 3 1 2 3 4 1 1 3 1 3 4   2
073 03 LEVIS     2 3 1 3 1 2 3 2 2 1 2 2 2   1
073 04 ROBERTO   3 1 4 2 4 4 2 4 4 4 4 4 3   4
073 05 1 21 1 100  10000 02 060 01100 3214
074 01 CKLEIN    3 2 2 3 3 2 2 3 4 4 3 2 2   4
074 02 GWG       4 4 4 1 4 4 1 2 1 3 1 4 4   1
074 03 LEVIS     2 1 3 2 2 3 4 4 2 2 2 3 3   3
074 04 ROBERTO   1 3 1 4 1 1 3 1 3 1 4 1 1   2
074 05 2 18 1 110  10100 03 150 10011 4132
075 01 CKLEIN    4 1 4 1 4 2 3 4 4 3 4 4 1   2
075 02 GWG       1 4 1 3 1 4 4 1 1 1 1 3 4   3
075 03 LEVIS     2 3 2 4 2 3   2 2 2 2 1 3   4
075 04 ROBERTO   3 2 3 2 3 1 2 3 3 4 3 2 2   1
075 05 1 18 1 100  00010 04 140 01100 2341
076 01 CKLEIN    4 1 4 1 4 2 1 4 4 1 4 2 2   1
076 02 GWG       1 4 3 2 1 4 4 1 1 4 2 4 4   2
076 03 LEVIS     2 3 1 4 2 3 2 2 2 3 1 1 3   4
076 04 ROBERTO   3 2 2 3 3 1 3 3 3 2 3 3 1   3
076 05 1 19 1 100  11000 02 100 00100 1243
077 01 CKLEIN    4 1 4 2 4 1 1 4 4 1 4 3 3   3
077 02 GWG       2 4 2 3 2 4 4 2 1 4 1 4 4   4
```

```
077  03  LEVIS     1 3 1 4 1 3 2 1 2 3 2 2 1   1
077  04  ROBERTO   3 2 3 1 3 2 3 3 3 2 3 1 2   2
077  05  2 22 1 100 11000 01 050 00101 3412
078  01  CKLEIN    4 1 4 3 4 1 2 4 4 1 4 1 2   3
078  02  GWG       2 4 1 1 1 4 4 1 1 4 1 4 4   4
078  03  LEVIS     1 3 2 4 2 3 1 2 2 2 2 3 3   1
078  04  ROBERTO   3 2 3 1 3 2 3 3 3 3 3 2 1   2
078  05  2 21 1 100 01100 02 080 00001 3412
079  01  CKLEIN    3 1 3 4 4 1 1 4 4 4 2 1 4   3
079  02  GWG       2 4 2 1 2 4 4 2 2 1 4 4 2   4
079  03  LEVIS     1 2 1 3 1 3 2 1 1 2 1 3 3   2
079  04  ROBERTO   4 3 4 2 3 2 3 3 3 3 3 2 1   1
079  05  1 21 1 110 11000 02 080 00100 3421
080  01  CKLEIN    4 1 2 4 1 2 4 3 4 4 1 4 4   4
080  02  GWG       3 2 4 3 2 4 1 4 1 3 2 1 1   3
080  03  LEVIS     2 3 1 1 4 3 2 2 2 3 3 2 1
080  04  ROBERTO   1 4 3 2 3 1 3 1 3 1 4 2 3   2
080  05  2 16 1 110 11100 04 145 10111 4312
081  01  CKLEIN    4 4 3 4 1 4 4 4 1 3 4 2 3   4
081  02  GWG       1 2 1 3 4 2 3 3 2 4 1 3 2   3
081  03  LEVIS     2 1 2 2 2 1 1 1 3 2 2 1 1   1
081  04  ROBERTO   3 3 4 1 3 3 2 2 4 1 3 4 4   2
081  05  2 18 1 100 10100 03 155 10010 4312
082  01  CKLEIN    4 1 4 4 3 4 4 4 3 4 4 3 3   2
082  02  GWG       3 2 2 1 1 3 1 1 3 1 2 3 4   4
082  03  LEVIS     2 4 1 2 2 2 2 2 2 2 1 2 1   3
082  04  ROBERTO   1 3 3 3 4 1 3 4 1 3 4 1 2   1
082  05  1 27 1 100 01000 02 075 01101 2431
083  01  CKLEIN    2 1 3 3 4 1 4 1 2 3 4 3 2   2
083  02  GWG       4 2 2 2 1 3 2 2 3 2 3 1 4   4
083  03  LEVIS     3 3 1 1 2 2 3 4 4 1 2 2 3   3
083  04  ROBERTO   1 4 4 4 3 4 1 3 1 4 1 4 1   1
083  05  2 18 1 100 10100 03 120 10110 2431
084  01  CKLEIN    3 3 3 2 2 4 4 1 4 4 1 1 1   1
084  02  GWG       2 4 1 4 1 3 3 2 2 3 2 4 4   4
084  03  LEVIS     1 2 2 3 3 2 1 3 1 2 4 3 3   3
084  04  ROBERTO   4 1 4 1 4 1 2 4 3 1 3 2 2   2
084  05  1 20 1 100 11000 04 135 10011 1432
085  01  CKLEIN    4 1 4 2 4 1 3 4 2 2 4 1 1   4
085  02  GWG       3 4 2 1 3 4 4 2 1 4 1 2 4   1
085  03  LEVIS     2 3 1 4 2 3 2 1 4 3 2 4 2   2
085  04  ROBERTO   1 2 3 3 1 2 1 3 3 1 3 3 3   3
085  05  1 20 1 100 11000 03 150 10100 4123
086  01  CKLEIN    3 2 3 4 3 1 1 3 3 2 3 2 1   1
086  02  GWG       2 4 2 3 2 4 4 2 2 3 1 3 4   3
086  03  LEVIS     1 3 1 2 1 3 2 1 1 1 2 1 2   2
086  04  ROBERTO   4 1 4 1 4 2 3 4 4 4 4 4 3   4
086  05  2 19 1 010 00100 03 120 10101 1324
087  01  CKLEIN    3 2 3 3 3 1 1 4 3 2 4 1 1   3
```

```
087 02 GWG        2 1 2 2 2 3 4 1 1 3 1 4 4   2
087 03 LEVIS      1 4 1 4 1 2 2 2 2 1 2 2 2   1
087 04 ROBERTO    4 3 4 1 4 4 3 3 4 4 3 3 3   4
087 05 1 18 1 100 11000 04 200 00101 3214
088 01 CKLEIN     2 2 4 4 3 1 1 3 3 2 4 1 1   3
088 02 GWG        3 3 3 1 2 4 4 2 2 3 1 4 4   1
088 03 LEVIS      1 4 2 3 1 3 3 1 1 1 2 2 3   2
088 04 ROBERTO    4 1 1 2 4 2 2 4 4 4 3 3 2   4
088 05 2 22 1 100 00100 02 120 00001 3124
089 01 CKLEIN     2 2 1 2 3 4 1 1 3 2 4 1 1   3
089 02 GWG        3 3 2 3 2 3 2 3 2 4 1 3 4   2
089 03 LEVIS      1 4 3 4 1 2 4 4 1 1 2 2 2   1
089 04 ROBERTO    4 1 4 1 4 1 3 2 4 3 3 4 3   4
089 05 1 20 1 100 01000 02 100 00100 3214
090 01 CKLEIN     1 2 3 2 2 3 2 2 2 4 1 1 2   1
090 02 GWG        2 4 1 3 4 1 4 1 3 3 3 4 3   3
090 03 LEVIS      3 3 2 1 3 4 1 4 1 1 2 2 1   2
090 04 ROBERTO    4 1 4 4 1 2 3 3 4 2 4 3 4   4
090 05 2 22 1 010 00100 03 150 10001 1324
091 01 CKLEIN     2 2 2 3 2 2 1 2 2 3 2 1 1   1
091 02 GWG        1 4 3 2 3 4 4 3 4 1 3 4 4   3
091 03 LEVIS      3 3 1 4 1 3 3 1 1 2 1 2 2   2
091 04 ROBERTO    4 1 4 1 4 1 2 4 3 4 4 3 3   4
091 05 2 19 1 100 10100 04 220 00001 1324
092 01 CKLEIN     1 1 1 2 4 4 1 4 2 2 3 2 1   3
092 02 GWG        3 4 2 3 3 1 3 2 3 4 1 3 3   1
092 03 LEVIS      2 3 4 1 2 3 2 1 1 1 4 1 2
092 04 ROBERTO    4 2 3 4 1 2 4 3 4 3 2 4 4
092 05 1 27 1 100 01000 03 130 00101 31
093 01 CKLEIN     1 2 3 4 1 2 4 2 2 2 3 1 2   1
093 02 GWG        2 3 2 3 2 4 2 3 3 3 1 3 1
093 03 LEVIS      4 4 1 2 4 1 1 1 1 4 4 2 4
093 04 ROBERTO    3 1 4 1 3 3 3 4 4 1 2 4 3
093 05 1 22 1 010 01000 05 300 10000 1
094 01 CKLEIN     1 1 3 2 3 4 2 2 2 4 2 3 3   1
094 02 GWG        4 4 1 3 1 1 1 1 4 3 4 1 1   2
094 03 LEVIS      2 3 4 1 4 2 3 3 1 1 1 4 2   3
094 04 ROBERTO    3 2 2 4 2 3 4 4 3 2 3 2 4   4
094 05 1 26 1 100 01000 03 160 11000 1234
095 01 CKLEIN     4 1 3 3 2   2 1 2 2 3 3 4   3
095 02 GWG        2 3 4 4 3     2 1 3 2 1 3
095 03 LEVIS      3 2 2 1 1   1 3 4 1 4 2 2
095 04 ROBERTO    1 4 1 2 4     4 3 4 1 4 1
095 05 2 29 1 100 10000 04 160 00101 3
096 01 CKLEIN     1 3 4 1 4 2 2   2 4 3 3 2   3
096 02 GWG        3 1 1 4 1 3 4   3 2 1 2 3
096 03 LEVIS      4 2 3 2 3 1 1   1 3 4 1 1
096 04 ROBERTO    2 4 2 3 2 4 3   4 1 2 4 4
096 05 2 29 1 100 10000 04 160 00101 3
```

Annexe C

La disposition des données dans le fichier JEANS.DAT

Ligne	Colonne(s)	Variable	Codification	Nom
1-4	1-3	Numéro d'observation	001 à 096	OBS
	5-6	Numéro de ligne	01 à 04	LIGNE
	8-14	Marque de jeans	Alphabétique	MARQUE
	17	Classement « durable »	1 à 4 (1 = tout à fait, ..., 4 = pas du tout)	DURAB
	19	Classement « moulé »	1 à 4	MOULE
	21	Classement « confortable »	1 à 4	CONFO
	23	Classement « m. qualité »	1 à 4	MQUAL
	25	Classement « pratique »	1 à 4	PRATI
	27	Classement « jeans design »	1 à 4	DESIG
	29	Classement « cher »	1 à 4	CHER
	31	Classement « nonchalant »	1 à 4	NONCH
	33	Classement « masculin »	1 à 4	MASCU
	35	Classement « à la mode »	1 à 4	MODE
	37	Classement « country »	1 à 4	CTRY
	39	Classement « sexy »	1 à 4	SEXY
	41	Classement « chic »	1 à 4	CHIC
	44	Classement de préférence (question 8)	1 à 4	PREF
5	8	Question 1	Homme (1), femme (2)	SEXE
	10-11	Question 2	Années	AGE
	13	Question 3	Oui (1), non (0)	POSS
	15	Q. 3 : vous-même	Oui (1), non (0)	VOUS
	16	Q. 3 : parents	Oui (1), non (0)	PARENT
	17	Q. 3 : autre	Oui (1), non (0)	AUTR1
	19	Q. 4 : magasin à rayons	Oui (1), non (0)	MRAYON
	20	Q. 4 : boutique de jeans	Oui (1), non (0)	BJEANS
	21	Q. 4 : boutique de mode	Oui (1), non (0)	BMODE
	22	Q. 4 : entrepôt	Oui (1), non (0)	ENPOT
	23	Q. 4 : autre	Oui (1), non (0)	AUTR2
	25-26	Question 5	Nombre	PAIRES
	28-30	Question 6	Montant en dollars	MONTANT
	32	Q. 7 : Calvin Klein	Porte (1), non (0)	CPORTE
	33	Q. 7 : GWG	Porte (1), non (0)	GPORTE
	34	Q. 7 : Levi's	Porte (1), non (0)	LPORTE
	35	Q. 7 : Roberto	Porte (1), non (0)	RPORTE
	36	Q. 7 : autre marque	Porte (1), non (0)	APORTE
	38	Q. 8 : préf. Calvin Klein	1 à 4	CPREF
	39	Q. 8 : préf. GWG	1 à 4	GPREF
	40	Q. 8 : préf. Levi's	1 à 4	LPREF
	41	Q. 8 : préf. Roberto	1 à 4	RPREF

Le rapport de recherche

Introduction

Introduction

Nous voici maintenant rendus à la dernière étape du processus de recherche présenté au chapitre premier, soit celle de la rédaction du rapport de recherche. Le chemin parcouru depuis la décision d'entreprendre une recherche jusqu'à l'analyse des résultats a été long mais il n'est pas encore terminé, car le chercheur en marketing doit franchir un dernier obstacle : communiquer adéquatement les résultats de sa recherche. Cette étape est d'une grande importance. En effet, des études ont montré que la qualité de la présentation des résultats de la recherche a une incidence sur l'utilisation éventuelle des résultats dans la prise de décision. Un rapport de recherche mal écrit produit une impression de travail bâclé et d'incompétence. C'est pourquoi le chercheur en marketing ne doit pas hésiter à accorder du temps et des efforts afin de produire un rapport dont il sera fier et sur lequel les décideurs se baseront pour prendre de meilleures décisions. La tâche n'est pas simple, mais elle est critique pour le succès du projet de recherche.

L'objectif principal de ce chapitre est de discuter du contenu et de la forme du rapport de recherche. On y apprendra qu'un rapport de recherche professionnel doit être : 1) rédigé dans un langage clair ; 2) ciblé vers un auditoire précis ; 3) complet et organisé ; 4) objectif ; 5) intéressant. Afin d'illustrer les principes présentés, on fera référence à un exemple réel d'un rapport de recherche produit à la suite d'une enquête.

LES QUALITÉS D'UN BON RAPPORT DE RECHERCHE

Commençons par une observation fondamentale : *le fond et la forme du rapport de recherche sont des attributs indissociables.* En effet, l'évaluation d'un rapport de recherche est influencée à la fois par son contenu (le fond) et par sa présentation (la forme). Il serait faux de prétendre que la forme du rapport peut compenser entièrement les failles conceptuelles ou méthodologiques d'une recherche, mais il est clair qu'une présentation soignée peut contribuer à atténuer les faiblesses inhérentes de la recherche. Par ailleurs, la forme doit être à la hauteur du travail de recherche, sinon la lecture du rapport risque d'irriter les décideurs et de compromettre ainsi la valeur de la recherche aux yeux de ces personnes. À l'étape de la rédaction du rapport de recherche, il est important de se rappeler qu'il existe un lien étroit entre le contenu et son contenant.

Simplicité et clarté

Un bon rapport de recherche doit être facile à lire pour celui qui le consulte. Il n'y a aucune raison qui justifie l'emploi de termes et de phrases inutilement complexes pour rendre compte des résultats d'une recherche. Le chercheur doit présenter les faits clairement et simplement. S'il ne peut le faire, c'est souvent parce que lui-même comprend mal les choses ou qu'il est incapable de se mettre au même niveau que le lecteur.

La meilleure façon de s'assurer que ce que l'on a écrit est clair, c'est de faire une prélecture. Nous avons vu au chapitre 5 que le prétest est une étape incontournable du processus de construction d'un questionnaire. Il en va de même pour la rédaction du rapport de recherche. À titre d'illustration, le livre que vous lisez présentement a été prétesté auprès de plusieurs étudiants et professeurs de marketing. Il a fait l'objet de nombreuses modifications avant d'être publié. Plusieurs de ces changements ont été apportés afin de clarifier la pensée de l'auteur et de simplifier la présentation. Il ne suffit pas de vouloir écrire clairement, il faut savoir faire preuve d'humilité et demander l'aide des autres.

Un auditoire ciblé

En rédigeant le rapport de recherche, le chercheur doit toujours garder à l'esprit l'auditoire visé. S'agit-il de personnes qui n'ont qu'une connaissance limitée des procédures de recherche en marketing? S'agit-il de personnes de la haute direction? De gens directement engagés dans la mise en marché du nouveau produit? La caractérisation de l'auditoire cible permet de définir le niveau de langage approprié (par exemple, technique ou non spécialisé). Elle permet aussi d'identifier les aspects du projet de recherche les plus pertinents pour l'auditoire et d'orienter par le fait même la nature des thèmes discutés ainsi que l'importance qui doit leur être accordée dans le rapport de recherche. Si des auditoires différents sont prévus et si le temps le permet, il vaut mieux préparer plusieurs versions du rapport de recherche qui sont adaptées aux besoins et aux intérêts des divers lecteurs.

Un rapport complet et organisé

Un rapport de recherche professionnel présente tous les aspects importants de la recherche de façon structurée. Nous montrons au tableau 10.1 un plan type de rapport. Il s'agit d'un format général qui doit être adapté au contexte (auditoire cible, type de recherche, etc.). Ainsi, des sections de ce plan peuvent être éliminées ou d'autres ajoutées si nécessaire. Examinons le contenu du rapport de recherche à la lumière du plan type du tableau 10.1.

Page de titre

La page de titre contient le titre du projet, le nom des chercheurs, le nom de l'organisation ou des personnes à qui le rapport est destiné ainsi que la date à laquelle le document est déposé.

Faits saillants

Cette section présente très sommairement (une page environ) les informations qui semblent les plus importantes. Son objectif est de permettre au lecteur de prendre connaissance de façon quasi instantanée des faits essentiels

TABLEAU 10.1   Le rapport de recherche : Un plan type

1. Page de titre
2. Faits saillants
3. Présentation abrégée (optionnelle)
4. Table des matières
5. Mise en situation
6. Objectifs de la recherche
7. Méthodologie
   a) Données secondaires
   b) Recherche qualitative
   c) Construction et test des instruments de mesure
   d) Échantillonnage
   e) Collecte des données
8. Résultats
9. Limites de l'étude
10. Conclusions et recommandations
11. Annexes
   A. Instruments de mesure
   B. Informations statistiques
   C. Autres
12. Documents consultés

concernant le projet de recherche. En principe, cette section suffit à renseigner adéquatement les lecteurs qui n'ont pas le temps de lire le rapport au complet. Beaucoup de gestionnaires se contentent de lire les faits saillants.

Présentation abrégée

Si le chercheur le juge à propos, il peut préparer une version abrégée (trois ou quatre pages) du rapport de recherche. Chacune des sections du rapport (mise en situation, objectifs de la recherche, méthodologie, etc.) est alors résumée de façon à présenter l'essentiel.

Table des matières

Il s'agit de la liste des sections qui composent le rapport avec les numéros de page correspondants. La table des matières doit être suffisamment détaillée pour permettre au lecteur de trouver aisément les informations qu'il cherche.

Mise en situation (problématique)

Dans cette section, on décrit les événements qui ont mené à la réalisation de la recherche. On présente succinctement le problème de marketing et le problème de recherche qui en découle.

Objectifs de la recherche

Les objectifs de la recherche sont présentés clairement en fonction des informations à collecter (problème de recherche).

Méthodologie

Cette section est habituellement composée de plusieurs sous-sections qui correspondent aux diverses procédures mises en œuvre pour atteindre les objectifs de la recherche: collecte de données secondaires, recherche qualitative, contruction et test des instruments de mesure (questionnaire, grille d'observation), échantillonnage et collecte des données primaires. Bien qu'il soit important de présenter les choses de façon complète, il faut éviter de s'embourber dans des détails inutiles. Par exemple, alors qu'il est pertinent de mentionner qu'un prétest du questionnaire a été réalisé et qu'il a permis de construire un instrument de mesure de bonne qualité, il n'est sans doute pas utile de faire la liste de tous les changements au questionnaire qui sont survenus à la suite de ce prétest.

Résultats

Cette section contient les résultats des analyses statistiques effectuées à partir des données recueillies. Il est recommandé de présenter d'abord les résultats relatifs à la collecte des données (taux de réponse, nombre de questionnaires mal remplis, taille de l'échantillon final, etc.). On dresse ensuite le profil de l'échantillon au regard des caractéristiques sociodémographiques et d'autres informations descriptives (par exemple, habitudes d'achat, styles de vie). Par la suite, on présente les résultats des analyses en fonction des objectifs de recherche poursuivis. Nous reviendrons plus loin sur la présentation des résultats de la recherche.

Limites de l'étude

L'objectif de cette section est de présenter de façon objective les limites de la recherche. Celles-ci sont conceptuelles (par exemple, mauvaise définition du problème de marketing ou de recherche, omission d'informations importantes à collecter) ou méthodologiques (par exemple, échantillon non probabiliste, questions mal comprises). Il est important que le chercheur soit le plus honnête possible en préparant la liste des limites de la recherche, afin que les décideurs puissent évaluer la confiance qu'ils peuvent accorder aux résultats. Il ne s'agit pas d'adopter une perspective trop alarmiste ni d'éviter de « se mouiller » en faisant des mises en garde multiples. Il faut décrire simplement les faiblesses de la recherche ainsi que leurs conséquences pour la prise de décision. Il vaut mieux reconnaître qu'il y a des limites à la recherche que de laisser les lecteurs découvrir eux-mêmes ces limites ou, pire, les laisser croire qu'il n'y en a pas.

Conclusions et recommandations

Dans cette section, on fait un sommaire des diverses conclusions qui découlent de la recherche et on propose des actions à mettre en œuvre à la suite de ces conclusions. Habituellement, les décideurs aiment qu'on leur fasse des recommandations quant aux actions à entreprendre. Dans certains cas cependant, il peut être difficile pour le chercheur d'en faire étant donné que les recommandations dépassent souvent le cadre restrictif de la recherche et qu'elles requièrent une vision plus globale de la situation. Il est alors préférable de laisser les décideurs déduire eux-mêmes les actions qui s'imposent à la lumière des résultats présentés.

Annexes

Les annexes contiennent des informations d'intérêt qui n'ont pas leur place dans le texte du rapport, soit parce qu'elles ne sont pas nécessaires à la compréhension (comme le questionnaire), soit parce qu'elles sont trop détaillées (par exemple, le détail des analyses statistiques) ou encore qu'elles sont accessoires à la recherche (comme une description des instructions données aux enquêteurs).

Documents consultés

Il s'agit de la liste des références bibliographiques qui ont été consultées pour les besoins du projet.

Objectivité

La rigueur et l'objectivité dont a fait preuve le chercheur tout au long du processus de recherche doivent s'étendre au rapport de recherche. Ce rapport constitue la preuve tangible qu'une recherche a été faite. Les décideurs n'iront pas fouiller dans les tiroirs du chercheur afin de savoir comment les choses se sont passées ; ils se fieront entièrement au rapport de recherche. Puisqu'il en est l'auteur, le chercheur a le pouvoir de façonner le rapport à sa guise et d'influencer l'interprétation des lecteurs. Par exemple, il peut omettre de présenter certaines informations ou encore mettre davantage l'accent sur d'autres informations. Il est le filtre à travers lequel passent toutes les données associées au projet de recherche.

Le chercheur doit être conscient du pouvoir que lui confère la possession de l'information. Il ne doit pas abuser de ce pouvoir pour des fins de promotion personnelle ou pour faire passer ses idées et ses convictions. Il a le devoir de présenter les faits le plus objectivement possible, qu'il soit ou non en accord avec ceux-ci.

Un rapport intéressant

Les gestionnaires lisent des tonnes de documents : rapports financiers, notes de service, articles de revues, correspondance, etc. Pour éviter que le rapport de recherche ne soit englouti dans une jungle de paperasse et ne disparaisse éventuellement dans la corbeille à papier, comme tous les autres rapports prétendument importants mais oh! combien ennuyeux!, il faut le rendre intéressant. Simple, direz-vous, mais comment y arrive-t-on?

Ce qui distingue un rapport de recherche intéressant d'un rapport terne, c'est sa capacité de retenir l'attention du lecteur. Pour ce faire, il faut d'abord utiliser un style d'écriture dynamique : variation dans la présentation de façon à rompre la monotonie, utilisation de phrases courtes et percutantes qui vont droit au but et emploi d'un vocabulaire concret et varié. Mais un style d'écriture dynamique ne suffit pas; il faut aussi que les informations rapportées soient perçues comme utiles et enrichissantes. Un rapport de recherche qui ne contient rien de plus que ce qu'on savait déjà n'est pas intéressant. Même si les résultats ne sont pas tout à fait originaux, il est toujours possible de leur insuffler un caractère nouveau en les présentant de façon créative, par exemple, à l'aide de graphiques ou d'illustrations visuelles, ou en proposant une explication nouvelle. Ce qui est important, c'est de stimuler le lecteur de telle sorte qu'il se dise en lisant : « Tiens, ça c'est intéressant! »

UN EXEMPLE

L'annexe présentée à la fin de ce chapitre contient un rapport de recherche réel qui a été rédigé à la suite d'une enquête[1]. Prenez maintenant quelques minutes pour le lire. Comparez la structure de ce rapport avec celle qui est présentée au tableau 10.1. Évaluez-le selon les critères définis dans la section précédente. Vous semble-t-il simple et clair? Ciblé vers un auditoire précis? Complet et organisé? Objectif et intéressant? Comment pourrait-on l'améliorer?

Cette annexe ne prétend pas fournir un modèle à suivre pour la rédaction d'un rapport de recherche professionnel. Son seul objectif est de fournir au lecteur un exemple réel d'un rapport de recherche en marketing.

---

1. L'auteur tient à remercier l'Association coopérative d'économie familiale des Bois-Francs de lui avoir permis d'utiliser ce rapport à titre d'exemple dans ce chapitre.

Quelques observations

Le rapport présenté à à la fin du présent chapitre est concis. En général, il est préférable de rédiger un rapport court et de préparer des annexes où figurent les détails de la recherche. Cependant, il faut éviter de renvoyer continuellement le lecteur aux annexes du rapport. Le chercheur doit décider des informations à placer dans le rapport et de celles à reporter aux annexes en fonction de l'auditoire visé.

La section où sont présentés les résultats de la recherche doit faire l'objet d'une attention particulière. Pour les décideurs, c'est souvent la section la plus importante du rapport (plusieurs personnes liront uniquement cette section et les faits saillants). La plupart du temps, les résultats de la recherche sont nombreux et le chercheur doit faire une sélection parmi ceux-ci. Comme nous l'avons indiqué auparavant, il est courant d'organiser la présentation des résultats selon les objectifs qui ont été définis au départ. D'autres types de présentation sont possibles. Par exemple, dans le rapport de l'annexe, on a choisi d'organiser les résultats selon le type d'analyse : univariée, bivariée et multivariée (analyse des perceptions).

Une stratégie intéressante consiste à utiliser le questionnaire comme support pour la présentation des résultats univariés (voir les pages 410 à 417 de l'annexe). Il s'agit de présenter à même le questionnaire (généralement placé en annexe) les moyennes et les écarts types des variables continues ainsi que les fréquences et les pourcentages des variables discrètes. De cette façon, le lecteur a tous les résultats univariés sous les yeux en même temps que le questionnaire qui a servi à collecter les informations de la recherche. Bien entendu, on peut adopter la même stratégie avec d'autres instruments de mesure (comme une grille d'observation).

Il est souvent nécessaire d'attirer l'attention du lecteur sur des résultats spécifiques, soit parce qu'ils sont plus importants, soit parce qu'ils doivent être discutés de façon plus détaillée. Un moyen efficace d'atteindre cet objectif consiste à utiliser des graphiques ou des illustrations diverses. Par exemple, on peut montrer les résultats des ventes des différentes catégories de produits de l'entreprise en employant des représentations visuelles des produits plutôt qu'un tableau chiffré. Les graphiques en barres (en anglais, *bar charts*), les graphiques linéaires (en anglais, *line charts*) et les graphiques en camembert (en anglais, *pie charts*) sont des représentations visuelles que l'on emploie couramment pour illustrer des données chiffrées.

Nous présentons à la figure 10.1 un graphique en camembert qui rend compte de la distribution des réponses pour la question 9 du questionnaire de

FIGURE 10.1   Un graphique en camembert

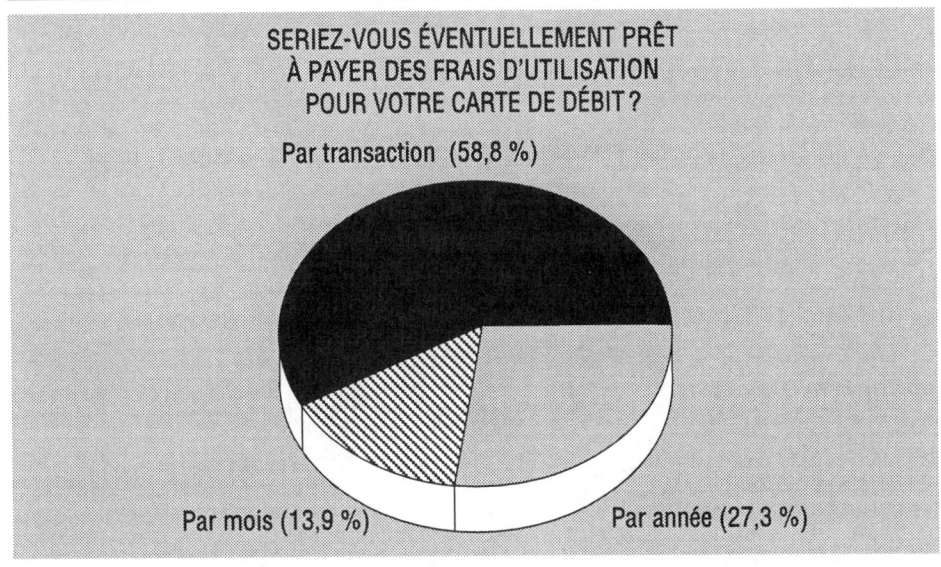

SERIEZ-VOUS ÉVENTUELLEMENT PRÊT
À PAYER DES FRAIS D'UTILISATION
POUR VOTRE CARTE DE DÉBIT ?

Par transaction (58,8 %)

Par mois (13,9 %)   Par année (27,3 %)

l'annexe (page 412). La figure 10.2 contient un graphique en barres qui montre la moyenne des rangs obtenus à la section 3 du même questionnaire. Les données de la figure 10.2 ont été transposées sous la forme d'un graphique linéaire à la figure 10.3.

Parce qu'ils sont visuels, les graphiques facilitent grandement la présentation des résultats numériques. De plus, les graphiques sont plus synthétiques et plus mémorables que des données présentées dans un texte suivi. Il vaut mieux cependant ne pas en abuser dans un rapport, sinon ils risquent de perdre de leur attrait et de leur spécificité.

Un dernier point concerne le degré de détail des résultats statistiques. Le rapport doit-il montrer tous les résultats statistiques intermédiaires (par exemple, dans le cas de relations bivariées entre variables discrètes : les tableaux croisés, les valeurs du khi carré et les niveaux de signification) ou se limiter plutôt à une description sommaire (comme une simple description verbale de la relation) ? Il y a deux aspects à considérer pour répondre à cette question. D'abord, il faut savoir qu'une recherche en marketing produit de nombreux résultats statistiques. Un questionnaire de longueur moyenne comportant une vingtaine de questions offre la possibilité d'analyser 190 relations bivariées. On ne considère généralement qu'un sous-ensemble des relations possibles, mais ce sous-ensemble est souvent très large (par exemple, l'intention d'achat

FIGURE 10.2 Un graphique en barres

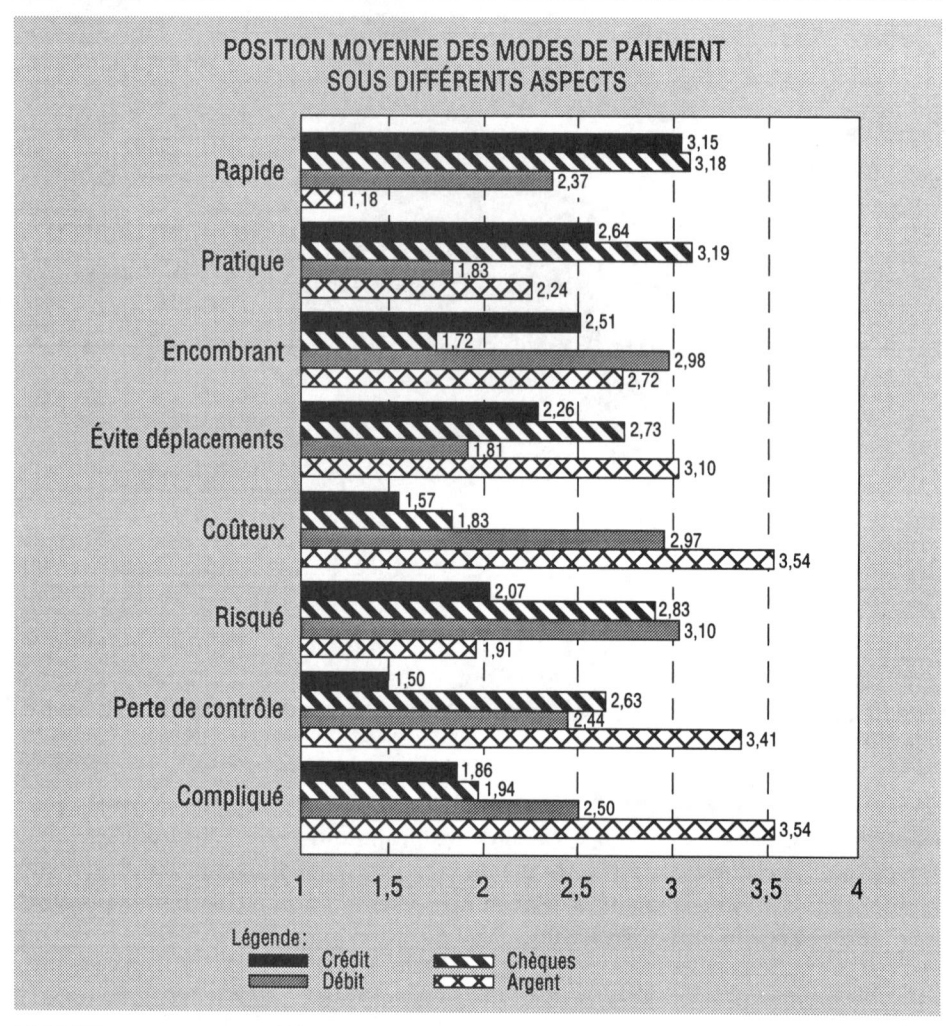

POSITION MOYENNE DES MODES DE PAIEMENT
SOUS DIFFÉRENTS ASPECTS

peut varier selon l'âge, le sexe, l'occupation, les revenus, la scolarité, etc. – et nous n'avons examiné que l'intention!). Normalement, on s'intéressera d'abord aux relations statistiquement significatives, mais, comme nous l'avons mentionné au chapitre 8, les relations non significatives sont parfois très pertinentes aussi. Présenter tous les résultats statistiques intermédiaires a donc des conséquences sérieuses sur la longueur du rapport. Une solution acceptable est de présenter les résultats de façon sommaire dans le rapport (voir l'annexe du

FIGURE 10.3   Un graphique linéaire

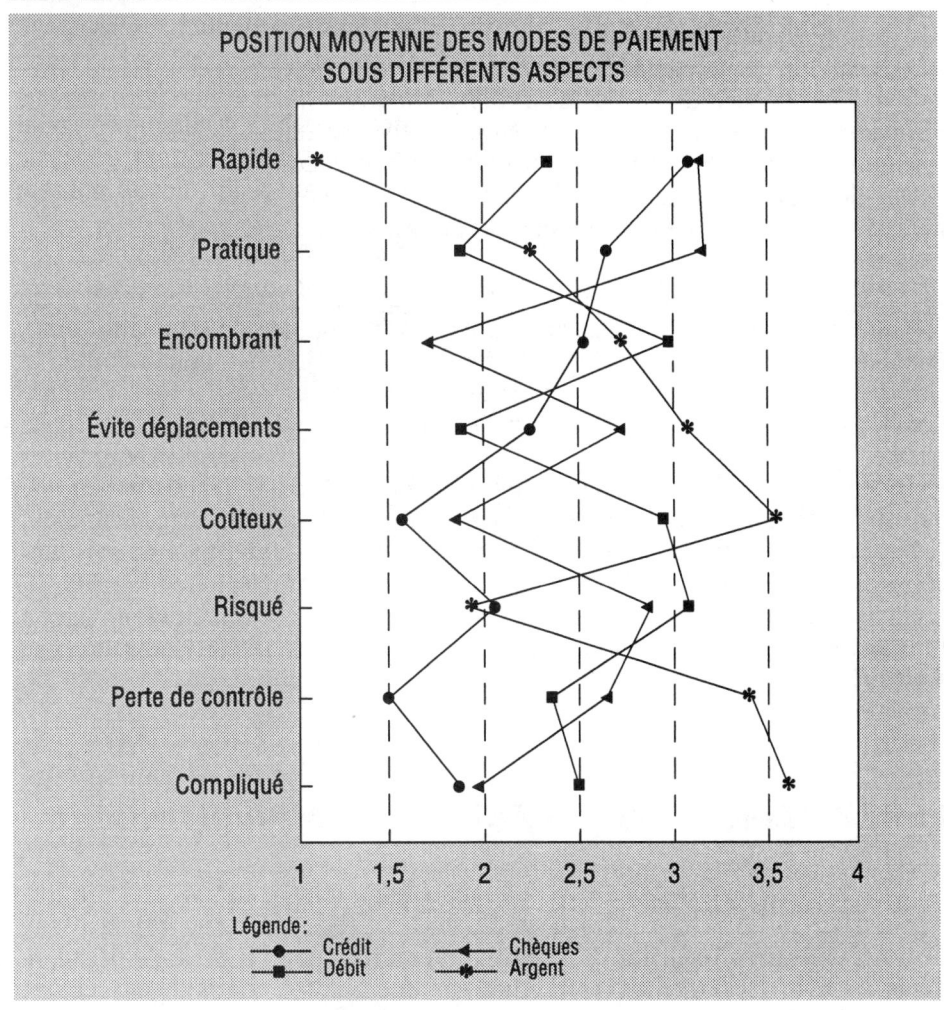

POSITION MOYENNE DES MODES DE PAIEMENT
SOUS DIFFÉRENTS ASPECTS

présent chapitre) et d'offrir au lecteur la possibilité de voir les détails statistiques en annexe ou dans un rapport technique.

L'autre aspect à considérer est l'auditoire du rapport de recherche. Si celui-
ci n'a que peu d'intérêt pour les détails statistiques, il est préférable d'opter
pour une présentation non technique qui se limite aux résultats les plus importants. C'est cette stratégie qui a été adoptée dans le rapport de recherche présenté à la fin du chapitre.

En conclusion

La présentation du rapport de recherche, dans sa forme et dans son contenu, revêt une grande importance dans le cadre du projet de recherche en marketing. Un rapport de recherche professionnel est la marque d'un travail sérieux et compétent. Le chercheur en marketing ne doit jamais sous-estimer les effets du rapport de recherche sur l'opinion que se feront les décideurs de la valeur des résultats et de celle du chercheur lui-même. Pour réussir dans ce métier, il faut apprendre à communiquer de façon efficace et appropriée.

C'est par la pratique que l'on peut développer ses habiletés en matière de communication écrite. Tous les experts vous le diront: on n'a rien sans peine. Considérez le témoignage véridique suivant. Lorsque j'étais étudiant, j'ai eu la chance de rencontrer l'un des auteurs les plus connus en marketing: Theodore Levitt. Si ce nom ne vous dit rien, sachez que Ted Levitt est un professeur de marketing américain de renommée internationale. Il est reconnu pour avoir écrit des articles qui ont eu une influence considérable sur la théorie et la pratique du marketing[2]. Le contexte de la rencontre s'y prêtant, je lui demandai (avec d'autres étudiants qui étaient présents) quelle était la recette de son succès, c'est-à-dire comment il arrivait à écrire des articles aussi exceptionnels. Sa réponse fut brève et éloquente: «Hard work!» (Je travaille fort). Si l'on veut, à l'instar de Ted Levitt, produire des documents écrits de qualité, il faut s'attendre à travailler dur et à ne pas ménager ses efforts.

LES SYSTÈMES D'INFORMATION EN MARKETING

Le rapport de recherche est un support important de diffusion des informations de la recherche en marketing. Il est l'aboutissement ultime d'une démarche visant à recueillir des informations utiles pour la prise de décision. Cependant, la recherche en marketing est une activité continue au sein de l'entreprise. De nos jours, la plupart des entreprises ont mis en place des systèmes d'information qui intègrent la production et la diffusion des informations pertinentes pour le marketing. Ceux-ci peuvent être plus ou moins développés, allant de petits systèmes qui comprennent un ou quelques ordinateurs personnels à des systèmes plus perfectionnés montés en réseau.

La structure d'un système d'information type en marketing est illustrée à la figure 10.4. Comme on le voit, les informations collectées par la recherche en

---

2. Voir, par exemple, les articles de T. Levitt, «Marketing Myopia», *Harvard Business Review*, juillet-août 1965, p. 45-56 et «The Globalization of Markets», *Harvard Business Review*, mai-juin 1983, p. 92-102.

marketing (données primaires et secondaires) sont analysées, stockées et transmises aux décideurs. Ces informations influencent les décisions et produisent éventuellement d'autres interrogations. Les décisions et les questions suscitées se traduisent par de nouveaux besoins d'information que la recherche en marketing essaie de combler. Et le cycle se répète continuellement. Le rapport de recherche est l'un des éléments du système d'information en marketing.

FIGURE 10.4 La structure d'un système d'information en marketing

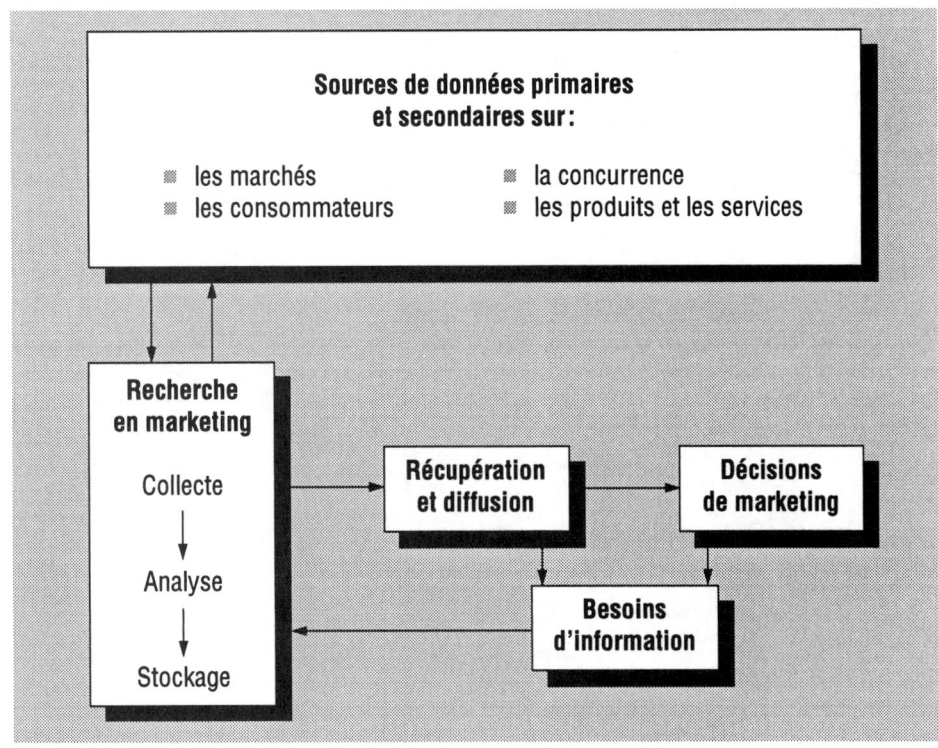

RÉSUMÉ

La rédaction du rapport de recherche est la dernière étape du processus de recherche en marketing. Le rapport de recherche est un document écrit qui fait partie du système d'information en marketing de l'entreprise. Il contient diverses informations au sujet de la recherche : la problématique, les objectifs, la méthodologie, les résultats, les limites, les conclusions et les recommandations. Un rapport de recherche de qualité est rédigé clairement et simplement. En plus d'être ciblé en fonction d'un auditoire précis, le rapport est à la fois complet, structuré, objectif et intéressant.

1. Quelles sont les qualités fondamentales d'un rapport de recherche professionnel ?

2. Comment peut-on s'assurer que le rapport de recherche est rédigé dans un langage clair ?

3. Quel est le contenu type d'un rapport de recherche ?

4. Comment peut-on rendre le rapport de recherche en marketing intéressant ?

5. Qu'est-ce qu'un système d'information en marketing ?

Exercices et sujets de réflexion

1. Un ami vous dit : « En marketing, ce qui importe ce sont les idées. Quelqu'un qui communique mal mais qui a des idées de marketing géniales est certain de réussir. » Que lui-répondez-vous ?

2. Rédigez un rapport de recherche abrégé (maximum de cinq pages) à propos de l'étude sur les ventes de garage.

3. La section 2 du questionnaire portant sur l'étude des cartes de débit (annexe de ce chapitre) présente le degré moyen d'accord des participants à l'étude relativement à 14 affirmations différentes. Comment pourriez-vous présenter ces résultats de façon plus visuelle ?

Annexe A

Rapport de recherche remis à
l'Association coopérative
d'économie familiale (ACEF) des Bois-Francs

ÉTUDE DES PERCEPTIONS DES
UTILISATEURS DE LA CARTE DE DÉBIT:
RÉGION VICTORIAVILLE-ARTHABASKA

Titre

Préparé pour

l'Association coopérative d'économie familiale (ACEF)
des Bois-Francs

org. ou pers.

par

LE PROJET INC.
1995, boul. Marketing
Bureau 334
Sherbrooke (Québec)
J1K 2R1

← Nom chercheur

Date

Avril 1989

TABLE DES MATIÈRES

doit être très bien Détaillée !!

FAITS SAILLANTS

▓ Une enquête a été réalisée dans les villes de Victoriaville et d'Arthabaska auprès d'un échantillon probabiliste de 236 utilisateurs de la carte de débit.

▓ Les consommateurs interrogés utilisent la carte de débit surtout dans les marchés d'alimentation.

▓ Les dépenses les plus importantes avec la carte de débit se font dans les marchés d'alimentation et dans les magasins de vêtements.

▓ La moitié des personnes interrogées ont fait des retraits d'argent avec la carte de débit (40 $ en moyenne).

▓ La très grande majorité des utilisateurs ne veulent pas payer de frais de transaction.

▓ Les consommateurs interrogés pensent que la carte de débit est un mode de paiement sécuritaire qui diminue les risques de vol d'argent, qui permet d'éviter la manipulation de grosses sommes d'argent et qui est pratique et facile à utiliser.

▓ Bien que les utilisateurs apprécient le côté pratique de la carte de débit, ils considèrent que ce mode de paiement est lent lors de la transaction.

▓ Comparativement aux autres modes de paiement (chèques, carte de crédit, argent comptant), la carte de débit apparaît comme une option intéressante.

INTRODUCTION

Depuis environ un an, les régions de Victoriaville-Arthabaska et de Laval servent de marchés tests pour la carte de débit du Mouvement Desjardins. Cette expérience, qui ne devait durer que six mois au départ, a été prolongée jusqu'à aujourd'hui.

Un total de 122 commerçants des Bois-Francs sont munis de 151 «terminaux point de vente» (TPV) ayant engendré 62 728 transactions pour des achats totalisant près de 3,4 millions de dollars. Ces résultats semblent confirmer le succès de l'expérience pilote et expliquent la décision de la continuer et même de l'étendre à d'autres régions, notamment dans les villes de Sherbrooke et de Magog.

Étant donné l'ampleur de l'expérience pilote et la nouveauté de ce service, l'Association coopérative d'économie familiale (ACEF) des Bois-Francs a identifié des besoins spécifiques de recherche. Ceux-ci ont donné lieu à une enquête qui s'est déroulée au cours du mois de mars 1989 dans la région de Victoriaville-Arthabaska.

Les objectifs, les méthodes et les résultats de la recherche commandée par l'ACEF des Bois-Francs sont contenus dans ce rapport. Il s'agit d'un rapport préliminaire qui sera complété ultérieurement par les recommandations des responsables de l'ACEF.

OBJECTIFS DE L'ÉTUDE

présenter clairement en F (infos à collecter)

Dans le cadre de la préparation du dossier de la carte de débit, l'ACEF des Bois-Francs et le ministère de la Consommation et des Corporations du Canada ont identifié plusieurs objectifs de recherche.

De façon générale, l'étude vise à identifier les perceptions des utilisateurs face à ce nouveau service. Plus spécifiquement, il s'agit de dégager :

▨ le profil des utilisateurs de la carte de débit ;

▨ les habitudes d'utilisation de la carte ;

▨ les problèmes occasionnés par l'utilisation du service ;

▨ les avantages et les inconvénients perçus ;

▨ les perceptions liées à la sécurité entourant l'utilisation.

Par ailleurs, l'étude vise à positionner la carte de débit par rapport aux autres modes de paiement disponibles (chèques, argent comptant et carte de crédit).

MÉTHODOLOGIE

Cette section du rapport de recherche traite de la méthode de recherche, du questionnaire, de l'échantillonnage et de la procédure de collecte des données.

Méthode de collecte des données

Étant donné les objectifs de la recherche, la quantité d'informations à recueillir et l'impossibilité de trouver un cadre d'échantillonnage pour la population visée (c'est-à-dire les utilisateurs de la carte de débit), nous avons choisi de procéder à l'aide d'une enquête à domicile avec questionnaire auto-administré.

L'enquête par téléphone n'a pas semblé une méthode de collecte appropriée à cause de la nature et de la quantité des informations à recueillir. L'enquête par la poste n'a pas été retenue non plus parce qu'elle comporte un manque de contrôle et un taux de réponse généralement faible. *& peu d'avec incitatif*

L'enquête à domicile avec questionnaire auto-administré a l'avantage d'offrir un contact direct avec les participants et elle ne nécessite pas un cadre d'échantillonnage. Quelle que soit la méthode de recherche utilisée, la difficulté principale est de constituer un échantillon probabiliste d'utilisateurs de la carte de débit.

Élaboration et test du questionnaire

Le questionnaire a été construit de façon à répondre aux objectifs de l'étude tout en tenant compte du fait qu'il serait auto-administré. Le questionnaire final figure à l'annexe A.

La *section 1* du questionnaire vise à identifier les habitudes d'utilisation des participants et les problèmes occasionnés. Quelques questions touchent la sécurité et les frais d'utilisation futurs.

À la *section 2*, on demande aux participants d'indiquer leur degré d'accord avec des affirmations portant sur des aspects liés à l'utilisation de la carte de débit (sécurité, facilité d'utilisation, côté pratique, etc.).

À la *section 3*, les aspects présentés à la section précédente sont repris, mais cette fois, on demande aux personnes interrogées de classer les différentes possibilités de paiement disponibles. Cette tâche a pour but de faire ressortir le positionnement de la carte de débit par rapport aux autres méthodes de paiement.

La *section 4* vise à identifier le profil sociodémographique des participants à l'enquête : sexe, âge, niveau de scolarité, occupation et revenus approximatifs du ménage.

Une première version du questionnaire a été soumise à une douzaine de personnes afin d'évaluer la compréhension des questions, les sources possibles d'ambiguïté ainsi que le temps nécessaire pour y répondre. On a demandé à ces personnes d'émettre des commentaires écrits en marge du questionnaire ou de les mentionner verbalement à l'enquêteur. Ce dernier évaluait la durée approximative requise pour remplir le questionnaire.

Ce prétest a permis de clarifier certaines questions dont la formulation semblait ambiguë. Par ailleurs, il est apparu que la longueur du questionnaire ne posait pas de problème particulier (15 minutes en moyenne pour y répondre).

Échantillonnage

Une procédure d'échantillonnage aérolaire a été mise en œuvre afin de définir un échantillon probabiliste d'utilisateurs de la carte de débit. À partir d'une carte géographique détaillée, on a divisé les villes de Victoriaville et d'Arthabaska en trois secteurs correspondant à des zones résidentielles à revenus faibles, moyens et élevés. Des noms de rue ont ensuite été tirés au hasard dans chaque secteur à partir des listes électorales des deux villes. La sélection des résidences à visiter s'est faite de façon systématique: une visite à toutes les deux résidences dans les rues choisies.

Collecte des données

La collecte des données s'est faite au cours du mois de mars 1989 en joignant les participants à leur résidence. Les enquêteurs (des employés de l'ACEF) se sont rendus sur place et ont distribué les questionnaires. Pour être admissibles, les gens devaient être des utilisateurs de la carte de débit. Si, dans un même foyer, plusieurs personnes étaient admissibles, la sélection du participant à l'enquête se faisait en empruntant une méthode reconnue, soit celle qui consiste à demander à la personne dont l'anniversaire est le plus récent de répondre au questionnaire. Ce dernier était récupéré le lendemain ou au moment qui convenait le mieux. Au total, 236 questionnaires ont été remplis.

RÉSULTATS

Typologie des non-réponses

Nous présentons au tableau suivant la typologie des non-réponses.

Total des foyers visités	1432
Pas de réponse	− 387
Total des foyers joints	1045
Refus de participer	− 13
Total des participants possibles	1032
Personnes non admissibles	− 754
Questionnaires distribués	278
Questionnaires non retournés	− 42
Questionnaires remplis	236

À partir de ce tableau, on calcule les taux suivants:

Taux de contact	=	1045/1432	=	0,730
Taux d'admissibilité	=	278/1032	=	0,269
Taux de réponse	=	236/278	=	0,849

Description de l'échantillon

La majorité des participants à l'enquête, soit 63,5 %, sont des femmes. L'âge moyen est de 36 ans avec un écart type de près de 11 ans.

Le tableau suivant contient la répartition des participants selon l'occupation (il y a 11 valeurs manquantes) :

Catégorie professionnelle	Fréquence	Pourcentage
Administrateurs de haut niveau, propriétaires et professionnels majeurs	2	0,9 %
Cadres d'affaires, propriétaires d'entreprises de taille moyenne et professionnels de second niveau	33	14,7 %
Personnel cadre, propriétaires de petites entreprises et petits professionnels	8	3,6 %
Personnel de bureau, vendeurs, techniciens, propriétaires de très petites entreprises	68	30,2 %
Ouvriers spécialisés	44	19,6 %
Préposés aux machines et employés semi-spécialisés	2	0,9 %
Employés non spécialisés	68	30,2 %

La répartition des participants selon le niveau de scolarité est la suivante (3 valeurs manquantes) :

Niveau	Fréquence	Pourcentage
Primaire	9	3,9 %
Secondaire non terminé	37	15,9 %
Secondaire terminé	64	27,5 %
Collégial non terminé	35	15,0 %
Collégial terminé	40	17,2 %
Universitaire non terminé	13	5,5 %
Universitaire terminé	35	15,0 %

Enfin, la répartition des participants selon le niveau de revenu du ménage est la suivante (20 valeurs manquantes):

Classe de revenus	Fréquence	Pourcentage
Moins de 5 000 $	13	6,0 %
5 000 $ à 9 999 $	10	4,6 %
10 000 $ à 14 999 $	12	5,6 %
15 000 $ à 19 999 $	8	3,7 %
20 000 $ à 24 999 $	23	10,7 %
25 000 $ à 29 999 $	30	13,9 %
30 000 $ à 34 999 $	29	13,4 %
35 000 $ à 39 999 $	21	9,7 %
40 000 $ ou plus	70	32,4 %

mot compliqué

Analyse univariée

Les moyennes et les écarts types (variables continues) ainsi que les fréquences et les pourcentages (variables discrètes) ont été transcrits sur le questionnaire présenté à l'annexe A. On peut s'y reporter pour avoir tous les résultats. Dans cette section, nous mettons en exergue quelques-uns des résultats les plus pertinents.

▨ C'est surtout au supermarché d'alimentation qu'on utilise la carte de débit. Environ la moitié (48,3 %) des participants à l'enquête disent l'avoir utilisée régulièrement à cet endroit.

▨ C'est au supermarché d'alimentation et dans les magasins de vêtements qu'on dépense le plus avec la carte de débit, soit près de 80 $ par transaction en moyenne.

▨ La très grande majorité des participants (85,1 %) ne se sentent jamais obligés d'utiliser leur carte.

▨ La grande majorité des participants (73,8 %) ne se sentent jamais épiés lorsqu'ils effectuent une transaction avec la carte.

▨ Environ la moitié des participants (51,5 %) ont fait des retraits d'argent avec leur carte. Cela est arrivé en moyenne une dizaine de fois et le montant moyen retiré est d'environ 40 $.

- La grande majorité des participants (78,3 %) n'ont pas eu de problèmes lors de l'utilisation des terminaux. Pour les autres, les types de problèmes sont les suivants :

Type de problème	Fréquence
Mauvaise communication	17
Terminal défectueux	23
Message : « Manque de fonds » alors que ce n'était pas vrai	4
Machine surchargée	2
Système lent	1
Montant retiré deux fois par erreur	1
Carte ne fonctionnait pas	1

- La fréquence des problèmes se répartit comme suit :

2 fois ou plus	:	19 personnes
1 fois	:	12 personnes
pas mentionné	:	18 personnes

- La très grande majorité des participants (79 %) ne veulent pas payer de frais de transaction. Toutefois, s'il devait y en avoir, 58,8 % voudraient payer un montant fixe par transaction.

- Les consommateurs semblent utiliser la carte de débit de façon rationnelle, car 94,9 % ne la prêtent pas et 92,8 % ont appris leur numéro d'identification personnel (NIP) par cœur.

- Les participants ont lu en grande majorité (86,2 %) les conditions d'utilisation de la carte. Toutefois, les avis sont partagés sur la question de responsabilité en cas de perte de la carte.

- En général, les consommateurs interrogés pensent que la carte de débit est un mode de paiement sécuritaire qui diminue les risques de vol d'argent, qui permet d'éviter la manipulation de grosses sommes d'argent, qui est pratique et facile à utiliser.

Analyse des relations

Plusieurs relations comportant deux variables s'avèrent statistiquement significatives (c'est-à-dire qu'on peut les généraliser à la population). Toutefois, les relations observées sont pour la plupart faibles. Étant donné le grand nombre de relations étudiées, la probablité d'obtenir des résultats significatifs alors qu'il s'agit en fait de fluctuations aléatoires des données est élevée. On doit donc être prudent en ce qui a trait à l'interprétation.

Nous avons identifié les relations qui apparaissent les plus intéressantes. Pour chacun des résultats présentés, nous indiquons la force de la relation par un chiffre entre parenthèses, qui varie de 0,00 (relation nulle) à 1,00 (relation parfaite).

- Le montant moyen dépensé par transaction dans les magasins de vêtements avec la carte de débit est plus élevé pour les classes sociales supérieures (0,10).

- Plus les revenus augmentent, plus la valeur moyenne des transactions avec la carte dans les supermarchés d'alimentation augmente (0,03).

- Plus l'âge augmente, plus la valeur moyenne des transactions avec la carte augmente dans les supermarchés (0,06), les pharmacies (0,16) et les magasins de vêtements (0,12).

- Les femmes dépensent plus en moyenne que les hommes avec la carte dans les supermarchés (0,03); les hommes plus que les femmes dans les dépanneurs (0,05) et les stations-service (0,07).

- Plus l'âge augmente, moins on se sent obligé d'utiliser la carte dans les commerces où le service est disponible (0,03).

- Les femmes font plus de retraits avec la carte que les hommes (0,18).

- Plus de femmes que d'hommes ont appris leur NIP par cœur (0,14).

- Les personnes qui prêtent leur carte et leur NIP sont généralement plus jeunes (0,04).

- Les gens qui ont écrit leur NIP sur un papier placé dans leur portefeuille sont plus âgés (0,03).

Analyse des perceptions

Dans la section 3 du questionnaire, on demandait aux participants de classer quatre modes de paiement (carte de crédit, chèques, carte de débit et argent comptant) en fonction de différentes caractéristiques comme la rapidité lors de la transaction, le côté pratique, etc. (voir le questionnaire à l'annexe A). Les données collectées ont permis d'établir une carte perceptuelle où les modes de paiement sont positionnés dans un espace géométrique à deux dimensions, comme on peut le constater ci-après. La technique employée pour construire cette carte perceptuelle est l'analyse discriminante.

Une carte perceptuelle des différents modes de paiement

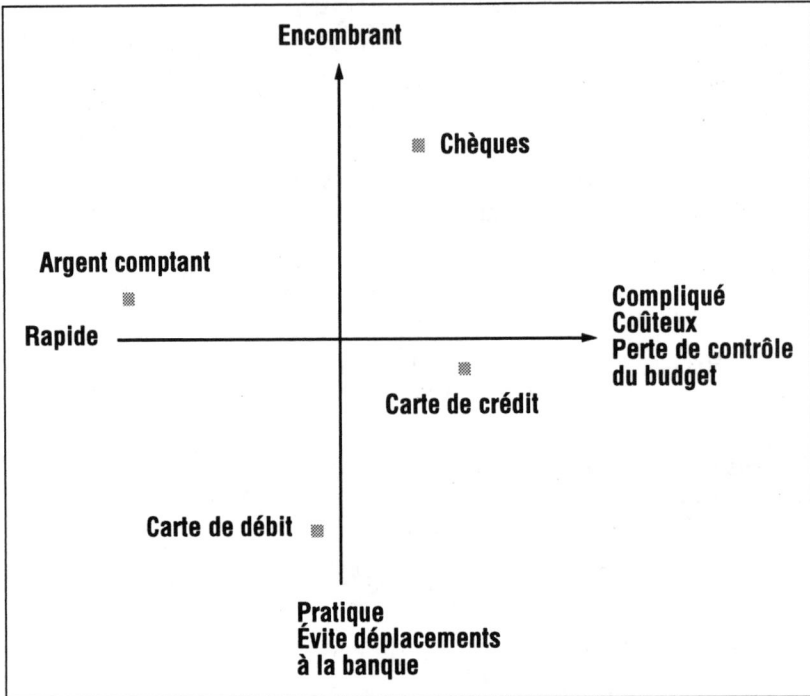

Deux dimensions se sont avérées plus importantes que les autres. La première (et la plus fortement significative) est placée horizontalement sur la figure. Puisqu'elle oppose rapidité à compliqué, coûteux et perte de contrôle du budget, on peut penser qu'il s'agit d'une dimension d'*efficacité*. La deuxième, en position verticale, est clairement une dimension de *commodité*.

Comme on le voit sur la carte, le mode de paiement qui semble le moins bien positionné est le paiement par chèques qui est perçu comme encombrant et compliqué. La carte de crédit est plus pratique, mais elle est aussi perçue comme coûteuse et pouvant mener à une perte de contrôle du budget. Le paiement comptant est très efficace, mais plus ou moins pratique. Finalement, le paiement avec la carte de débit est perçu comme très pratique, bien que plus ou moins efficace.

Il s'agit somme toute d'une position perceptuelle intéressante pour la carte de débit, car elle se distingue des autres modes de paiement. Les consommateurs apprécient son côté pratique, mais ne sont pas tout à fait satisfaits en ce qui concerne la rapidité. Quant aux autres critères (contrôle du budget, coûteux), la carte de débit est perçue comme un compromis entre l'argent comptant et la carte de crédit.

- faire recommandation

ANNEXE A: QUESTIONNAIRE (INCLUANT RÉSULTATS UNIVARIÉS)

SECTION 1

(Note: M = moyenne; s = écart-type: VM = valeurs manquantes)

1. Depuis combien de temps utilisez-vous votre carte de débit comme mode de paiement? _____

M = 40,91 mois, s = 15,29, 43 VM

2. En moyenne, combien de fois par semaine ou par mois utilisez-vous votre carte de débit? _____

M = 1,71, s = 1,66, 13 VM

3. Dans quel type de commerce utilisez-vous habituellement votre carte de débit? Quelle est en moyenne la valeur de chaque achat?
   [Si vous n'avez jamais fait d'achat dans un type de commerce donné, indiquez une valeur moyenne d'achat de 0 $]

FRÉQUENCE D'UTILISATION DE LA CARTE
(encerclez s.v.p.)

	Réguliè rement	Parfois	Rarement	Jamais	Valeur ($)
Supermarché (exemple: Provigo)	1 (48,3 %)	2 (22,4 %)	3 (15,1 %)	4 (14,2 %)	M = 78,37 $ s = 42,07
Dépanneur (exemple: Provi-Soir)	1 (5,7 %)	2 (7,5 %)	3 (10,7 %)	4 (76,1 %)	M = 9,83 $ s = 28,36
Restaurant	1 (1,8 %)	2 (17,8 %)	3 (11,7 %)	4 (68,7 %)	M = 11,59 $ s = 14,63
Station-service	1 (10,2 %)	2 (15,1 %)	3 (7,2 %)	4 (67,5 %)	M = 14,48 $ s = 17,77
Quincaillerie	1 (6,6 %)	2 (20,5 %)	3 (15,7 %)	4 (57,2 %)	M = 26,51 $ s = 37,26
Pharmacie	1 (15,1 %)	2 (36 %)	3 (16,6 %)	4 (32,3 %)	M = 22,58 $ s = 27,19
Magasin de vêtements	1 (14,9 %)	2 (37,2 %)	3 (17,5 %)	4 (30,4 %)	M = 67,79 $ s = 68,09
Autre(s), spécifiez	1 (12,9 %)	2 (27,1 %)	3 (11,8 %)	4 (48,2 %)	M = 79,89 $ s = 161,03

4. Vous sentez-vous obligé(e) d'utiliser votre carte de débit dans les commerces qui possèdent le système?

Régulièrement	☐	**(7; 3 %)**
Parfois	☐	**(10; 4,3 %)**
Rarement	☐	**(18; 7,7 %)**
Jamais	☐	**(200; 85,1 %) 1 VM**

5. Vous sentez-vous épié(e) lorsque vous effectuez des transactions avec votre carte de débit?

Régulièrement	☐	**(1; 0,4 %)**
Parfois	☐	**(22; 9,4 %)**
Rarement	☐	**(38; 16,3 %)**
Jamais	☐	**(172; 73,8 %) 3 VM**

6. Avez-vous déjà eu des problèmes avec l'utilisation des terminaux situés dans les différents commerces?

Oui	☐	**(51; 21,7 %)**
Non	☐	**(184; 78,3 %) 1 VM**

Si oui, veuillez spécifier la nature de ces problèmes et indiquer combien de fois cela est arrivé.

(voir la section « Analyse univariée » du rapport, page 6)

_____

_____

_____

7. Avez-vous fait des retraits d'argent lors du paiement de vos transactions avec la carte de débit?

Oui	☐	**(120; 51,5 %)**
Non	☐	**(113; 48,5 %) 3 VM**

Si oui, combien de fois approximativement?_____ **M = 10,25**
s = 17,18
127 VM

Quel montant en moyenne?_____ **M = 43,69 $**
s = 42,88
119 VM

8. Seriez-vous éventuellement prêt(e) à payer des frais d'utilisation pour votre carte de débit?

Oui	☐	**(3; 1,3 %)**
Non	☐	**(184; 79 %)**
Peut-être	☐	**(46; 19,7 %) 3 VM**

9. Dans l'éventualité où des frais seraient chargés pour l'utilisation de la carte de débit, préféreriez-vous qu'on vous charge un montant fixe (n'indiquez qu'une seule option) :
        a) par transaction ? ☐ **(114 ; 58,8 %)**
        b) par mois ? ☐ **(27 ; 13,9 %)**
        c) par année ? ☐ **(53 ; 27,3 %) 42 VM**

10. Prêtez-vous votre carte et votre numéro d'identification personnel (NIP) à des parents ou à des amis ?
        Oui ☐ **(12 ; 5,1 %)**
        Non ☐ **(222 ; 94,9 %) 2 VM**

   Si oui, environ combien de fois cela vous est-il arrivé ? _____

11. À propos de votre numéro d'identification personnel (NIP), est-il :
        a) écrit sur votre carte ?   Oui ☐ **(0 ; 0 %)**
                                  Non ☐ **(182 ; 100 %) 54 VM**
        b) placé dans votre portefeuille ?   Oui ☐ **(15 ; 8 %)**
                                  Non ☐ **(172 ; 92 %) 49 VM**
        c) inscrit sur un papier
          placé dans vos poches ?   Oui ☐ **(1 ; 0,6 %)**
                                  Non ☐ **(180 ; 99,4 %) 55 VM**
        d) appris par cœur seulement ?   Oui ☐ **(205 ; 92,8 %)**
                                  Non ☐ **(16 ; 7,2 %) 15 VM**
        e) autre, spécifiez s.v.p._____ **(voir l'annexe B)**

12. Lorsque vous avez reçu votre carte, avez-vous lu les conditions d'utilisation qui accompagnaient votre numéro d'identification personnel (NIP) ?
        Oui ☐ **(200 ; 86,2 %)**
        Non ☐ **(32 ; 13,8 %) 4 VM**

13. Vous souvenez-vous d'avoir signé une formule portant sur les conditions d'utilisation de votre carte lorsque vous avez demandé votre numéro d'iden‐tification personnel (NIP) ?
        Oui ☐ **(122 ; 53,5 %)**
        Non ☐ **(106 ; 46,5 %) 8 VM**

14. Selon vous, qu'arrive-t-il si vous perdez votre carte (encerclez une option) ?
        a) Après avis, la Caisse est responsable des transactions réalisées par la personne qui l'aura en sa possession. **(87 ; 39,9 %)**
        b) Après avis, vous êtes responsable des transactions réalisées par la per‐sonne qui l'aura en sa possession. **(27 ; 12,4 %)**
        c) Vous n'êtes responsable que pour les premiers 50 $ de transactions. **(26 ; 11,9 %)**
        d) Je ne sais pas. **(78 ; 35,8 %) 18 VM**

15. Avez-vous une marge de crédit (protection contre le découvert) associée au compte pour lequel vous utilisez la carte de débit?

Oui ☐ **(47 ; 20,8%)**

Non ☐ **(179 ; 79,2%) 10 VM**

SECTION 2

Selon vous, la carte de débit ...

(Veuillez encercler le chiffre qui correspond le plus à votre degré d'accord, et ce, pour chaque affirmation.)

1. est un mode de paiement sécuritaire. **(M = 4,14, s = 0,81, 1 VM)**

Tout à fait en désaccord	En désaccord	Neutre	D'accord	Tout à fait d'accord
1	2	3	4	5

2. diminue les risques de vol d'argent. **(M = 4,31, s = 0,89, 2 VM)**

Tout à fait en désaccord	En désaccord	Neutre	D'accord	Tout à fait d'accord
1	2	3	4	5

3. augmente les risques de fraude à cause de la possibilité de vol de la carte et du numéro d'identification personnel (NIP). **(M = 2,26, s = 0,91, 3 VM)**

Tout à fait en désaccord	En désaccord	Neutre	D'accord	Tout à fait d'accord
1	2	3	4	5

4. augmente les possibilités d'erreurs de transaction (par exemple, débit d'un montant inexact au compte). **(M = 2,26, s = 0,95, 5 VM)**

Tout à fait en désaccord	En désaccord	Neutre	D'accord	Tout à fait d'accord
1	2	3	4	5

5. est difficile à utiliser. **(M = 1,53, s = 0,84, 3 VM)**

Tout à fait en désaccord	En désaccord	Neutre	D'accord	Tout à fait d'accord
1	2	3	4	5

6. m'évite de manipuler de grosses sommes d'argent.
   (M = 4,28, s = 1,1, 1 VM)

Tout à fait en désaccord	En désaccord	Neutre	D'accord	Tout à fait d'accord
1	2	3	4	5

7. augmente la période d'attente aux comptoirs-caisses des différents commerces. **(M = 2,97, s = 1,28, 1 VM)**

Tout à fait en désaccord	En désaccord	Neutre	D'accord	Tout à fait d'accord
1	2	3	4	5

8. augmente le nombre de visites que je dois faire à mon institution financière.
   (M = 1,98, s = 1,13, 1 VM)

Tout à fait en désaccord	En désaccord	Neutre	D'accord	Tout à fait d'accord
1	2	3	4	5

9. est un mode de paiement pratique. **(M = 4,48, s = 0,81, 3 VM)**

Tout à fait en désaccord	En désaccord	Neutre	D'accord	Tout à fait d'accord
1	2	3	4	5

10. est un mode de paiement rapide chez le commerçant.
    (M = 3,75, s = 1,02, 8 VM)

Tout à fait en désaccord	En désaccord	Neutre	D'accord	Tout à fait d'accord
1	2	3	4	5

11. diminue le nombre de visites que je dois faire au guichet automatique.
    (M = 4,07, s = 0,91, 8 VM)

Tout à fait en désaccord	En désaccord	Neutre	D'accord	Tout à fait d'accord
1	2	3	4	5

12. me fait perdre le contrôle de l'argent que je dépense.
    (M = 1,96, s = 1,08, 9 VM)

Tout à fait en désaccord	En désaccord	Neutre	D'accord	Tout à fait d'accord
1	2	3	4	5

13. possède l'inconvénient de m'empêcher de savoir où en est le solde courant de mon compte. **(M = 2,40, s = 1,32, 8 VM)**

Tout à fait en désaccord	En désaccord	Neutre	D'accord	Tout à fait d'accord
1	2	3	4	5

14. me fait dépenser plus facilement mon argent.
(M = 2,12, s = 1,19, 7 VM)

Tout à fait en désaccord	En désaccord	Neutre	D'accord	Tout à fait d'accord
1	2	3	4	5

SECTION 3

Comme vous le savez, il existe plusieurs modes de paiement : carte de crédit, chèque, argent comptant et carte de débit. Dans cette section, nous vous demandons de classer ces quatre modes de paiement.

Le tableau présenté ci-après vous permettra de donner un rang de 1 à 4 qui correspond au classement de chaque mode de paiement pour chaque aspect mentionné.

1 = le mode de paiement jugé *premier* sur cet aspect
2 = le mode de paiement jugé *deuxième* sur cet aspect
3 = le mode de paiement jugé *troisième* sur cet aspect
4 = le mode de paiement jugé *quatrième* sur cet aspect

Exemple (mode de transport) :

	Auto	Avion	Bicyclette	Train
Rapidité	2	1	4	3

Veuillez inscrire les rangs que vous donnez
à chaque mode de paiement pour chaque aspect.

	Carte de crédit	Chèques	Carte de débit	Argent comptant
Rapidité au moment de la transaction	M = 3,15 s = 0,85	M = 3,18 s = 0,87	M = 2,37 s = 0,79	M = 1,18 s = 0,54
Mode de paiement pratique	M = 2,64 s = 1,15	M = 3,19 s = 0,85	M = 1,83 s = 0,89	M = 2,24 s = 1,09
Mode de paiement encombrant	M = 2,51 s = 1,07	M = 1,72 s = 0,89	M = 2,98 s = 0,84	M = 2,72 s = 1,23
Mode de paiement qui diminue les déplacements à l'institution financière	M = 2,26 s = 1,07	M = 2,73 s = 0,83	M = 1,81 s = 0,94	M = 3,10 s = 1,23
Mode de paiement coûteux	M = 1,57 s = 0,93	M = 1,83 s = 0,69	M = 2,97 s = 0,67	M = 3,54 s = 0,82
Mode de paiement risqué pour ce qui est du vol et de la fraude	M = 2,07 s = 0,96	M = 2,83 s = 0,95	M = 3,10 s = 0,87	M = 1,91 s = 1,20
Mode de paiement qui facilite la perte de contrôle d'un budget de dépenses	M = 1,50 s = 0,94	M = 2,63 s = 0,68	M = 2,44 s = 0,85	M = 3,41 s = 1,06
Mode de paiement compliqué	M = 1,86 s = 0,89	M = 1,94 s = 0,90	M = 2,50 s = 0,88	M = 3,54 s = 0,97

SECTION 4

1. Vous êtes : un homme ☐ **(85 ; 36,5 %)**

une femme ☐ **(148 ; 63,5 %) 3 VM**

2. Quel est votre âge ? _____ **M = 36,07**

s = 10,84 7 VM

3. Quel est votre niveau de scolarité ?

Primaire ☐ **(9 ; 3,9 %)**

Secondaire non terminé ☐ **(37 ; 15,9 %)**

Diplôme d'études secondaires ☐ **(64 ; 27,4 %)**

Collégial non terminé ☐ **(35 ; 15,0 %)**

Diplôme d'études collégiales ☐ **(40 ; 17,2 %)**

Universitaire non terminé ☐ **(13 ; 5,6 %)**

Diplôme d'études universitaires ☐ **(35 ; 15,0 %) 3 VM**

4. Quelle est votre occupation? _____
(11 VM – voir la section « Description de l'échantillon » du rapport, page 5)

5. Quel est le revenu annuel de votre ménage avant impôts? *Quel année*

voir quel
quartier
et le mettre
à date

Moins de 5 000 $	☐	**(13 ; 6,0 %)**
De 5 000 $ à 9 999 $	☐	**(10 ; 4,6 %)**
De 10 000 $ à 14 999 $	☐	**(12 ; 5,6 %)**
De 15 000 $ à 19 999 $	☐	**(8 ; 3,7 %)**
De 20 000 $ à 24 999 $	☐	**(23 ; 10,7 %)**
De 25 000 $ à 29 999 $	☐	**(30 ; 13,9 %)**
De 30 000 $ à 34 999 $	☐	**(29 ; 13,4 %)**
De 35 000 $ à 39 999 $	☐	**(21 ; 9,7 %)**
40 000 $ ou plus	☐	**(70 ; 32,4 %) 20 VM**

Merci beaucoup de votre collaboration!

ANNEXE B : RÉPONSES AUX QUESTIONS 3 ET 11

QUESTION 3

Autres types de commerces où la carte de débit est utilisée

Type de commerce	Fréquence
Épicerie	29
Pharmacie	8
Vêtements/chaussures	12
Meubles	2
Sport	6
Garage/concessionnaire	4
Dépanneur	3
Centre-ville/centre commercial	8
Canadian Tire	2
Fleuriste	3
Autres	10

Type de commerce	Montant moyen dépensé
Dépanneur	10,85 $
Épicerie	87,00 $
Vêtements	84,00 $
Pharmacie	15,00 $

QUESTION 11

Autres lieux de consignation du NIP

Endroit	Fréquence
À la maison	15
En lieu sûr	7
Autre endroit	5
N'en a pas	2

Index